# 당신은
# 성도입니까?
# 제자입니까?

### 제자들의 현악4중주

| 최선영 지음 |

예수께서 나아와 일러 가라사대

하늘과 땅의 모든 권세를 내게 주셨으니

그러므로 너희는 가서 모든 족속으로 제자를 삼아

아버지와 아들과 성령의 이름으로 세례를 주고

내가 너희에게 분부한 모든 것을 가르쳐 지키게 하라

볼지어다 내가 세상 끝날까지

너희와 항상 함께 있으리라 하시니라

(마 28:18-20)

| 추천사 |

박성민 교수

    인간은 사고하기 시작하면서부터 세 가지 질문을 해왔다. 그 질문들은 하나님은 누구인가, 인간은 누구인가, 그리고 어떻게 살아야 하는가에 대한 것들이다. 이런 실존적 질문들로부터 저자는 예수 그리스도 안에서 신앙인이라고 믿는 우리에게 중요한 두 가지 질문을 던진다. "당신은 성도입니까?" "당신은 제자입니까?" 이 얼마나 귀하고 의미있는 질문들인가!

    그 질문들에 대하여 실질적이고 구체적으로 답하면서, 중국 《사서삼경》(四書五經) 중 하나인 〈대학〉(大學)에 나오는 "수신제가치국평천하"(修身齊家治國平天下)의 틀 안에서 어떻게 성도의 삶이 균형과 조화를 이루는지를 설명한다. 성도의 삶이 상호 연결되어 있다고 강조하며, 이는 마치 음악의 현악 사중주에서 네 악기가 각자 특유의 소리음을 동등하게 유지하면서 서로 관계하여 훌륭한 음악을 이루는 것과 같다고 한다. 그리스도인의 균형 있는 삶을 위한 이 얼마나 아름다운 비유인가!

    무엇보다도 이 책의 글은 이해하기가 쉬워서 좋다. 먼저 구조가 아주 단순하고 바르다. 다음 장에서 어떤 것을 다룰 것인지를 독자의 마음에 미리 알려 주어 다음 장을 기대하게 만든다. 또 직설적이고 실천적이어서 좋다. 많은 사변적인 토론을 배제하고 일상의 생활 가운데에서 우리가 느끼는 삶을 그대로 옮겨 우리의 모습을 보게 한다.

마지막으로 위의 두 가지 질문에 대한 답을, 저자가 우리에게 던진 그 질문들 안에서 찾았다. '성도는 제자가 되어야 한다'는 것이다. 그 제자는 영성 훈련을 끝없이 해야 하며, 더 나아가 다른 이들을 자신과 같은 제자로 만들어야 한다고 강조한다.

저자가 앞서 출판한 《위기의 목회자와 섬기는 리더십》이 목회자를 위해 쓰여진 책이라면, 《당신은 성도입니까? 제자입니까?》는 그 책의 후속편으로 목회자들뿐만 아니라 모든 신앙인을 위해 쓰여졌다. 성자 어거스틴에게 들려왔던 성령의 거룩한 소리를 같이 나누면서 이 귀한 책을 추천한다. "집어 들고 읽어라. 집어 들고 읽어라"(tollelege, tollelege).

John S. Park, Ph. D.
부총장
Special Advisor to the President
Professor of Theology and Ethics
Azusa Pacific University

| 추천사 |

권경석 교수

　최근 저자이신 최선영 교수님의 새 책 원고를 읽으며, 먼저 신선한 충격을 받았습니다. 아마 학교에서 〈제자도〉 강의를 하시면서, 학생들과 함께 참다운 제자상 정립을 위해, 오늘날의 부족한 그 모습들을 많이 성찰하며 비판해 본 것 같습니다. 무엇보다 종교개혁 500주년을 맞게 되었기에 저자의 이 씨름을, 가까운 미래의 독자들과 함께 진심으로 기뻐하며 축하합니다.

　저자는 우선 오늘날 제자훈련의 목표가 자칫 '천상천하 유아독존'으로 흘러서는 결코 안 되겠기에, 철저히 인간 삶의 여러 지평들과 관계를 맺어야 함을 역설하고 있습니다. 그러면서 그 관계의 소인수를 십자가의 네 모서리처럼 속사람, 가정, 교회, 그리고 사회로 분해하였습니다. 물론 이 십자가 틀의 중심에는 예수님이 자리해야 할 것입니다. 그래야 자신의 뜻을 하나님의 뜻으로 전도시키지 않고, 속사람뿐만 아니라 가정, 교회, 사회에서도 하나님의 뜻을 최우선으로 여기는 제자로 자리매김될 수 있기 때문입니다.

　저자의 또 다른 공헌은, 기존의 여러 제자론을 연구와 함께 섭렵한 것을 바탕으로 그것이 교육과 현장에 적용될 때 직간접적으로 나타난 부작용들을 진솔하게 많은 사례들로 다루고 있다는 것입니다. 학문적인 깊이만 나열되어 구체적인 적용과 분리되어 있다면, 이 역시 여느 제자론 서적들처럼 이론서에 불과할 터인데, 이런 점에서 저자의 시도는 모든 신자들을 포함하여 누가 읽어도 쉽고 편할 것이라는 생각입니다. 다루어진 일례들이 우리의 속사람, 가정, 교회 및 사회를 근본적으로 변화시키는 변혁의 물꼬가 되기를 바라는 마음 간절합니다.

마지막으로, 주님이 머리가 되시는 교회만이 여전히 세상의 희망이라는 저자의 신념도 이 책에 잘 배어 있습니다. 성경을 근간으로 쓰여졌으며, 이런 면에서 혼돈에 처한 교회의 살 길을 모색하려고 고심하며 기도하는 수많은 목회자들에게 특별히 유익한 길잡이로서의 정론이 될 것입니다. 이런 종들을 통해 위로와 도전이 함께하는 제자양육이 또다시 유행처럼 넘쳐나서, 주님이 다시 오실 날이 가까운 때에 앎으로만 생각하는 관념적인 제자가 아니라, 삶으로도 실천하는 역동적인 일꾼들로 이 땅의 하나님 나라가 가득 채워지길 소원합니다.

독자 여러분, 최선영 교수님의 《당신은 성도입니까? 제자입니까?》를 통해 참 제자의 본을 친히 보여주신 예수님을 다시 찾아내고, 또한 지금도 사람을 통해 일하시는 하나님께 큰 영광이 되기를 다시 한번 기원하면서, 아무런 주저 없이 일독과 정독을 권해드립니다.

테메큘라 밸리 한인장로교회
담임목사 권경석, Ph. D.
Professor of Theology
Shepherd University

| 추천사 |

김현경 교수

    예수님의 마지막 명령, 즉 지상명령은 모든 족속으로 제자를 삼으라는 것이다(마 28:18-20). 교회는 그 어떤 것보다 제자훈련을 소중히 생각해왔고 또 이를 위해 애써왔다. 한국교회도 예외는 아니다. 많은 제자훈련 프로그램들이 만들어졌고 실행되어 왔다. 그런 맥락에서 본다면, 최선영 박사가 본서를 통해 성도들에게 던지는 질문, 즉 "당신은 성도입니까? 제자입니까?"는 전혀 새로운 주제가 아니다. 그럼에도 불구하고 저자는 모든 성도가 제자가 되어야 함을 다시 한 번 상기시킨다. 그리고 익숙함과 일상 가운데 잊혀진 제자 됨의 참된 의미와 중요성을, 하나님의 형상으로 창조된 관계적 존재라는 구조 아래 새롭게 조명해나간다. 그래서 최선영 박사가 《당신은 성도입니까? 제자입니까?》를 통해 우리에게 던지는 메시지는 신선하면서도 의미 있는 도전이다.

    목회자와 교수의 길을 가기 이전, 성취지향적이며 경쟁적인 사회에서의 실질적인 경험이 최선영 박사로 하여금 참된 영성과 전인적인 제자의 의미와 중요성에 대해 깊은 목마름을 가지게 하지 않았나 추측해본다. 저자는 외향적으로 제자화하는 방법과 훈련, 또는 제자의 역할에 초점을 두기보다 하나님의 형상 보유자로서 매순간 하나님과 깊은 결속관계를 누리는 것을 그리스도의 제자 된 삶의 가장 핵심적인 자원으로 제시한다. 또한 하나님의 형상을 닮아가는 진정한 제자들이라면 이 땅을 살아가는 동안 생태학적 시스템 가운데 연결되어 있는 모든 관계에서 드러나야 할 회복된 영성의 중요성을 상기시킨다.

목회자로서 교수로서 영성을 말하는 것은 당연한 과제이지만 두려운 일이기도 하다. 연약한 인간으로서 너무도 쉽게 평가받을 수 있는 자리에 스스로 서 있는 일이 될 수 있기 때문이다. 그러나 이러한 시도를 통해 저자는 제자도에 대한 또 다른 중요한 메시지를 우리에게 던진다. 바로 내면으로부터의 변화는, 인간의 의지와 힘과 노력이 아닌 오직 하나님의 은혜로만 가능해질 수 있다는 것이다. 즉, 제자가 된다는 것은 하나님의 주권과 통치 가운데 자신을 온전히 내어 드리는 것을 의미하며, 영적 훈련 또한 하나님의 은혜의 통로임을 명확하게 확인해 준다.

'나는 성도인가, 아니면 제자인가?'라는 질문을 자신에게 던져보는 성도들이 하나님께서 기뻐하실 영적 도전을 받을 수 있기를 소원하며 이 책을 추천한다. 제자도에 대한 매우 실제적인 내용을 구체적으로 제시하고 있는 이 책은, 전인적인 제자의 삶을 갈망하는 모든 이들에게 소중한 길잡이가 될 것이다.

Hyun Kyung Kim, Ph. D.
Professor of Christian Counseling
Director of B. A. in Christian Counseling Program
World Mission University

| 감사의 글 |

저는 참으로 축복받은 교수입니다. 28여 년간 Boeing 회사에서 Engineer로 근무하면서 많은 인생을 경험하게 하시고, 10여 년의 투석과 21번의 생사(生死)를 넘나드는 수술을 하는 깊은 죽음의 늪에서 신장 이식의 기회를 허락하시어, 제2의 생명을 주셔서 나머지 인생을 바치기로 서원하게 하신 하나님께 감사드립니다. 하나님이 도대체 누구인지를 공부하도록 신학교로 인도하신 것 또한 감사드립니다. 이는 말할 나위 없는 하나님의 사랑과 은혜이고, 아주사 신학대학교에서 훌륭하신 여러 교수들을 만나게 하심도 하나님의 은혜입니다. 특히 금세기의 영성대가이신 댈러스 윌라드(Dallas Willard) 교수를 아주사 박사 코스에서 만날 수 있었던 일은 제 인생에 특별한 일이었습니다.

너무나도 바쁘신 스케줄 가운데서도 정성 어린 추천사를 마다하지 않으신 나의 모교인 아주사 대학 부총장이시며, 학교 스승님이 되시고, 윤리학(christian ethics)에 탁월하고 해박하셔서 학생들에게 신망과 덕망이 두터우신 박성민 박사님께 진심으로 감사함을 올립니다.

교회에서는 많은 성도들을 그리스도의 말씀으로 깨우치고 영생의 길로 인도하는 목회자이시며, 대학에서는 후학들에게 열성과 정성을 다하여 조직신학(systematic theology)을 가르치는 교수이시며, 항상 제자들에게 모범적인 교수의 상(image)을 보여주시는 권경석 박사님, 정말 감사합니다.

　교회에서 오랫동안 내적치유담당 전도사로 사역하시고, 이 사역으로부터 얻은 많은 실천적인 경험과 깊은 학문을 겸비하시고, 대학교 교수로서 후학 양성에 열중이신 김현경 박사님께서 많이 부족한 제 글을 읽고 칭찬해 주시고 격려해 주셨습니다. 참으로 감사합니다.

　두 번째 책도 흔쾌히 받아 주시고 발간해 주신 쿰란출판사의 이형규 사장님, 편집과 디자인에 애쓰신 오완 과장님과 김유미 대리님, 모두 모두 감사합니다. 감사함을 오래 간직하겠습니다.

　늦깎이로 새로운 학문을 공부하는 동안 용기와 찬사를 아끼지 않은 딸 오드리(Audrey)와, 10여 년의 오랜 투병생활을 비롯하여 50여 년을 한결같이 뒷자리에서 묵묵히 기도로 뒷바라지해 준 사랑하는 아내 순옥 님께 감사드립니다.

　글을 마치도록 건강을 허락하신 하나님, 사랑합니다. 감사합니다.

2017년 2월

| 서문 |

　인간은 사회적 동물이다. 인간은 사회를 떠나서는 살 수 없다. 세상에 태어나면서 한 가정의 일원이 되고 성장하여 사회의 일원으로 살아가게 마련이다. 모태신앙으로 태어났다거나 후에 예수님을 구주로 영접하여 신앙인이 되면 또 하나의 사회인 교회 공동체의 일원이 되어 삶을 영위한다. 이 주인공을 우리는 성도라 부른다. 성도 개인(microsystem, '소구조'라 부르자), 성도와 가정(mesosystem, '중간구조'라 부르자), 성도와 교회 공동체(exosystem, '외부구조'라 부르자), 그리고 성도와 사회 공동체(macrosystem, '대규모구조'라 부르자) 생활은 서로 분리할 수 없는 깊은 관계를 가지고 있다. 어느 하나를 분리해서 생각할 수 없다.
　성경에서는 이러한 4가지의 필요불가결하고 끊을래야 끊을 수 없는 관계에 대하여 많은 말씀을 하고 있다. 이 4가지의 관계성은 하나님의 장중에 있으며, 4가지의 관계성은 모두 하나님께 영광을 돌리기 위해 존재한다. 하나님 중심의 삶을 중심으로 한 4가지의 관계 중 어느 하나를 분리하여 생각할 수 없기 때문에 5가지의 관계성이 성립된다. 이러한 삶을 성도가 영위하고 있는 것이다.
　성도가 하루를 살아간다는 것은, 순간순간 끊임없이 다른 사람들 혹은 서로 다른 공동체와의 관계를 유지하며 영향을 주고받으며 이어져 나가야 하는 다섯 가지의 관계성(성도, 성도와 가정, 성도와 교회생활, 성도와 사회생활, 성도와 하나님과의 관계성)으로 이루어진다는 것을 의미한다. 이는 제1바이올린, 제2바이올린, 비올라, 그리고 첼로가 작곡자가 악보에 표현한 대로 강함과 약함, 높음과 낮음, 그리고 느림과 빠름으로 피아노와 협연하는 현악 4중주 연주와 매우 흡사하다. 하나님은 작곡자와 같이 각각의 악기에 이미 갈 길(연주해야 할 음정)을 정해 놓으셨다. 각 악기의 연주자(성도)는 하나님이 작곡하신 악보(인생의 길)에 따라 연주를 해야 한다.

네 가지의 인간 관계성도 이와 매우 흡사하다. 각각의 관계성은 긴밀해야 하며, 어느 한 관계성이 지나치면 균형을 잃게 되므로 모든 관계성이 동등하게 유지되어야 한다.

현악 4중주의 색다른 특징 가운데 하나는 모든 악기가 음을 동등하게 분담한다는 것이다. 오늘날도 여전히 이 기준은 변하지 않아 이 동등성에 대한 평가는 좋은 현악 4중주를 구별하는 기준이 된다고 한다. 4가지 관계성은 현악 4중주의 특색인 네 개의 악기가 음을 동등하게 분담한다는 사실에 어울리는 내용이다. 서로 조화와 균형을 이루어야 한 성도가 훌륭한 삶을 영위할 수 있게 되고 그렇게 될 때 하나님이 보시기에 아름다운 삶이 될 것이다. 이러한 서로 끊을 수 없는 관계가 조화와 균형을 이루어야 한다고 믿는다.

이 책은 4가지의 필요불가결하고 끊을래야 끊을 수 없는 관계성이 긴밀하게 균형을 유지하기 위한 조건들을 제시한다. 또한 이 관계성 가운데 성도와 하나님의 관계성이 최우선이며, 이 모두가 하나님 섭리 안에서 이루어지고 있음을 말하고 있다. 이것은 성도의 삶의 기본 틀이다. 성도는 여기에 안주해서는 안 된다.

신앙을 고백하고 그리스도인을 자처한다고 해서 모두 다 똑같지는 않다. 교회 안에는 항상 두 종류의 그리스도인이 존재한다. 이름과 형식만 갖춘 그리스도인이 있는가 하면 신앙과 행위가 일치하는 참그리스도인이 있음을 인지하여야 한다. 이스라엘 사람이라고 해서 다 참이스라엘 사람이 아니었듯이 그리스도인이라고 해서 다 참그리스도인은 아니다.

"당신은 성도입니까? 당신은 제자입니까?" 우리는 우리 자신에게 반문해 보아야 한다. 성도는 제자가 되어야 한다. 예수님 당시 예수님을 따르는 무리들이 많았다. 그러나 모두 제자라고 부르진 않았다. 특별히 선정하여 택한 12명만 '제자'(弟子) 혹은 '사도'(使徒)라고 불렀다. 물론 70인의 제자도 있지만 그 의미상 12제자와는 다르다. 그들은 특별히 부름 받은 자들은 아니었다. 이런 의미에서 성도(聖徒)는 예수님을 따르는 자이다. 제자는 예수님에 의해 특별히 선택된 자들이다.

"저를 믿는 자마다"(요 3:16), 이는 바로 성도(聖徒)라는 말이다. 성도는 예수 그리스도를 구주로 믿어 구원받은 사람이다. 그러나 제자(弟子)는 좀 더 중요한 일이 그에게 있었다. 증인의 사명을 감당하는 것이다. 그렇다고 성도는 증인의 사명을 감당하지 않아도 된다는 말로 오해해서는 안 된다. 제자는 특별히 선정되고 훈련받아 그 사명을 더욱 잘 감당하도록 임명된 사람이라는 뜻이다. 모든 성도는 하나님의 말씀을 믿고 예수 그리스도를 자기의 구주로 영접하여 신앙인이 되었다. 그러나 듣고 믿는다고 해서 다 제자가 되는 것은 아니다. 훈련을 통하여 일할 수 있을 때 제자라고 말할 수 있다. 주님께서 원하시는 것은 제자가 되는 것이다.

이 책은 제자가 되기 위해 영적 훈련을 할 것을 강조하고 있다. 영적 훈련에는 여러 종류의 훈련을 들 수 있다. 그중에서도 가장 기본이 되는 몇 가지를 기술하였다. 묵상 훈련, 기도 훈련, 금식 훈련, 학습 훈련 그리고 단순성 훈련 등을 기술했다. 그러나 영적 훈련을 시작하기 전에 두 가지 전제 조건을 말하고 있다. 첫째는 진정한 회개이다. 죄를 깨닫고 인정하라. 회개에는 결단이 필요하다. 하나님 앞에 당신의 죄를 자복하라. 이것이 우선되어야 된다. 둘째는 거듭나야 한다. 회개하고 죄 사함을 받고 거듭나지 않는다면 영적 훈련은 무용지물이다. 거듭남이란 참 믿음을 갖는 순간 인간의 마음과 본성이 변화되는 것을 의미한다. 인간 자신의 내적 세계(inner world)가 예수님의 내적 존재(inner being)로 성령님의 도움(Spirit-driven)으로 변화된 사람(transformed)을 거듭난 자라 할 수 있다.

영적 훈련을 통해서 얻을 수 있는 영적 변화의 결과는 하나님께서 원하시는 전인격적인 제자가 되는 것이다. 하나님의 약속을 전적으로 신뢰하고, 보이지 아니하는 것을 현재 가지고 있는 것처럼 확신하고, 하나님의 권능을 보지 못하고도 인정하는 믿음(히 11:1-2)을 소유하는 제자의 모습으로, 스스로에게 부끄러움이 없고, 가족들(나와 가족의 관계성)과 이웃들(나와 이웃의 관계성)과 교회 공동체(나와 교회 공동체와의 관계성)에서 그 인격과 삶 속에 하나님께서 살아 역사하시고 계시는 흔적을 드러내며 관계성의 균형을 잃지 않고 살아가는 제자가 될 것이다. 이 책에 언급되는 성경 구절에 대한 주석은 《World Biblical Commentary》(솔로몬)과 《그랜드 종합주석》(성서아카데미)을 인용하였고, '예'로 든 내용들은 실제 있었던 내용들이어서 실명은 피하였음을 밝힌다.

# contents

- **추천사** 박성민 교수(Ph. D. 부총장, Azusa Pacific University) ··· **4**
  권경석 교수(Ph. D. Professor, Shepherd University) ··· **6**
  김현경 교수(Ph. D. Professor, World Mission University) ··· **8**
- **감사의 글** ··· **10**
- **서문** ··· **12**

조화와 균형을 이루는 관계 ··· **23**
여러 정의들 ··· **27**

## 제1부 소구조(Microsystem): Personal
## 성도

**성도의 삶  30**
    1. 나눔과 베풂  **30**
    2. 성령 충만  **34**
    3. 지혜 충만(행 6:3-5)  **51**
    4. 칭찬받는 사람(행 6:3-6)  **53**
    5. 행함이 있는 믿음의 소유자(행 6:8; 약 2:14-26)  **54**
    6. 주를 위해 죽기까지 충성하는 신앙의 소유자(행 7:54-60)  **55**

**성도의 삶의 원칙(골 3:1-4)  57**
    1. 하늘에 소망을 두라  **57**
    2. 9가지 성령의 열매를 맺는 삶을 살라(갈 5:22-23)  **58**

**성도의 7대 특징(요 3:3 중심으로)  61**
**성도가 버려야 할 것(골 3:5-10)  62**

## 제2부 중간구조(Mesosystem): Family
### 성도와 가정

**성경적인 가정** 66
1. 최초의 가정 66
2. 성도의 부부(엡 5:22-33 중심으로) 68
3. 좋은 아버지가 되려면 71
4. 건강한 가정이 가지는 6가지 공통점 82
5. 생태학적 가족관계(Ecological Family Systems) 84
6. 끊임없는 변화와 상호관계 가운데 각 구조에서 발생되는 스트레스들 84

## 제3부 스트레스(Stress)

**스트레스** 98
1. 긍정적인 스트레스(Eustress) 99
2. 기분 나쁜 스트레스(Distress) 100
3. 스트레스 요소들(Stressors) 100
4. 스트레스 관리(Stress Management) 113

## 제4부 외부구조(Exosystem): Church
### 성도와 교회

**성도와 교회** 142
1. 성도에게 교회란 무엇인가? 142

2. 성경에서 말하는 목회자는 누구인가? **155**
3. 성경에서 말하는 목회자의 자질(딤전 3:1-7) **159**
4. 성도와 목회자의 관계 **165**
5. 교회 안에서의 성도의 자세(롬 12:3-13) **171**
6. 왜 교회 공동체가 필요한가? **173**
7. 성도와 성도의 관계(요 15:12-17) **176**

## 제5부 관계 회복

### 관계 회복 **188**

1. 관계 회복 **188**
2. 성도와 교회 사이에서 파생되는 문제들 **192**
3. 미국 교회에서의 조금 다른 양상 **199**
4. 교인 수평이동 현황에 대한 종합적인 요약 **200**
5. 교인들이 교회를 떠나지 못하는 이유들 **200**

## 제6부 대규모구조(Macrosystem): Society 성도와 사회

### 성도와 사회 **206**

1. 성도의 사회생활 **206**
2. 사회에 대한 성도의 의무(롬 12:14-21) **212**
3. 성도와 직장 상사의 관계 **213**
4. 성희롱(Sexual harassment) 문제 **247**
5. 성희롱 미연에 방지하기 **251**

## 제7부 성도와 하나님

**성도와 하나님** 254
- 1. 하나님의 형상 이해하기 254
- 2. 하나님과의 관계 255
- 3. 삼위일체의 하나님 256
- 4. 성도와 하나님의 관계 272

## 제8부 하나님의 섭리

**하나님의 섭리** 276
- 1. 섭리의 대상 276
- 2. 섭리의 요소 277
- 3. 성도는 제자가 되어야 한다 278
- 4. 영성 훈련을 통한 제자훈련: 제자가 되려면 영성 훈련을 하라 279
- 5. 재물에 대한 우리의 자세 327
- 6. 단순성의 외적 표출을 위한 주요 원리 330

## 제9부 제자

**제자** 334
- 1. 예수님의 당부 335
- 2. 예수님이 말씀하시고 보여주신 것 337
- 3. 예수님이 제자들을 택하실 때의 독특한 점들 337
- 4. 왜 그리스도를 본받는가? 339

5. 그리스도의 형상을 닮았다는 말의 6가지 의미 **339**

6. 순종과 복종의 차이 **352**

## 제10부 회복된 영성 유지

**회복된 영성 유지 356**

   1. 끝없는 사탄의 공격이 있다(눅 22:31-32) **358**

   2. 마음을 지키라(잠 4:20-27) **360**

   3. 참으라(약 5:7-11) **361**

   4. 영적 훈련을 게을리하지 말라(잠 6:6-11) **363**

**Practice, Practice, and Practice 365**

## 조화와 균형을 이루는 관계

인간은 사회적 동물이다. 인간은 사회를 떠나서는 살 수 없다. 세상에 태어나면서 한 가정의 일원이 되고, 성장하여 사회의 일원으로 살아가게 마련이다. 모태신앙으로 태어났거나 후에 예수님을 구주로 영접하여 신앙인이 되면 또 하나의 사회인 교회 공동체의 일원이 되어 삶을 영위한다. 이 주인공을 우리는 성도라 부른다. 성도 개인(microsystem, '소구조'라 부르자), 성도와 가정(mesosystem, '중간구조'라 부르자), 성도와 교회 공동체(exosystem, '외부구조'라 부르자), 그리고 성도와 사회 공동체(macrosystem, '대규모구조'라 부르자) 생활은 서로 분리할 수 없는 깊은 관계를 가지고 있다. 어느 하나를 분리해서 생각할 수 없다.

성경에서는 이러한 4가지의 필요불가결하고 끊을래야 끊을 수 없는 관계에 대하여 많은 말씀을 하고 있다. 핵심을 이루는 것은 성도의 삶이 하나님을 중심으로, 즉 성도 개인, 성도와 가정, 성도와 교회 공동체, 성도와 사회 공동체 등으로 관계를 맺고 있다는 것이다. 이 4가지의 관계성은 하나님의 장중에 있으며, 이 모든 관계성은 모두 하나님께 영광을 돌리기 위해 존재한다. 하나님 중심의 삶을 중심으로 한 4가지 관계 중 어느 하나를 분리하여 생각할 수 없기 때문에 5가지의 관계성이 성립된다. 이러한 삶을 성도가 영위하고 있는 것이다.

5가지의 관계성은 다음과 같다.
1. 성도(개인) ──────── Individual
2. 성도와 가정 ─────── Family
3. 성도와 교회생활──── Church
4. 성도와 사회생활──── Society

## 5. 하나님의 섭리 ──── Providence

**[그림 1] 관계성**

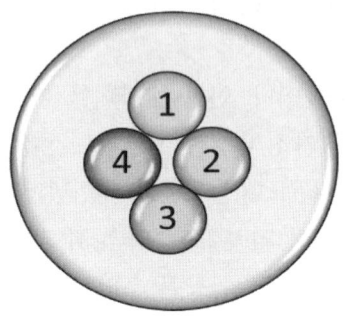

성도가 하루를 살아간다는 것은, 순간순간 끊임없이 다른 사람들 혹은 공동체와의 관계를 유지하며 영향을 주고받으며 이어져 나가야 하는 5개의 관계성(성도, 성도와 가정, 성도와 교회생활, 성도와 사회생활, 성도와 하나님의 관계성)으로 이루어진다는 것을 의미한다. 이는 마치 제1바이올린, 제2바이올린, 비올라, 그리고 첼로가 작곡가의 악보에 따라 강함과 약함, 높음과 낮음, 그리고 느림과 빠름에 맞추어 협연하는 현악 4중주 연주와 매우 흡사하다. 하나님은 작곡자와 같이 각각의 악기에 이미 갈 길(연주해야 할 음정)을 정해 놓으셨다. 각 악기의 연주자(성도)는 하나님이 작곡하신 악보(인생의 길)에 따라 연주를 해야 한다.

"현악 4중주의 제1바이올린은 와인 병의 라벨, 제2바이올린은 와인 병의 코르크, 비올라는 와인, 첼로는 와인을 담은 유리병에 비유하는 오래된 격언이 있다. 그만큼 넷의 관계가 긴밀해야 하며, 한 사람이 지나치게 튀지 않고 넷이서 호흡을 맞춰 연주하는 것이 중요하기 때문에 현악 4중주 팀 내에서 불화가 생기면 금세 와해 된다."[1]

현악 4중주는 서양 고전 음악의 실내악에서 매우 중요한 악곡 양식

---

1) https://namu.wiki, 나무위키. "현악 4중주"(2016. 2. 16).

이다. 4가지 인간 관계성도 이와 매우 흡사하다. 각각의 관계성은 긴밀해야 하며, 어느 한 관계성이 지나치면 균형을 잃게 되므로 이 모든 관계성은 동등하게 유지해야 한다.

현악 4중주의 색다른 특징 가운데 하나는 모든 악기가 음을 동등하게 분담한다는 것이다. 오늘날에도 여전히 이 기준은 변하지 않아 이 동등성에 대한 평가는 좋은 현악 4중주를 구별하는 기준이 된다고 한다. 4가지 관계성은 현악 4중주의 특색인 네 개의 악기가 음을 동등하게 분담한다는 사실에 어울리는 내용이다. 서로 조화와 균형을 이루어야 하나님이 보시기에 아름다운 성도의 삶이 될 것이다. 이러한 서로 끊을 수 없는 관계가 조화와 균형을 이루어야 한다고 믿는다.

**비신자의 삶**

비신자의 삶은 아래와 같은 모양이어서 그 현악 4중주의 공연은 썩 훌륭한 연주가 아닐 것이다. 각각의 관계가 조화와 균형을 이루지 못한 삶이다.

[그림 2] 불균형

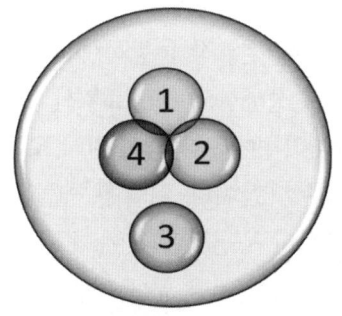

**조화와 균형을 이루는 삶**

다음은 조화와 균형을 이루어 하나님 보시기에 훌륭한 삶의 모양이다. 성도의 삶은 성도 개인, 성도와 가정의 관계, 성도와 교회생활의 관계, 성도와 사회생활의 관계, 그리고 성도와 하나님의 관계가 상존하는 삶이다. 이러한 성도의 삶이 조화와 균형을 이루는 것은, 마치 현악 4중주가 피아노 반주(하나님의 섭리 아래)에 맞추어 아름다운 화음을 냄으로써 관중을 매혹하듯이, 성도의 4가지의 관계 형성이 조화(harmony)를 이루기도 하고 통합(unity)하며, 일치(accord)를 이루고 합의(agreement)하며, 화합(concord)을 이루는 균형 잡힌 삶으로 하나님께 영광을 돌리게 된다.

[그림 3] 관계성의 조화와 균형

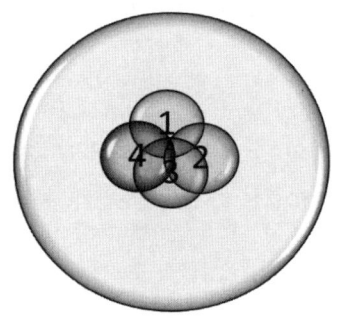

### 칼빈이 말하는 참된 성도의 정의

칼빈의《기독교 강요》3권 2장 16항목에 의하면, 오직 참된 신자란 하나님께서 자기에게 친절하시고 자비로우신 아버지시라고 굳게 확신함으로써, 그분의 관대하심에 근거하여 친히 모든 일들을 약속하신다는 사실을 확실히 믿는 사람이다. 이들은 하늘나라의 기업에 대해 확신 있게 자랑하며, 자신이 구원받은 것에 대해 확신하고, 마귀와 사망에 대해서 확신 있게 승리할 것을 굳게 믿는다. 이러한 사람들은 자신이 부르심을 받은 영원한 기업의 소망이 어떤 것인지를 잘 분별할 수 있다.

## 여러 정의들

**맺는 열매로 보면:**
성도란 어떤 사람을 말하고 있을까?

여러 성경 구절을 인용하여 다양하게 정의를 내릴 수 있다. 성도들이 맺는 열매를 중심으로 정의해 보면, 예수님은 어떤 나무가 좋은 나무인가를 알려면 그 열매를 보아야 한다고 말씀하신다(마 7:17). 말을 유창하게 한다든지 외모가 매력적인 것은 어느 정도의 기술이나 인간적인 노력으로 이룰 수 있으나, 성도에게서 맺어지는 열매는 신앙의 진위를 말해 준다. 하나님께서 성도들에게 기대하시는 열매는 9가지 성령의 열매인 "사랑과 희락과 화평과 오래 참음과 자비와 양선과 충성과 온유와 절제"(갈 5:22-23)이다. 이러한 열매의 의미는 이러하다.

성령의 열매 중 근본이며 본질적인 것은 사랑(love, 고전 13:13)이라고 하셨고, 그리스도 안에서의 기쁨을 희락(joy, 사 35:10)이라 하셨고, 그리스도로 말미암아 누리는 참 평안을 화평(peace, 벧전 3:11), 분노를 참고 고난 중에도 견디는 것을 인내(patience, 약 1:4), 온유하며 관용하며 너그러운 성품을 가지는 것을 자비(kindness, 마 12:7), 이웃에게 선을 베푸는 행위를 양선(goodness, 엡 5:9), 믿음을 끝까지 지키며 본분을 다하는 것을 충성(faithfulness, 고전 4:2), 겸손하게 순종하는 성품을 온유(gentleness, 마 5:5)라 하고, 욕심과 정욕을 자제하는 능력을 절제(self-control, 고전 9:25)라고 하였다.

어느 성도가 이 모든 9가지의 열매를 다 맺을 수 있을까? 9가지 중 어느 한 열매라도 먹음직스럽고 탐스럽게 맺는다면 예수님께서 기뻐하시는 성도일 것이다.

성령 충만하게 될 때 좋은 성령의 열매를 맺을 수가 있다. ① 사랑과 희락과 화평은 자신 속에서 임재한다. ② 인내와 자비와 양선은 대인관계에 임재한다. ③ 충성과 온유와 절제는 하나님 앞에 임재한다.

### 삶의 목적으로 보면:
바울은 갈라디아서에서 다음과 같이 삶의 목적을 말하고 있다.

"내가 그리스도와 함께 십자가에 못 박혔나니 그런즉 이제는 내가 산 것이 아니요 오직 내 안에 그리스도께서 사신 것이라 이제 내가 육체 가운데 사는 것은 나를 사랑하사 나를 위하여 자기 몸을 버리신 하나님의 아들을 믿는 믿음 안에서 사는 것이라"(갈 2:20).

바울 사도는 자신의 삶의 목적을 분명히 밝히면서 자기를 위해 십자가의 고난을 담당하신 그리스도를 위하여 산다고 밝히고 있다. 자신을 위해 살지 않는다는 의미가 되지만, 보다 넓은 의미에서는 하나님의 말씀대로 산다는 의미이다. 우리는 여기서 참 신자의 정의를 찾을 수 있다.
하나님의 아들을 믿는 믿음 안에서 사는 삶이야말로 참 신자의 삶이라 할 수 있다.

# 제1부

# 소구조(Microsystem): Personal 성도

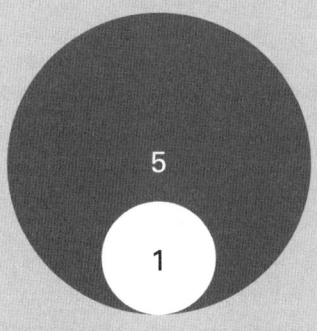

1 성도(개인)–Individual
5 하나님의 섭리–Providence

성도의 삶은 항상 하나님의 섭리 아래에 놓여 있다.

# 성도의 삶

하나님은 성경을 통해 우리에게 이 짧은 인생을 사는 동안 어떠한 삶을 영위하라고 권면하고 계신가?

**1. 나눔과 베풂**

1) 잠언 11장 24-25절(나눔과 베풂의 삶)

"흩어 구제하여도 더욱 부하게 되는 일이 있나니 과도히 아껴도 가난하게 될 뿐이니라 구제를 좋아하는 자는 풍족하여질 것이요 남을 윤택하게 하는 자는 윤택하여지리라"

- 나눔과 베풂은 부자가 되는 지름길이다.

부자가 되려면 나눔과 베풂의 삶을 살아라. 구제를 하면 구제하는 자가 풍족하게 된다고 말씀하고 있다. 이렇게 확실히 이윤이 보장되는 투자는 없다.

2) 레위기 19장 9-10절(나눔과 베풂의 삶)

"너희 땅의 곡물을 벨 때에 너는 밭 모퉁이까지 다 거두지 말고 너의 떨어진 이삭도 줍지 말며 너의 포도원의 열매를 다 따지 말며 너의 포도원에 떨어진 열매도 줍지 말고 가난한 사람과 타국인을 위하여 버려두라 나는 너희 하나님 여호와니라"

- 나눔과 베풂은 하나님의 긍휼과 사랑에 기초한다(레 19:9).

레위기 19장 9절을 보면 곡물을 수확할 당시 지켜야 할 규례를 말하고 있다. 이스라엘 백성들은 곡물을 추수할 때 두 가지 규례를 준수해야 했다. 첫째는 밭의 일부는 수확하지 않고 남겨 두어야 했고, 둘째는 추수할 때 땅에 떨어진 이삭은 다시 돌이켜 줍지 말아야 했다. 이러한 규례는 가난한 자들의 생계를 보장해 주기 위한 하나님의 긍휼과 사랑에 기초한다. 대표적인 실례로 룻이 시어머니를 봉양하기 위해 보아스의 밭에서 이삭을 주운 사례를 들 수 있다(룻 2:2-3).

- 나눔과 베풂은 자신의 권리를 포기하는 것이다(레 19:10).

레위기 19장 10절은 열매 수확의 시행에 관한 규례이다. 이 규례에서는 두 가지 준수 사항이 요구되었다. 첫째는, 열매를 전부 다 따서는 안 된다는 것이다. 이는 막대기를 이용해서 열매를 딸 때에 그 막대기가 닿지 않는 곳의 열매까지 다 따려고 나무를 흔들거나 사다리를 놓고 올라가 마지막 하나까지 다 따지 말라는 것이다. 두 번째는, 땅에 떨어진 열매를 주워서는 안 되었다. 이는 땅에 떨어진 곡물을 줍지 말도록 규정한 것과 같은 의미이다. 이 규례는 자신의 열매에 대한 자기 권리를 포기할 때만이 지켜질 수 있다. 이러한 규례를 준수하는 것은 우리의 삶을 조금 더 아름답고 고귀하게 만들어주며 좀 더 여유 있는 삶이 되게 한다.

이러한 규례는 이스라엘에만 있었던 것은 아니다.

오늘날에도 한국의 시골에 가면 '까치밥'이라는 말이 있다. 가을이 되어 탐스럽게 열매 맺은 감나무에서 감을 딸 때 다 따지 않고 꼭대기에 몇 개 남겨 둔다. 까치들이 먹을 수 있도록 남겨 둔다 해서 '까치밥'이라고 부르는데, 겨울이 되면 이 남겨진 몇 개의 감이 얼어서 그야말로 아이스 홍시가 된다. 아름다운 풍습 덕에 먹이 구하기 어려운 겨울을 새들이 견디며 살 수 있는 것이다. 까치는 물론 온갖 새들과 비둘기도 감을 쪼아 먹는다.

필자의 집 뒷마당에는 감나무 한 그루가 있는데, 가을이면 복스럽고 먹음직스럽게 가지가 휠 정도로 감이 많이 열린다. 그런데 어느 날부터인지 다람쥐 한 쌍이 오면서 상황이 달라졌다. 끼니 때마다 한 쌍의 다람쥐가 와서 나무 꼭대기며 아래며 가리지 않고 식사를 하는 통에 가을 수확이 많이 적어졌다. 그러나 다람쥐 한 쌍이 와서 재롱부리며 감을 따는 모습을 보면서 언제부터인지 이 광경을 즐기게 되었다. 물론 막을 수 있는 방법은 여러 가지 있다. 그러나 그냥 내버려 두었다. 나를 즐겁게 하기 때문이다. 나눔과 베풂은 우리의 삶을 더욱더 아름답고 즐겁고 고귀한 삶의 수준으로 만들어 준다.

### 3) 디모데전서 6장 18-19절(나눔과 베풂)

"선한 일을 행하고 선한 사업에 부하고 나눠 주기를 좋아하며 동정하는 자가 되게 하라 이것이 장래에 자기를 위하여 좋은 터를 쌓아 참된 생명을 취하는 것이니라"

부자가 해야 할 일에 대하여 구체적으로 설명하고 있다. 재물에 대하여 끝없는 욕심을 부리기보다 가진 바 재물을 선하게 나누고 베풀 것을 말하고 있다. 재물을 쌓아 두기보다 그것을 나누고 베풀어 선행을 함으로써 하나님께서 기뻐하시는 삶을 살 것을 권하고 있다. 또한 재물을 나누고 베풀 때 즐거운 마음으로 할 것을 권하고 있고, 재물만 단순히 나누는 것이 아니라 아름다운 마음으로 처지를 이해하며 서로 교제할 것도 아울러 권하고 있다. 나눔과 베풂은 곧 재물을 하늘에 쌓아 놓는 결과를 가져오며, 하나님께 영광을 돌리는 일이 되는 것이다.

이를 요약하면,

- 나눔과 베풂은 재물을 선하게 쓰는 일이다.

- 나눔과 베풂은 하나님을 기쁘시게 하는 일이다.
- 나누고 베풀 때 기쁜 마음으로 하라.
- 나눔과 베풂은 재물을 하늘에 쌓아 두는 일이다.

### 4) 고린도후서 8장 1-5절(나눔과 베풂)

"형제들아 하나님께서 마게도냐 교회들에게 주신 은혜를 우리가 너희에게 알게 하노니 환난의 많은 시련 가운데서 저희 넘치는 기쁨과 극한 가난이 저희로 풍성한 연보를 넘치도록 하게 하였느니라 내가 증거하노니 저희가 힘대로 할 뿐 아니라 힘에 지나도록 자원하여 이 은혜와 성도 섬기는 일에 참여함에 대하여 우리에게 간절히 구하니 우리의 바라던 것뿐 아니라 저희가 먼저 자신을 주께 드리고 또 하나님 뜻을 좇아 우리에게 주었도다"

바울은 본문을 통해 마게도냐 지방의 교회들이 보여준 모범된 연보 자세를 소개하고 있다. 당시 마게도냐 지방에 있던 교회들(빌립보, 데살로니가, 베뢰아 교회 등)이 자신들은 유대인들로부터 박해와 로마 정부로부터의 박해에 시달리고 있어 넉넉지 못한 생활을 하고 있었음에도 예루살렘 교회의 가난한 성도들을 위한 연보에 최선을 다하였음을 말하고 있다. 그들은 풍성한 연보를 하였다. 물론 강요에 의한 것이 아니었다. 오히려 자원하여 자기들의 능력 이상으로 연보하였음을 말하고 있다.

이 풍성한 연보는 넘치는 하나님의 은혜에 대한 감사의 표현이었고, 인류를 구하기 위해 당신의 독생자 예수 그리스도를 아낌없이 내어 주신 하나님과 자기 생명을 내어 주기까지 죄인들을 사랑하신 예수 그리스도의 풍성한 은혜에 감사하는 마음으로 자신의 재물을 형제들을 구제하기 위해 바친 것이다.

나눔과 베풂은 풍요한 가운데 있다고 해서 이루어지는 것이 아니라 하나님과 이웃에 대한 사랑으로 인한 자발적인 마음에서 비롯된다는 것을 강조하고 있다.

- 나눔과 베풂은 재물이 풍족한 상태에서만 베푸는 것이 아니다.
- 나눔과 베풂은 하나님의 은혜에 대한 감사의 표현이다.

### 2. 성령 충만

"형제들아 너희 가운데서 성령과 지혜가 충만하여 칭찬 듣는 사람 일곱을 택하라 우리가 이 일을 저희에게 맡기고 우리는 기도하는 것과 말씀 전하는 것을 전무하리라 하니 온 무리가 이 말을 기뻐하여 믿음과 성령이 충만한 사람 스데반과 또 빌립과 브로고로와 니가노르와 디몬과 바메나와 유대교에 입교한 안디옥 사람 니골라를 택하여"(행 6:3-5).

### 성령은 무엇인가?

구약성경에서 성령이란 낱말은 시편 51편 11절, 이사야 63장 10절, 11절, 세 구절에만 등장한다. 그 이외에는 하나님의 '영'[רוח(루아흐); 구약의 헬라어 역본인 70인역에서는 πνεύμα(프뉴마)]이라는 낱말로 사용되었다. 그러므로 구약의 성령을 올바르게 이해하기 위해서는 루아흐의 의미를 살펴보아야 한다.

이 낱말은 구약성경에 총 378회 나온다. 그 뜻에 따라 분류해 보면, 세 개의 양적으로 비슷한 크기의 의미 그룹으로 나눌 수 있다. 그것은 113곳에서는 자연적인 바람, 폭풍을, 129곳에서는 인간의 생명력, 숨, 깨달음과 감정의 자리를, 136곳에서는 하나님의 입김-영을 의미한다. 즉 '루아흐'는 바람, 호흡, 영(인간의 영과 하나님의 영) 등 역사 안에서 활동하는 어떤 신적 기능으로 묘사한다.

하나님의 진리를 배워서 안다고 해서 성도의 삶이 완성되는 것은 아니다. 배운 진리들을 익히고 몸소 진리를 삶에 적용하는 실천이 있을 때 우리는 비로소 하나님 안에서 풍성하고 능력 있는 삶을 체험하게 된다. 다음에 성령의 여러 기능에 대하여 자세히 언급하겠지만 우선

부분적으로 성령의 기능의 일부분만 언급하자면, 성령의 도우심으로 우리의 삶이 더욱 풍성하게 된다. 이렇게 풍성하도록 도우시는 분이 성령 하나님이시다. 일례로 '오늘은 주일이다. 아, 오늘은 예배드리러 교회에 가야 되겠구나. 예배드리러 예배당에 가자'라고 생각했다면, 예배드리러 가야겠다고 생각나게 하시고 교회로 인도하시는 분이 성령님이시다. 성령님의 기능에 대하여는 차후에 자세히 기술할 것이다.

### 성령 충만이란?

충만이란 말은 지배를 받는다는 의미를 가진다. 따라서 성령 충만한 삶이란 성령의 지배를 받는 삶을 의미한다. 성령의 지배를 받는 사람은 항상 성령의 능력으로 채움을 입게 된다. 또한 성령님은 그리스도를 영화롭게 하기 위해서 오셨고 그리스도의 영이므로, 성령 충만이란 그리스도로 충만함을 의미하고 그리스도 안에서 거하는 것을 말한다.

### 1) 성령 충만함을 얻는 조건

(1) 믿음(갈 3:13-14)
예수 그리스도의 십자가 구속을 믿는 자들에게는 하나님께서 성령을 허락해 주셨다는 것이다.

> "그리스도께서 우리를 위하여 저주를 받은 바 되사 율법의 저주에서 우리를 속량하셨으니 기록된바 나무에 달린 자마다 저주 아래 있는 자라 하였음이라 이는 그리스도 예수 안에서 아브라함의 복이 이방인에게 미치게 하고 또 우리로 하여금 믿음으로 말미암아 성령의 약속을 받게 하려 함이니라"

인간의 곤고함을 아시는 그리스도께서 인간이 받아야 할 저주를 대신 받으심으로 인간을 율법의 저주에서 해방시키셨다. 따라서 그리스도의 구속사역을 믿고 의지하는 자들은 이제 율법의 저주와는 상관이 없어짐으로 인해 그들에게 새로운 구원의 방편이 약속되었다. 이처럼 율법의 준행으로서가 아니라 그리스도를 믿음으로 구원에 이른다는 것이 갈라디아서의 핵심이다.

14절에서는 인간을 대신해서 율법의 저주를 담당하신 그리스도의 십자가 죽음의 목적을 더욱 구체적으로 밝히고 있다. 예수 그리스도의 십자가 구속을 믿는 자들에게는 하나님께서 성령을 허락해 주셨다는 것이다.

(2) 회개(행 2:37-41)

"저희가 이 말을 듣고 마음에 찔려 베드로와 다른 사도들에게 물어 가로되 형제들아 우리가 어찌할꼬 하거늘 베드로가 가로되 너희가 회개하여 각각 예수 그리스도의 이름으로 세례를 받고 죄 사함을 얻으라 그리하면 성령을 선물로 받으리니 이 약속은 너희와 너희 자녀와 모든 먼 데 사람 곧 주 우리 하나님이 얼마든지 부르시는 자들에게 하신 것이라 하고 또 여러 말로 확증하며 권하여 가로되 너희가 이 패역한 세대에서 구원을 받으라 하니 그 말 받는 사람들은 세례를 받으매 이날에 제자의 수가 삼천이나 더하더라"

본문은 성령이 충만한 베드로의 설교의 결과를 논하고 있다. 또한 본문은 하나님 나라의 백성인 새 언약의 공동체의 일원이 되는 과정을 제시하고 있다.

첫째로, 자신의 죄를 깨닫고 회개해야 한다. 둘째로, 예수의 이름으로 세례를 받음으로 예수의 죽으심과 부활하심에 연합해야 한다. 셋째로, 하나님께 사죄의 은혜를 받아야 한다. 넷째로, 구원하시는 성령의 은사를 선물로 받아야 한다.

(3) 사모함(요 7:37-39)

"명절 끝 날 곧 큰 날에 예수께서 서서 외쳐 가라사대 누구든지 목마르거든 내게로 와서 마시라 나를 믿는 자는 성경에 이름과 같이 그 배에서 생수의 강이 흘러나리라 하시니 이는 그를 믿는 자의 받을 성령을 가리켜 말씀하신 것이라 (예수께서 아직 영광을 받지 못하신 고로 성령이 아직 저희에게 계시지 아니하시더라)"

명절의 끝 날 곧 큰 날이 초막절의 제7일인지 8일인지에 대해서는 논란이 좀 있다. 본래 초막절은 7일간이지만(신 16:13) 제8일은 '쉬는 날'로서 '성회'로 모였다(레 23:36). 이 명절 7일간에는 실로암 못에서 물을 길어와 성전 제단에 붓는 일이 매일 행해졌으나 8일에는 행해지지 않았다. '생수'란 예수님의 부활과 승천 후에 강림할 성령을 가리킨다(39절).

이 본문에서 성령 충만은 특별한 성도들에게만 허락되는 은사가 아니라 모든 성도들에게 주어지는 축복이라고 말씀하고 있다. 예수께서 자신을 믿는 자마다 그 배(사람의 심층부, 즉 양심이나 전인격을 의미, 욥 15:35; 잠 18:8)에서 생수의 강이 흘러날 것이라고 약속하셨다(37-38절). 예수를 믿는 자마다 성령이 그 심령 가운데서 역사하심으로 성령 충만한 삶을 살게 되는 것이다(행 2:1-4, 17-20, 38).

(4) 순종(행 5:32)

"우리는 이 일에 증인이요 하나님이 자기를 순종하는 사람들에게 주신 성령도 그러하니라 하더라"

본문은 17절부터 32절을 읽고 이해해야 한다. 17-32절의 본문은 산헤드린의 종교 지도자들이 복음의 확산을 막기 위해 사도들을 다시 감옥에 가두자 주께서 기적으로 구출하시고 다시 복음을 전하게 하시는 장면을 소개하고 있다.

29절부터 32절까지는 베드로의 변론 부분이다. 복음을 전하다가 다시 잡혀와 공회 앞에서 복음에 대하여 변론한다. 즉, 저들이 죽인 예수가 바로 구주 되심을 증거하면서 그들에게 회개를 촉구하고 있다. 예수 그리스도를 구주로 증거할 수 있었던 것은 그가 성령 충만함을 통해 담대한 믿음을 소유했기 때문이다. '자기를 순종하는 사람들'의 의미는 사도들을 포함해서 오순절 성령을 받아 예수님을 주와 그리스도로 영접한 모든 사람을 가리킨다. 하나님께 자신의 죄를 진정으로 회개한다면 제자들처럼 예수를 주와 그리스도로 고백할 수 있음을 말하고 있고, 성령의 주된 임무는 '예수님이 주와 그리스도'가 되신 것에 대한 증거임을 말해 준다.

(5) 기도(렘 33:3)

"너는 내게 부르짖으라 내가 네게 응답하겠고 네가 알지 못하는 크고 비밀한 일을 네게 보이리라"

"부르짖으라!!" 하신다.
이는 하나님의 명령이며 이를 통해 하나님은 우리에게 확신을 주신다. 부르짖으며 기도하라 하신다. 사슴이 시냇물을 찾아 헤매는 것과 같이 간절하게 사모하는 마음으로 기도하라 하신다. 소리를 내어 기도하라 하신다. 뜨거운 심정으로 기도하라 하신다. 애타게 간구하라 하신다.
부르짖으면 응답하시겠다고 약속하신다. 부르짖는 내용이 무엇이든지 응답하시겠다고 하신다. 우리의 믿음의 조상들 중에 하나님께 나아와 간절히 부르짖었는데 응답을 못 받고 빈손으로 돌아간 사람은 단 한 명도 없었다는 것을 기억하라.

응답하는 것으로 끝이 아니다. 우리가 알지 못하는 크고 비밀한 일을 보여주시겠다고 하신다. 하나님이 섭리하시는 청사진을 보여주시겠다고 하신다.

"내일 일은 난 몰라요 하루하루 살아요"라는 찬양을 기억하는가? 우리는 한 치 앞을 모르고 살며, 내일 일은 전혀 알 수 없다. 하나님께서 부르짖는 자를 긍휼히 여기시고 그 부르짖는 간구의 소원을 들어주실 뿐만 아니라, 우리를 사랑하시고 아름답고 크고 비밀스런 미래의 청사진을 그려 놓으시고 우리에게 보여주시겠다고 하신다.

부르짖으면 응답하신다. 성령 충만을 위해 부르짖으라. 그러면 주신다.

우리는 성령이 충만한 베드로의 설교가 3천 명이 회개하는 기적을 만들었다는 사실을 기억한다(행 2:37-41). 성령이 충만한 모세가 진심으로 이스라엘 백성을 위한 기도를 하나님께 함으로써 하나님의 마음을 움직여 이스라엘 백성에게 내리시려던 징계를 면하게 하였다는 사실을 알고 있다.

이상을 요약하면,
- **믿음**: 예수 그리스도의 십자가 구속을 믿는 자들에게는 하나님께서 성령을 허락해 주셨다.
- **회개**: 너희가 회개하여 각각 예수 그리스도의 이름으로 세례를 받고 죄 사함을 얻으라 그리하면 성령을 선물로 받을 것이다.
- **사모함**: 예수를 믿는 자마다 성령이 그 심령 가운데 역사하심으로 성령 충만한 삶을 살게 된다. 예수께서 서서 외쳐 가라사대 누구든지 목마르거든 내게로 와서 마시라.
- **순종**: 예수 그리스도를 구주로 증거할 수 있었던 것은 그가 성령 충만함을 통해 담대한 믿음을 소유했기 때문이다.
- **기도**: 성령이 충만한 모세는 진심으로 이스라엘 백성을 위한 기도를 했다.

**모세의 기도를 요약해 보자.**

모세가 시내 산에 올라가 십계명을 받는 동안(출 32:1-14), 아론은 금 고리를 모아 송아지 형상을 만들고 그것이 자기들을 애굽에서 구원한 신(우상 숭배)이라고 백성들을 꼬드긴다. 여호와는 이러한 배은망덕한 백성들을 꾸짖으시며 모세에게 너희 백성이 부패하였다고 말씀하신다(7절). 그들은 송아지를 만들고 그것을 숭배하였다(8절). 그들은 목이 곧은 백성이다(9절). 여호와는 진노하며 그들을 진멸하리라고 맹세하신다(10절).

모세는 여호와께 간절히 기도한다(11절). 왜 백성을 출애굽시키셨나요(12절). 왜 화를 내시고 산에서 죽이고 지면에서 진멸하려 하시나요(12절). 이스라엘을 기억하옵소서(13절). 여호와께서는 아브라함, 이삭과 이스라엘을 기억하옵소서(13절). 여호와께서 약속하셨습니다(13절). 당신은 이스라엘 민족의 성품을 알고 계시잖습니까? 그들은 목이 곧고(stiff-neck, 출 33:5), 오만하고, 고집이 세며(high-handed, 레위기), 불평만 하고(murmuring, 민 14:27), 자기중심적인 것을 알고 계시지 않습니까(Self-centered, 신명기, 여호수아, 사사기). 하나님은 아브라함에게 약속하지 않으셨나요(창 12-23장). 셀 수 없는 많은 자손을 주겠으며(자손, Seed/Generation), 가나안 땅을 주겠으며(땅, Land), 복의 근원이 되게 해주신다고(복의 근원, Blessing/Divine-Human relation) 약속하신 것은 아직 유효하지 않습니까?

여호와께서는 모세가 이스라엘 백성을 사랑하는 마음을 읽으시고 그 마음을 돌리신다(14절). 성령 충만한 모세의 중보기도를 들으시고 징벌하려던 마음을 돌리셨다.

폴리캅의 마지막 기도를 소개한다.

"사랑하는 복된 아들 예수 그리스도를 통해
우리에게 당신에 관한 지식을 주신 아버지여!

당신 앞에 살고 있는 모든 천사들과 천군들과 피조물,
그리고 모든 의인들의 하나님이시여!
당신께서 오늘 이 시간 나로 하여금 순교자의 반열,
그리스도의 잔에 참예하게 하시어
내 몸과 영혼이 성령의 썩지 않은 축복 속에서
영생의 부활을 얻기에 합당하게 여겨 주심을 감사하나이다.
오늘 나는 신실하고 참되신 하나님이신 당신께서
예비하시고,
계시하시고,
이루신 풍성하고 열납될 만한 제물로
당신 앞에 드려지기를 소원하나이다.
나는 이 모든 일을 인하여 당신의 사랑하는 독생자,
영원한 대제사장을 통해서 당신을 찬양하고,
감사드리며 영광을 돌리나이다.
성부와 성자와 성령께 이제부터 영원토록 영광이 있을지어다. 아멘."

* 성령은 어떠한 일을 하시는가?

| | | 성령께서 직접 성도들에게 행하시는 사역들 |
|---|---|---|
| 1 | 요 3:3, 5 | 거듭나게 하심 |
| 2 | 요 15:26 | 그리스도를 증거하심 |
| 3 | 요 16:13 | 진리 가운데로 인도하심 |
| 4 | 행 2:17-41 | 성령 세례를 주심 |
| 5 | 롬 5:5 | 하나님의 사랑을 알게 하심 |
| 6 | 롬 8:2 | 죄와 사망의 법에서 해방시키심 |
| 7 | 고전 3:16 | 성도 안에 내주하심 |
| 8 | 롬 8:16 | 하나님의 자녀임을 증거하심 |
| 9 | 롬 15:16; 살후 2:13 | 거룩하게 하심 |
| 10 | 고전 2:12 | 하나님 은혜를 알게 하심 |
| 11 | 고전 12:4-11 | 은사를 주심 |
| 12 | 고전 12:13 | 성도를 연합하게 하심 |
| 13 | 고후 1:22 | 인치심 |
| 14 | 고후 3:17 | 자유하게 하심 |

| 15 | 고후 5:4-5 | 구원의 보증이 되심 |
| 16 | 갈 5:22-23 | 성령의 열매를 맺게 하심 |
| 17 | 빌 2:1 | 성도 간에 서로 교제하게 하심 |

### 2) 성령 충만의 결과

(1) 증거하는 삶(행 4:31)

"빌기를 다하매 모인 곳이 진동하더니 무리가 다 성령이 충만하여 담대히 하나님의 말씀을 전하니라"

본문 사도행전 4장 23-31절은 사도들이 석방되자 성도들이 뜨거운 반응을 보인 것을 서술한 것으로, 31절은 그 대목 중 한 구절이다.

성령 충만한 베드로가 산헤드린 공회에서 사도들을 변론하여 놓임을 받게 되었다. 먼저 성도들은 핍박을 예견하고 있었다. 로마 정부로부터의 핍박, 유대인들로부터의 박해를 예견하면서 성도들은 기도에 힘썼고, 성도들의 기도에 대한 하나님의 응답을 받게 되었다(31절). 하나님은 성도들의 기도에 응답하여 그들에게 성령 충만의 체험을 주셨다. 이 성도들의 성령 충만은 더욱 담대하게 복음을 전하는 원동력이 되어 교회가 하나 되게 되었다.

(2) 교제하는 삶(행 2:42-47)

"저희가 사도의 가르침을 받아 서로 교제하며 떡을 떼며 기도하기를 전혀 힘쓰니라 사람마다 두려워하는데 사도들로 인하여 기사와 표적이 많이 나타나니 믿는 사람이 다 함께 있어 모든 물건을 서로 통용하고 또 재산과 소유를 팔아 각 사람의 필요를 따라 나눠 주고 날마다 마음을 같이하여 성전에 모이기를 힘쓰고 집에서 떡을 떼며 기쁨과 순전한 마음으로 음식을 먹고 하나님을 찬미하며 또 온 백성에게 칭송을 받으니 주께서 구원받는 사람을 날마다 더하게 하시니라"

본문은 예루살렘 초대교회의 모범된 삶을 보여주고 있다. 오순절 성령 강림 역사로 시작된 사도들의 복음 전파를 통해 신자들의 수가 증가하여 일단의 공동체가 형성되었다. 학자들은 이 공동체가 오늘날 교회의 원형이라고 말한다. 또한 본문은 초대교회 공동체가 생활하는 모습을 보며 모범적이고 전형적인 신앙생활의 표본이 됨을 보여주고 있다.

본문에서 알 수 있는 교회 공동체의 특징을 알아보자.

첫째, 경건한 생활에 힘썼다(42절). 성도들은 날마다 모이기에 힘쓰고, 가르침을 받고, 기도에 힘썼다. 성도들이 교훈을 받아들이고 삶에 적용하는 삶을 살았다. 또한 그들의 기도생활은 그들이 처해 있던 당시의 상황을 극복하는 데 많은 위로와 도움이 되었다. 이들은 당시에 유대교로부터 오는 핍박, 이단의 난립과 로마 제국으로부터 오는 박해 등 삼중고에 시달리고 있었다.

우리는 그들의 신앙을 '초대교회의 영성'이라 부른다.
- 종말론적 영성(Eschatological Spirituality): 예수의 재림을 믿었다.
- 예배 영성(Liturgical Spirituality): 다 같이 예배를 드렸다.
- 공동체적 영성(Communal Spirituality): 삼중고에 시달렸기 때문에 모여서 예배하며 형성되었다.
- 순교 영성(Martyrdom Spirituality): 탄압으로 인해 순교자가 발생하였다.
- 수덕적 영성(Ascetic Spirituality): 주후 313년 콘스탄틴 황제가 기독교를 인정함으로 순교하여야 할 이유가 없게 되었다. 교회는 대중화되었고 신앙이 자유스러워졌기에 수도운동이 일어났다. 이러한 믿음이 형성되려면 정욕을 통제하고 심신을 단련하여 덕을 쌓아야 했기에 수덕적 영성이라 한다.

둘째, 사랑함으로 나누는 공동체였다(44-45절). 성도들은 누구의 강요에 의한 것이 아니고 솔선수범하여 자기의 재산이나 물건을 모두 내어놓은 것이다. 이것은 전적으로 하나님의 은혜를 받은 성도들의 자발적인 행동이었다는 것을 알아야 한다.

셋째, 친교를 나누는 공동체였다(42, 46절). 그들은 떡을 떼고 음식을 먹음으로써 주님 안에서 한 형제라는 생각을 하며 친교를 나누었다. 자신들의 죄를 구속하기 위해 십자가에서 돌아가시고 40일간 저들에게 부활하심을 보여주시고 승천하신 예수님이 곧 재림하실 것이라는 종말론적인 신앙을 가지고 이를 기념하였다.

넷째, 하나님과 다른 사람들에게 인정을 받는 공동체였다(47절). 지금까지 얘기한 것과 같은 하나님 중심적인 신앙생활과 사랑을 실천하는 아름다운 모습을 다른 사람들에게 보여주었던 것이다. 이는 믿지 않는 성도들에게 칭찬을 받음은 물론이고 선교와 전도의 문이 열리는 계기가 됨으로, 성도들의 참된 모습은 하나님께 영광이고 불신자들에게는 전도의 문을 활짝 연다는 교훈을 주었다(마 5:16; 엡 5:9; 히 13:16).

(3) 열매 맺는 삶(갈 5:22-23)
성도가 갖추어야 할 조건을 참조하라.

(4) 주님께 영광을 돌리는 삶[2](고전 10:31)

"그런즉 너희가 먹든지 마시든지 무엇을 하든지 다 하나님의 영광을 위하여 하라"

이는 그리스도인의 행동의 대강령이라 할 수 있다. 바울은 그리스도

---

2) 전정기(다카한인교회, Bashudhara Dhaka, Bangladesh), "하나님께 영광"(참여마당, 2012), 전자본문, http://haninch.com/topbuilder/bbs/board.php?bo_table=tb24&wr_id=104

인에게 무엇을 하든지 항상 하나님의 영광을 구한다는 목표 아래 행동하라고 권면하고 있다.

'하나님께 영광'이라는 말은 숙고해 볼 만하다. 인간으로서 표현하기 어려운 면이 있다. 여기 한 학자의 말을 인용하면서 '하나님께 영광'이라는 말을 쓸 때 우리 자신들이 얼마나 하나님 보시기에 부족한지를 숙고하여야 한다는 것을 마음에 새기면서 다음 내용을 이해하기 바란다.

"우리 크리스천들은 하나님께 영광을 돌린다는 말을 많이 한다. 미스코리아도 영광을 하나님께 돌리고, 올림픽에서 승리한 선수, 대종상을 받은 배우도 하나님께 영광을 돌린다고 한다. 시상식이라든가 어떤 경쟁에서 이겼거나 성공했을 때, 어떤 좋은 일이 일어났을 때, 상을 받을 자격이 충분하지 않은데 자랑스러운 상이 주어졌을 때 감사한다. '하나님께 영광을 돌립니다.' 이 말은 하나님께 감사함을 담은 고백으로 보이는, 우리 모두가 하고 싶은 말인 것 같다.

그러나 때때로 자신의 신앙을 자랑하는 것으로 사용하거나 그리스도인으로서 으레 하는 표현으로 안다면 이 말은 상당한 오해를 불러일으킬 위험성이 있다. 잘 살펴보면 사람들이 하나님께 영광을 돌린다고 하는 것은 자신의 가치가 드러날 때이다. 수없이 반복되는 하나님께 영광을 돌린다는 말 뒤에는 항상 세상적인 성공이 있다. '주식으로 쪽박을 차서 하나님께 영광을 돌린다.' '우리 아들이 대학에 떨어져서 하나님께 영광을 돌린다.' 이런 말을 들어본 적 있는가?

그러면 우리가 성공해야만 하나님께서 영광을 받으신다는 것인가? 뿐만 아니라 그런 성공이 잘못된 수단이나 방법으로 만들어진 것일 때도 하나님께 영광을 돌린다고 한다면, 과연 하나님께서 그렇게 잘못된 방법으로 이루어진 좋은(?) 결과를 가지고 영광을 받으실까?

우리가 사는 이 세상은 극심한 경쟁으로 이루어지고 있는데, 이 경쟁에서 월등한 기량이나 능력으로 성공하지 못한다면 하나님께 영광을 돌리지 못하는 것일까? 그렇다면 우수하지 못한 대다수의 많은 사람들은 어떻게 하나님께 영광을 돌릴 수 있을까? 이처럼 하나님께 영광을 돌린다는 표현은 오해를 불러일으킬 소지가 다분히 있다. 이 하나님의 영광이란 주제는 결코 가볍게 다룰 수 있는 주제가 아니다. 하나님의 영광을 어떻게 정의할 수 있을까?

하나님의 영광은 사실 말로 표현될 수 없다. 마치 도덕경의 표현처럼 '말로 할 수 있는 도(道)는 참다운 도(道)가 아니며, 이름 붙일 수 있는 이름은 참다운 이름이 아니다'(道可道 非常道, 名可名 非常名).

어떻게 하나님의 영광을 우리의 입으로, 부족한 인간의 언어로 규정할 수 있겠는가? 불가능하다. 하나님의 영광은 우리가 알 수 없는 하나님께만 속해 있는 특별한 그 무엇이다. 굳이 표현하자면 하나님이 하나님으로 드러날 때 보여지는 하나님만이 가진 그 어떤 특질, 만물의 근원으로서 만물의 으뜸 되시는 분으로서 보여주시는 그 어떤 것이다.

성경은 이 하나님의 영광에 대해서 이야기하고 있다. 성경을 여러 가지로 풀 수 있지만, 하나님의 영광이란 주제로 설명한다면 하나님께서는 당신의 영광으로 세상을 창조하셨지만 사람은 하나님의 영광을 버리고 자신의 영광을 취하면서 하나님을 떠난다. 그 후 하나님께서는 노예 상태인 이스라엘을 당신의 백성으로 택하셔서 구원하시고 당신의 영광을 보여주시며 하나님의 백성으로서 영광스런 삶을 살라고 하신다. 그러나 이 이스라엘 백성마저 또다시 하나님의 영광을 버리고 하나님의 영광을 훼손한다. 그럼에도 하나님께서는 결코 포기하지 않으시고 다시 예수님을 통하여 스스로 당신의 영광을 모든 사람이 볼 수 있게 해주시고, 그 영광을 맛본 사람들로 공동체를 이루게 하셔서 이 공동체, 즉 교회를 통해서 세상을 회복시키다가, 마지막 순간에는 그분께서 직접 나타나셔서 세상을 완전하게 회복하심으로 하나님의 영광을 온 세상에 가득하게 하신다. 이것이 성경의 이야기다."

선지자 하박국은 "대저 물이 바다를 덮음같이 여호와의 영광을 인정하는 것이 세상에 가득하리라"(합 2:14)고 한다.

이것이 하나님의 영광을 기다리는 사람들이 하는 고백이다. 이 성경 구절은 일견 말이 되지 않는 듯하다. 바다가 곧 물이다. 바다란 원래 물로 꽉 차 있는 곳이다. 그런 것처럼 여호와의 영광을 아는 것이 온 세계에 가득하게 될 것이다. 영광이 회복될 것이다. 모든 사람이 그 영광을 보게 될 것이다. 이것이 성경의 역사이다.

그러면 하나님의 영광은 어떻게 나타낼까? 하나님께서는 언제 영광을 받으시는가?

첫째, 하나님이 하나님으로 여김을 받으실 때이다.

"하늘이 하나님의 영광을 선포하고 궁창이 그 손으로 하신 일을 나타내는도다"(시 19:1).

천지 만물은 하나님의 작품이다. 그 만물 속에 드러난 하나님의 영광을 찬양할 때 하나님이 영광 받으신다. 모든 예술 작품에는 그 작품을 만든 사람의 인격과 가치와 창조력이 투영되어 있다. 피조 세계는 하나님의 작품이고, 따라서 그 속에는 하나님의 영광이 숨겨져 있다. 시편 기자는 다음과 같이 말한다.

"너희 권능 있는 자들아 영광과 능력을 여호와께 돌리고 돌릴지어다 여호와의 이름에 합당한 영광을 돌리며 거룩한 옷을 입고 여호와께 경배할지어다"(시 29:1-2).

이것이 예배이다. 하나님에 대해서 감탄하는 것, 하나님이 하신 일에 대해 감격하는 것이 예배의 본질이다. 하나님이 하나님으로 고백되는 곳이 예배의 현장이다. 그러므로 하나님이 하나님 되실 때 하나님께서는 영광을 받으신다.

둘째, 예수님이 하나님으로 고백될 때이다.

"예수께서 이 말씀을 하시고 눈을 들어 하늘을 우러러 가라사대 아버지여 때가 이르렀사오니 아들을 영화롭게 하사 아들로 아버지를 영화롭게 하게 하옵소서"
(요 17:1).

이 표현은 '나로 하여금 십자가에 죽고 부활하게 하심으로 아들이 아버지께 영광을 돌리게 하십시오'란 뜻이다. 아들 예수님이 '아버지가 하나님이신 것을 드러내게 하시고, 하나님이 나를 보내신 것을 드러내게 해주십시오. 내가 하나님의 아들인 것을, 이 땅에 보여진 하나님의 모습인 것을 사람들이 깨닫게 해주십시오'란 뜻이다.

"하늘에 있는 자들과 땅에 있는 자들과 땅 아래 있는 자들로 모든 무릎을 예수의 이름에 꿇게 하시고 모든 입으로 예수 그리스도를 주라 시인하여 하나님 아버지께 영광을 돌리게 하셨느니라"(빌 2:10-11).

예배를 드릴 때 "하나님, 이 험한 세상 속에서 제가 당신을 주인으로 섬기며 살 수 있다는 것이 얼마나 행복한지 모릅니다. 비록 부족하지만 당신이 저의 주인이십니다"라고 우리가 고백하면 하나님은 영광 받으신다.

셋째, 하나님의 백성들이 그들의 삶으로 하나님을 드러낼 때이다.

"이같이 너희 빛을 사람 앞에 비취게 하여 저희로 너희 착한 행실을 보고 하늘에 계신 너희 아버지께 영광을 돌리게 하라"(마 5:16).
"예수 그리스도로 말미암아 의의 열매가 가득하여 하나님의 영광과 찬송이 되게 하시기를 구하노라"(빌 1:11).

이웃을 사랑하고, 약하고 가난한 자들을 선대하며, 나보다 힘든 사람들을 돕고 섬기는 일들이 착한 일이다. 이것을 통해서 사람들이 하나님께 영광을 돌린다고 예수님께서는 말씀하신다. 사도 바울은 예수 그리스도를 믿기 때문에 우리에게 나타나는 의의 열매가 가득 차서 하나님께 영광 돌리기를 기도한다고 고백하고 있다. 하나님께서는 "하나님, 영광 받으십시오"라고 입으로 말할 때 영광 받으시는 것이 아니라 우리의 아름다운 삶의 열매를 통해서 연약한 이웃을 돕는 것으로 열매를 나눌 때 영광 받으신다.

> "아버지께서 내게 하라고 주신 일을 내가 이루어 아버지를 이 세상에서 영화롭게 하였사오니"(요 17:4).

우리가 우리에게 맡겨진 삶을 온전하게 살 때 하나님께서 영광 받으신다. 예수님께서도 유대라는 조그마한 세상의 귀퉁이에서 맡겨진 삶을 살아내셨다. 혹시 자신의 인생이 너무 작고 보잘것없다고 생각하는가? 아무리 유명한 큰 삶을 살더라도 그것이 하나님이 맡겨 주신 삶이라는 것을 모르고 자신의 기분과 자신의 능력으로 살아가는 사람보다는, 아무리 작은 삶이라도 그것이 하나님께서 나에게 맡겨 주신 삶이라는 것을 알고 그 삶 속에서 의미를 찾고 최선을 다해 사는 삶이 하나님께 영광 돌리는 삶이다.

넷째, 하나님의 백성이 하나님을 위해서 고난 받을 때이다(벧전 4:12-19).

> "사랑하는 자들아 너희를 시련하려고 오는 불시험을 이상한 일 당하는 것같이 이상히 여기지 말고 오직 너희가 그리스도의 고난에 참예하는 것으로 즐거워하라 이는 그의 영광을 나타내실 때에 너희로 즐거워하고 기뻐하게 하려 함이라 너희가 그리스도의 이름으로 욕을 받으면 복 있는 자로다 영광의 영 곧 하나님의 영이 너희 위에 계심이라 너희 중에 누구든지 살인이나 도적질이나 악행이나 남의 일을 간섭하는 자로 고난을 받지 말려니와 만일 그리스도인으로 고난을 받은즉 부끄러워 말고 도리어 그 이름으로 하나님께 영광을 돌리라 하나님 집에서 심판을 시작할 때가 되었나니 만일 우리에게 먼저 하면 하나님의 복음을 순종

치 아니하는 자들의 그 마지막이 어떠하며 또 의인이 겨우 구원을 얻으면 경건치 아니한 자와 죄인이 어디 서리요 그러므로 하나님의 뜻대로 고난을 받는 자들은 또한 선을 행하는 가운데 그 영혼을 미쁘신 조물주께 부탁할지어다"

베드로는 예상되는 극심한 환난을 맞이하는 성도들을 향해 다음과 같이 권면하고 있다. 첫째로, 불시험과 같은 고난이 오는 것을 오히려 기뻐하라고 권면한다(12-13절). 고난은 성도의 신앙을 연단하고 정화하기 위한 하나님의 섭리에 의해 주어진 것이며, 성도가 고난을 당하는 것은 그리스도의 고난에 참예하는 것으로, 이로 인해 믿음이 연단된 성도들이 장차 그리스도의 영광에 기쁨으로 참예할 수 있게 될 것이므로 기뻐하라는 것이다. 둘째로, 성도들의 고난은 전 인류에 대한 하나님의 최후 심판의 전조임을 알아야 한다는 것이다(17절). 성도들에게 일시적인 고통을 주지만 결국 성도로 하여금 천국 구원을 얻도록 하기 위한 연단의 방편이 되는 것이다. 고난을 받는다 할지라도 성도들을 반드시 천국 구원으로 인도하실 하나님께 그 영혼을 부탁하고 고난을 기쁘게 받으라고 권면하고 있다(19절).

마지막으로, 하나님께서 만물을 회복하실 때 그분의 영광으로 온 땅에 가득하게 된다.

"그런즉 너희가 먹든지 마시든지 무엇을 하든지 다 하나님의 영광을 위하여 하라"(고전 10:31).

그러므로 하나님께서는 우리에게 이 땅에 사는 동안 무엇을 하든지 하나님의 영광을 위하여 살라고 한다. 하나님을 하나님 되게 나타내는 것, 예수 그리스도를 주라 고백하는 것, 우리의 착한 행실을 통해서 사람들이 하나님께 영광을 돌리게 되는 것, 우리가 이 땅에서 주를 위해 살아가면서 고난을 받는 것조차도 즐겁게 받아들이는 것을 통해서 하나님께서 영광을 받으신다. 이런 것을 위해서 살아가라고 말씀하고 있다.

"하나님께 영광을 돌립니다"라는 말이 틀린 표현은 아니다. 당연히 우리 그리스도인들이 해야 할 고백이다. 단, 이것이 세상적인 성공이나 세상에서 내가 원하던 바를 이루었을 때 '이것은 하나님 덕분입니다, 영광을 돌립니다'라고 표현하기에는 하나님의 영광은 너무나도 크다는 것이다. 내가 원했던 것을 이루었다고 해서 그분께서 영광 받으시는 것은 아니라고 본다. 세상 사람들이 갈채를 해주는 곳에 내가 이르렀다고 해서 하나님께서 영광 받으시는 것도 아니다. 사람들이 아무도 알아주지 않는다 할지라도,

- 하나님을 하나님 되게 했을 때
- 예수 그리스도가 하나님인 것으로 고백되었을 때
- 우리의 작은 섬김으로 누군가 위로를 받고 힘을 얻었을 때
- 주를 위해 살면서 주를 위해 고난 받고 있을 때
- 그럴 때에 우리가 말로 표현하지 않더라도 하나님께서는 영광 받으신다.

"그런즉 너희가 먹든지 마시든지 무엇을 하든지 다 하나님의 영광을 위하여 하라."

이 말씀이 성도의 삶의 모토가 되기를 소망한다.

### 3. 지혜 충만(행 6:3-5)

**지혜란?**[3]

지혜(智慧/知慧)란 사람에게 쓰일 때는 이치를 빨리 깨우치고 사물을 정확하게 처리하는 정신적 능력을 말한다. 지식에 의해서 얻을 수

---
3) 이성호 편저, 《성경대사전》 (서울: 성서연구원, 2000), p. 1618.

있는 것이라는 의미에서 발전하여, 지금은 주로 사리를 분별하며 적절히 처리하는 능력을 가리킨다. 지혜는 효과적이고 효율적으로 지각과 지식을 적용함으로 원하는 결과를 생성하는 능력이며, 많은 사람들이 이해할 수 있는 근거가 있어야 한다. 그러기 위해서는 자신의 감정을 잘 조절 할 수 있어야 한다. 또한 공공의 이익과 평화를 가져올 수 있어야 진정한 지혜로운 행동이라고 할 수 있다. 비슷한 의미를 가지는 단어로는 '현명함', '슬기로움', '통찰력' 등이 있다.

하나님께 사용할 때에는 창조의 주, 백성과 민족의 운명을 인도하시는 하나님의 무한하신 권능을 말한다.

시편 111편 10절과 욥기 28장 28절에 의하면, 여호와를 경외함이 곧 지혜의 근본이며 여호와는 곧 지혜라고 말씀하신다.

"여호와를 경외함이 곧 지혜의 근본이라 그 계명을 지키는 자는 다 좋은 지각이 있나니 여호와를 찬송함이 영원히 있으리로다"(시 111:10).
"또 사람에게 이르시기를 주를 경외함이 곧 지혜요 악을 떠남이 명철이라 하셨느니라"(욥 28:28).

욥기 12장 13절을 보면, "지혜와 권능이 하나님께 있고 모략과 명철도 그에게 속하였나니"라고 하였다. 그러므로 지혜는 근본적으로 하나님께 속한 것이고 하나님과 함께할 때 얻을 수 있다(욥 12:13; 잠 1:7; 시 73:16).

로마서 11장 33-35절에서는 다음과 같이 말씀한다.

"깊도다 하나님의 지혜와 지식의 부요함이여, 그의 판단은 측량치 못할 것이며 그의 길은 찾지 못할 것이로다 누가 주의 마음을 알았느뇨 누가 그의 모사가 되었느뇨 누가 주께 먼저 드려서 갚으심을 받겠느뇨"

지혜는 신약에서 헬라어로 '소피아'(σοφία)로 신구약 전 시대에 걸쳐 하나님의 구속사를 한 치의 빈틈도 없이 신비롭고도 완벽하게 진행해 나가시는 하나님의 지혜의 부요함을 나타내고 있다(롬 11:33-35).

누가는 예수님의 어린 시절에 대해 '하나님의 은혜와 지혜가 충만하였다'고 적고 있다(눅 2:40, 52).

> "아기가 자라며 강하여지고 지혜가 충족하며 하나님의 은혜가 그 위에 있더라"(눅 2:40).
> "예수는 그 지혜와 그 키가 자라가며 하나님과 사람에게 더 사랑스러워 가시더라"(눅 2:52).

바울은 예수 그리스도는 하나님의 지혜이시며(고전 1:30), 그 속에 지혜와 지식의 보화가 감추어져 있다고 적고 있다(골 2:3).

> "너희는 하나님께로부터 나서 그리스도 예수 안에 있고 예수는 하나님께로서 나와서 우리에게 지혜와 의로움과 거룩함과 구속함이 되셨으니"(고전 1:30).
> "그 안에는 지혜와 지식의 모든 보화가 감취어 있느니라"(골 2:3).

또한 십자가에 못 박히신 예수 그리스도가 바로 하나님의 지혜요 능력이시며(고전 1:23-24), 지혜와 총명은 그리스도인이 성숙해져 갈 때 하나님과 그의 뜻을 더욱 알게 되는 은혜의 선물이며, 그리스도를 통해서 얻을 수 있다(엡 1:8, 17; 골 1:9). 이것은 그리스도인이 하나님의 뜻에 합당한 삶을 살며 모든 선한 일에 열매를 맺게 하기 위한 것이다(골 1:10; 엡 5:15).

### 4. 칭찬받는 사람(행 6:3-6)

성령이 충만하고 지혜가 있어 그것으로 칭찬받는 삶을 사는 사람이어야 한다(행 6:3-6).

"형제들아 너희 가운데서 성령과 지혜가 충만하여 칭찬 듣는 사람 일곱을 택하라 우리가 이 일을 저희에게 맡기고"(행 6:3).

집사(성도)가 될 사람의 요건은 성령이 충만하고 지혜가 있어 다른 사람들로부터 칭찬을 받는 사람이다. 우리는 칭찬받는 사람의 삶을 영위하여야 한다. 세상이 인정하는 것들인 사회적 지위나 돈이 있어 칭찬 듣는 사람이 아니라 성령이 충만해야 하고 지혜가 있어야 하며 이로 인해 칭찬받는 사람이 참 성도이다. 오늘날 일부 교회가 세속화되어 '세상에서 평판이 좋거나 재물이 풍부한 사람'을 교회 요직에 인위적으로 앉히는 것은 하나님께 합당한 일이 아니다. 성령이 충만하고 지혜가 충만한 사람은 하나님 앞에서나 사람 앞에서 한 점 부끄러움이 없는 사람이라 할 수 있다(딤전 3:8-13).

### 5. 행함이 있는 믿음의 소유자(행 6:8; 약 2:14-26)

"내 형제들아 만일 사람이 믿음이 있노라 하고 행함이 없으면 무슨 이익이 있으리요 그 믿음이 능히 자기를 구원하겠느냐 만일 형제나 자매가 헐벗고 일용할 양식이 없는데 너희 중에 누구든지 그에게 이르되 평안히 가라, 더웁게 하라, 배부르게 하라 하며 그 몸에 쓸 것을 주지 아니하면 무슨 이익이 있으리요 이와 같이 행함이 없는 믿음은 그 자체가 죽은 것이라 혹이 가로되 너는 믿음이 있고 나는 행함이 있으니 행함이 없는 네 믿음을 내게 보이라 나는 행함으로 내 믿음을 네게 보이리라 네가 하나님은 한 분이신 줄을 믿느냐 잘하는도다 귀신들도 믿고 떠느니라 아아 허탄한 사람아 행함이 없는 믿음이 헛것인 줄 알고자 하느냐"(약 2:14-20).

믿음이 있다면 성도에게는 반드시 행함이 뒤따른다(14절). 그렇지 않다면 그의 믿음은 뭔가 잘못된 것이고 결국 헛것이다(20절). 야고보가 구체적인 예를 들어 설명하듯이 행함이 없는 믿음이라는 말 자체가 이미 생명 없는 죽은 신앙이다(15-17절). 단순한 지식적 동의는 귀신들도 가지고 있다(19절, 눅 4:34). 진짜 믿음이라면 사탄이 쪼아대는 소리와는 달라야 한다. 행함으로 믿음을 나타내야 한다(18절).

### 6. 주를 위해 죽기까지 충성하는 신앙의 소유자(행 7:54-60)

"저희가 이 말을 듣고 마음에 찔려 저를 향하여 이를 갈거늘 스데반이 성령이 충만하여 하늘을 우러러 주목하여 하나님의 영광과 및 예수께서 하나님 우편에 서신 것을 보고 말하되 보라 하늘이 열리고 인자가 하나님 우편에 서신 것을 보노라 한대 저희가 큰 소리를 지르며 귀를 막고 일심으로 그에게 달려들어 성 밖에 내치고 돌로 칠새 증인들이 옷을 벗어 사울이라 하는 청년의 발 앞에 두니라 저희가 돌로 스데반을 치니 스데반이 부르짖어 가로되 주 예수여 내 영혼을 받으시옵소서 하고 무릎을 꿇고 크게 불러 가로되 주여 이 죄를 저들에게 돌리지 마옵소서 이 말을 하고 자니라"

이 본문은 '스데반의 마지막 기도'로 불리기도 한다. 산헤드린 공회는 스데반을 죽이기 위해 그에게 신성모독죄와 율법 파괴죄를 적용하여 순교의 원인을 제공한다(행 6:13-14). 그러나 종교 지도자들이 스데반을 죽인 진짜 이유는 자신들의 종교적 기득권을 유지하기 위함이었다. 여기서 주의 깊게 보아야 할 점은 로마의 속국으로 사형 집행권이 없었던 유대 공회에서 사형을 결정하고 시행했다는 것인데, 이는 그들의 행위가 분명히 불법적이라는 사실을 드러낸 셈이다. 스데반은 시종일관 성령 충만한 모습을 유지했고(55-56절), 돌에 맞아 죽어가면서도 그를 죽이는 일에 가담한 자들의 죄를 용서해 달라고 중보의 기도를 드렸다(59-60절).

성도들 가운데 일평생 믿음생활하면서 처음에는 잘 달려가다가도 노년에 끝맺음을 잘못하는 불쌍한 사람들을 많이 본다. 사람들은 누구나 한 번은 죽는다. 병들어 죽고, 사고로 죽고, 늙어서 죽는다. 그러나 그 죽음이 영광스러운 죽음일 수도 있고, 비참한 죽음일 수도 있다.

초대교회에서 선출한 일곱 집사 가운데 한 집사인 스데반은 이름 없이 살았지만, 마지막 죽음을 보면 그는 성령과 지혜가 충만한 신앙의 소유자였고(행 6:3-5), 사람들에게 칭찬받는 신앙의 소유자였으며(행 6:3-5), 행함으로 나타내 보이는 실천적 신앙의 소유자였다(행 6:8, 7:2-53). 또한 자기의 믿는 바를 사람들에게 증거하는 신앙의 소유자였으며(행 6:9-10), 주를 위해 죽기까지 충성하는 신앙의 소유자였고(행 7:54-60), 원수를 위해서도 기도하는 신앙의 소유자였음을 우리는 발견하게 된다(행 7:60).

그렇다. 진실한 믿음은 언제나 환난 날에 드러난다. 마지막에 드러나는 것이다. 평상시에 떠들썩한 것은 가짜이기 쉽다. 거짓을 감추기 위해서 요란을 떠는 것일 수 있다. 성도 여러분은 어떤 믿음의 소유자인가? 여러분의 신앙은 지금 어디를 향해 달려가고 있는가? 삶의 마지막은 어떻게 마쳐질까 한번쯤 깊이 생각하며 자신의 마지막을 위해서 기도하고 준비하는 성도들이 되기를 바란다.

여기 일곱 집사들의 이름들을 기억하자. 믿음과 성령이 충만한 사람 스데반과 또 빌립과 브로고로와 니가노르와 디몬과 바메나와 유대교에 입교한 안디옥 사람 니골라를 택하여 사도들 앞에 세우니 사도들이 기도하고 그들에게 안수하였다(행 6:5-6).

# 성도의 삶의 원칙(골 3:1-4)

골로새서 3장 1절부터 4장 6절까지는 그리스도 안에서 새사람을 입은 성도의 생활 원리와 실제적인 삶의 교훈에 대하여 언급하고 있다. 특히 3장 1-4절에서는 성도들의 실천적인 삶의 근본 원칙을 제시하고 있다.

"그러므로 너희가 그리스도와 함께 다시 살리심을 받았으면 위엣 것을 찾으라 거기는 그리스도께서 하나님 우편에 앉아 계시느니라 위엣 것을 생각하고 땅엣 것을 생각지 말라 이는 너희가 죽었고 너희 생명이 그리스도와 함께 하나님 안에 감취었음이니라 우리 생명이신 그리스도께서 나타나실 그때에 너희도 그와 함께 영광 중에 나타나리라"

## 1. 하늘에 소망을 두라

'살리심을 받았으면'(쉬네게르데테, συνηγερθητε)의 시제는 부정 과거 수동태이다. 이는 성도가 과거 어느 시점에서 한 번 살리심을 받았다는 것을 의미한다. 그 시점이란 성도가 세례를 받은 때를 의미한다. 즉 성도가 하나님께 죄를 고백하고 예수 그리스도를 자신의 구주로 믿는 순간 그리스도의 영이신 성령으로 세례를 받아 그리스도와 연합하고, 그리스도 안에서 그리스도와 더불어 세상에 대하여 한 번 죽고 의에 대하여 다시 살게 된 것을 말한다.

성도들은 여전히 세상에서 살고 있다. 그럼에도 불구하고 성도들은 하늘에 속한 자로 성도의 참 생명은 하늘에 있다고 믿었다. '위엣 것'이란 하나님을 향한 방향을 가리키고 있다. "거기는 그리스도께서 하나님 우편에 앉아 계시느니라"는 표현은 예수 그리스도께서 하나님의 영광과 권세를 가지고 계시다는 의미이다. 이것이 '위의 것'을 찾아야 하는 이유이다. 성도들이 험한 순례의 생활을 끝내고 가야 할 종착역이 하늘나라라는 의미이다. 성도는 부단히 위를 향해 나아가야 하는 것이다.

### 2. 9가지 성령의 열매를 맺는 삶을 살라(갈 5:22-23)

9가지 성령의 열매는 성도들의 삶의 현장에서 구체적으로 실현되어야 하는 규범이다.

> "오직 성령의 열매는 사랑과 희락과 화평과 오래 참음과 자비와 양선과 충성과 온유와 절제니 이 같은 것을 금지할 법이 없느니라"

9가지 성령의 열매를 설명하면,
- **사랑**: 사랑은 성령의 열매 중 근본이요 본질적인 것이다(다음과 같은 의미로 쓰임).

아가페(αγαπε): 그리스도의 무조건적이고 희생적인 사랑
에로스(ερως): 이성 간의 사랑
스톨게(στορρη): 형제나 동족 간의 사랑
필리아(φιλια): 우정

- **희락**(χαρα, 카라): 하나님의 사랑을 전적으로 의지하는 마음으로 말미암아 생기는 기쁜 마음으로 성령을 좇아 사는 성도들에게 활기를 가져다준다.
- **화평**(ειρηνη, 에이레네): 십자가는 전적으로 타락한 인간과 하나님의 관계를 화평하게 하였다. 화평은 사랑의 실천의 결과이다.

- **오래 참음**(μαχροθυμια, 마크로뒤미아): '긴'(μαχρος, 마크로스)과 '마음'(θυμος, 뒤모스)의 합성어이다. 문자적으로는 감정을 상하게 하는 일을 견뎌내는 속성을 가리킨다. 이는 우리의 생활에서 단순한 인내를 나타내는 것이 아니라, 불의에 대한 하나님의 심판을 믿으며 평안한 마음으로 기다리는 것을 뜻한다(롬 2:7-8; 약 5:7-8).
- **자비**(χρηστοτης, 크레스토테스): 남에게 인자하고 관대한 태도를 유지함을 의미한다(롬 11:22).
- **양선**(αγαθωσυνη, 아가도쉬네): 이 말은 바울 서신에서만 나온다(롬 15:14; 엡 5:9; 살후 1:11). 자비보다는 적극적으로 이웃에게 선을 행하는 것을 뜻한다.
- **충성**(πιστις, 피스티스): 근본적으로는 '믿음'과 같은 단어인데(롬 3:3; 고전 13:7, 13), 대부분 하나님에 대한 신실한 태도를 의미한다. 여기서는 이웃과의 대인관계에 있어서 신실성을 의미한다고 하겠다.
- **온유**(πραοτης, 프라오테스): 자기중심적이고 완고한 태도와는 반대된다. 남에 대하여 상냥하고 부드러운 모습을 보이는 것을 뜻한다. 이 '온유'는 예수님의 성품을 대표적으로 표현하는 말이다(마 11:29; 빌 2:1-11), 마태복음에 나오는 산상수훈에서 세 번째로 언급된다(마 5:5).
- **절제**(εγχρατεια, 엥크라테이아): 자제하는 능력을 말한다. 바울은 육체적 충동을 억제하며 성도로서의 균형 있는 삶을 유지하는 상태를 나타내는 데 이 말을 사용한다(고전 7:9, 9:25).

다시 요약하면,
- **사랑**(love, 고전 13:13): 성령의 열매 중 근본이요 본질적인 것
- **희락**(joy, 사 35:10): 그리스도 안에서 얻는 기쁨
- **화평**(peace, 벧전 3:11): 그리스도로 말미암아 누리는 참 평안
- **인내**(patience, 약 1:4): 분노를 참고 고난 중에서 견디는 것
- **자비**(kindness, 마 12:7): 온유하며 관용하며 너그러운 성품
- **양선**(goodness, 엡 5:9): 이웃에게 선을 베푸는 행위

- **충성**(faithfulness, 고전 4:2): 믿음을 끝까지 지키며 본분을 다하는 것
- **온유**(gentleness, 마 5:5): 겸손하게 순종하는 성품
- **절제**(self-control, 고전 9:25): 욕심과 정욕을 자제하는 능력

"성도는 성령의 지도를 받아 그리스도를 닮아 가는 생활을 해야 한다. 성도는 그 삶을 통하여 자신이 그리스도의 사람임을 나타내야 한다. 성도는 그 삶을 통하여 모든 사람에게 그리스도를 생각나게 하는 사람이어야 한다. 이러한 것은 내적으로 하나님과 사람 앞에 감사하는 생활로 나타나야 하고 찬송하는 생활로 표현되어야 하며, 기쁨이 넘치는 생활이 수반되어야 한다. 그리고 이러한 내적 생명력은 외적으로 하나님과 인간에게 봉사하는 삶으로 표출되어야 한다. 봉사하는 삶은 하나님의 은총에 대한 응답의 삶이며, 그것은 또한 순종하는 삶이기도 하다."[4]

---

4) 고베성복교회, 교회 전화: 078)231-5814, 핸드폰: 090-5066-4528, 교회주소: 神戸市中央區脇浜町2丁目11-4 レオ脇浜301, 글쓴이: 최고관리자 2007-11-21 15:38:48 (1,432)
http://kobesungbokchurch.com/bbs/board.php?bo_table=kbsungbok_y1&wr_id=44&page=4.

# 성도의 7대 특징
(요 3:3 중심으로)

"예수께서 대답하여 가라사대 진실로 진실로 네게 이르노니 사람이 거듭나지 아니하면 하나님 나라를 볼 수 없느니라"

| | | |
|---|---|---|
| 1 | 거듭난 자 | 요 3:3 |
| 2 | 죄에서 풀린 자 | 요 8:36 |
| 3 | 의롭게 된 자 | 롬 3:24 |
| 4 | 하나님의 양자 된 자 | 롬 8:15 |
| 5 | 하나님과 화목한 자 | 고후 5:18 |
| 6 | 깨끗게 된 자 | 요일 1:7 |
| 7 | 천국에 들어갈 자 | 계 21:1-7 |

# 성도가 버려야 할 것
(골 3:5-10)

본문에서는 그리스도와 연합하여 새사람이 된 성도가 생활 속에서 벗어 버려야 할 것들을 나열하고 있다. 이것은 죄와 완전히 단절된 생활을 하여야 한다는 의미이다.

"그러므로 땅에 있는 지체를 죽이라 곧 음란과 부정과 사욕과 악한 정욕과 탐심이니 탐심은 우상 숭배니라 이것들을 인하여 하나님의 진노가 임하느니라 너희도 전에 그 가운데 살 때에는 그 가운데서 행하였으나 이제는 너희가 이 모든 것을 벗어 버리라 곧 분과 악의와 훼방과 너희 입의 부끄러운 말이라 너희가 서로 거짓말을 말라 옛 사람과 그 행위를 벗어 버리고 새사람을 입었으니 이는 자기를 창조하신 자의 형상을 좇아 지식에까지 새롭게 하심을 받는 자니라"

• 옛 사람의 성품을 버리라.
옛 사람의 성품이란 옛 사람이 갖고 있는 죄의 본성을 가리키며, 음란과 부정과 사욕과 악한 정욕과 탐심을 말한다(5절). '음란'이란 불법적인 성관계 또는 비정상적인 성행위를 말하며, '부정'이란 정직하지 못한 것으로 도덕적인 문란 행위를 말한다. '사욕'은 감정적인 욕망에서 분출되어 나오는 마음을 말하고, '악한 정욕'이란 죄악된 인간이 가지고 있는 보편적인 욕구를 말하며, '탐심'은 경제적 욕구에 대한 무절제한 욕망을 지칭한다.

• 옛 사람의 행위를 버리라(8-9절).
옛 사람의 행위는 분(忿)과 악의와 훼방과 거짓말을 의미한다. '분'은 마음속에 품고 있는 분노를 말하며, '악의'는 타인을 해하려는 감정을 의미하며, '훼방'은 타인에 대한 비방과 중상모략을 의미한다. '부끄러운 말'은 음란한 말이나 비방하는 말로 거짓말을 의미한다. 이러한 옛사람의 행위는 버려야 한다.

그리스도와 연합하여 새사람이 된 성도가 생활 속에서 벗어 버려야 할 것들은 자주 가던 곳이 비성경적인 곳이라면 그곳 또한 버려야 함을 뜻한다. 자주 만나던 친구일지라도 비성경적이라면 돌아서야 한다. 자주 즐기던 버릇이 비성경적이라면 이것 또한 버려야 한다.

# 제2부

# 중간구조(Mesosystem) : Family
# 성도와 가정

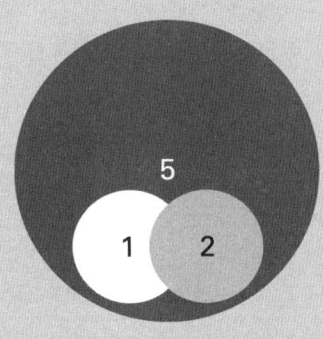

1 성도(개인)-Individual
2 성도의 가정-Family
5 하나님의 섭리-Providence

# 성경적인 가정

## 1. 최초의 가정[5]

"여호와 하나님이 가라사대 사람의 독처하는 것이 좋지 못하니 내가 그를 위하여 돕는 배필을 지으리라 하시니라 여호와 하나님이 흙으로 각종 들짐승과 공중의 각종 새를 지으시고 아담이 어떻게 이름을 짓나 보시려고 그것들을 그에게로 이끌어 이르시니 아담이 각 생물을 일컫는 바가 곧 그 이름이라 아담이 모든 육축과 공중의 새와 들의 모든 짐승에게 이름을 주니라 아담이 돕는 배필이 없으므로 여호와 하나님이 아담을 깊이 잠들게 하시니 잠들매 그가 그 갈빗대 하나를 취하고 살로 대신 채우시고 여호와 하나님이 아담에게서 취하신 그 갈빗대로 여자를 만드시고 그를 아담에게로 이끌어 오시니 아담이 가로되 이는 내 뼈 중의 뼈요 살 중의 살이라 이것을 남자에게서 취하였은즉 여자라 칭하리라 하니라 이러므로 남자가 부모를 떠나 그 아내와 연합하여 둘이 한 몸을 이룰지로다 아담과 그 아내 두 사람이 벌거벗었으나 부끄러워 아니하니라"(창 2:18-25).

### 1) 하나님의 계획(18절)

"여호와 하나님이 가라사대 사람의 독처하는 것이 좋지 못하니 내가 그를 위하여 돕는 배필을 지으리라 하시니라"

하나님께서 생각하시기를 인간이 혼자 있음으로 발생하는 고독은 하나님께서 원치 않는 상황이고, 고독으로부터 발생하는 내적 갈망을

---

5) 성서아카데미 편,《그랜드 종합주석》제1권: 성경 총론, 창세기 (서울: 성서아카데미, 1999), p. 217.

만족하게 하기 위해 '돕는 배필'에 대한 계획을 가지고 계셨다. 가정 형성의 주체는 하나님이시다. 이것은 가정의 주체가 인간 자체가 아니라 하나님임을 일깨워 준다.

### 2) 여자 창조(22절)

"여호와 하나님이 아담에게서 취하신 그 갈빗대로 여자를 만드시고 그를 아담에게로 이끌어 오시니"

하나님께서 많은 부분 중에서 특별히 아담의 갈빗대를 취하여 여자를 지으신 데는 다음 두 가지의 이유가 내포되어 있다고 보아야 한다.

첫째로, 남자와 여자는 인격적으로 상호 동등한 위치에 있음을 보여준다(고전 11:11-12). 하나님께서는 여자가 남자에게 짓밟히지 않도록 다리뼈로 여자를 만들지 않고, 반면 여자가 남자를 지배하지 못하도록 머리뼈로 만들지 않으셨다(Matthew Henry).

둘째로, 남녀는 상호 불가분의 존재다. 특히 여자는 남자에게서 소중히 여김을 받을 위치에 있음을 보여준다(엡 5:25-33). 곧 하나님은 여자가 보호를 받도록 팔 밑에서 취했으며, 사랑을 받도록 가슴 근처에서 갈빗대를 취하여 만드셨다(벧전 3:7).

이로 인해 여자는 남자를 의지해야 하고 남자를 떠나서는 결코 완전한 존재가 될 수 없는 의존적 존재가 되었다. 더불어 남자 역시 잃어버린 갈빗대인 여자를 떠나서는 완전한 존재가 될 수 없다. 따라서 두 독립체는 하나로 결합함으로써 완벽한 존재가 될 수 있게 되었다.

### 3) 일부일처의 가정 형성(24절)

"이러므로 남자가 부모를 떠나 그 아내와 연합하여 둘이 한 몸을 이룰지로다"

마치 결혼제도의 창시자요 예식의 주관자이신 하나님의 주례사(主禮辭)와 같은 말씀이다. 이 본문에서 우리는 '독립성'(獨立性), '연합성'(聯合性), '일체성'(一體性)을 찾아낼 수 있다.

남자가 부모를 떠나 그 아내와 연합한다는 말씀을 통해 육체적, 인격적으로 책임 있는 존재가 됨을 알 수 있다. 이제부터는 부모로부터 홀로 선다는 '독립성'을 강조하고 있다. 사랑으로 성숙해지고, 경제와 거주의 관점에서 부모로부터의 독립을 의미한다. 남자와 여자의 두 인격체가 이 험난한 세상에서 상호 협력함으로 같은 뜻을 이루는 것은 '연합성'을 말한다. 이 연합성은 상호 이해와 신뢰와 인정과 인내와 헌신을 바탕으로 할 때 이루어진다. 또한 구별되고 상반되고 별개의 성품의 소유자인 남자와 여자가 사랑과 이해로 성숙해지면서 영육간에 하나가 되는 '일체성'을 말한다. 이 본문은 '하나님이 짝지어 주신 것을 사람이 나누지 못할' 만큼 강한 결집력을 암시한다(마 19:6).

### 2. 성도의 부부(엡 5:22-33 중심으로)

"아내들이여 자기 남편에게 복종하기를 주께 하듯 하라 이는 남편이 아내의 머리 됨이 그리스도께서 교회의 머리 됨과 같음이니 그가 친히 몸의 구주시니라 그러나 교회가 그리스도에게 하듯 아내들도 범사에 그 남편에게 복종할지니라 남편들아 아내 사랑하기를 그리스도께서 교회를 사랑하시고 위하여 자신을 주심 같이 하라 이는 곧 물로 씻어 말씀으로 깨끗하게 하사 거룩하게 하시고 자기 앞에 영광스러운 교회로 세우사 티나 주름 잡힌 것이나 이런 것들이 없이 거룩하고 흠이 없게 하려 하심이니라 이와 같이 남편들도 자기 아내 사랑하기를 제 몸 같이 할지니 자기 아내를 사랑하는 자는 자기를 사랑하는 것이라 누구든지 언제든지 제 육체를 미워하지 않고 오직 양육하여 보호하기를 그리스도께서 교회를 보양함과 같이 하나니 우리는 그 몸의 지체임이니라 이러므로 사람이 부모를 떠나 그 아내와 합하여 그 둘이 한 육체가 될지니 이 비밀이 크도다 내가 그리스도와 교회에 대하여 말하노라 그러나 너희도 각각 자기의 아내 사랑하기를 자기같이 하고 아내도 그 남편을 경외하라"

본문은 그리스도인의 부부 관계를 그리스도와 교회의 관계에 비유하고 있다. 부부 관계에 대한 권면이 먼저 아내들에게, 다음으로 남편들에게 주어졌다.

**1) 아내들에게 권면(22-24절)**

- 복종하는 사랑(22절)
- 태도는, 남편에게 복종하는데 교회가 그리스도에게 하듯이 하라(24절).
- 동기는, 남편은 아내에게 머리이기 때문이다(23절).
- 모형은, 그리스도께서 교회의 머리이기 때문이다(23절).
- 가정의 질서와 통일성을 위해서이다. 복종이, 여성이 남성보다 열등하다는 신분의 차이를 의미하는 것은 아니다. 가정의 질서와 통일성을 위해 아내는 남편을 가정의 대표로서 인정하여 존경하고 복종할 것을 요구하고 있다.

**2) 남편들에게 권면(25-30절)**

- 희생적 사랑(25절)
- 본절에서 말하는 '사랑하다'(아가파오, αγαπαω)는 하나님의 사랑을 표현할 때 쓰는 단어이다.
- 전적으로 희생적이고 무조건적인 사랑을 말한다. 그리스도께서 우리를 위해 십자가의 제물로 자기 몸을 아끼지 아니하시고 주심 같이 남편들은 아내들에게 무조건적이고 희생적인 사랑을 해야 한다는 의미다.

- 깨끗하고 거룩한 사랑(26절)
- 말씀으로 가르침을 통한 사랑이다.
- 말씀으로 중생하여 영혼의 죄를 깨끗하게 씻는 것 같은 사랑이다.

- 돌보는 사랑, 양육하는 사랑(28-29절)
- 예수 그리스도께서 십자가를 지시기까지 교회를 사랑하심같이 남편의 아내에 대한 사랑 역시 희생적이고 무조건적이어야 한다는 것이 바울의 교훈이다. 바울의 권면은 "내가 너희를 사랑한 것 같이 너희도 서로 사랑하라"(요 13:34)는 말씀을 남편이 아내를 사랑해야 한다는 것에 적용한 것이다. 마치 계명과도 같이.

- 깨지지 않는 사랑(31절)
- 남녀가 한 몸을 이루는 결혼의 원리를 설명하고 있다.
- '합하다'(프로스콜라오, προσχολλαω)는 '……로 향하여'의 의미를 가지고 있는 '프로스'(προς)와 '아교로 붙이다' '합치다'의 의미를 가지고 있는 '콜라오'(χολλαω)의 합성어이다. 그러므로 '꼭 붙이다'라는 의미가 있다. 여기서는 남녀가 합법적인 성적 결합을 통해 결코 분리될 수 없는 한 몸을 이룬다는 의미이다.

* **성경에 나타난 부부 상호간의 의무들**[6]

| | 아내에 대한 남편의 의무 | |
|---|---|---|
| 1 | 땀 흘려 수고하며 부양함 | 창 3:17-19 |
| 2 | 어떤 일이라도 의논함 | 창 31:4-16 |
| 3 | 순결을 지킴 | 잠 5:15-17 |
| 4 | 즐거워하고 족하게 여김 | 전 9:9 |
| 5 | 궤사를 행치 않음 | 말 2:15 |
| 6 | 죽는 날까지 함께함 | 마 19:3-9 |
| 7 | 성적 의무를 다함 | 고전 7:3-4 |
| 8 | 더 연약한 그릇이므로 귀히 여김 | 벧전 3:7 |

6) 성서아카데미 편,《그랜드 종합주석》제18권: 에베소서 (서울: 성서아카데미, 1999), p. 205.

| 9 | 희생적 사랑 | 엡 5:25 |
| 10 | 깨끗하고 거룩한 사랑 | 엡 5:26 |
| 11 | 돌보는 사랑, 양육하는 사랑 | 엡 5:28 |
| 12 | 깨지지 않는 사랑 | 엡 5:31 |
| **남편에 대한 아내의 의무** | | |
| 1 | 사모함 | 창 3:16 |
| 2 | 부지런함과 지혜로 내조 | 잠 31:11, 23 |
| 3 | 성적 의무를 다함 | 고전 7:3-4 |
| 4 | 복종하고 경외함 | 엡 5:22-23 |
| 5 | 친절하고 순결할 것임 | 딛 2:5 |

### 3. 좋은 아버지가 되려면

아버지! 아버지라는 단어를 생각하면 우리는 각자의 아버지에 대한 상(image, 像)을 떠올릴 것이다.

좋은 아버지의 상을 가지고 자란 자녀는 어릴 적 팽이를 만들어 꽁꽁 언 논밭에서 팽이 돌리는 법을 가르쳐 주시던 그 아버지, 정월 초하루가 되면 신문지 조각을 자르고 대나무를 가늘게 다듬어 살을 만들고 밥풀로 종이에 붙여 연을 만들어 실에다 사기를 입혀 논밭에서 연날리기를 가르쳐 주시던 그 아버지, 앉은뱅이 썰매를 만들어 뒤에서 밀어 주시던 그 아버지, 조금 큰 아이가 되었을 때는 매주일 둥그런 식탁에 모여 주일날 아침 가족 예배를 드리면 아버지는 성경을 읽고, 어머니는 찬송가에서 곡을 선정하여 식구가 다 같이 부르며 주일 예배를 인도하시던 그 아버지, 어쩌다 상장이라도 타 오는 날이면 자신이 상을 탄 양 칭찬을 아끼지 않으면서 우등상보다 건강하게 매일 수업에 빠지지 않고 참석하는 개근상이 더 낫다고 치켜세우시던 아버지, 속으로는 '자식, 우등상이라도 받아오지' 하고 생각하시면서도 겉으로는 개근상이 더 좋다고 자녀를 치켜세우시던 아버지, 아마 이러한 훌륭한 아버지의 상을 생각할 것이다.

반면에 아버지에 대한 좋지 않은 상을 가지고 자라는 자녀들도 있을 것이다. 매일 술에 절어 사시던 아버지, 노름판에 출근하다시피 하는 아버지, 술만 드시면 어머니를 장작 패듯 구타하며 싸우시던 아버지, 이런 상황이 벌어지면 자녀들 모두가 이불 속으로 들어가 숨죽이고 자는 척해야 했던 그 시절의 아버지…….

좋지 못한 아버지의 잔상은 자녀들에게 남자를 혐오하는 아픔으로 마음 한구석에 남고 만다. 이러한 잔상으로 평생을 괴롭게 살아가는 자녀들을 우리 주변에 무수히 본다.

여기에서 몇 가지 좋은 아버지의 상을 보면, 훌륭하고 자상한 아버지는 자녀들과 깊은 대화를 나누며, 좋은 시간을 보내고, 자녀를 무한히 사랑하며, 가족 예배에서 하나님의 말씀을 자녀들이 어릴 때부터 머릿속에 인식하도록 가르치는 모습이다. 또한 작은 일을 훌륭히 했을 때나 조금 마음에 덜 만족스러운 결과를 가져왔다 하더라도 칭찬을 아끼지 않는 모습을 보게 된다. 다른 아이들과 비교하지 않는 모습은 아들을 다른 아이들과 비교함으로 주눅이 들거나 자존심 상하게 하지 않으려는 배려가 숨어 있는 것이다.

그러면 성경에서는 아버지들의 역할을 어떻게 말씀하고 있는가?

"아비들아 너희 자녀를 격노케 말지니 낙심할까 함이라"(골 3:21).

성경은 자녀들의 마음을 격노케 하지 말라고 권면한다. 이러기 위해서는 아버지로서의 역할이 얼마나 중요한지를 이해하는 것이 필요하다. 아버지는 자녀들이 성장하는 동안 감정적, 지적 혹은 영적으로 지대한 영향을 미친다. 또한 성경은 어떻게 하면 좋은 아버지가 될 수 있는지 신뢰할 만한 조언을 해준다. 사실 성경에는 가정생활에 대한 최상의 조언이 들어 있다. 그 교훈은 단지 이론에 불과한 것이 아니며, 결코 우리에게 해를 주지도 않는다. 아버지라면 자녀를 양육하는 방법에 관해 성경에서 무엇이라고 알려 주는지 살펴보는 것이 좋을 것이다.

좋은 아버지가 되는 것은 자녀가 신체적·감정적·영적으로 잘 자랄

뿐 아니라 자녀와 자녀의 관계, 자녀와 그 친구의 관계, 자녀와 하나님의 관계를 맺어 나가는 데 매우 중요한 역할을 하게 된다. 아버지와 사랑 넘치는 친밀한 관계를 누리는 자녀는 하나님과도 가깝고 친밀한 관계를 발전시키기 더 쉬울 뿐만 아니라 다른 모든 관계를 부드럽고 친밀하게 발전 유지하는 데에도 많은 도움을 받는다.

**1) 자녀가 아버지에게서 필요로 하는 것**(아버지의 역할)
아버지의 역할 6가지를 고려해 보겠다.

(1) 아버지의 사랑

자녀가 아버지로부터 필요로 하는 것 가운데 가장 중요한 것은 아버지의 극진한 사랑이다. 성경은 하나님이 그분의 아들 예수를 어떻게 생각하셨는지에 관해 설명하면서 '아버지께서는 아들을 사랑하신다'고 말씀한다.

> "하늘로서 소리가 있어 말씀하시되 이는 내 사랑하는 아들이요 내 기뻐하는 자라 하시니라"(마 3:17).
> "아버지께서 아들을 사랑하사 만물을 다 그 손에 주셨으니"(요 3:35).
> "성령이 형체로 비둘기같이 그의 위에 강림하시더니 하늘로서 소리가 나기를 너는 내 사랑하는 아들이라 내가 너를 기뻐하노라 하시니라"(눅 3:22).

본문(마 3:17)은 하나님이 아들 예수 그리스도를 사랑하신다고 말씀한다. 여기서 '사랑한다'(ἀγαπητός, 아가페토스)는 신적 사랑을 나타내며, 하나님과 그리스도간의 사랑에만 사용되고 있다. 예수께서 세례를 받으셨을 때, 하나님께서는 하늘에서 "너는 내 아들, 사랑하는 아들이다 내가 너를 기뻐하노라"고 말씀하셨다(마 3:17; 눅 3:22). 예수님께서도 아버지가 자신을 사랑하신다는 사실을 조금도 의심하지 않으셨다.

인간 아버지는 하나님으로부터 무엇을 배울 수 있을까?

아버지들은 자녀들에게 사랑한다는 표현을 자주 해야 한다. 그러나 한국인 아버지들은 사랑한다는 표현이 매우 서툴다. 부부간에도 서투른데 하물며 아버지와 자녀 사이에는 어떻겠는가. 말씀은 없으셔도 썰매를 만들어 주고 등 뒤에서 밀어 주며 연을 만들어 주는 모습 속에는 '아들아, 나는 너를 무진장 사랑한다'는 표현이 담겨 있다. 그러나 아버지들은 사랑한다는 표현을 자주 해야 한다. 자녀들은 이때 아버지로부터 인정 받고 있다고 느낀다. 지나친 비평이나 다른 자녀와의 비교는 금물이다.

(2) 가족과 시간을 함께 보내기[7]

"이스라엘아 들으라 우리 하나님 여호와는 오직 하나인 여호와시니 너는 마음을 다하고 성품을 다하고 힘을 다하여 네 하나님 여호와를 사랑하라 오늘날 내가 네게 명하는 이 말씀을 너는 마음에 새기고 네 자녀에게 부지런히 가르치며 집에 앉았을 때에든지 길에 행할 때에든지 누웠을 때에든지 일어날 때에든지 이 말씀을 강론할 것이며"(신 6:4-7).

본문은 율법의 대강령인 신명기 6장 4-9절 중 일부이다. 4절에 나오는 "이스라엘아 들으라"는 '쉐마'인데 히브리어로 '들으라'라는 뜻이다. 하나님의 말씀에 귀를 기울이고 이를 순종해야 함을 의미한다.

쉐마 본문은 하나님을 사랑하라는 명령(4-5절)과 하나님의 계명을 자녀들에게 가르쳐야 한다(6-9절)는 것으로 구분된다. 좀 더 세분하자면,

첫째, 하나님의 말씀을 마음에 새겨야 한다(6절).

둘째, 자녀에게 하나님의 말씀을 부지런히 가르쳐야 한다(7절).

셋째, 하나님의 말씀을 항상 전파해야 한다(7절).

---

7) 성서아카데미 편,《그랜드 종합주석》제3권: 신명기 (서울: 성서아카데미, 1999), p. 550.

넷째, 하나님의 말씀을 기호로 삼아야 한다(8절).

다섯째, 하나님의 말씀을 모든 삶의 원칙으로 삼아야 한다(8절).

이 교훈을 따르려면 자녀들과 함께 시간을 보내지 않으면 안 된다. 곧바로 6-7절에 이를 언급한다. 흥미롭게도 최근의 한 연구 결과에 따르면, 부모와 자녀가 시간을 함께 충분히 보내고 있지 않다고 말한 십대들이 부모들보다 세 배나 많았다. 따라서 되도록 자녀와 함께 시간을 많이 보내야 한다. 쉴 때나 일할 때나, 집에 있을 때나 여행을 할 때나, 아침에 일어날 때나 밤에 잠자기 전이나 그렇게 해야 한다. 가능하다면, 어디를 가든 자녀를 데리고 다니기 바란다. 자녀와 시간을 보내는 것을 대신할 수 있는 것은 아무것도 없다.

현실을 직시해 보자. 국가 통계자료(2013년)에 따르면 전 국민(10세 이상)이 가족과 함께한 시간은 1일 평균 2시간 51분으로 나타났다. 20세 이상의 성인은 3시간 13분, 학생(초·중·고, 대학생)은 59분, 그리고 노인의 경우는 3시간 32분을 가족과 함께한다고 나타났다. 평생을 가족과 함께하고 있다고 생각했는데 1일 평균 3시간이 채 안 되다니!

**가족과 함께 보낸 하루 평균 여가시간(평일)**[8)]

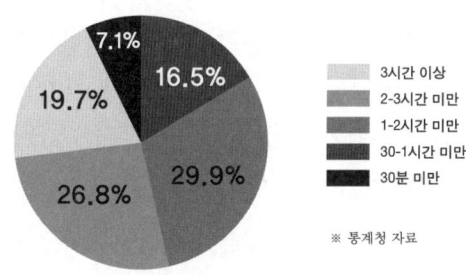

※ 통계청 자료

가족들과 함께하는 외식 횟수는 어느 정도 되는가? 여가 시간을 할

---

8) http://hikostat.kr/2045)(2013.03.28 17:02) 통통 이야기

애할 만큼 시간이 많지 않다면 외식은 어떤가? 가족들과 한 달에 몇 번 정도의 외식을 하는지 조사해 보았다.

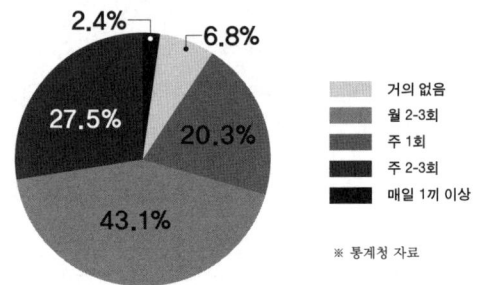

가족과 함께하는 외식 횟수

※ 통계청 자료

많은 사람들이 인생에서 가장 큰 행복으로 '가족과 함께하는 시간'을 꼽는다.[9] 하지만 현실은 좀 다르다. 가족을 위해서 바쁘게 살아가지만 정작 가족은 뒷전인 경우가 많다. 우리나라 사람들이 가족과 보내는 시간은 주말을 포함해도 하루 평균 1시간 11분, 아마 필자도 식사 시간과 가족을 돌보는 시간을 빼면 서로 대화하는 건 고작 9분 정도일 것이다. 부모는 오래 일하고, 자녀들은 입시 경쟁으로 오래 책상에 앉아 있다 보니 가족과 시간을 보내기가 쉽지 않다. 일주일에 서너 번 가족과 함께 식사했다는 비율은 59%로, OECD 평균 78%에 크게 미치지 못하고 있다. 아버지와 자녀의 대화 시간은 30분 미만이 42%나 되었고, 아예 대화가 없다는 가정도 6.8%나 된다.

(3) 칭찬하는 아버지

"또 아비들아 너희 자녀를 노엽게 하지 말고 오직 주의 교양과 훈계로 양육하

---

9) http://news.sbs.co.kr/news/endPage.do?news_id=N1002843893&plink= COPYPASTE&cooper =SBSNEWSEND

라"(엡 6:4).

본절에서 '부모' 대신에 '아비'만을 언급한 것에 대해 학자들은 당시 자녀들의 양육은 아버지의 책임하에 이루어졌기 때문이라고 말하고 있다(Hendriksen, Wood). 노엽게 하지 말라고 당부하는 것은 자녀들을 기쁘게 해주라는 의미일 것이다. 칭찬은 자녀들을 기쁘게 한다. 칭찬은 큰 소리로, 야단을 칠 때에는 속삭이듯이 하면 어떨까?

자녀들을 노엽게 하는 경우는 지나치게 엄격하다든가, 자그마한 실수를 확대하여 가혹하게 대한다든가, 자녀들을 균등하게 사랑하지 않고 편애할 때이다. 이때 자녀들은 소외감을 느끼게 된다.

"칭찬은 고래도 춤추게 한다"는 말이 있다. 칭찬은 묘한 효과를 내는 약이다. 칭찬은 사람을 기분 좋게 만든다. 그 여운은 오래 간다. 그리고 자신을 칭찬한 사람이 가깝고 친하게 느껴지는 묘한 효과를 나타낸다. 그런데 사람들은 칭찬에 매우 인색하다. 남을 칭찬하려면 먼저 자신의 배알이 비틀리는 느낌을 가진다. 그를 나보다 위에 놓는 그런 야릇한 기분을 느껴 우리는 칭찬에 매우 인색하다.

가정에서도 마찬가지다. 부모들은 자녀 칭찬하기에 인색할 때가 너무나 많다. 칭찬하기 전에 얼른 자녀의 친구는 어떤지를 먼저 알려고 한다. 비교를 먼저 하는 것이다. 자기 자녀가 조금이라도 더 받았다면(만일 성적을 예로 든다면) 그제야 칭찬을 한다. 꾸짖는 것도 필요악이긴 하지만, 그 몇 배로 칭찬을 하여야 할 것이다.

아버지는 칭찬하는 아버지가 되어야 하고, 덕이 되고 본이 되는 삶을 살아야 한다.

《칭찬 한마디의 기적》[10](용혜원 지음)이란 책에서는 칭찬할 때 쓰기 좋은 말 10가지를 제안한다. 이 말 10가지를 아버지가 자녀들에게 말

---

10) 용혜원, 《칭찬 한마디의 기적》 (서울: 청우, 2003).

하듯이 고쳐 보았다.

"너는 짱이야."
"너는 마음이 참 따뜻해."
"어떤 일을 맡겨도 참 잘해."
"너는 참 지혜로워."
"일을 열정적으로 하는 모습이 아름다워."
"도와주어서 고마워."
"네가 옆에 있는 것이 힘이 된다."
"앞으로 하는 일이 기대가 돼."
"언제나 열심히 일하는 모습이 자랑스러워."
"나는 네가 내 자녀라는 것이 항상 기뻐"라고 바꾸면 좀 더 다정다감한 말이 될 것이다.

용혜원 저자는
"칭찬은 사람들을 이끌어 주는 힘을 만든다.
칭찬은 사람들에게 힘을 주고 희망을 주고 보람을 준다.
칭찬은 우리의 삶을 변화시키고 기쁨을 준다.
칭찬은 사랑하는 마음에서 시작된다.
훌륭한 리더는 칭찬을 잘한다.
칭찬의 주인공은 바로 우리들이다"라고 말한다.

칭찬이라 해서 다 같지는 않다. 지나친 칭찬은 금물이다. 요즘의 자녀들은 똑똑하다. 부모가 과장하여 칭찬하는 경우를 잘 알아차린다. 이런 경우는 부모의 권위에 문제가 발생한다. '아, 우리 아빠는 뻥쟁이야'라고 느낄 때는 이미 늦었다. 신뢰 있는 아버지상을 유지하려면 적절한 때에 적당하게 칭찬해야 한다.

어떤 결과를 놓고 볼 때 노력에 대한 칭찬이라든가, 능력에 대한 칭찬이 매우 중요하다.

(4) 모범 보이기

"종말로 형제들아 무엇에든지 참되며 무엇에든지 경건하며 무엇에든지 옳으며 무엇에든지 정결하며 무엇에든지 사랑할 만하며 무엇에든지 칭찬할 만하며 무슨 덕이 있든지 무슨 기림이 있든지 이것들을 생각하라"(빌 4:8).

아버지는 긍정적인 말, 칭찬하는 말, 존중해 주는 말, 용기를 주는 말, 소망의 말, 덕이 되는 말, 남에게 힘을 주는 말을 통하여 돕는 자로서의 삶을 살아야 한다.

"그러므로 예수께서 저희에게 이르시되 내가 진실로 진실로 너희에게 이르노니 아들이 아버지의 하시는 일을 보지 않고는 아무것도 스스로 할 수 없나니 아버지께서 행하시는 그것을 아들도 그와 같이 행하느니라"(요 5:19).

아버지가 자녀들에게 모범을 보이는 것은 매우 중요하다. 그 가운데서도 어릴 적부터 식구들이 한자리에서 가정예배를 드리는 것은 참으로 중요하다. 어린 나이에 성경을 접하고, 하나님을 찬양하는 모습을 접하고, 순서대로 돌아가면서 기도하는 법을 배우는 것은 어릴 적 아버님이 본을 보였기 때문에 어른이 되어서도 자연스럽게 가정예배를 이어가게 되는 것이다. 특히 잠언 22장 6절의 "마땅히 행할 길을 아이에게 가르치라 그리하면 늙어도 그것을 떠나지 아니하리라"는 말씀을 떠올리게 한다. 가정교육은 부모가 자녀에게 주는 가장 처음의 가르침이다.

본절(요 5:19)에서 말씀하신 바와 같이 예수님은 '다만 아버지께서 행하시는 것을 보고' 그대로 할 뿐이라고 알려 준다. 이 구절에서 예수님이 아버지께서 '행하시는' 것을 보고 그대로 하셨다고 말씀하신 것에 유의하기 바란다. 자녀들도 그와 같이 하는 경우가 많을 것이다. 가정 예배뿐만이 아니라, 아버지가 존중하는 마음을 가지고 품위 있게 어머니를 대한다면 자녀들도 자라서 상대방을 대할 때 아버지와 같은 태도를 나타내게 될 것이다.

> "모든 성경은 하나님의 감동으로 된 것으로 교훈과 책망과 바르게 함과 의로 교육하기에 유익하니 이는 하나님의 사람으로 온전케 하며 모든 선한 일을 행하기에 온전케 하려 함이니라"(딤후 3:16-17).

이것이 성경이 말하는 아버지가 되는 길이다. 아버지가 진리의 말씀을 가르치기 위해서 사용할 수 있는 방법은 다양할 것이다. 그러나 그 진리는 인생의 어느 단계에서든지 삶을 살아나가는 데 있어서 적용되어야 한다. 아버지로서 역할 본보기에 충실하다면 자녀들이 하나님에 대해서 배우고 들은 바는 그들이 무엇을 하건, 어디에서 살건, 평생 유익한 삶을 살아가는 데 기본이 될 것이다.

(5) 행복한 분위기 메이커인 아버지

아버지가 일터에서 돌아와 어두운 얼굴로 말씀도 없이 있다면 집안 분위기는 자연히 가라앉는다. 누구나 일터에서 집에 오면 육체적으로 몹시 피곤하다. 요즘은 맞벌이를 하는 부부가 많다. 이민사회에서는 말할 것도 없다. 모두가 피곤하고 지쳐 있다. 하루 일과를 마치고 자녀들이 있고 아내가 있는 가정으로 돌아온다는 것은 매우 행복한 일이다. 아버지는 집안의 기둥이다. 가족 모두의 버팀목이 되는 것이다. 아버지는 가족들의 피곤함을 염려해야 하며 피곤을 풀어줄 줄 알아야 한다. 오늘도 무사히 하루 일과를 마친 것도 다 하나님의 은혜이다.

> "내가 그 곁에 있어서 창조자가 되어 날마다 그 기뻐하신 바가 되었으며 항상 그 앞에서 즐거워하였으며"(잠 8:30).

아버지이신 하나님과 아들 예수 그리스도 사이에는 참으로 따뜻한 분위기가 느껴진다. 자녀들에게도 행복한 집안 분위기가 필요하다. 시간을 내어 아이들과 함께 놀아 준다면 그러한 분위기를 조성하는 데 도움이 될 것이다. 부모가 자녀와 함께 놀아 줄 때 그들 사이에는 친밀한 관계가 형성된다. 그날에 있었던 여러 가지 일들, 힘들었던 일들, 즐거웠던 일들을 서로 대화함으로 피곤함을 날려 보내고 즐거운 시간을 공유하게 된다.

(6) 하나님을 마음에 심어 주는 교육

"그러나 너는 배우고 확신한 일에 거하라 네가 뉘게서 배운 것을 알며 또 네가 어려서부터 성경을 알았나니 성경은 능히 너로 하여금 그리스도 예수 안에 있는 믿음으로 말미암아 구원에 이르는 지혜가 있게 하느니라"(딤후 3:14-15).

본절에서 '배우고 확신한 일'이란 디모데가 어릴 때부터 받은 신앙교육(딤후 1:5)과 전도여행 시에 바울이 그에게 가르쳐 준 진리의 말씀일 것이다(딤전 1:18). 바울은 디모데에게 그가 받은 신앙교육과 진리의 말씀 위에 굳건히 서라고 권면한다. 디모데는 어릴 적 어머니와 외조모에게서 신앙을 배웠다(딤후 1:5). 그래서 디모데는 기독교 정통 신앙을 사수해야 복음의 일꾼이 될 수 있음을 알았다. 어릴 때부터의 신앙교육은 하나님의 명령이셨다(출 10:2, 13:14-16; 신 4:9-10).

성경에는 하나님께서 죄인 된 인간에게 구원을 주시기 위해 이루신 예수 그리스도의 구속사역이 기록되어 있으므로, 성경을 통하여 예수 그리스도를 믿는다면 진정한 구원을 이루게 된다.

이와 같이 아버지의 막중한 책임 가운데 가장 중요한 일은 자녀들 마음에 하나님을 심어 주는 것이다. 이는 곧 자녀들의 마음에 올바른 원칙들을 심어 주는 일이다. 디모데와 같이 어릴 적부터 가정예배를 통해 신앙교육을 받고 주일학교에서 배우는 진리의 말씀으로 무장하게 한다면 늙어도 그것을 떠나지 아니할 것이다(잠 22:6).

## 4. 건강한 가정이 가지는 6가지 공통점[11]

미국의 네브라스카 주립대학의 스티넷(Nick Stinnett) 교수는 오늘날 위기에 처한 가정이 회복해야 할 6가지를 발표하여 큰 공감을 얻고 있다.

첫째, 감사(appreciation). 감사가 넘치는 가정은 행복하다. 가족 모두가 서로에게 감사를 표현할 때 기쁨이 있고 행복이 넘친다. 남편은 아내에게 감사하고, 아내는 남편에게 감사하면 하루가 행복하다. 자녀는 부모에게 감사하고, 부모는 자녀에 대하여 감사할 때 웃음이 피어난다. 감사할 조건이 있어서 감사한 것이 아니라 범사에 감사할 때 더 많은 감사가 넘친다.

둘째, 헌신(commitment). 가족 구성원 간에 서로를 향한 헌신이 있어야 한다. 부부간에도, 부모와 자녀 간에도 서로를 향한 사랑과 헌신이 넘치면 행복의 꽃이 피어난다. 자기중심이 아니라 상대방을 위해 자신을 비우고 헌신할 때 행복한 가정이 된다.

---

11) Secrets of Strong Families Hardcover – January, 1986 by Nick Stinnett (Author), John Defrain (Author)
This study derives from the University of Nebraska's Family Strength Research Project, begun in 1977 by author-researchers DeFrain and Stinnett, who are also college educators and counselors. They use excerpts from 3000 questionnaires to discuss and illustrate six qualities they pinpoint as basic to strong families: appreciation, commitment, communication, time spent together, spiritual wellness, and coping ability. Overall, the material is clear and useful but unexciting. Also, for the layperson, the scholarly bibliography citing journal articles, dissertations, and theses (there are only two popular references) drastically limits follow-up. Recommended for marriage and family collections because of its "project" affiliation. Serialization in Good House keeping. Janice Arenofsky, formerly with Arizona State Lib., Phoenix Copyright 1986 Reed Business Information, Inc.
성지교회 posted MAY 19, 2012. http://www.sungjii.or.kr/

셋째, 교제(communication). 교제의 출발은 바로 진실한 대화이다. 오늘날 가정의 위기는 바로 대화의 결핍 때문에 일어난다. 우리는 대화를 하는 데 서툴다. 그래서 대화하자고 하면서 대놓고 화를 낼 때가 많다. 우리들이 가정에서 해야 할 천국방언은 네 마디이다. "미안합니다. 고맙습니다. 사랑합니다. 축복합니다." 이런 천국방언이 있는 가정에서는 아름다운 교제가 이루어진다. 교제를 통한 행복의 웃음꽃이 피어난다.

넷째, 시간의 공유(time together). 가족은 가정이라는 울타리 안에서 매일 만나서 대화를 통해 사랑의 교제가 넘치는 곳이어야 한다. 그런데 오늘날의 가족은 함께 만나기가 어렵다. 밥 먹는 시간이 서로 다르고, 출퇴근하는 시간이 다르다. 서로가 얼굴을 보기가 힘들다. 한 집에 살지만 이산가족이다. 적어도 일주일에 한 번은 가족이 함께하는 만찬의 자리를 만들어야 한다. 가족이 함께 모여 식사를 하고, 대화를 할 때 가족의 따뜻함과 소중함을 깨닫게 된다.

다섯째, 종교적 지향(spiritual wellness). 가족 구성원의 생각이 건강하고, 정신이 건강해야 한다. 부정적인 생각을 버리고, 긍정적인 태도가 필요하다. 가족 구성원들이 진실하며, 남을 배려하고, 더불어 살아가는 조화와 협력의 자세가 중요하다.

여섯째, 위기를 극복하는 능력(coping ability). 인생은 계속되는 위기의 연속이다. 어떤 어려움 앞에서도 포기하거나 좌절하지 않고 믿음으로 다시 일어설 수 있는 용기가 필요하다. 고난은 변장된 하나님의 축복의 과정임을 깨닫고 위기를 기회로 삼아야 한다.

이 6가지는 우리 그리스도인 가정에서도 꼭 필요한 것들이다. 이런 것들이 있을 때 우리 가정은 행복할 수 있다. 그러나 문제는 이런 것들을 우리 힘으로 이룰 수 있느냐는 것이다. 더 시급하고 더 중요한 것이 있다. 바로 예수 그리스도다. 다음의 고백이 있는 가정은 건강한 가정이다. "예수 그리스도는 이 집의 주인이시요, 식사 때마다 보이지 않는 손님이시요, 모든 대화에 말없이 듣는 이시라." 사랑과 행복의 꽃이 피어나는 가정이 되시기를 주님의 이름으로 축복한다.

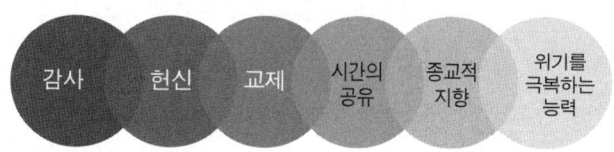

스티넷(Stinnett) - 문화권이 다르더라도 정서적으로 건강한 가족의 기본적인 특성은 유사하다.

### 5. 생태학적 가족관계(Ecological Family Systems)[12]

한 인간 개체는 하나님의 섭리 안에서 끊임없이 변화하는 주위 환경에 적응하며 관계성을 맺으며(individual) 성장한다. 한 개체는 한 가정의 멤버로서 상호 관계를 맺으며 일생 동안 성장한다(family). 또한 한 믿음의 공동체의 일원이 되며(church), 이 믿음의 공동체는 더 큰 규모의 새 환경인 사회의 일원으로 살아가며 얻어지는 관계에 의해 영향을 받으며 성장한다(society). 이 모든 생태학적 가족관계는 우주와 인간을 창조하시고 지금도 역사하시는 하나님의 섭리(providence) 아래 있다.

### 6. 끊임없는 변화와 상호관계 가운데 각 구조에서 발생되는 스트레스들

1) 소구조(Microsystem): Personal

---

[12] 이 부분은 부분적으로 미키 스토니어, 최선영 공저, 《위기의 목회자와 섬기는 리더십》 (서울: 쿰란, 2016), p. 132에서 옮겨 왔음을 밝힌다.

성도가 살아 활동하는 동안 성도 자신으로부터 오는 스트레스를 다음 몇 가지로 요약해 보았다.

(1) 기도 부족(Prayerlessness)
(2) 억눌린 감정들(Suppressed emotions)
(3) 불면증(Hyper-vigilance)
(4) 비밀, 외로움을 털어놓을 사람들의 부족함(Lack of people to confide in / loneliness)

(1) 기도 부족(Prayerlessness)
믿음생활을 충실히 하는 성도들에게 기도에 대하여 논한다면 성도들은 웃을 것이다. 왜냐하면 그들에게 기도생활은 습관화되어 있기 때문이다. 그러나 많은 성도들 가운데 믿음이 정체되거나 아예 믿음에 별 흥미를 못 느껴 교회를 하나의 만남의 광장으로 생각해서 대화와 교제를 위해 출석하는 경우도 많다. 성도의 믿음생활의 성패는 진실한 기도 부족에서 온다는 사실을 간과해서는 안 된다. 공부는 우리의 지성을 변화시키며, 묵상은 우리를 내적(inward) 삶으로 인도하며, 기도는 우리를 하나님과의 영원한 교제 가운데로 인도하기 때문에 성도는 매일 기도를 위한 규정된 시간을 가져야 한다.

어느 정도로 하나님과 가까이 지내야 할까? 이사야 58장 9절을 소개한다.

"네가 부를 때에는 나 여호와가 응답하겠고 네가 부르짖을 때에는 말하기를 내가 여기 있다 하리라"(사 58:9).

이 말씀에 성도는 용기를 내어 기도생활에 끊임없는 노력을 지속해 나가야 한다. 항상 성도가 하나님을 부를 때에 '여기 있다' 하고 하나님이 대답하실 수 있고, 부르짖을 때에 '나 여기 있다' 하고 대답을 해주시는 성도와 하나님의 관계를 유지하도록 하라.

기도함으로 하나님은 성도를 변화시키신다. 기도할수록 성도는 성도의 부족함을 더욱 선명히 알게 되며, 부족함을 인식할 때 성도는 더욱 그리스도와 일치하기를 원하게 되므로 외적인 유혹을 물리칠 수 있다. 성도는 기도를 통해서 하나님의 세미한 음성을 들을 수 있고, 하나님은 이를 통해 성도에게 하나님의 뜻을 전달하신다. 하나님과의 의사소통을 원한다면 기도의 끈을 놓아서는 안 된다. 기도 없이 하나님과의 대화는 있을 수 없는 것이다. 하나님과의 대화는 하나님과의 인격적인 관계의 삶을 형성하게 하며, 기도만이 하나님과 인격적으로 만날 수 있는 길이다.

그로 인해 하나님이 이 세상을 보는 눈으로 성도도 세상을 볼 수 있고, 하나님이 사랑하는 것을 성도도 사랑할 수 있는 것이며, 성도의 더러움과 죄성을 보게 되며(사 6:5), 하나님의 마음과 뜻을 알게 되고, 이 기도 중에 하나님의 음성을 들음으로써 새로운 인생의 문이 열리고, 새로운 삶의 관점(belief)을 가지게 되며, 새로운 인격의 가치(value)와 사명(call)을 가지게 된다.

예수님께서도 구속사역을 위하여 광야에 나아가 40일간 금식기도를 하셨다. 사역 중에도 항상 하나님과의 기도를 통해 그의 뜻을 헤아리셨다. 새벽 미명에 기도하시고(막 1:35), 사도들을 세우기에 앞서 기도하셨고(눅 6:12), 습관을 좇아 감람산에서 기도하시고(눅 22:39), 우리에게 모범을 보이셨다.

또 요한은 요한복음 17장에서 예수님의 기도가 우리에게 주는 교훈이 얼마나 지대한지를 말씀하고 있다. 예수님께서는 예수님 자신과 성부를 위한 기도(17:1-5), 제자들을 위한 기도(17:6-19), 그리고 모든 성도를 위한 기도(17:20-26)를 하셨다. 이것은 예수님께서 군대(troops)와 대제사장들(officers from the chief priests)과 바리새인들(pharisees)에게 끌려가 결국은 십자가에 달려 돌아가실 것을 예견하시고 하신 그의 마지막

기도인데, 15절은 바로 성적인 유혹을 받는 우리에게 하신 말씀이시다. 예수님은 다음과 같이 말씀하신다.

> "내가 비옵는 것은 저희를 세상에서 데려가시기를 위함이 아니요 오직 악에 빠지지 않게 보전하시기를 위함이니이다"(요 17:15).

우리를 악으로부터 보전하기 위함이라고 절규하시는데, 세상에서 몰려오는 유혹을 이기기 위해 완전히 자신을 비우고, 하나님의 현존하심과 성령의 뜻과 예수 그리스도께 의탁하며, 자기 자신을 십자가에 못 박아 버리는(갈 2:20) 기도생활은 성도들에게 필수적이다.

(2) 억눌린 감정들(Suppressed emotions)

우리의 삶은 관계성을 형성하며 살아간다. 나와 자연, 나와 나, 나와 너, 그리고 나와 하나님 사이의 관계성을 형성하며 살아간다. 관계성이 원만하지 못할 때 우리는 마음에 상처를 받는다. 이러한 상처는 우리 내면에 평강을 잃게 한다. 이는 심각한 현실적인 문제로 대두된다. 내면에 상처를 받은 사람은 이기적이거나 자기중심적으로 변화하며 우리 자신을 억누르고, 이러한 감정은 우리의 삶에서 자유로움을 잃게 한다. 억눌린 감정은 관계성을 회복함으로 해결될 수 있다.

**나와 자연**

인간은 자연의 구성 요소 가운데 하나다. 인간은 자연으로부터 왔다가 자연으로 돌아간다. 시편 8편은 모든 우주 만물을 창조하신 창조주 여호와께 찬양으로 승화시킨 다윗의 감사예배 시이다. 만물에 담긴 주의 영광을 찬양하고 놀라운 하나님의 창조 솜씨와 능력을 찬양한다. 실로 자연 만물은 그 자체로도 충분히 우리들에게 감동을 주는 아름다운 것이다. 하나님 자신도 "하나님이 그 지으신 모든 것을 보시니 보시기에 심히 좋았더라"(창 1:31)고 감탄하셨다.

그런데 인간은 끊임없이 완전한 자연 체계의 균형을 깨뜨리고 있다. 인간은 환경을 이용하고, 남들의 고통 속에서 기쁨을 얻고, 다른 이들의 불행을 자신들의 행복의 기회로 삼는다. 그리하여 하나님은 한탄하신다.

"하나님이 사람을 정직하게 지으셨으나 사람은 많은 꾀를 낸 것이니라"(전 7:29하).

우리는 우리와 자연의 관계를 되살려야 한다. 자연에 성실하고 솔직해야 한다. 하나님이 지으신 자연을 하나님이 원하셨던 생각대로 유지하고 다스려야 한다(창 1:28).

### 나와 나의 관계

자아상에 대한 내용이다. 아침에 일어나 거울을 보면서 자신의 얼굴을 사랑하는 사람은 거의 없다고 한다. 이는 자신의 외모에 대한 부정적인 자아상이다. 그래서 성형 의술이 붐을 타고 있다. 어느 한 부분이라도 마음에 들지 않으면 의술로 마음에 맞게 고친다. 많은 이들이 자기 자신에 대해서는 과대평가 혹은 과소평가를 한다. 혹은 스스로 자신을 죄인으로 몰아간다. 그래서 자신을 낙오자로 취급한다. 대부분의 사람들이 부정적인 자아상으로 일그러져 있다. 우리가 우리 자신을 좋아하지 않는다면, 다른 사람이 우리를 좋아하기란 매우 어렵다.

우리의 믿음의 조상 가운데 건전한 자아상을 가진 사람들이 있다. 건전한 자아상을 가진 사람들 가운데 대표적인 사람이 다윗 왕이다. 그는 모든 점에 있어서 인간적이었다. 그는 죄를 지었지만 속히 죄를 인식하고 고백하고 용서를 구했던 사람이다. 그는 자신을 솔직히 보았다. 솔직함으로 여호와께 나아갔다. 있는 모습 그대로. 그리고 그는 하나님으로부터 용서를 받았다.

다윗은 그러한 경험을 통하여 하나님께서 자신의 인생에서 무엇을 성취하고자 하시는지 이해하게 되었으며, 그 자신에 대해 훨씬 좋게 느끼기 시작했다. 시편 139편에서 하나님은 인생의 주관자이신 하나님은 모든 것을 감찰하시고 낱낱이 알고(하나님의 全知性) 계시며, 하나님은 무소부재하시고(하나님의 偏在性), 하나님은 전지성과 편재성을 증명할 수 있는 창조자이심을 고백했다. 하나님의 전능성(全能性)을 찬양하고, 악을 철저히 배격하며 하나님으로만 얻을 수 있는 영원한 생명과 구원을 간절히 염원하고 있다.

**나와 너의 관계**

많은 사람들이 이 관계에 문제점을 갖고 산다. 대부분의 사람들은 자신의 눈높이는 고정해 놓고 누구라도 자신의 눈높이에 기준을 두고 사귄다. 사랑하는 것보다 미워하거나 무시한다. 그런데 실은 상대방보다 나에게 문제가 있다. 마음을 닫고 생활하기 때문에 인격적인 교제를 못한다. 때때로 상대를 이용하려 든다. 이익을 위해 교제한다.

십자가만이 나와 너 사이에 놓여 있는 담을 헐고 하나로 만들 수 있다. 십자가를 통해서만 해결된다. 십자가는 사랑의 실현을 말한다(롬 5:8). 십자가는 화해를 의미한다. 십자가는 하나님과 인간의 관계 회복을 의미한다. 십자가는 너와 나의 화해를 의미한다. 십자가는 절대 복종과 순종을 말한다. 예수님은 종의 형체를 입으시고 인간이 되사 죽기까지 하나님 아버지께 복종함으로써 구원의 길을 여셨다.

바울은 데살로니가전서 5장 13-15절에서 다음과 같이 권면한다.

"저의 역사로 말미암아 사랑 안에서 가장 귀히 여기며 너희끼리 화목하라 또 형제들아 너희를 권면하노니 규모 없는 자들을 권계하며 마음이 약한 자들을 안위하고 힘이 없는 자들을 붙들어 주며 모든 사람을 대하여 오래 참으라 삼가 누가 누구에게든지 악으로 악을 갚지 말게 하고 오직 피차 대하든지 모든 사람을 대하든지 항상 선을 좇으라"

바울은 대인관계에 있어서 사랑과 겸손으로써 이웃과의 화평을 유지하라고 권면하고 있다.

### 나와 하나님의 관계

관계성에서 가장 먼저 해결해야 하는 부분이다. 하나님과의 관계를 개선하지 않고는 어떤 관계성도 회복할 수 없다. 하나님과의 관계성을 회복하기 위해서는 하나님의 이미지(The Image of God, the imago Dei)를 회복해야 한다. 무슨 말인가?

하나님의 이미지에 대한 견해는 세 부분으로 보아야 한다.[13] 구조적인 면, 기능적인 면, 그리고 관계성에 대한 면이 그것이다.

첫째, 구조적인 면(structural view, who people are). 하나님의 이미지에 대한 구조적인 견해는 '인간의 속성(human attributes)이 하나님 것과 비슷하게 구성되어 있다'는 의미이다. 이러한 속성은 육체적인 것(physicality), 정신적인 것(psychology), 합리적인 것(rationality), 의지에 관한 것(volition), 그리고 인간에게 있어서 영적인 특성(spirituality)을 포함한다. 인간의 합리성은 창조 순서에 있어서 동물들과는 다르게 창조되었다. 인간은 그들의 삶에 영적인 면을 가지고 있다.

둘째, 기능적인 면(functional views, what people do). 하나님의 이미지에 관한 기능적인 면으로 보는 견해는 인간은 도덕적으로 행동하게 되어 있고, 공정하게 행하도록 되어 있다는 것이다. 하나님은 인간들이 하나님이 창조하신 모든 세계를 지배하기를 원하신다(창 1:26, 28).

셋째, 관계성(relational view, how people relate). 하나님의 이미지에 관한 관계성에 대한 면으로 보는 견해는 가장 중요하게 여기는 부분으로 하나님과의 관계임을 말하고 있다. 하나님이 창조하신 창조물인 인간은 다른 사람과도 관계를 맺도록 되어 있다.

---

13) Don Thorsen, An Exploration of Christian Theology (Peabody: Hendrickson Publishers, Inc., 2008), p. 132.

하나님과의 관계성을 회복해야 한다는 말은 이 모든 세 부분을 회복해야 한다는 말이다. 이 세 부분을 온전하게 완성할 수 있는 분은 예수 그리스도 한 분이다. 그는 오직 살아 있는 온전한 인간인 동시에 신이신 분이기 때문이다.

하나님과의 관계를 회복하기 위해서는 예수 그리스도를 닮아 가는 길(the imitation of christ) 이외에는 없다.

그리스도를 닮은 모습으로 변화된 이들의 모습은 이렇다. 그들의 사고생활(a thought life)은 선(goodness)하고, 크신(greatness) 하나님 중심이고, 진리(truth)에 중심을 두고 산다. 또한 그들의 감정(feelings)은 풍성한 긍정적 감정(positive feelings)에 지배당하고 있고, 거기에는 기초 상태(foundational conditions)인 믿음(faith)과 소망(hope)과 아울러 자연적으로 사랑(love)과 기쁨(joy)과 평안(peace)이 뒤따른다.

(3) 불면증(Hyper-vigilance)

성도들이 평소에 당면하는 문제 가운데 불면증 증세가 있다. 수면을 이루지 못하는 수면장애 증세를 말한다. 정확히 말해, 적어도 1개월 이상 잠들기가 어렵거나 잠이 들더라도 자주 깨는 일이 한 주에 3번 이상 나타나며, 이러한 까닭에 낮 동안 매우 피곤함을 호소하는 등 수면 부족으로 인한 장애가 나타나는 경우를 일컫는다. 성도들에게 이러한 증세가 나타나는 경우는 대부분 과다한 업무량에서 오는 중압감이나, 동료 직원들에게서 오는 스트레스 등 확실한 스트레스의 원인과 소스를 알 수 있는 것도 있지만, 원인과 소스를 알 수 없는 것으로부터 여러 경로를 거쳐 오는 경우들도 있다.

불면증을 해소하기 위해서는 자신만이 그것을 해결할 수 있다는 것을 명심할 필요가 있다. 잠자리에 들 때는 모든 걱정, 근심, 잡생각을 뒤로하고 들어가야 한다. 자기 체력이나 자신에 맞는 운동을 주기적으로 해야 할 것이다. 잠들기 전에 하는 샤워도 숙면에 도움을 줄 것이다. 잠들기 전 걸려오는 전화에 대한 일정한 통제도 필요하다.

(4) 비밀, 외로움을 털어놓을 사람들의 부족함(Lack of people to confide in / loneliness)

성도는 자신의 신상에 대한 여러 가지 일들에 대해 허심탄회하게 의논할 멘토가 필요하다. 성도가 근무하고 있는 회사나 참석하고 있는 교회 내에서 멘토를 구하지 않는 현명함이 필요하다.

릭 워렌 목사님의 "모든 목회자는 한 분의 멘토가 필요하다"라는 아티클에서 다음과 같이 말하고 있다(필자 주: 목회자에게 권면하였지만 성도들에게 권면하는 말씀으로 받아들이기를 원한다).

"모든 목회자(성도)는 멘토가 한 사람 필요하다. 목회자의 목회가 어떤 단계에 접어들었든 간에 목회자 당신은 당신을 지도할 멘토가 필요하다. 대부분의 단체에서 지금 하는 일보다 더 잘하기 위해 멘토링 과정을 유용하고 있다. 의사들을 보더라도 선임 의사들은 젊은 의사들을 지도한다. 음악과 관련된 사회에서도 음악가들은 제자 음악가들을 지도한다. 왜냐하면 이 멘토링은 효과를 내기 때문이다. 우리의 삶이나 사역에 대하여 말할 수 있는 분을 멘토로 가지고 있다는 것은 우리가 최선을 배우고 있음이기 때문이다."

잠언 19장 20절을 보면, "너는 권고를 들으며 훈계를 받으라 그리하면 네가 필경은 지혜롭게 되리라"고 말씀한다.

우리 자신도 항상 코치가 필요하다. 얼마나 우리가 경험이 많든지 혹은 얼마나 우리가 성공적으로 사회생활을 했든지 간에 우리는 코치가 필요하다.

현재 클리블랜드에서 농구선수로 뛰고 있는 르브론 제임스(LeBron James)는 현역 선수들 가운데 이 세상에서 가장 뛰어난 현역 농구선수다. 그런 그도 코치가 필요하다.

필자가 학교를 마치고 직장생활 새내기 엔지니어일 때인 1970년 후

반부터인 1979년도부터 1991년도까지, 미국 농구사회를 풍미하고 LA Lakers 농구 팀을 미국 최상급으로 올려놓은 매직 존슨(Magic Johnson, born August 14, 1959)을 여러분은 기억할 것이다. 항상 주말이면 필자의 눈을 TV에 고정시키도록 만든 장본인이다. 항상 천진하게 웃는 그의 얼굴, 그가 개발한 No look pass, 가드이면서도 훤칠한 키, 그의 코트에서의 리더십 등등 이 모두가 필자의 눈을 TV에 고정시키기에 충분했다.

그에게는 제리 바스(Dr. Jerry Buss)라는 친구이자 구단주인 멘토가 있었다. 매직 존슨은 늘 이렇게 말하곤 하였다. "나에게 제리 바스가 없었으면 이 매직도 없었다." 우리는 '나는 다 배웠어, 나는 이제는 더 이상 도움이 필요없어'라고 말할 수 없다.

멘토는 다음 세 분야에서 당신을 최상으로 만든다.
- 당신의 역할들
- 당신의 목표들
- 당신의 영혼을

멘토는 우리에게 관점을 제공한다. 그들은 우리 자신을 보도록 돕고, 외부로부터 우리의 사역을 볼 수 있도록 우리를 도와준다. 우리의 시야는 제한되어 있기 마련이다. 우리 생애에 다음과 같이 말해 줄 수 있는 분이 필요하다. "당신은 이것을 생각해 보았소? 저것은? 이것은?"

그러면 당신은 멘토를 어떤 기준으로 찾느냐?

다음 세 가지 특징을 제안한다.
- 당신이 존경하는 가치와 성품을 가진 자: 당신도 미래에는 저 멘토와 같이 되기를 원하는 분을 멘토로 모셔라.
- 당신이 원하는 경험과 기술을 가진 분: 당신이 사역에서 개선해야 할 필요성을 가진 자를 멘토로 모셔라. 리더십을 향상시키고자 한다면 그 분야의 권위자를, 혹은 설교하는 법을 향상시키기를 원한다면 그 분야의 탁월한 목회자를 멘토로 모셔라.
- 당신이 믿을 수 있는 분: 만일 당신이 멘토를 믿을 수 없다면 당신은 아무것도 얻을 수 없다는 사실을 알라. 아무리 학식이 많은 사

람이라도 그분은 아니다.

좋은 멘토링을 받기 원하면 그분에게 마음 문을 열어라. 그분과 같이 있는 시간 내에 최상의 것을 얻어내라. 멘토를 만나기 전 준비한 질문을 다시 점검하고 잘 생각을 해보아야 한다. 질문에 있는 내용을 잘 파악하라. 시간을 절약하도록 시간을 유용하게 써라. 만나기 전 질문을 조리 있게 정리하고 질문의 초점을 잘 다루도록 하라.

### 2) 중간구조(Mesosystem: Family)

가정은 중간체계로서 소구조(개인)와의 관계로 구성되어 이들 간의 상호작용을 포함한다. 예를 들어, 성도와 가정 멤버들과 원만한 협력관계를 이루고 있을 수도 있지만, 그렇지 못한 관계를 이루고 있을 수도 있다. 이러한 관계에서 스트레스는 쌓일 수 있다.

(1) 결혼생활과 가정(Marriage and family pressures)
(2) 가정 위기 / 건강 문제들(Family crisis / health issues)
(3) 재정적인 압박(Financial pressures)

가정은 기쁨의 공동체이다. 가정은 은혜가 가득한 공동체이다. 또한 소명의 공동체이다. 성도의 가정도 마찬가지다. 기쁨이 넘치고, 은혜가 가득하고, 하나님으로부터 하나님의 자녀로 부르심을 받은 성도의 가정에 빨간불이 켜졌다. 성도의 가정이 기독교 가정이라고 해서 항상 행복하지만은 않다는 소식이다. 사회생활과 교회생활에서 오는 스트레스를 이유로 불화를 겪는 성도 가정도 상당히 많다. 이는 성도가 사회생활에서 오는 중압감을 가정으로 가져오기 때문이다. 이런 경우에는 가정과 사회와 교회에서의 믿음생활이 구분이 되지 않고 혼돈상태에 놓이게 된다. 이런 혼돈상태가 매일 계속된다면 가족 구성원인 부인이나 자녀들은 말할 수 없는 중압감에 아버지의 눈치, 남편의 눈치를 봐

가면서 하루하루를 생활하게 된다. 엄청난 중압감(family pressure)은 가정 전체를 침울하게 만든다.

때로 성도는 이 중압감을 해소할 곳이 없어 가장 사랑하고 아껴 주어야 할 부인에게 인격적으로 모독하는 발언이 지나쳐 폭력으로 가는 일도 있다고 하니 가슴 아픈 일이다. 결국은 가정불화(family and marriage crisis)의 씨앗을 낳게 된다. 부부 사이에 갈등이 시작된다. 부인의 입장에서는 종종 남편들에게 오가는 이야기지만 "여보, 당신만 힘든 이민생활을 혼자 하냐? 나도 힘들어 미치겠어. 가정일, 자녀들을 돌보아야 하는 일, 직장에도 다녀야 하는 이 나의 인생! 나도 고달프다고" 하면서 볼멘소리를 한다.

여기에 경제적인 문제(financial pressure)가 더해지면 세상 다 산 느낌이 든다. 힘든 대학을 졸업하고 첫 직장을 잡던 날을 영원히 잊을 수가 없다. 세상을 다 얻은 기분이었다. 한번 직장에 들어가면 평생 직장생활을 편안히 할 줄 알았는데 이것 또한 여의치 못했다. 경쟁의 시대는 냉혹하고 매서웠다. 매일이 경쟁이었다. 짧은 영어는 영원히 해결되지 않는 숙제였다. 방위산업 회사였는데 정권이 한 번씩 바뀌면 정책도 요동을 치고, 그 요동의 파도는 회사의 인적 자원에 충격을 가하곤 했다. 28년 근속했다는 것은 기적이다. 28년간 layoff 바람이 서너 번 왔던 것으로 기억하는데, 매주 금요일 매니저가 사무실로 부르는 날은 왜 그다지도 기분이 언짢았는지 아직도 생생히 기억한다. 남들이 부러워하는 Engineer였건만 불안한 정도가 좀 덜하다는 것이 그런대로 생활하는데 기쁨을 주었던 것 같다. 그러나 다른 나라에 와서 이만큼 편안하게 살 수 있었던 것은 모두가 하나님의 은혜였다.

"누구든지 자기 친족 특히 자기 가족을 돌아보지 아니하면 믿음을 배반한 자요 불신자보다 더 악한 자니라"(딤전 5:8).

성도는 자신, 가정, 교회생활, 그리고 사회생활을 영위할 때 균형(balance) 있는 삶을 살아야 한다. 사회생활을 위한 시간과 가정을 위한 시간을 엄격히 구분하라.

**3) 외부구조(Exosystem): Church**
'제4부 성도와 교회'에서 다룬다.

**4) 대규모구조(Macrosystem): Society**
'제6부 성도와 사회'에서 다룬다.

제3부

# 스트레스
(Stress)

# 스트레스[14]

스트레스란 무슨 뜻인가? 일상생활에서 자주 쓰이지만 정작 딱 꼬집어서 정의를 내리기 힘든 단어이다. 스트레스란 물리학이나 공학에서 많이 쓰인다. 각각의 분야 나름대로의 정의를 쓴다.

공학에서 쓰는 정의를 보면, "고형물체가 외부로부터 힘이 작용하여 고형물체 표면의 연속성을 잃게 된 상태"로 정의할 수 있다. 한글백과사전에서는 "몸에 해로운 정신적 육체적 자극이 가해졌을 때 그 생체가 나타내는 반응"으로 정의한다. 또 다른 스트레스의 정의를 보자.

"온종일 목을 조이는 듯한 압도적인 욕망"(The overwhelming desire to choke the living daylights out of someone who desperately needs it) 혹은 "살아 있는 유기체에 어떤 요구나 압력으로 인한 노출의 직접적인 결과로 발생하는 정신적, 신체적, 정서적, 심리적 자극으로 나타나는 것이 특징" (A response characterized by spiritual, physical, emotional and psychological arousal arising as a direct result of an exposure to any demand or pressure on a living organism) 혹은 "사람, 그룹, 조직, 또는 사회에서 요구하는 것에 기초한 자극으로부터 생겨나는 결과"(Any event acting as a stimulus which places a demand upon a person, a group, an organization or a community)로도 정의된다.

이렇듯 각 분야에서 다양하게 정의를 내린다. 스트레스라는 단어를 창시한 분이 있다. 몬트리올 대학의 '한스 셀리에'(Hans Selye)[15]라는 분

---

14) 이 부분은 부분적으로 미키 스토니어, 최선영 공저, 《위기의 목회자와 섬기는 리더십》 (서울: 쿰란출판사, 2016), p. 247에서 옮겨 왔음을 밝힌다.
15) Hans Selye(1907-1982)는 오스트리아 출생의 캐나다 내분비학자이다. 한스 후고 브루노 셀

이 스트레스를 연구해서 제일 먼저 발표하였는데, 이분의 연구 대상은 쥐였다. 쥐가 평화롭게 놀고 있는데 매일 아침 그 앞으로 고양이가 지나가도록 했다. 그렇게 하고 일주일 뒤에 보니 쥐 위에 구멍이 난 것을 볼 수 있었다. 그만큼 스트레스가 쥐의 몸에 해로운 것이었다.

이러한 스트레스에는 긍정적인 스트레스와 부정적인 스트레스가 있다.

### 1. 긍정적인 스트레스(Eustress)

**유스트레스(Eustress)**
가정에서 발생하는 스트레스에 대해서 긍정적으로 받아들이는 것이다. 즉 가정 스트레스의 사건들에 대해서 가정 구성원들이 적극적 대처 능력을 가지고 서로 협력하여 대처함으로써 긍정적인 결과를 얻어내는 것을 의미한다.

가정에서 있을 수 있는 부모님을 위한 환갑잔치, 자녀들의 생일 등은 가정의 경사인 동시에 무척이나 기분 좋은 일들이다(special events). 이로 인해 발생하는 스트레스는 유스트레스에 속한다. 일생에 단 한 번인 결혼 축제일(wedding), 자녀가 태어나는 일(birth of a child), 잘 자라서 학교에 처음 가는 날과 대학에 입학하는 날은 영원히 잊을 수 없는 축제의 날(going to college)이다. 또 대학을 졸업하고 첫 직장을 잡던 날(a new job) 혹은 다른 회사에서 좋은 조건으로 새 직종의 제안을 받은 날

---

리에는 1907년 1월 26일 빈에서 태어났다. 1924년 독일의 프라하 대학에서 의학 연구를 시작해 1년간 파리와 로마의 여러 대학을 두루 거친 뒤, 1929년 의학사 학위를 받았다. 셀리에는 계속하여 대학원 과정에서 유기화학을 연구해 1931년 박사학위를 받았다. 미국으로 이주해서 존스 홉킨스 대학에서 1년 동안 머무른 다음 몬트리올의 맥길 대학으로 옮겨 1933년 생화학 교수로 임명되었다. 셀리에는 스트레스에 관한 개념을 탄생시켰다. 그의 스트레스에 관한 첫 번째 논문은 1936년 〈네이처〉 지에 실렸다. 셀리에는 곧 스트레스 반응을 3단계로 설명한 일반 순응 증후군(G. A. S) 개념을 개발했다.

(a new job), 직장생활 후에 결혼도 하고 저축하여 첫 번째 자기 집을 장만한 날은 영원히 잊지 못하는 날(purchase of a home)이다. 첫 직장에서나 직장생활을 하는 동안 맞이하는 휴일(holiday)이나 첫 휴가(vacation)를 받은 날은 한평생 오래 기억에 남게 되며, 이러한 일들로 생성되는 스트레스는 유스트레스에 속하며 매우 긍정적인 결과를 가져오는 신나는 스트레스이다.

## 2. 기분 나쁜 스트레스(Distress)

### 디스트레스(Distress)

가정에서 발생하는 스트레스를 주는 사건에 대해서 부정적으로 받아들이는 것이 디스트레스다. 즉 가정의 스트레스를 주는 사건에 대해서 가정 구성원들이 원래의 상황과 결과보다 더 악화시켜서 이해하고 받아들여 부정적인 결과를 가져오는 것을 의미한다.

부부 사이의 말다툼은 사소한 일로 시작되지만 서로의 감정이나 자존심을 상하게 할 때에는 큰 다툼으로 번지는 경우가 종종 있다(hassle stressors). 혹은 너무 서둘러서 긁어 부스럼을 만들어 크게 번지는 경우도 종종 겪게 된다(hurried stressors). 이러한 스트레스는 각자가 한 박자 느리게 대응함으로써 해결될 문제들에 있어서 너무 빠른 반응을 보임으로 더 크게 확대되는 경우이다. 이 모두가 디스트레스로서 부정적인 결과를 만들어내는 기분 나쁜 스트레스이다.

## 3. 스트레스 요소들(Stressors)

### 1) 가정으로부터 오는 스트레스 요소들(Family Stressors)

가정생활이 아무리 순탄하고 행복하더라도 관계에서 오는 스트레스는 여전히 존재한다. 상존하는 스트레스의 요소들을 생각해 보자.

(1) 결혼(Marriage)

남녀가 만나 교제하고 사랑하고 결혼하여 행복한 한 가정을 이루어 무난하게 일생을 보낸다는 것은 말처럼 쉬운 일이 아니다. 서로 다른 것이 너무 많기 때문이다. 필자의 친구는 초등학교 시절 같은 마을에서 자란 소꿉친구와 사귀어 장성한 후 결혼했지만 서로 다른 종교로 인한 어려움이 있었는데, 남편의 끈질긴 노력과 기도로 33년 만에 한 가정이 같은 기독교로 '통일'을 이루는 것을 보았다. 두 사람의 깊은 사랑으로 매일 쌓이는 디스트레스(distress)를 유스트레스(eustress)로 승화한 경우라 하겠다.

하나님의 말씀에 순종하며(창 1:28), 서로 돕고 협력하고(창 2:18), 서로 격려하고 위로하기 위해(전 4:10) 남녀가 사랑에 빠져 한 가정을 이루지만, 많은 역경을 겪다 보면 이 한 가정을 이루어 나가기 위해 많은 노력과 이해와 양보가 필요하기 마련이다. 이로 인해 서로에게 상처를 주기도 한다.

결혼생활에서 오는 스트레스 요소를 최소화하기 위해 다음 성경 말씀을 권한다.

- 에베소서 4:32
  "서로 인자하게 하며 불쌍히 여기며 서로 용서하기를 하나님이 그리스도 안에서 너희를 용서하심과 같이 하라"

- 요한일서 1:9
  "만일 우리가 우리 죄를 자백하면 저는 미쁘시고 의로우사 우리 죄를 사하시며 모든 불의에서 우리를 깨끗케 하실 것이요"

- 야고보서 1:19
  "내 사랑하는 형제들아 너희가 알거니와 사람마다 듣기는 속히 하고 말하기는 더디 하며 성내기도 더디 하라"

• 빌립보서 2:3-4

"아무 일에든지 다툼이나 허영으로 하지 말고 오직 겸손한 마음으로 각각 자기보다 남을 낫게 여기고 각각 자기 일을 돌아볼 뿐더러 또한 각각 다른 사람들의 일을 돌아보아 나의 기쁨을 충만케 하라"

• 예레미야 33:3

"너는 내게 부르짖으라 내가 네게 응답하겠고 네가 알지 못하는 크고 비밀한 일을 네게 보이리라"

• 이사야 58:9

"네가 부를 때에는 나 여호와가 응답하겠고 네가 부르짖을 때에는 말하기를 내가 여기 있다 하리라 만일 네가 너희 중에서 멍에와 손가락질과 허망한 말을 제하여 버리고"

• 누가복음 12:15

"저희에게 이르시되 삼가 모든 탐심을 물리치라 사람의 생명이 그 소유의 넉넉한 데 있지 아니하니라 하시고"

• 잠언 30:8-9

"곧 허탄과 거짓말을 내게서 멀리하옵시며 나로 가난하게도 마옵시고 부하게도 마옵시고 오직 필요한 양식으로 내게 먹이시옵소서 혹 내가 배불러서 하나님을 모른다 여호와가 누구냐 할까 하오며 혹 내가 가난하여 도적질하고 내 하나님의 이름을 욕되게 할까 두려워함이니이다"

(2) 자녀들(Children)

가정에서 자녀들이란 무엇을 의미하는가? 시편 기자는 "자식은 여호와의 주신 기업이요 태의 열매는 그의 상급이로다"(시 127:3)라고 말한다. 자녀들은 하나님의 선물이다. 하나님의 말씀에 따라 잘 양육할 때 자식은 하나님이 주신 기업으로 진정한 축복과 상급이 될 수 있다. '자녀'란 하나님께서 자기에게 충실한 자에게 베푸시는 축복의 선물이라는 의미이다(창 17:16).

어느 연구 결과에 따르면 어린이의 삶은 85퍼센트가 가정으로부터 반영된다고 한다. 자녀들은 바로 여러분의 집이 어떠한지 보여주는 것이다. 자녀들은 여러분의 가르침과 삶의 방식을 통해 하나님과 그의 말씀을 접할 것이다. 그들의 육체적, 영적인 운명은 여러분의 손에 달려 있다고 해도 과언이 아니다. 여러분의 삶에서 자녀들에 관한 것이 기도 제목의 첫 줄을 장식해야만 한다.

자녀들은 본인의 의지가 있기 때문에 마음의 고통이 따를 때도 있다. 그들은 분명히 잘못된 것임에도 불구하고 잘못된 선택을 하기도 한다. 그것이 여러분의 마음을 상하게 할 수도 있을 것이다.

가장 실패한 가정은 부모님이 자녀들과 의사소통을 하지 않는 집이다. 종종 형제들끼리, 또는 자매들끼리 집 밖에서 자신들의 친한 친구들에게 조언을 얻는 경우가 있다. 때로는 집에서 해결하지 못한 문제에 대해 묻기도 하고, 또는 집에서 묻는 것조차 꺼리기도 한다. 그 '친구'들은 형제자매가 아닐 수도 있으며, 그들은 잘못된 대답을 주기도 한다. 이유는 아주 분명하다. 종종 가정생활이 너무 친밀하고 지속적으로 관계를 가지다 보면 재미와 신선함을 잃을 수도 있다. 그러나 자녀들은 가장 친한 친구가 형제자매임을 깨달아야 한다. 친구는 왔다가 가지만 가족은 영원히 함께하기 때문이다.

### (3) 확대가족(Extended family)[16]

핵가족(부부와 자녀들)을 넘어 2대, 3대가 한 지붕 밑에서 사는 경우를 말한다. 즉 확대가족(擴大家族)은 3개의 세대 이상으로 이루어진 가족이다. 요즘 그 수가 점점 늘어나고 있다. 대가족이라고도 하지만 대가족은

---

16) ArrowDebreu, "확대가족, 핵가족 각각 장단점", Daum KakaoCorp(2012. 4. 14). http://tip.daum.net/question/71904591(2012년 8월 8일 검색)

자녀의 수가 많아 가족 구성원이 많은 핵가족도 포함된다. 확대가족은 부모가 결혼한 자녀 및 그들의 손자녀와 함께 사는 가족이다.

확대가족은 부모와 결혼하지 않은 자녀로 구성되어 있는 핵가족이 둘 이상 모여 있는 가족 형태라고 할 수 있다. 가족의 수가 많다고 확대가족이 되는 것은 아니며, 3대 이상의 가족으로 구성되어 있을 때 확대가족이 된다.

확대가족은 노동력이 풍부하다는 장점 때문에 농사를 지으며 한 곳에 정착하여 살기 시작하면서부터 증가하기 시작하였다. 집안의 남자 어른을 중심으로 이루어진 확대가족에서는 윗사람과 아랫사람, 남자와 여자, 부모와 자녀의 관계가 뚜렷하게 구별되어 각자의 역할이 분명하게 정해져 있었다. 이런 확대가족은 가족들에게 심리적 안정감을 주고, 가족 내 노인을 잘 보살필 수 있다는 장점이 있다.

확대가족은 한 장소에 정착하여 농사를 짓는 사회에서 가장 흔히 나타나는 가족 형태이다. 확대가족이 전통사회에서 농사 등에 필요한 많은 노동력을 얻는 데 매우 유용하기 때문이다. 또한 자녀가 혼인을 해도 함께 살았기 때문에 가족이 지닌 재산을 나누지 않고 그대로 유지하여 가계의 부를 늘려나가는 데에도 유용하며, 가족 구성원이 많기 때문에 가족 중의 누군가가 병에 걸리거나 사망할 경우에는 다른 성원의 보살핌을 받을 수 있다. 이렇게 확대가족은 가족 중의 한 사람이 자신의 역할을 수행할 수 없을 경우, 다른 사람이 그 사람의 역할을 대신 해줄 수 있어서 가족 생활이 안정하게 유지될 수 있다는 장점이 있다.

그러나 확대가족은 가족의 규모가 커서 이동이 자유롭지 못하다. 이 때문에 사회적으로 잦은 이동을 하게 되는 오늘날에는 적합하지 못하다는 단점이 있다. 더 큰 문제점은 보통 확대가족이 나이 많은 남자 어른의 뜻을 가장 중요하게 생각하며, 부부간에도 남자와 여자의 역할을 구분하고, 자녀에게 부모의 말을 무조건 따르게 한다거나, 개인의 의사보다는 집안의 명예를 더 중시하는 특성이 있다는 것이다. 가족들 각자의 의견을 존중하거나 개성을 살려 주지 못하며, 남자와 여자를 불평등하게 대우할 수 있다는 점에서 개개인의 평등한 자유를 중시하는 현대 사회의 가치관과 맞지 않는다는 비판이 있다. 이러한 대가족 구성원 사이에서 오는 스트레스는 핵가족 시대에서 상상을 초월할 것이다.

(4) 재혼을 통해서 얻어지는 복합가족(Blended family)

재혼이란 한 번씩은 결혼 경험이 있는 남자 혹은 여자가 다시 결혼하여 가정을 형성하는 것을 말한다. 그러나 어느 한쪽만 결혼 경험이 있는 경우는 이 논의에서 제외시킨다. 여기서는 남녀가 한 번씩 결혼 경험이 있고 각각 자녀(들)가 있는 경우, 서로의 '관계성'이 미묘하고 재혼을 통해서 더 큰 스트레스가 발생할 확률이 높기 때문에 그 경우만 의제로 삼는다.

남녀가 한 번씩 결혼의 경험을 하였기 때문에 자신들만의 이혼의 아픔을 가지고 어려운 결정을 하며 재혼한다. 만일에 재혼한 남녀 중에 어느 한쪽에 자녀(들)가 있다든지 양쪽 모두 이미 자녀(들)가 있는 경우는, 둘만의 사랑으로 재혼하였지만 가정이 순탄치 않은 경우를 종종 보게 된다. 이러한 순탄치 않은 경우의 대부분은 '서로의 관계성'과 '재산에 대한 이해관계'로 인한 경우들이라 하겠다.

① 부부 관계: 재혼한 남녀 부부의 경우

**가. 전처로 인한 요인**: 재혼한 남편의 전처가 살아 있고 전처가 재혼을 하지 않은 경우는 전처가 재혼한 전남편의 새 가정을 방해할 수 있다. 남자는 이혼 후 새로운 여성을 만나는 일에 적극적일 수 있으나 이혼한 여성은 여러모로 행동에 제약을 받을 수 있다. 옛날의 남편을 생각하게 되어 여러 이유를 들어 재혼한 전남편의 새 가정을 방해할 요소가 있다.

**나. 자녀로 인한 요인**: 이 요인은 법적인 문제가 포함되어 조금 복잡하다. 재혼한 부부가 새로운 자녀를 출생하기까지는 시간이 필요한데 이미 있는 자녀와의 관계에 새로 결혼한 부인이 이미 있는 자녀(들)의

어머니 역할을 해야 하는 과정에서 갈등이 발생할 수 있다.

② 자녀 관계
**가. 친부모와 친자녀(들)**: 친부모와 친자녀의 관계는 매우 긍정적이고 친밀하다.
**나. 계모와 계자녀 관계**: 계부모를 단순히 양육자로 인식하는 경향이 있다.
**다. 형제자매 관계**: 재혼가족이 형성되면 계형제자매가 생긴다. 형제자매 간의 경쟁의식, 부모의 관심과 주거지 공간과 같은 불충분한 자원에 대한 경쟁력, 성적 매력, 가족 크기의 변화, 가족에서 자녀 위치의 변화와 같은 것들이 있다.

③ 재산 문제
새 배우자와 그들의 자녀들이 이전에 혹은 결혼 초에 있었던 두드러진 가치와 표준의 가치를 극복하지 못하면 매일의 생활이 어렵다. 아버지의 경제력이 미약하면 자녀와 친밀해지기 어렵다.

- **결혼 전 계약서**(Prenuptial Agreements)
결혼 전 서로에 대한 약속을 하면서, 결혼 후에 일어날 불필요한 싸움을 미연에 방지하는 계약서이다.
국내 1위 결혼정보회사 듀오(대표 박수경)가 2014년 10월 2일-12월 31일 전국 20-30대 미혼남녀 782명(남 399명, 여 383명)을 대상으로 '혼전계약서의 필요성'에 관한 설문조사를 실시했다.
조사 결과에 따르면, 전체 미혼 여성의 63.2퍼센트는 결혼 전 '혼전계약서 작성이 꼭 필요하다'고 생각했다. 반면 남성은 54.9퍼센트가 '필요하지 않다'고 답했다.
'혼전계약서가 필요하다'고 답한 422명(남 180명, 여 242명)에게 그 이유를 묻자 과반수에 가까운 미혼남녀가 '결혼 후 서로의 인격 존중을 위해'(46.4%)라고 응답했다. 이어 '이혼 후 평등한 재산 분할을 위해'(21.6%), '이혼 후 자녀의 공동 양육을 위해'(12.8%) 순으로 선택했다.

반면 '혼전계약서가 필요하지 않다'고 답한 360명(남 219명, 여 141명) 중 42.2퍼센트는 '결혼은 계약이 아닌 약속'이라 생각했다. 그 외에도 '사랑하니까 필요하지 않다'(24.7%), '결혼할 때부터 이혼을 생각하고 싶지 않다'(20.8%) 등의 답변이 뒤를 이었다.

한편 혼전계약 항목 중 하나인 '이혼 시 재산 분할 청구 금지' 조항이 법적 효력을 가져야 하는지에 대해 묻는 질문에 많은 미혼남녀가 '그렇다'(남 63.2%, 여 57.2%)고 답해 눈길을 끈다.

④ 재혼 후의 이혼 문제

재혼 전에 힘들었던 경험, 결혼생활의 어려움을 되풀이하지 않을 것을 각오하고 재혼하지만 재혼 후에 어려운 생활의 불만족, 자녀들과의 원활하지 못한 관계 등 비슷한 이유로 다시 이혼하는 경우가 흔하다. 한번 이혼한 이들이 용감하게 다시 이혼하는 사례를 많이 볼 수 있다. 때문에 재혼 이혼율이 보여주는 복합가정의 해체가 심각해 사회적 이슈로 새롭게 등장하고 있다. 미국에서는 초혼가정의 이혼율이 40%인 것에 비해 재혼 가족의 이혼율은 70%에 이른다는 연구보고가 있다.

재혼 가족 구성원들이 겪는 가족 구성원들 간의 관계, 역할의 기대, 가족 정체성들의 변화에서 오는 희망의 상실, 관계의 상실에서 오는 요인이 큰 것으로 나타났다.

2) 가정을 꾸려 나가는 일(Home management)

한 가정을 효과적으로 운영하는 과정을 홈 매니지먼트라 한다. 부동산과 가정에 필요한 활동을 관찰하는 일도 포함된다. 가정을 운영하는 일에는 계획, 조직, 예산과 그 방향을 어떻게 설정하는가 하는 일들이 요구된다. 효과적인 가정을 운영하기 위해 부동산의 상태를 잘 관리하여 건전한 재정상태를 통해 편안한 삶을 유지하도록 한다.

• **홈 매니지먼트의 중요성**
다음 네 가지 분야가 필요하다.

(1) 정리정돈하기(Staying Organized)

효과적인 홈 매니지먼트를 하기 위해서는 가정에 관계되는 일을 조직적으로 하는 것이 필요하다. 예를 들면, 가정에서 필요로 하는 물품들을 잘 정리정돈하고 어디에 어떤 물품들이 있는지 목록을 작성하는 일이 매우 중요하다. 가정에 가장 필요한 집문서, 재산 목록에 대한 서류, living trust, 보험증서, 예금 통장 등 그 외 중요한 문서와 문서의 목록은 잘 정리할 필요가 있다. 위급한 상황이 발생했을 때에 가장 먼저 처리할 수 있도록 해놓는다. Fire Free Safety Cabinet을 하나 준비하여 모든 중요한 서류들을 한곳에 보관하면 화재의 염려와 도난방지에 효과가 있어 안전하다.

(2) 부동산 가치 유지하기(Maintaining Property Value)

부동산을 소유하고 있다면 먼저 집을 들 수 있을 것이다. 시간이 지나면서 부동산에 Wear and Tear(손상)가 발생하는 것은 자연스러운 일이다. 부동산의 가치를 유지하기 위해서는 내부와 외부에 페인트를 칠하는 일, 지붕을 잘 유지하는 일, 하수구, 스프링클러 등을 수시로 점검하고 관리할 필요가 있다. 계절마다 손질이 필요한 나무들, 진입로(drive way), 뒷마당의 잔디, 앞마당의 잔디 관리는 필수다.

(3) 재정상태 확인하기(Tracking Finances)

매일 가계부를 적음으로써 과다한 지출을 줄이고, 미리 계획을 세우는 일도 홈 매니지먼트에서는 매우 중요한다. 수입과 지출의 균형을 유지하는 일은 매우 중요하고, 장기 계획을 설정하여 적당한 곳에 투자하는 계획도 세울 수 있다.

(4) 자녀들 훈련시키기(Teaching Your Kids)

자녀들에게 홈 매니지먼트를 가르치는 일을 소홀히 해서는 안 된다. 어릴 때부터 돈 관리에 관심을 갖도록 잘 가르쳐야 한다. 수입이 없다고 해도 자녀가 지출 100퍼센트를 부모에게 의존하는 것은 옳지 않다. 자녀에게 집안일, 예를 들면, 집안 청소하는 일, 설거지, 쓰레기통을 정기적으로 밖에 내놓는 일을 시켜 이에 대한 보답으로 어느 정도의 용돈에 자족할 수 있도록 유도해야 하고, 파트타임으로 주당 몇 시간만이라도 자신의 용돈을 벌게 함으로써 돈의 귀중함을 알게 하고, 자신이 계획을 세워 지출하도록 권하는 것은 매우 중요한 일이다.

3) 재정에 대한 책임(Financial responsibilities)

한 가정에서 재정에 대해 혼자 책임을 진다는 것은 결코 합당한 처사가 아니다. 50-60년 전 가부장제도하에서의 가정에서는 가장이 되는 남편이 홀로 모든 책임을 졌었다. 그러나 요즘은 재정 책임이 남편 혼자에 있지 않고 부부 공동으로 지는 경우가 많아졌다. 부인들도 재정적으로 독립한 가정이 매우 많아졌다. 그만큼 지출해야 할 항목이 많아졌음을 말하고 있다. 신용카드와 휴대전화에 대하여 생각해 보자.

(1) 신용카드(Credit Card)

카드는 매우 편리하다. 요즘에는 현금을 소지하고 다니는 사람이 그리 많지 않다. 대부분의 사람들은 카드를 한두 개씩은 소지하고 있다. 일상생활에서 매우 긴요하게 쓰이기에 현금을 가지고 다닐 이유가 없다. 카드는 현금이나 다름없이 사용된다. 그러나 관리를 잘못하는 경우 카드가 사람을 망가뜨린다. 물건을 사려는 호기심이 많아 자신을 컨트롤하지 못할 경우 신용불량자로 전락하기 일쑤다. Buy now, Pay later의 사고방식은 절대 금물이다. 자신의 계좌에 얼마가 있는지는 자신만이 컨트롤할 수 있다. 카드 사용에 대한 책임은 당사자이다. 여러 개의 카드를 돌려막으면서 사용하는 것은 패가망신하는 지름길이다.

자신의 수입과 지출에 대한 조절은 자신만이 할 수 있음을 잊지 말라.

(2) 휴대전화(Cellphone)

바야흐로 IT 산업의 극치에 우리가 살고 있다. 휴대전화는 매우 편리하다. 휴대전화가 없던 때에 우리의 삶은 어떠했는가? 옆집 강아지만 휴대전화가 없다. 이 세상 모든 정보가 이 조그마한 전화기 속에 있다. 그런데 이를 사용하는 사용료가 만만치 않다. 수입이 전혀 없는 초등학생들도 이 전화기가 없으면 왕따를 당하는 세상에 우리가 살고 있다. 자녀들에게 이 전화기를 구입해 주어야 하는 것이 부모들의 고충이다. 자녀들이 쓰는 전화비 지출의 책임은 고스란히 부모에게 남는다. 여기에서 오는 스트레스가 엄청나다.

### 4) 생물학적 스트레스 요인들(Biogenic Stressors)

우리 몸속으로 섭취되는 것들이 생화학적 반응을 일으키기 때문에 스트레스의 원인이 되는 자극물들이 있다(Stimulant which cause stress by virtue of the biochemical actions they exert on the body).

(1) 카페인(Caffeine)

카페인은 커피에만 있는 것은 아니다. 카페인의 긍정적인 면을 보면 각성효과로 적당량을 섭취하면 정신이 맑아진다. 졸음운전으로 힘들 때 커피 한 잔의 효과를 본 경험이 있을 것이다. 근육의 피로를 풀어주는 효과도 있고, 두통, 편두통, 피로감 등의 일시적 완화 효과도 있으며, 지구력도 높여 주고 중추신경을 자극하여 집중도를 높여 준다.

몸의 흡수력이 빨라 섭취 후 5분이면 몸 전체로 퍼져 아드레날린(adrenaline)과 노르아드레날린(noradrenalin)의 분비를 촉진하여 뇌와 심장, 근육, 신장 등의 활동을 활발하게 해준다고 한다. 그러나 프림이 들어간 커피는 프림으로 인해 충치예방 구취제거 효과가 감해질 수 있다.

부정적인 면으로는 섭취량의 조절 부분에 있다. 과다 섭취하면 수면

장애, 가슴 두근거림, 소변장애, 위장장애가 발생한다. 카페인은 습관성으로 중독증상을 보이기도 한다. 커피를 비롯한 카페인을 섭취하지 못할 경우 위의 부작용을 포함하여 신경과민, 불안감, 흥분, 안면홍조 등의 증상을 보일 수 있는데, 이를 카페인 중독이라 진단할 수 있다. 이를 생물학적 스트레스 요인으로 볼 수 있다.

(2) 설탕(Sugars)[17]

설탕이 몸에 해롭다는 것은 대부분 알고 있다. 그러나 왜 그런지는 잘 알지 못한다. 설탕이 왜 해로운가? 설탕 100그램은 칼슘 3밀리그램, 철 0.2밀리그램 등 극소량을 제외하면 99.9퍼센트가 당분이며 열량은 400칼로리나 된다. 사탕무나 사탕수수를 가공하는 과정에서 이들이 원래 가지고 있던 단백질, 지방, 섬유질, 비타민은 모두 없어지고 칼슘과 철은 크게 줄어든 것이다. 설탕의 당분은 포도당과 과당이 결합된 물질로서 매우 강한 단맛을 갖고 있다. 포도당은 혈당 성분이며, 과당은 과일의 단맛을 내는 성분으로 몸 안에서 포도당으로 바뀐다. 식물성 식품은 몸에 이롭지만 인위적으로 가공한 것은 그렇지 않다. 설탕이 몸에 해로운 것은 이러한 인위적인 가공과정을 거치며 자연상태의 조화가 깨졌기 때문이다.

- **적게 먹어도 살이 찐다.**

첫째, 설탕에는 단백질이 없다. 모든 식물에는 단백질이 들어 있는데, 비록 적은 양이라도 가공과정에서 단백질이 없어지면 그만큼 손해다. 단백질은 매우 중요한 성분이라 조금이라도 더 먹기 위해 해롭다는데도 동물성 식품을 먹는다. 그런데 일부러 단백질을 골라내 버린 설탕을 먹을 이유가 어디 있는가?

둘째, 설탕에는 지방이 없다. 식물에 들어 있는 지방은 대부분 몸에

---

17) 황성수, "살림이야기", 〈한살림〉 제9호 2010년 여름,
http://www.salimstory.net/renewal/sub/view.php?post_id=376(2010년 12월 1일 검색).

유익한 불포화지방산이다. 값이 비싸도 등푸른생선을 먹는 중요한 이유가 바로 불포화지방산 때문인데 일부러 이 소중한 성분을 없애 버린 것을 먹을 이유가 어디 있을까?

셋째, 설탕에는 섬유소가 없다. 섬유질은 다른 영양소와는 달리 입을 통해 몸에 들어가 소화, 흡수되지 않고 그대로 남아서 대변을 통해서 배출된다. 비록 몸에 흡수되지는 않으나 없으면 안 되는 매우 중요한 성분이다. 변비를 예방하고, 대장암 발생을 억제하고, 식후 혈당을 완만하게 상승하게 해주며, 많이 먹지 않아도 포만감을 갖게 한다. 이처럼 중요한 역할을 하는 섬유질이 설탕에는 전혀 들어 있지 않다. 가공과정에서 모두 사라져 버렸기 때문이다. 이 때문에 섬유질을 제거한 설탕은 섭취하는 양에 비례해서 변비가 발생할 가능성도 높아진다. 변비로 대변을 시원하게 배출하지 못해 생기는 불쾌감은 삶의 질을 현저하게 떨어뜨린다.

• 당뇨병을 불러온다.

설탕을 많이 섭취하면 당뇨병에 잘 걸린다. 섬유질은 장에서 영양분이 급격하게 흡수되는 것을 억제해 주는데, 설탕에는 섬유질이 없어서 식후 혈당이 급격하게 상승한다. 혈당이 상승하면 인슐린이 분비되어 혈당을 내려가게 하는데 설탕을 자주, 그리고 많이 섭취하면 인슐린 분비 기관이 쉴 새 없이 작동해 나중에는 지쳐서 제대로 작동하지 못하게 된다. 더 이상 인슐린을 충분히 생산해 내지 못하게 되면 당뇨병으로 발전하는 것이다.

설탕은 신경을 예민하게 만들어서 여러 가지 문제를 일으키기도 한다. 설탕으로 인해 혈당이 급격하게 상승하면 거기에 상응해서 인슐린도 다량 분비되고, 그 영향으로 혈당이 지나치게 내려가서 오히려 저혈당 상태가 된다. 저혈당이 되면 몸은 위기상태로 인식하고 여러 가지 스트레스 호르몬들을 동원해서 혈당을 올리려고 한다. 이 과정에서 여러 스트레스 호르몬들이 갖고 있는 작용에 따라 불안, 과민, 짜증, 산만, 집중력 저하, 과잉행동 등의 증상들이 나타난다.

• **암을 막아 주는 항산화 성분과 각종 미네랄이 없다.**
  미네랄은 적은 양으로도 몸 안에서 매우 다양하고도 중요한 역할들을 수행한다. 그런데 설탕은 가공과정에서 미네랄의 대부분을 제거한다. 여러 가지 미네랄 중에서도 중요한 설탕에 대하여 살펴보자. 먼저, 설탕에는 칼슘이 적게 들어 있어 골다공증을 불러온다. 당분은 많고 칼슘이 적은 식품은 최종적으로 산성 물질을 만들고 이를 중화하기 위해서 뼈 안에 있는 칼슘을 뽑아 쓰게 돼 결과적으로 골다공증을 만든다.

• **설탕 자체가 아니라 그릇된 섭취가 문제다.**
  설탕은 비만과 당뇨병을 떠올리게 한다. 비만은 대사량보다 많이 섭취한 당을 몸 안에 지방으로 저장하면서 생긴다. 활동에 필요한 양보다 지나치게 많은 당을 섭취하기 때문에 비만이 발생하는 것이지 설탕 자체가 비만의 원인은 아니라는 것이다.

## 4. 스트레스 관리(Stress Management)

### 1) 위로와 회복에 대한 성서의 지침(Scriptures and Guidance)
다음과 같은 어려움에 처하였을 때 하나님의 말씀에서 위로와 회복을 받아야 한다.

(1) 고통(Affliction) 당할 때(정신적인 것)

"고난 당하기 전에는 내가 그릇 행하였더니 이제는 주의 말씀을 지키나이다"(시 119:67).
"고난 당한 것이 내게 유익이라 이로 인하여 내가 주의 율례를 배우게 되었나이다"(시 119:71).

"여호와여 내가 알거니와 주의 판단은 의로우시고 주께서 나를 괴롭게 하심은 성실하심으로 말미암음이니이다"(시 119:75).

"의인은 고난이 많으나 여호와께서 그 모든 고난에서 건지시는도다"(시 34:19).

하나님께서 자기 백성에게 고난을 허락하시는 이유는 믿음을 연단하기 위함이거나 죄를 깨닫게 하기 위함이다. 하나님이 주시는 고난을 대하는 사람들의 행동은 두 가지 양상으로 나타난다. 하나는 하나님을 원망하고 불평하는 것이고, 다른 하나는 고난을 자기의 유익으로 여기는 것이다. 전자에 속한 사람은 고난의 유익을 깨닫지 못한 자들이고, 후자는 하나님이 주시는 고난에는 분명히 목적이 있을 것이라 생각하며 하나님을 원망하기 전에 자신을 돌아보고 즉시 회개하는 사람들이다(67절). 이러한 고난에 대한 자세는 믿음을 더욱 성숙시키고 삶을 복되게 한다. 고난이 성도에게 유익이 되는 것은 그것이 우리에게 구원의 소망에 이르는 인내와 연단을 주기 때문이다(롬 5:3; 시 119:71). 하나님의 사랑을 받는 자는 고난을 받을 수 있으며, 그 고난은 사랑의 또 다른 표현이기도 하다.

하나님께서는 때로 성도들의 신앙을 연단하기 위하여 환난과 고난과 시련을 허락하신다. 그러나 하나님은 그 가운데서 아주 실족하도록 버려두지 아니하시며 피할 길을 주사 금같이 연단되어 환난 가운데서 나오게 하신다(욥 23:10; 고전 10:13; 시 34:19).

(2) 염려(Anxiety)할 때

"아무것도 염려하지 말고 오직 모든 일에 기도와 간구로, 너희 구할 것을 감사함으로 하나님께 아뢰라 그리하면 모든 지각에 뛰어난 하나님의 평강이 그리스도 예수 안에서 너희 마음과 생각을 지키시리라"(빌 4:6-7).

항상 기뻐하는 마음으로 아무것도 염려하지 말고 하나님께 기도할 것을 권면한다. '염려'는 근본적으로 하나님의 보호와 인도에 대한 의심이며 신뢰의 결핍으로 기쁨의 최고의 적이다. 이러한 염려는 세상으로 눈을 돌릴 때에 일어나는 것으로, 성도에게 있어서는 안 될 요소이다(마 6:25-34; 눅 12:22). 따라서 성도는 주 안에서 걱정과 초조와 불필요한 관심을 버릴 줄 알아야 한다.

여기서 '기도'(프로슈케)는 하나님을 향한 일반적인 대화와 구하는 것을 말하며, '간구'(데이시스)는 일정한 요구 조건을 들어 하나님께 구하는 것을 말한다(6절). 하나님의 평강은 염려를 버리고 감사함으로 하나님께 기도와 간구를 하게 될 때 오는 결과라 할 수 있다. 즉 인간 스스로의 힘으로 경험할 수 없는 전적인 하나님의 은혜의 결과로 주어지는 하나님의 선물임을 시사한다. 그리스도 안에서 하나님을 전적으로 신뢰하는 자에게는 하나님께서 평강을 주사 세상의 염려로부터 보호하실 것이라는 말이다(7절).

### (3) 위로(Comfort)가 필요할 때

"여호와는 나의 목자시니 내가 부족함이 없으리로다 그가 나를 푸른 초장에 누이시며 쉴 만한 물가로 인도하시는도다 내 영혼을 소생시키시고 자기 이름을 위하여 의의 길로 인도하시는도다 내가 사망의 음침한 골짜기로 다닐지라도 해를 두려워하지 않을 것은 주께서 나와 함께하심이라 주의 지팡이와 막대기가 나를 안위하시나이다 주께서 내 원수의 목전에서 내게 상을 베푸시고 기름으로 내 머리에 바르셨으니 내 잔이 넘치나이다 나의 평생에 선하심과 인자하심이 정녕 나를 따르리니 내가 여호와의 집에 영원히 거하리로다"(시 23:1-6).

청년 시절 양 치던 목자였던 다윗이 자신의 목가적(牧歌的)인 생활 체험을 바탕으로 하여 쓴 시이다. 이 시는 인생의 주인이시자 인도자 되시는 하나님과, 그를 따르는 성도간의 절대적 신뢰와 보호의 관계 및

이 관계 안에서 성도가 얻는 축복을 목자와 양의 관계와, 그 안에서의 양 떼의 복된 모습에 비유하여 노래한 찬양시이다.

여호와는 영혼을 소생케 하며, 의의 길로 인도하시는 분이다. 이 세상에서 '사망의 음침한 골짜기'와 같은 상황에 처하기도 하는 인생에게 영혼의 푸른 초장과 쉴 만한 물가를 제공해서서 영적인 안위와 만족, 그리고 참 기쁨을 누리게 하시는 영혼의 목자이시다. 종국에 가서는 원수들 앞에서 택한 백성들에게 큰 상을 차려 주시고 잔이 넘치는 축복을, 영원한 승리와 축복을 주시는 분이다. 여호와 하나님이 우리 믿는 성도에게 베푸시는 축복은 전 인격적이며 또 궁극적인 것이다.

> "돈을 사랑치 말고 있는 바를 족한 줄로 알라 그가 친히 말씀하시기를 내가 과연 너희를 버리지 아니하고 과연 너희를 떠나지 아니하리라 하셨느니라 그러므로 우리가 담대히 가로되 주는 나를 돕는 자시니 내가 무서워 아니하겠노라 사람이 내게 어찌하리요 하노라"(히 13:5-6).

성도들이 어디를 가든지, 어느 곳에 거하든지 하나님이 항상 동행하시며 지켜 보호하시겠다는 약속의 말씀이시다.

(4) 실망(Discouragement)할 때

> "우리가 선을 행하되 낙심하지 말지니 피곤하지 아니하면 때가 이르매 거두리라"(갈 6:9).

성도가 누릴 수 있는 가장 영광된 상태인 영생을 바라보는 믿음이 있다면, 비록 어려움이 있다 할지라도 결코 그 일을 중간에 포기하지 않을 것이다. 인간이 선을 행하는 데는 무엇보다도 지속적인 노력이 필요하다. 성도가 선을 행하는 지속적인 생활을 하기 위해서는 항상 성령의 인도하심이 필요하다.

"두려워 말라 내가 너와 함께함이니라 놀라지 말라 나는 네 하나님이 됨이니라 내가 너를 굳세게 하리라 참으로 너를 도와주리라 참으로 나의 의로운 오른손으로 너를 붙들리라"(사 41:10).

하나님께서 임마누엘이 되셔서 언제 어디서나 그의 백성들과 함께 계시겠다는 약속이다(신 31:6, 8). 두려워하여 연약해진 마음을 하나님께서 다시 강하게 하신다. 어려움을 당할 때 우리를 가장 괴롭히는 원인은 마음의 '두려움'이다. 그런데 하나님께서 이러한 두려움을 제하신다는 것이다.

(5) 공허(Emptiness)할 때

"여호와의 인자하심과 인생에게 행하신 기이한 일을 인하여 그를 찬송할지로다 저가 사모하는 영혼을 만족케 하시며 주린 영혼에게 좋은 것으로 채워 주심이로다"(시 107:8-9).

여호와께서는 택하신 백성들의 필요를 아시며 가장 좋은 것으로 만족하게 채워 주신다. 특별히 하나님께서는 당신의 독생자를 우리를 위해 내어주심으로 우리 영혼을 만족하게 하셨다(요 3:16).

"또 여호와를 기뻐하라 저가 네 마음의 소원을 이루어 주시리로다 너의 길을 여호와께 맡기라 저를 의지하면 저가 이루시고"(시 37:4-5).

하나님은 성도들의 마음의 소원을 이루어 주시는 분이다. '마음의 소원'이란 하나님 마음에 합당한 간구를 말한다. 그렇지 않고 자신의 정욕대로 사용하려고 간구하는 기도는 하나님께서 결코 허락하지 아니하신다(약 4:3).

(6) 용서(Forgiveness)를 구할 때

"내가 이르기를 내 허물을 여호와께 자복하리라 하고 주께 내 죄를 아뢰고 내 죄악을 숨기지 아니하였더니 곧 주께서 내 죄의 악을 사하셨나이다(셀라)"(시 32:5).

이 말씀은 자신의 죄를 시인하고 진정으로 하나님께 회개할 때만이 죄 용서함을 받을 수 있다는 것이다(사 1:8; 요일 1:9). 죄를 고백한 이후 즉각적인 하나님의 용서가 주어졌음을 말하고 있다.

(7) 죄의식(Guilt)을 느낄 때

"그러므로 이제 그리스도 예수 안에 있는 자에게는 결코 정죄함이 없나니"(롬 8:1).

이 말씀은 그리스도와 성도 간의 연합, 합일, 일체됨을 강조하는 표현으로, 성도란 '그리스도 안에 살고' 그분의 모본을 따라 살며, 그분과 합일하여 사는 자임을 의미한다. 누구든지 그리스도를 믿기만 하면 죄 사함을 받는다는 것이다. 그리스도의 구속의 공로를 힘입는 자는 하나님으로부터 의롭다고 칭함을 받아 사망의 자리에서 생명의 자리로 옮겨지는 것이다(롬 3:23-26). 구원을 확신하는 자는 뜻하지 않게 짓게 되는 죄로 인해 더 이상 고민하거나 절망할 필요가 없다(롬 7:21-25). 대신 이후로는 여전히 죄 가운데 안주할 것이 아니라 부단히 죄와 싸워 영으로써 몸의 행실을 죽여야 할 것이다. 이것이 우리를 향한 하나님의 뜻이다(롬 12:21; 엡 4:22-24).

"여호와께서 말씀하시되 오라 우리가 서로 변론하자 너희 죄가 주홍 같을지라도 눈과 같이 희어질 것이요 진홍같이 붉을지라도 양털같이 되리라"(사 1:18).

본문에서 여호와께서는 유다의 죄악을 일방적으로 벌하지 않으시고 변론하자고 제안하셨다. 이것은 여호와께서 심판에 앞서 유다로 하여금 자신의 잘못을 충분히 스스로 깨닫고 회개할 최종적 기회를 주시는 것으로, 하나님의 사랑이 깃든 권유이다. 본문은 아무리 큰 죄를 지은 사람도 하나님 앞에 그 죄를 내려놓고 충심으로 회개할 때 죄 사함을 받을 수 있다는 사실을 말하고 있다.

여기에서 우리는 전적으로 타락한 인류에게 유일한 구원의 소망은 하나님의 무조건적인 은총임을 발견하게 된다.

(8) 심판(Judgement)

"이러므로 우리 각인이 자기 일을 하나님께 직고하리라"(롬 14:12).

로마서 14장과 15장은 로마 교회 안에서 일어난 유대인 출신 성도와 이방인 출신 성도 간의 분쟁의 원인이 된 일련의 문제들을 해결하는 방책에 대해 기록하고 있음을 미리 이해할 필요가 있다. 바울은 다음과 같이 충언한다. 이러한 문제는 하나님 앞에서의 개인의 신앙 양심에 맡기고, 믿음이 강한 자는 믿음이 약한 자를 같은 성도로서 받아들여 저들의 연약한 부분을 충분히 이해하며, 그리스도 안에서 한 지체된 자로서 사랑으로 교제하여야 함을 권면하고 있다. 남을 판단하거나 업신여겨서는 안 됨을 명심해야 한다(롬 15:1). 성도들은 하나님의 심판을 두려워하는 마음으로 주께 책망 받지 않는 생활을 해야 한다.

(9) 외로움(Loneliness)을 느낄 때

"내가 너희에게 분부한 모든 것을 가르쳐 지키게 하라 볼지어다 내가 세상 끝날까지 너희와 항상 함께 있으리라 하시니라"(마 28:20).

예수님께서 승천하시기 직전에 제자들을 향해 주신 지상 대명령(the great commission)의 일부분이다. 주님은 보혜사 성령님을 보내 주시어 항상 우리와 함께하고 계신다(요 14:16, 15:26, 16:7). 주님은 모든 죄악에서 성도를 보호하시고 위로하시며 인도해 주실 것이다. 이 언약은 오순절 성령 강림으로부터(행 2:1-4) 2천 년 교회사 속에서, 그리고 오늘날 우리들 가운데서도 실제로 지켜지고 있다.

(10) 고통(Suffering)을 당하고 있을 때(육체적인 것)

"주께서 그 사랑하시는 자를 징계하시고 그의 받으시는 아들마다 채찍질하심이니라 하였으니 너희가 참음은 징계를 받기 위함이라 하나님이 아들과 같이 너희를 대우하시나니 어찌 아비가 징계하지 않는 아들이 있으리요 징계는 다 받는 것이거늘 너희에게 없으면 사생자요 참 아들이 아니니라 또 우리 육체의 아버지가 우리를 징계하여도 공경하였거늘 하물며 모든 영의 아버지께 더욱 복종하여 살려 하지 않겠느냐 저희는 잠시 자기의 뜻대로 우리를 징계하였거니와 오직 하나님은 우리의 유익을 위하여 그의 거룩하심에 참예케 하시느니라 무릇 징계가 당시에는 즐거워 보이지 않고 슬퍼 보이나 후에 그로 말미암아 연달한 자에게는 의의 평강한 열매를 맺나니"(히 12:6-11).

믿음에는 실천이 뒤따라야 함을 말하고 있으며, 이것은 삶의 구체적인 교훈이다. 본문은 우리에게 몇 가지 영적인 교훈을 준다.
- 우리는 하나님의 징계에 순종하여야 한다. 순종은 불완전한 인간이 완전하시고 전능하신 하나님 앞에 지켜야 할 가장 큰 덕목이다.
- 고난 중에도 인내하여 천국의 평강을 소유하여야 한다. 천국을 소유한 자만이 의의 평강을 열매 맺을 수 있다.
- 성도는 승리의 영광을 얻기 위해 연약하고 불완전한 자신의 영적 약점을 고려해야 한다(롬 7:23).

우리는 사탄의 세력과의 영적 싸움을 위하여 우리의 연약함과 불구됨을 그리스도의 능력으로 고침 받아 죄와 사탄의 권세에 효과적으로 대적할 수 있도록 해야 한다.

> "그러므로 너희가 이제 여러 가지 시험을 인하여 잠깐 근심하게 되지 않을 수 없었으나 오히려 크게 기뻐하도다 너희 믿음의 시련이 불로 연단하여도 없어질 금보다 더 귀하여 예수 그리스도의 나타나실 때에 칭찬과 영광과 존귀를 얻게 하려 함이라"(벧전 1:6-7).

여기서 '시험'은 하나님께서 믿음의 연단을 위해 성도들에게 주시는 '시련'을 의미한다. 이러한 시련은 성도들을 근심하게 한다(히 12:11). 그러나 그것은 성도들이 장차 누릴 영원한 영광과 비교할 때 지극히 잠깐 동안의 것에 지나지 않는다(롬 8:18). 따라서 성도들은 모든 시련을 인내로 이겨야 하며 오히려 기뻐함이 마땅하다. 성도들에 대한 하나님의 시험의 목적은 성도들을 실족하게 하는 것이 아니라, 성도들의 믿음을 더욱 연단하여 성도들로 하여금 하나님 앞에 거룩하고 흠이 없게 함으로 결국 영광과 칭찬을 얻게 하려는 데 있음을 보여준다.

### (11) 유혹(Temptation)을 받을 때

> "사람이 시험을 받을 때에 내가 하나님께 시험을 받는다 하지 말지니 하나님은 악에게 시험을 받지도 아니하시고 친히 아무도 시험하지 아니하시느니라 오직 각 사람이 시험을 받는 것은 자기 욕심에 끌려 미혹됨이니"(약 1:13-14).

하나님으로부터 오는 '시험'(test)과 사탄으로부터 오는 유혹의 '시험'(temptation)을 구분하자. 본절에서의 시험은 사탄으로부터 오는 시험을 뜻한다. 사탄의 시험에 빠졌을 때 그 책임을 하나님께 돌리지 말라는 것이다. 이는 당시에 성도들이 자기 욕심 때문에 범죄한 것에 대해 죄책감을 갖기는커녕 그 책임을 하나님께 돌리는 그릇된 버릇을 막기 위해 주어진 교훈이다.

시험(temptation)의 출처가 하나님이 아니요 자기 자신이며, 밖에서 오는 것이 아니라 자기 마음에서 일어나는 것임을 밝혀, 자신들이 유혹을 받고 죄는 짓는 근원이 하나님께 있다고 주장하면서 자신들의 죄를 합리화하려는 자의 태도를 일축하고 있다. 결국 인간이 시험을 받는 원인은 바로 자신들의 마음에 있으며, 다른 이에게 그 원인을 돌릴 여지가 전혀 없음을 잘 보여준다.

따라서 신앙인들은 항상 자신의 마음을 살펴야 할 것이며, 항상 마음을 하나님께 드려야 한다(잠 23:26). 이러한 때에 중요한 것은 속히 자신의 죄를 자복하고 회개하여 하나님의 용서하심을 구하고 하나님과의 영적 관계를 회복하는 것이 우선순위이다(마 26:69-75; 요일 1:9). 그리고 다시는 동일한 범죄에 빠지지 않도록 항상 자신의 신앙을 재점검해야 한다.

(12) 신뢰(Trust)

"너는 마음을 다하여 여호와를 의뢰하고 네 명철을 의지하지 말라 너는 범사에 그를 인정하라 그리하면 네 길을 지도하시리라"(잠 3:5-6).

하나님께서 주시는 지혜만이 완전한 것이기 때문에 사람이 하나님을 떠나 참 지혜를 얻는다는 것은 불가능하다. 오직 하나님을 전적으로 의지하는 것만이 완전한 지혜를 얻는 방법이며, 인간이 자기 자신의 명철을 의지하는 것은 잘못된 행실이다.

"주께서 심지가 견고한 자를 평강에 평강으로 지키시리니 이는 그가 주를 의뢰함이니이다 너희는 여호와를 영원히 의뢰하라 주 여호와는 영원한 반석이심이로다"(사 26:3-4).

본절은 구원받은 자들의 입장에서 의인에게 구원을 베푸시는 하나님의 신실하심에 대한 찬양과 하나님을 향한 사모의 정(精)을 노래한 말씀이다. 여호와의 구원의 역사로 말미암아 그 구원의 성(城)에 들어갈 자들에 대해 소개하고 있다.

즉 '신을 지키는 의로운 나라'(2절), '심지가 견고한 자'(3절), '빈궁한 자, 곤핍한 자'(6절), '의인'(7절) 등이다. 구원은 오직 믿음, 곧 심지(心志)로 주를 의뢰함으로써만 얻는다는 사실(마 10:32; 롬 10:9)과 성도들이 이 땅에서 빈핍하여 고난을 당한다 할지라도 그것은 잠시뿐 하나님의 보호와 인도로 말미암아 결국 영원한 구원과 평강을 얻게 된다는, 평범하지만 성도의 신앙생활에 가장 중요한 교훈을 발견하게 된다(벧전 1:7).

"나의 하나님이 그리스도 예수 안에서 영광 가운데 그 풍성한 대로 너희 모든 쓸 것을 채우시리라"(빌 4:19).

빌립보 성도들의 재정적 지원에 대해 하나님께서 그들의 필요대로 모든 것을 채워 주실 것이라는 바울의 확신에 찬 말이다. 하나님의 축복의 풍성함과 완전성을 나타낸다.

성도들이 믿음 안에 있다면 그들의 부족함을 하나님께서 미리 아시고 풍성하게 채워 주실 것이다.

(13) 승리(Victory)

"내게 능력 주시는 자 안에서 내가 모든 것을 할 수 있느니라"(빌 4:13).

성도들의 담대하고 확신 있는 신앙생활을 묘사하고 있다. 바울은 자신이 어떠한 조건과 형편 속에서도 자족하며 하나님을 의뢰할 수 있는 것은 자신의 노력의 결과가 아니라 오직 예수 그리스도와의 연합의 결과로 오는 주님의 능력 때문임을 가르친다. 그리스도와의 연합을 통해서 그리스도께서 부단히 공급해 주시는 능력으로 말미암아 비천함

속에서도, 궁핍함 속에서도 자족할 수 있었음을 말하고 있다.

"자녀들아 너희는 하나님께 속하였고 또 저희를 이기었나니 이는 너희 안에 계신 이가 세상에 있는 이보다 크심이라"(요일 4:4).

자녀들이란 본서의 독자들이다. 독자들이 하나님께 속하였다는 말은 이들이 하나님 아버지와 그 아들을 시인하며 예수 그리스도께서 육체를 입고 오셨다는 사실을 시인했다는 것을 나타낸다(요일 2:22, 4:2). 독자들이 이 거짓 선지자들을 이겼다는 것은 거짓 선지자들이 이미 교회 안에 침투하였으나 그들의 거짓 가르침에 미혹되지 않고 하나님의 진리 위에 굳게 서서 넘어지지 않았다는 의미이다(요일 2:13-14). 본문에서 '너희 안에 계신 이'는 하나님을 가리키며, '세상에 있는 이'는 마귀를 칭한다.

하나님은 그 능력에 있어서나(시 145:3), 도량에 있어서나(욥 11:9), 힘에 있어서나(시 33:17), 권세에 있어서나(사 40:26), 존재에 있어서(신 3:24; 시 77:13, 95:3) 어떠한 피조물보다 크시며 만유보다 크시다. 그러므로 세상에서는 하나님을 대적할 자가 없으며, 마귀 역시 하나님 앞에서는 굴복할 수밖에 없다. 따라서 성도는 그 크신 하나님께 소망을 두고 신앙으로 나아갈 때 반드시 승리하는 삶을 살게 된다.

"사람이 감당할 시험밖에는 너희에게 당한 것이 없나니 오직 하나님은 미쁘사 너희가 감당치 못할 시험 당함을 허락지 아니하시고 시험 당할 즈음에 또한 피할 길을 내사 너희로 능히 감당하게 하시느니라"(고전 10:13).

성도들은 자신의 지식을 자랑해서도 안 되지만, 그렇다고 그들이 당면한 문제에 대해 죄절하거나 자포자기해서는 더욱 안 된다. 나아가 당신의 약속을 변개치 않으시며 구원을 이루시는 신실한 하나님을 의지할 때 모든 문제를 극복할 수 있다. 성도들은 시험당할 때 오직 하나님의 신실하심을 의지해야 한다.

(14) 걱정(Worry)

"나의 하나님이 그리스도 예수 안에서 영광 가운데 그 풍성한 대로 너희 모든 쓸 것을 채우시리라"(빌 4:19).

빌립보 성도들의 재정적 지원에 대해 하나님께서 그들의 필요대로 모든 것을 채워 주실 것이라는 바울의 확신에 찬 말이다. 하나님의 축복의 풍성함과 완전성을 나타낸다.

하나님께서는 믿음 안에 거하는 성도들의 부족함을 미리 아시고 풍성하게 채워 주실 것이다.

"믿음이 없어 하나님의 약속을 의심치 않고 믿음에 견고하여져서 하나님께 영광을 돌리며 약속하신 그것을 또한 능히 이루실 줄을 확신하였으니"(롬 4:20-21).

본절은 아브라함의 믿음으로 이루어진 하나님의 약속에 대하여 말하고 있다. 아브라함이 "너로 인하여 모든 족속이 복을 얻으리라"(창 12:3, 18:18)는 하나님의 언약을 받은 것은 아브라함의 믿음 때문이지 결코 율법 때문이 아니다. 아브라함이 인간으로서 불가능한 때에 아들을 얻은 것은 그의 믿음에 기인한 것이다. 약속을 성취하시는 하나님의 주권과 그것을 믿는 믿음에서 비롯됨을 알 수 있다. 바울은 아브라함의 믿음을 묘사하면서 하갈을 첩으로 취하는 것과 같은 그의 연약함과 실수의 모습을 기록하지 않고 결과만을 다루는데, 그것은 연약했던 아브라함의 믿음을 하나님께서 결국 견고하게 하셨기 때문이다. 이러한 믿음에 응답하셔서 하나님은 아브라함과 사라에게 이적을 베풀어 주시어 이삭이 태어나게 하신 것이다. 이 모든 영광은 믿음을 견고하게 하셨을 뿐 아니라 그 믿음에 응답하신 하나님께 돌려져야 한다.

"그를 향하여 우리의 가진 바 담대한 것이 이것이니 그의 뜻대로 무엇을 구하면 들으심이라 우리가 무엇이든지 구하는 바를 들으시는 줄을 안즉 우리가 그에게 구한 그것을 얻은 줄을 또한 아느니라"(요일 5:14-15).

하나님의 아들의 이름을 믿어 영생을 소유한 자들은 하나님 앞에 확신을 가지고 간구할 수 있다. 그러나 그 간구는 언제나 하나님의 뜻에 합당하여야 한다. 사람이 하나님께 구하여도 응답이 없는 것은 하나님의 뜻을 따르지 않고 정욕으로 쓰려고 잘못 구하기 때문이다(약 4:3). 성도가 그리스도 안에 살고 그의 이름으로(요 16:24) 하나님의 뜻에 합당한 것을 구하면 하나님은 모든 것을 허락하신다(요 15:7).

위의 14항목을 통해 하나님께서 어떻게 성도들을 위로하시는지를 알게 되었다. 이러한 14가지 항목뿐만이 아니고 더 많은 일들로 인해서 성도의 믿음생활이 힘들고 시험받을 때가 비일비재하다. 하나님의 응답이 바로 오면 얼마나 기쁘게 믿음생활을 할 수 있겠는가? 항상 기도하면서 하나님과의 관계를 돈독히 하면서 믿음생활을 해야 한다. 14가지 항목을 한눈으로 볼 수 있도록 일람표로 준비했다.

| | | |
|---|---|---|
| Affliction(고통) | Can be providential 하나님의 섭리인가? | Ps 119:67, 71, 75 |
| | God will deliver 하나님께서 구해 주신다. | Ps 34:19 |
| Anxiety(염려) | Is relieved in prayer 기도로 해소된다. | Phil 4:6-7 |
| | God cares for you 하나님의 은혜가 있다. | 1 Peter 5:7 |
| Comfort(위로) | God is Shepherd 하나님은 목자이다. | Ps 23 |
| | God will not forsake 하나님은 떠나지 않는다. | Heb 13:5-6 |

| | | |
|---|---|---|
| Discouragement(실망) | Do not give up<br>포기하지 말아라. | Gal 6:9 |
| | God will help you<br>하나님이 도우신다. | Isa 41:10 |
| Emptiness(공허) | God will satisfy<br>하나님이 만족시켜 주신다. | Ps 107:8–9 |
| | God will fulfill<br>하나님이 충족시켜 주신다. | Ps 37:4–5 |
| Forgiveness(용서) | Forgiveness promised<br>용서를 약속하신다. | Ps 32:5, 1 John 1:9 |
| Guilt(죄의식) | No condemnation<br>정죄함이 없다. | Rom 8:1 |
| | No sin too great<br>어떤 죄도 용서된다. | Isa 1:18 |
| Judgment(심판) | Everyone is accountable<br>모든 사람들이 포함된다. | Rom 14:12,<br>Heb 9:27 |
| Loneliness(외로움) | Presence promised<br>임재를 약속하신다. | Matt 28:20 |
| Suffering(고통) | Suffering has profit<br>고통에는 유익이 있다. | Heb 12:6–11 |
| | Deepens faith<br>믿음을 깊게 한다. | 1 Pet 1:6–7 |
| | Grace is sufficient<br>은혜가 넘치게 된다. | 2 Cor 12:9–10 |
| Temptation(유혹) | What causes failure<br>실패의 요인이 된다. | Jas 1:13–14 |
| Trust(신뢰) | God will guide<br>하나님이 인도하신다. | Prov 3:5–6 |
| | God will give peace<br>하나님이 평화를 주신다. | Isa 26:3–4 |
| | God will supply needs<br>하나님이 필요를 채워 주신다. | Phil 4:19 |
| Victory(승리) | Is in Christ<br>승리는 예수님 안에서 이루어진다. | Phi. 4:13 |
| | Your inner resource<br>당신의 내적 자원 | 1 John 4:4 |
| | Seek God's help<br>하나님의 도움을 구함 | 1 Cor 10:13 |
| Worry(걱정) | God will provide<br>하나님이 채워 주신다. | Phi. 4:19 |
| | Have faith in God<br>하나님 안에서의 믿음 | Rom. 4:20–21 |
| | Claim His promises<br>약속한 것을 요구한다. | 1 John 5:14–15 |

## 2) The 'R's' of Stress Management[18]

스트레스를 받지 않고 사는 사람은 거의 없다. 업무 때문이든 스스로 느끼는 강박관념이든 누구나 스트레스를 피할 수 없다. 그러기 때문에 스트레스가 생기는 상황을 잘 인지하고 적극적으로 해결하는 수밖에 없다. 스트레스를 해소하기 위해 전문가들은 그들 나름대로의 3가지 'R' 혹은 6가지 'R' 등 여러 방법을 제시한다. Dr. Stonier는 목회자들을 위한 스트레스 해소법 8가지를 소개한다. 이 중에서 쉽게 실천할 방법 몇 가지를 선택하면 좋을 것이다.

Relationship(관계성)
Relaxation(여가를 즐김)
Responsibility(책임)
Reflection(비추어 보기)
Routines(일상생활)
Refueling(재충전)
Retraining(재훈련)
Recreation(여가)

(1) 관계성(Relationship)
- 긍정적인 관계성을 유지하라(Maintain positive relationships).
- 평소 관계성의 균형을 유지하라(Balance your relationship).
- 관계성을 증진시켜라(Improve your relationship).

(2) 여가를 즐김(Relaxation)
- 즐길 수 있는 무엇인가를 하라(Do something good for yourself that your enjoy).

---

18) 이 부분은 부분적으로 미키 스토니어, 최선영 공저, 《위기의 목회자와 섬기는 리더십》 (서울: 쿰란출판사, 2016), p. 331에서 옮겨 왔음을 밝힌다.

- 쉬는 스케줄도 만들어라(Schedule time out).
- 아무것도 하지 말고 쉬라(Do nothing at time).

(3) 책임(Responsibility)
- 일에는 목적과 우선순위를 정하라(Establish priorities and goals).
- 공(公)과 사(私)를 분간하여 '아니오'라고 대답하라(Say 'No' – set personal boundaries).

(4) 비추어 보기(Reflection)
- 당신의 스트레스 수준을 인지하라(Know your stress levels).
- 스트레스로 인해 나타나는 징후들을 감지하라(Be aware of stress symptoms).
- 생활의 균형을 살펴라(균형 잡힌 생활, Check balance in your life).

(5) 일상생활(Routines)
- 평범한 생활로 돌아가라(Return to normalcy).
- 스케줄 이외의 책임은 버려라(Outside accountability over schedule).

(6) 재충전(Refueling)
- 섬유질, 낮은 염분, 낮은 콜레스테롤 음식을 균형 있게 섭취하라 (Eat a balanced diet with fiber, low salt and low cholesterol).
- 독성음식, 카페인, 담배, 지방이 많은 음식, 가공식품에 대해 잘 인지하라(Be aware of poisons, caffeine, nicotine, fats, processed food, etc.).
- 물을 많이 마셔라(Drink plenty of water).

(7) 재훈련(Retraining)
- 재훈련을 조절할 수 있는 능력을 배양하라(Have the ability to adjust).

(8) 여가(Recreation)
- 웃어라(Laugh).
- 즐겨라(Have fun).
- 인생을 즐겨라(Enjoy life).

### 3) 성경적 스트레스 관리(Biblical Stress Management)[19]

스트레스를 하나님의 말씀으로 관리하는 12가지 말씀을 소개한다. 세상적인 방법보다는 항상 말씀을 붙들고 살아감으로 말씀으로 돌아가 스트레스를 관리하는 습관을 기르도록 노력하자. 이외에도 더 오묘한 하나님의 말씀이 있다.

(1) 기도(Prayer): 염려하지 말고 기도와 간구로 하라.

"아무것도 염려하지 말고 오직 모든 일에 기도와 간구로, 너희 구할 것을 감사함으로 하나님께 아뢰라 그리하면 모든 지각에 뛰어난 하나님의 평강이 그리스도 예수 안에서 너희 마음과 생각을 지키시리라"(빌 4:6-7).

항상 기뻐하며 아무것도 염려하지 말고 하나님께 기도할 것을 권면한다. '염려'는 근본적으로 하나님의 보호와 인도에 대한 의심이며 신뢰의 결핍으로 기쁨의 최고의 적이다. 이러한 염려는 세상으로 눈을 돌릴 때에 일어나는 것으로, 성도에게 있어서는 안 될 요소이다(마 6:25-34; 눅 12:22). 따라서 성도는 주 안에서 걱정과 초조와 불필요한 관심을 버릴 줄 알아야 한다.

여기서 '기도'(프로슈케)는 하나님을 향한 일반적인 대화와 구하는 것을 말하며, '간구'(데이시스)는 일정한 요구 조건을 들어 하나님께 구하는 것을 말한다(6절).

---

19) 이 부분은 부분적으로 미키 스토니어, 최선영 공저, 《위기의 목회자와 섬기는 리더십》(서울: 쿰란출판사, 2016), p. 334에서 옮겨 왔음을 밝힌다.

하나님의 평강은 염려를 버리고 감사함으로 하나님께 기도와 간구를 하게 될 때 오는 결과라 할 수 있다. 즉 하나님의 평강이 인간 스스로의 힘으로 경험할 수 없는 전적인 하나님의 은혜의 결과로 주어지는 하나님의 선물임을 시사한다.

그리스도 안에서 하나님을 전적으로 신뢰하는 자에게는 하나님께서 평강을 주사 세상의 염려로부터 보호하실 것이라는 말이다(7절).

(2) 평강(Peace): 그리스도의 평강이 너희 마음을 주장하게 하라.

"그리스도의 평강이 너희 마음을 주장하게 하라 평강을 위하여 너희가 한 몸으로 부르심을 받았나니 또한 너희는 감사하는 자가 되라"(골 3:15).

'그리스도의 평강'이란 하나님께서 그리스도를 통해서 주시는 평화와 화평과 안녕을 의미한다. 그리스도는 우리에게 평강을 주시기 위해 이 세상에 오셨다(요 14:27). 이 평강을 소유하여 그 평강이 자신을 지배하도록 자신을 그리스도께 내어 맡겨야 한다. 자신의 내면에서부터 평강을 이루어 교회 공동체 전체가 온전한 평강의 나라를 이루도록 해야 한다.

(3) 매일 갱신(Daily Renewal): 낙심하지 마라, 속사람은 날로 새롭도다.

"그러므로 우리가 낙심하지 아니하노니 겉사람은 후패하나 우리의 속은 날로 새롭도다"(고후 4:16).

'새롭도다'는 '갱신된다', '거듭난다'는 의미다. 바울은 겉사람은 끊임없는 고난과 수고로 인하여 닳아 없어지고 쇠약해지는 것을 느끼는 반면, 속사람은 마치 씨앗이 썩어짐으로 그 속에서 새싹이 나오는 것같이 날마다 갱신되는 것을 느낀다(고전 15:42-44). 그런데 이처럼 속사람이 새로워지는 것은 중생한 영혼이 그리스도와의 교제를 통해 하나님을 아는 지식에서 어른과 같이 되어 결국 그리스도의 장성한 분량까지 이르게 되기 때문이다(엡 4:13).

### (4) 생각의 영역(Thought life)
• 무엇이나 참되게, 경건하게, 정결하게 하라.

"종말로 형제들아 무엇에든지 참되며 무엇에든지 경건하며 무엇에든지 옳으며 무엇에든지 정결하며 무엇에든지 사랑할 만하며 무엇에든지 칭찬할 만하며 무슨 덕이 있든지 무슨 기림이 있든지 이것들을 생각하라"(빌 4:8).

바울은 빌립보 교인들에게 그리스도인으로서의 선한 행실을 요구하고 있다. '참됨'은 하나님의 속성이다(요 4:24; 롬 3:4). 이는 그리스도께서 세상에 사실 때의 삶을 특징짓는 말로서(요 14:6), 하나님의 형상으로 지음 받고(엡 4:24) 그리스도를 믿고 따르며 살아가는 신실한 모든 성도들이 갖추어야 할 덕목이다.

'경건함'은 도덕성 향상에 따라 얻어지는 존귀함을 가리키는 말이다. 경건함은 신앙을 지도하고 교회를 섬기는 자들에게 필수적인 요소이다(딤전 3:8, 11; 딛 2:2). '옳으며'는 하나님의 뜻에 일치하여 하나님께 인정함을 받는 것을 의미한다. '정결함'은 도덕적으로 정결하며 흠이 없는 상태를 의미한다. '사랑할 만하며'는 사람과 하나님을 기쁘게 하는 행위를 가리킨다. '칭찬할 만하며'는 고상한 행동을 함으로 좋은 평판을 얻는 것을 말한다. '무슨 덕이 있든지 무슨 기림이 있든지'는 위에 언급한 여섯 가지의 덕에서 빠진 것들을 일괄해서 하는 말이다. 이상과 같이 말한 여섯 가지의 덕목을 귀하게 여기고 그대로 행하라.

• 심지가 견고한 자를 평강에 평강으로 인도하신다.

"주께서 심지가 견고한 자를 평강에 평강으로 지키시리니 이는 그가 주를 의뢰함이니이다 너희는 여호와를 영원히 의뢰하라 주 여호와는 영원한 반석이심이로다"(사 26:3-4).

본장은 구원받은 자들의 입장에서 의인에게 구원을 베푸신 하나님의 신실하심에 대한 찬양과 하나님을 향한 사모의 정(情)을 노래한 것이다. 여호와의 구원의 역사로 말미암아 그 구원의 성(城)에 들어갈 자들에 대해 소개하고 있다.

즉 '신을 지키는 의로운 나라'(2절), '심지가 견고한 자'(3절), '빈궁한 자, 곤핍한 자'(6절), '의인'(7절) 등이다. 구원은 오직 믿음 곧 심지(心志)로 주를 의뢰함으로써만 얻는다는 사실(마 10:32; 롬 10:9)과, 성도들이 이 땅에서 빈핍하여 고난을 당한다 할지라도 그것은 잠시뿐이고, 하나님의 보호와 인도로 말미암아 결국 영원한 구원과 평강을 얻게 된다는, 평범하지만 성도의 신앙생활에 가장 중요한 교훈을 발견하게 된다(벧전 1:7).

(5) 수화(물기 있게, Hydration): 주린 영혼을 만족하게, 좋은 것으로 채우신다.

"저가 사모하는 영혼을 만족케 하시며 주린 영혼에게 좋은 것으로 채워 주심이로다"(시 107:9).

하나님께서는 택하신 백성들의 필요를 아시며 가장 좋은 것으로 만족하게 채워 주신다. 특별히 하나님께서는 당신의 독생자를 우리를 위해 내어주심으로 그 영혼을 만족하게 하셨다(요 3:16).

(6) 수면(잠, Sleep): 사랑하는 자녀에게는 잠을 주신다.

"너희가 일찍이 일어나고 늦게 누우며 수고의 떡을 먹음이 헛되도다 그러므로 여호와께서 그 사랑하시는 자에게는 잠을 주시는도다"(시 127:2).

솔로몬이 지은 것으로 인간의 생사화복(生死禍福)과 모든 것을 주관하시는 분은 오직 하나님 한 분뿐이라는 사실을 확증함으로써 모든 인생이 겸손히 하나님을 의뢰하여야 할 것을 권고하는 '지혜시'이다. 하나님의 간섭을 도외시한 채 행하는 모든 일들의 헛됨을 지적함으로써 인생의 성공 여부가 사람의 경영함에 있지 않고 오직 하나님께 달려 있음을 역설한다.

하나님께서 함께하시지 않는 자는 자기 스스로 행복과 번영을 이루기 위해 온갖 수고와 노력을 다하여도 결실을 얻지 못하고 고통만 가중될 뿐이지만, 하나님께서 함께하시는 자는 하나님께서 형통케 하심으로 참된 안식과 행복을 누리게 된다. 이와 관련하여 하나님은 우리에게 마태복음 6장 33절을 주셨다.

"너희는 먼저 그의 나라와 그의 의를 구하라 그리하면 이 모든 것을 너희에게 더하시리라"(마 6:33).

(7) 연습(Exercise): 육체의 연습은 약간의 유익이 있고, 경건은 범사에 유익하다(성도들에게도 적용이 됨).

"육체의 연습은 약간의 유익이 있으나 경건은 범사에 유익하니 금생과 내생에 약속이 있느니라"(딤전 4:8).

참 교사로서 목회자가 힘쓸 일들을 6절에서 16절에 말하고 있다. 다시 말하면 목회자가 힘써야 할 교육적 측면에서의 목회 지침에 관해 언급하고 있다. 목회자 자신이 먼저 주께로부터 선한 교육을 받으며 경건에 이르기를 힘쓸 뿐 아니라(6-10절), 매사에 다른 사람들의 본이 되며 말씀 연구에 힘쓰고 그것으로 사람들을 잘 가르치라는 것이다.

경건의 연습에 비해 신체의 연단은 이 세상에서 잠시 동안 유익이 있을 뿐이니 곧 적은 유익이라는 것이다. 경건생활에 힘써 충실한 신앙생활을 하는 자들은 금생(今生)에서도 하나님 안에서 화평을 누리고(마 6:33-34), 죽어 내세(來世)에서도 영생을 누린다는 의미이다(막 10:30).

목회자의 자세를 다음과 같이 말할 수 있다(성도들도 익히 아는 것이 유익하다).

첫째, 목회자 자신의 삶으로 본을 보임으로써 성도들이 자발적으로 따르도록 해야 한다는 것이다. 그러기 위해서는 목회자가 스스로 경건생활에 힘써야 한다는 의미다.

둘째, 자신의 주장이나 사상이 아니라 하나님의 말씀으로써 하나님께서 맡겨 주신 양 무리들을 가르쳐야 한다는 것이다. 그러기 위해서는 목회자 자신이 먼저 말씀을 깊이 연구해야 한다.

셋째, 말씀을 가르칠 때에는 하나님 말씀의 권위를 나타내어 성도들이 순복하도록 해야 한다는 것이다. 목회자 자신의 인간 모습은 뒤로하고 하나님 말씀의 권위를 앞세워야 한다.

넷째, 말씀을 가르칠 때는 쉼 없이 계속적으로 가르침으로써 성도들이 그 말씀을 따라 실천적인 삶을 살 수 있도록 지도해야 한다.

(8) 기쁨과 즐거움(Joy and Humor)
- 주의 성일이니 근심하지 말라. 여호와를 기뻐하는 것이 너희의 힘이다.

"느헤미야가 또 이르기를 너희는 가서 살진 것을 먹고 단것을 마시되 예비치 못한 자에게는 너희가 나누어 주라 이날은 우리 주의 성일이니 근심하지 말라 여호와를 기뻐하는 것이 너희의 힘이니라 하고"(느 8:10).

• 마음의 즐거움은 양약, 주의 우편에는 영원한 즐거움이 있다.

"마음의 즐거움은 양약이라도 심령의 근심은 뼈로 마르게 하느니라"(잠 17:22).

평안하고 즐거운 마음을 유지하는 생활이 인간의 육체적, 정신적 건강의 가장 중요한 근거이며, 재물이나 쾌락과 같은 요소가 인간의 건강을 보장해 주지 못한다고 선언한다. 오직 하나님을 경외함으로 마음의 평안함을 얻는 것이 영육 간에 강건한 생활을 할 수 있는 가장 좋은 방법임을 강조하고 있다.

• 주의 앞에는 기쁨이 충만, 주의 우편에는 영원한 즐거움이 있다.

"주께서 생명의 길로 내게 보이시리니 주의 앞에는 기쁨이 충만하고 주의 우편에는 영원한 즐거움이 있나이다"(시 16:11).

이 시는 비탄시가 많은 시편 1권(시 1-41편)에서 그리 흔치 않은 메시아 예언시 중의 하나다. 축복과 생명의 근원이 되시는 하나님을 믿고 부활과 영생을 확신하며 죽음의 위협도 두려워하지 않는 다윗의 신앙고백이다. 궁극적으로는 영생의 소망과 그로 인한 영원한 기쁨을 예시하고 있다.

(9) 용서(Forgiveness)
• 모든 사람과 더불어 화평과 거룩함을 좇으라.

"모든 사람으로 더불어 화평함과 거룩함을 좇으라 이것이 없이는 아무도 주를 보지 못하리라 너희는 돌아보아 하나님 은혜에 이르지 못하는 자가 있는가 두려워하고 또 쓴 뿌리가 나서 괴롭게 하고 많은 사람이 이로 말미암아 더러움을 입을까 두려워하고"(히 12:14-15).

구원의 은혜에서 멀어지지 않기 위해 성도에게 인내 위에 화평과 거룩함을 더하라고 권면한다. 화평과 거룩함이 없으면 거룩하신 주님께 나아갈 수 없고 결국 신앙이 퇴보하므로 모든 사람과 화평하고 거룩하도록 노력하라고 명령한다.

• 사람의 과실을 용서하라.

"너희가 사람의 과실을 용서하면 너희 천부께서도 너희 과실을 용서하시려니와 너희가 사람의 과실을 용서하지 아니하면 너희 아버지께서도 너희 과실을 용서하지 아니하시리라"(마 6:14-15).

사람의 용서가 하나님의 용서의 조건이 된다는 것은 아니며 인간의 신앙이 하나님과의 수직적인 관계뿐 아니라 사람들과의 수평적 관계를 잘 유지하는 것도 중요함을 가르치고 있다.

(10) 기다림(Waiting)
• 여호와를 앙망하는 자는 새 힘을 얻는다.

"오직 여호와를 앙망하는 자는 새 힘을 얻으리니 독수리의 날개 치며 올라감 같을 것이요 달음박질하여도 곤비치 아니하겠고 걸어가도 피곤치 아니하리로다" (사 40:31).

• 너희는 가만히 있어 내가 하나님 됨을 알지어다.

"이르시기를 너희는 가만히 있어 내가 하나님 됨을 알지어다 내가 열방과 세계 중에서 높임을 받으리라 하시도다"(시 46:10).

'가만히 있으라'는 단순히 동작을 멈추라는 의미가 아니라 인간의 자기중심적인 사고를 버리고 온 세상을 당신의 뜻대로 주장하시는 하나님의 주권을 인정하라는 의미다(시 62:1, 5). 실로 세계 역사를 주관하시는 하나님의 섭리의 오묘함과 그분의 전능하심을 깨달을 때, 우리는 인간적인 생각으로 조급해하고 답답해하는 우리 자신이 지극히 미미한 존재임을 깨닫고 잠잠히 하나님 앞에 머리 숙여 경배할 수밖에 없는 것이다.

(11) 영적 쉼(Soul Rest): 수고하고 무거운 짐 진 자들은 주께로 오라. 마음의 쉼을 얻을 것이다.

"수고하고 무거운 짐 진 자들아 다 내게로 오라 내가 너희를 쉬게 하리라 나는 마음이 온유하고 겸손하니 나의 멍에를 메고 내게 배우라 그러면 너희 마음이 쉼을 얻으리니 이는 내 멍에는 쉽고 내 짐은 가벼움이라 하시니라"(마 11:28-30).

인생의 참된 행복은 세상의 재물과 권세로 보장되는 것이 아니다. 오직 예수 그리스도의 왕적 통치를 받아들이고 그분이 주시는 안식을 누릴 때 비로소 보장되는 것을 말하고 있다. 이와 같은 일은 인간적인 노력과 지식을 통해서가 아니라 순수한 심령으로 주님께 순종하고 의지함으로써만 가능하다. 그러므로 성도들은 모든 무거운 인생의 짐과 얽매이기 쉬운 죄악을 벗어 버리고, 오직 믿음의 주요 온전케 하시는 예수 그리스도를 바라보는 자들이 되어야 한다(히 12:1). 또한 성도들은 이 세상에 살면서 미리 하늘의 평안을 누리며 살아가는 자들이다. 물론 성도들도 세상 사람들과 마찬가지로 육신을 입고 이 땅에 살아가는 한 때때로 슬픔과 고통을 겪을 수밖에 없다. 하지만 그런 것들이 성도들의 내적인 평안을 깨뜨리지 못하며, 오히려 성도들로 하여금 보다 완전한 하나님 나라를 소망하도록 만들 뿐이다. 성도들이 언제 어떤 상황 속에서도 항상 기뻐하고 범사에 감사할 수 있는 이유가 여기에 있다(살전 5:16, 18).

(12) 치유(Healing): 여호와를 경외하는 자는 의로운 해가 떠올라서 치료하는 광선을 발한다.

"내 이름을 경외하는 너희에게는 의로운 해가 떠올라서 치료하는 광선을 발하리니 너희가 나가서 외양간에서 나온 송아지같이 뛰리라"(말 4:2).

'의로운 해'는 빛의 근원이 되시는 그리스도를 뜻한다. 의로운 해로 묘사된 그리스도께서 치료하는 광선을 발하신다는 것은, 인간의 죄를 대속함으로 성도들에게 구원의 밝은 빛을 비추어 그들의 모든 상처와 고통을 제거하심과 아울러 하나님의 말할 수 없는 축복과 은총을 누리게 하실 것이라는 의미이다. 그리스도로 말미암아 구원의 축복과 기쁨과 자유 가운데서 살게 된다.

\* 12가지 성경 말씀을 중심으로 한 스트레스 해소 방법

| | | |
|---|---|---|
| Prayer(기도) | Phil 4:6-7 | 염려하지 말고 기도와 간구로 하라. |
| Peace(평강) | Col 3:15 | 그리스도의 평강이 너희 마음을 주장하게 하라. |
| Daily Renewal (매일 갱신) | 2 Cor 4:16 | 낙심하지 마라, 속사람은 날로 새롭도다. |
| Thought life (생각의 영역) | Phil 4:8 | 무엇이나 참되게, 경건하게, 정결하게 하라. |
| | Isa 26:3-4 | 심지가 견고한 자를 평강에 평강으로 인도하신다. |
| Hydration (물기 있게) | Ps 107:9 | 주린 영혼을 만족하게, 좋은 것으로 채우신다. |
| Sleep(수면) | Ps 127:2 | 사랑하는 자에게는 잠을 주신다. |
| Exercise(연습) | 1 Tim 4:8 | 육체의 연습은 약간의 유익, 경건은 범사에 유익하다. |
| Joy and Humor (기쁨과 즐거움) | Neh 8:10 | 주의 성일에 근심하지 말라, 여호와를 기뻐하는 것이 너희의 힘이다. |
| | Prov 17:22 | 마음의 즐거움은 양약, 심령의 근심은 뼈를 마르게 한다. |
| | Ps 16:11 | 주의 앞에는 기쁨이 충만, 주의 우편에는 영원한 즐거움이 있다. |

| | | |
|---|---|---|
| Forgiveness (용서) | Heb 12:14–15 | 모든 사람과 더불어 화평함과 거룩함을 좇으라. |
| | Matt 6:14–15 | 사람의 과실을 용서하라. |
| Waiting (기다림) | Isa 40:31 | 여호와를 앙망하는 자는 새 힘을 얻는다. |
| | Ps 46:10 | 너희는 가만히 있어 내가 하나님 됨을 알지어다. |
| Soul Rest (영적 쉼) | Mat 11:28–30 | 수고하고 무거운 짐 진 자들은 주께로 오라. 마음의 쉼을 얻을 것이다. |
| Healing (치유) | Mal 4:2 | 여호와를 경외하는 자는 의로운 해가 떠올라서 치료하는 광선을 발한다. |

제4부

# 외부구조(Exosystem) : Church
## 성도와 교회

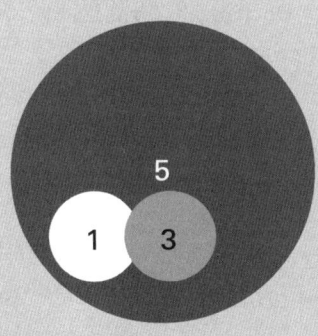

1 성도(개인)–Individual
3 성도의 교회생활–Church
5 하나님의 섭리–Providence

# 성도와 교회

교회에 대한 내용은 대부분의 신학교에서 '조직신학' 과목을 택하면 기본적으로 배우는 내용들이다. 성도들은 이 이론을 설교시간이나 성경공부 시간을 통하여 접하게 된다. 기본부터 정리한다는 생각으로 이 내용을 썼다. 참고도서로는 밀라드 에릭슨(Millard J. Ericson)이 저술하고 나용화와 황규일 교수님 두 분이 공동으로 번역한《조직신학 개론》(Introducing Christian Doctrine)을 기초로 하였음을 밝히고, 일일이 각주 다는 것은 피하였다.

## 1. 성도에게 교회란 무엇인가?

성도들에게는 너무나 신학적인 내용이 아닌가 하는 염려도 있으나 믿음생활 하는 성도들이 알아야 할 가장 기본적인 내용들을 서술해 놓았다.

### 1) 교회의 목적
하나님께서 우리 인간을 위하여 교회를 세우신 이유는 다음의 두 가지로 요약할 수 있다. 첫째는 우리 인간들이 하나님을 경외하는 신앙생활을 위함이요, 둘째는 하나님의 복음 전파를 위함이다.

### 2) 교회의 요소
사도행전 2장 42절에서 사도 베드로는 초대교회의 4가지 요소를 정확하고 명확하게 정의하고 있다. "저희가 사도의 가르침을 받아 서로 교제하며 떡을 떼며 기도하기를 전혀 힘쓰니라."

- 사도의 가르침(Teaching, 디다케)
- 교제(Fellowship, Koinonia)
- 성만찬(Breaking of Bread)
- 기도생활(Prayers)

이 4가지의 요소들이 이 항목 혹은 저 항목에 서술되어 있다. 여기에서 서술한 것 이외의 항목들, 예를 들면, 교회의 특성, 조직과 제도, 직분, 교권, 기도 등등 더 자세히 언급할 수 있으나 여기에서는 생략하기로 한다.

### 3) 교회의 개념

교회의 우주적인 개념은 그 상징적인 호칭에서도 잘 나타나 있다. 교회는 하나님의 집(고전 3:9; 고후 6:16), 그리스도의 몸(고전 12:17; 골 1:18), 또는 성령의 집(고전 3:16; 벧전 2:5)이라고 불린다. 교회는 그리스도와 긴밀한 관계를 유지하고 있다. 그리스도는 교회의 머리시며(엡 1:22), 교회를 그리스도의 신부로 부르기도 한다(고후 11:2-3).

### 4) 교회의 의미

구약에서 교회에 해당하는 카할(Qahal)은 백성의 집회를 뜻하고, 에다(Edhah)는 '회중' 또는 집회로 번역되었다(출 12:3; 시 7:7). 신약에서 교회에 해당되는 에클레시아(ἐκκλησία)는 '~에서 불러내다'를 뜻한다. 교회를 가리키는 영어 처치(church)는 독일어로 킬게(kirche)라고 하며, '불러내다'를 뜻하는 헬라어 엑칼레오(ἔκκαλεω)에서 유래되었다. 신약성경에서 '교회'라는 단어는 두 가지 의미를 갖는다. 하나는 모든 시대, 모든 지역의 그리스도인(마 16:1), 그리스도의 몸(엡 1:22-23, 4:4, 5:23)으로 표현되며, 다른 하나는 특정 지역에 있는 일단의 그리스도인(고전 1:2; 살전 1:1)의 의미를 갖는다.

### 5) 교회의 기원

예수님은 마태복음 16장 18절에서 자신의 교회를 세우실 것을 약속하셨다. "또 내가 네게 이르노니 너는 베드로라 내가 이 반석 위에 내 교회를 세우리니 음부의 권세가 이기지 못하리라." 교회는 불 같은 성령이 내린 오순절에 시작되었다. 제자들을 위시하여 120명의 성도들은 "예루살렘을 떠나지 말고 내게 들은바 아버지의 약속하신 것을 기다리라 요한은 물로 세례를 베풀었으나 너희는 몇 날이 못 되어 성령으로 세례를 받으리라"(행 1:4-5)는 주님의 분부대로 예루살렘에 있는 마가의 다락방에 모여 열심히 기도하면서 약속하신 성령의 강림을 기다렸다. 이윽고 기도하던 이들은 성령을 충만히 받아 영적으로 한 몸을 이루어 그리스도의 몸인 교회가 성립되었다(엡 4:3-5). 이 예루살렘 교회가 모체가 되어 각처에 교회가 세워졌다. "몸은 하나인데 많은 지체가 있고 몸의 지체가 많으나 한 몸임과 같이 그리스도도 그러하니라 우리가 유대인이나 헬라인이나 종이나 자유자나 다 한 성령으로 세례를 받아 한 몸이 되었고 또 다 한 성령을 마시게 하셨느니라"(고전 12:12-13).

### 6) 성경적인 교회상(Biblical Images of The Church)

이 주제를 바울이 사용하였던 여러 가지 교회상을 통해 살펴보려 한다. 그러나 교회상을 모두 살펴본다는 것은 그 종류가 너무 많아 여기서는 3가지만 점검해 보려고 한다. 그는 교회를 하나님의 백성, 그리스도의 몸, 그리고 성령의 전으로 묘사하고 있다.

#### (1) 하나님의 백성

사도 바울은 신자들을 그의 백성으로 삼으시려는 하나님의 결정에 관하여 이렇게 기록하였다. "하나님께서 가라사대 내가 저희 가운데 거하며 두루 행하여 나는 저희 하나님이 되고 저희는 나의 백성이 되리라 하셨느니라"(고후 6:16). 교회는 하나님의 백성들로 구성된다. 그들은 그의 소유이며, 그는 그들의 하나님이시다. 교회가 하나님의 백성이라는 개념은 그들을 선택하시는 하나님의 주도적인 행위를 강조한다. 신약성경에서는 하나님께서 자기 백성을 선택하신다는 개념이 더욱 확대되어 유대인들과 교회 안에 있는 이방인까지 자기 백성으로 삼으신 것을 볼 수 있다. 그러기에 바울은 데살로니가 교인들에게 "주의 사랑하시는 형제들아 우리가 항상 너희를 위하여 마땅히 하나님께 감사할 것은 하나님이 처음부터 너희를 택하사 성령의 거룩하게 하심과 진리를 믿음으로 구원을 얻게 하심이니"(살후 2:13)라고 썼던 것이다.

이스라엘과 교회가 하나님의 백성이라는 개념은 여러 가지 함축적인 의미를 내포하고 있다. 하나님께서는 그들을 자랑하신다. 하나님께서는 그의 백성을 돌보시고 보호하시기를 "자기 눈동자같이" 지키신다(신 32:10). 또한 하나님은 그들로부터 충성하기를 기대하시며 하나님의 소유됨의 증거를 원하신다. 이스라엘 백성 가운데 모든 사내아이들에게 할례, 전체 백성들에 대한 객관적인 언약궤, 내면적인 할례와 같이 특별히 요구되는 것은 백성들의 거룩이다. 하나님께서는 항상 이스라엘이 정결하며 거룩하게 되기를 바라셨다. 사도 바울은 다음과 같이 기록했다. "그리스도께서 교회를 사랑하시고 위하여 자신을 주심같이 하라 이는 곧 물로 씻어 말씀으로 깨끗하게 하사 거룩하게 하시고 자기 앞에 영광스러운 교회로 세우사 주름 잡힌 것이나 이런 것들이 없이 거룩하고 흠이 없게 하려 하심이니라"(엡 5:25-27).

(2) 그리스도의 몸

아마도 가장 확대된 교회상은 그리스도의 몸으로서의 교회상일 것이다. 그리스도께서 이 땅에서 사역하셨을 동안에 그의 몸이 활동의 초점이었듯이, 지금도 교회가 그리스도의 활동의 중심이라는 사실을 강조한다. 그리스도의 몸으로서의 교회상은 신자들의 모임으로서의 교회와 그리스도와의 관계를 강조한다. 그리스도의 몸으로서의 교회는 여러 가지의 의미를 내포하고 있다.

① 그리스도는 몸인 교회의 머리시며(골 1:18), 신자들은 그 몸의 지체들이다. 만물이 그리스도 안에서, 그로 말미암아, 그리고 그를 위해서 창조되었다(골 1:16). 그는 모든 창조물보다 먼저 나신 분이다(골 1:15). "하늘에 있는 것이나 땅에 있는 것이 다 그리스도 안에서 통일되게 하려 하심이라"(엡 1:10). 그리스도와 연합된 신자들은 머리이신 그와 연결되어 있기 때문에 그를 통하여 영양분을 공급받으며 자라가고 있는 것이다(골 2:19).

② 그리스도의 몸으로서의 교회상은 교회를 구성하고 있는 모든 신자들 상호간의 연결관계(interconnectedness)를 말해 준다. 그리스도의 삶은 결코 고립된 혼자만의 삶이 아니다. 고린도전서 12장에서 바울은 몸인 교회의 상호 연결관계에 대한 개념을 특별히 성령의 은사 측면에서 발전시키고 있다. 그는 여기서 신자 개개인은 다른 모든 신자들과 깊이 연관된 의존관계에 있다는 사실을 강조하고 있다. 이처럼 교회를 몸으로 이해할 때, 우리는 그 안에서 일종의 상호관계가 있음을 발견하게 된다. 각 신자들은 다른 신자들을 돕고 세우는 역할을 한다.

③ 몸으로서의 교회의 특징은 진정한 교제(genuine fellowship)에 있다. 교제에는 서로에 대한 공감대를 형성하는 것뿐 아니라 서로에 대한 격려와 권면이 있어야 한다. 한 사람이 경험한 것을 모든 사람이 경험해야 한다. 이에 바울은 "만일 한 지체가 고통을 받으면 모든 지체도 함께 고통을 받고 한 지체가 영광을 얻으면 모든 지체도 함께 즐거워하나니"(고전 12:26)라고 썼던 것이다. 사도행전에 나오는 교회는 심지어 물질적인 소유까지도 함께 나누었다.

④ 교회를 그리스도의 몸이라 할 때의 몸은 통일된 몸(unified body)이어야 한다. 고린도 교회의 성도들은 그들이 따르는 종교 지도자가 누구냐에 따라 분열되었다(고전 1:10-17, 3:1-9). 이러한 일은 결코 일어나서

는 안 된다. 왜냐하면 모든 신자들은 한 성령으로 세례를 받아 한 몸이 되었기 때문이다(고전 12:12-13).

⑤ 그리스도의 몸은 보편적(universal)이다. 이것은 교회 안에 들어오는 모든 사람들에게 동일하게 적용된다. 국적이나 혈육에 따르는 것과 같은 어떤 특별한 자격요건도 더 이상 필요없다. 바울이 지적하였듯이 이러한 장벽들은 모두 제거되었다. "거기는 헬라인과 유대인이나 할례당과 무할례당이나 야인이나 스구디아인이나 종이나 자유인이 분별이 있을 수 없나니 오직 그리스도는 만유시요 만유 안에 계시니라"(골 3:11).

(3) 성령의 전

바울의 삼위일체적 교회 개념 가운데 나머지 하나는 성령의 전으로서의 교회상이다. 교회를 존재케 하신 분이 바로 성령이시다. 이와 같은 사역은 오순절에 일어났는데, 그때 성령께서 제자들에게 세례를 주시고 3천 명을 회개시키셔서 교회를 탄생시키셨다. 계속해서 성령은 교회 안에 거하고 계신다. "우리가 유대인이나 헬라인이나 종이나 자유자나 다 한 성령으로 세례를 받아 한 몸이 되었고 또 다 한 성령을 마시게 하셨느니라"(고전 12:13). 성령께서는 교회 안에 거하시면서 교회에 자신의 생명을 나누어 주신다. 우리는 본질적인 특성으로 '성령의 열매'라고 일컬어지는 다음과 같은 것들을 교회 안에서 발견하게 된다.

즉 사랑, 희락, 화평, 오래 참음, 자비, 양선, 충성, 온유, 절제(갈 5:22-23) 등이 그러한 것이다. 이러한 특질들이 존재한다는 것은 성령이 교회 안에서 활동하고 계시다는 사실을 보여주는 증거이며, 또한 참된 교회임을 보여주는 증거가 되기도 한다. 사도행전 1장 8절에서 말씀하신 것처럼 교회에 능력을 전달하여 주는 분은 바로 성령이시다. 성령께서 능력을 가지고 신자들 안에 내주하시기 때문에 예수님은 그의 제자들에게 자신이 한 것보다도 더 큰일을 그들이 하게 될 것이라는 놀라운 약속을 하실 수 있었다(요 14:12). 그래서 예수님은 그들에게 "내가 떠나가는 것이 너희에게 유익이라 내가 떠나가지 아니하면 보혜사가 너희에게로 오시지 아니할 것이요 가면 내가 그를 너희에게로 보내리니"(요 16:7)라고 말씀하셨던 것이다. 죄에 대하여, 의에 대하여, 심판에 대하여 세상을 책망하는 데 필요한 모든 것을 하시는 분이 바로 성령이시다. 성령은 교회를 거룩하고 순결하게 만드신다. 옛 언약 아래서는 하나님이 그 안에 거하셨기 때문에 성전이 거룩하고 신성한 장소였던 것같이, 새 언약 아래서는 신자들이 성령이 거하시는 성령의 전이기 때문에 그들이 거룩하게 되는 것이다.

### 7) 교회의 생활
교회가 하는 일은 무엇일까?

(1) 예배(라트레이아, λατρεια)

예배는 교회가 하나님께 영광 돌릴 수 있는 가장 분명한 방법을 제시해 준다. 교회는 '찬미의 제사'(히 13:15; 벧전 2:5)를 하나님께 드리는 제사장들의 모임이다. 예배를 드려야 할 책임에 대한 이러한 의식은 라트레이아의 근본 의미, 즉 '섬김'(service) 또는 '봉사'(ministry)라고 하는 의미와 상통한다. 우리가 예배를 통한 '섬김'을 언급할 때는 바로 이러한 의미에서 말하는 것이며, 이는 예배에 대한 우리의 고찰에 있어 매우 중요한 사항이다. 그리스도인들이 예배드리러 나올 때 '내가 이 예배를 통해 하나님께 무엇을 드릴 것인가' 하는 마음을 가져야 함에도 불구하고 많은 경우에 '내가 이 예배를 통해 무엇을 얻을 것인가?' 하는 마음을 갖는다.

① 예배의 요소

찬양은 근본 요소다. 또 하나님의 말씀은 교회가 남긴 유산으로서 본래 유대인들의 회당식 예배 제도 가운데 있던 요소였다. 그들은 회당에 모일 때마다 율법을 읽고 강론하였다(눅 4:16-27; 행 13:14 이하). 이러한 전통에 따라 초대교회는 예배시에 성경을 공적으로 읽고(골 4:16; 살전 5:27) 강론하였다(행 2:42 이하, 6:2).

말씀 전파가 예배의 부가물이거나 찬양과 기도로 드려지는 신령한 예배 후의 단순한 인간적 활동이 아니라고 하는 확신을 갖는 것이 중요하다. 오히려 설교는 예배의 절정으로 우리는 이 시간을 통해 살아계신 하나님의 음성을 들으며, 마음에 감동을 받아 헌신과 봉사로 우리 자신을 살아 계신 하나님께 드릴 수 있게 되는 것이다.

헌금은 또 다른 요소이다. 여기에는 풍부한 구약적 배경이 있는데, 구약의 성도들은 십일조를 하나님께 바쳤다(창 14:20; 레 27:30; 대상 29:6 이하; 스 1:6; 말 3:10). 신약의 주요 구절은 고린도전서 16장 1-4절(마 6:2-4; 고후 8-9장 참조)이다.

복음적 성례인 세례와 성찬은 아주 근본적인 또 다른 국면을 대표한다.

② 예배의 특징
• 살아 계신 그리스도께서 중심에 임재해 계신다.

이것은 다른 종교에서는 달리 찾아볼 수 없는 특징이다. 우리는 주님에 대한 추억을 기념하기 위해서가 아니라 그의 임재를 기념하며 그의 승리를 기뻐하기 위하여, 그리고 말씀을 통해 성령 안에서 그를 만나기 위하여 함께 모이는 것이다.

• 성령께서 예배에 능력을 부어 주신다(요 4:24; 빌 3:3).

그는 불필요한 본능을 억제하시며(고전 14:32 이하, 40), 기도하는 자에게 영감을 주시며(롬 8:26 이하), 찬미받으시며(엡 5:19 이하), 진리 가운데로 이끄시며(고전 2:10-13), 그의 은사들을 나누어 주시며(롬 12:4-8), 불신자들에게 확신을 주신다(고전 14:24 이하).

• 사랑의 교제의 영이 회중 가운데 넘친다.

초대교회의 예배는 상호 깊은 관심과 회중의 순수한 참여가 특징을 이루었다(행 2:42-47, 4:32-35). 이것은 특별히 그리스도 안에서 서로 격려하고 세워 주고자 하는 관심으로 표현되었다(엡 4:12-16).

(2) 봉사(디아코니아, διακονια)

초대교회는 봉사하는 일에 헌신적이었다. 그것은 하나님께 영광 돌리기 위한 또 다른 수단이었다(벧전 2:12). 권위 있고 권세 있는 자를 큰 자라고 여겼던 이방 세계와는 달리 예수님은 겸손하게 섬기는 자가 큰 자라고 가르치셨다(막 9:33-37; 눅 22:24-27). "인자의 온 것은 섬김을 받으려 함이 아니라 도리어 섬기려 하고 자기 목숨을 많은 사람의 대속물로 주려 함이니라"(막 10:45). 종이신 메시아는 교회가 종된 공동체(교회) 내에서 자기와 동일하게 될 것을 요구하신다. 이 진리는 무수한 수고를 동반한다. 즉 삶 속에서 이것을 성취하려면 직접 손으로 다른 사람을 겸손히 섬겨야 한다. 교회 봉사에 대한 성경의 교훈은 다음과 같은 3가지 면이 있다.

① 성령의 은사

구약과 신약은 모두 성령의 은사와 직분에 대해 언급하고 있다(출 35:30-33; 삿 3:10; 롬 12:3-8; 고전 12:4-11; 엡 4:11 이하; 벧전 4:10 이하). 성령은 은사와 직분을 나누어 주심에 있어 자유롭고 주권적이시다. "은사는 여러 가지나……이 모든 일은 같은 한 성령이 행하사 그 뜻대로 각 사람에게 나눠 주시느니라"(고전 12:4, 11). 우리는 우리가 속한 개교회와 그룹의 유익을 위해 우리의 은사와 직분에 따라 봉사해야 할 책임이 있다.

② 전문화된 직분

이것 역시 성령의 은사의 한 형태이다. 구약은 분명히 제사장직(창 14:18; 출 28:1 이하), 선지자직(신 18:15 이하; 사 6:1 이하), 그리고 장로직(출 3:16; 신 19:12)에서 선례를 제공하고 있다. 예수님은 열두 제자를 부르심으로써 이 원리를 지속하셨으며, 후에 신약에서는 같은 패턴을 따라 장로 또는 감독, 그리고 집사를 임명하였으며(행 14:23; 딤전 3:1-3), 전도사, 목사, 그리고 교사들을 세웠다(엡 4:11). 임직을 받든 안 받든 인간이 불필요하게 높아질 위험성은, 그리스도인의 사역이 그리스도 자신의 사역이라고 하는 사실을 인식함으로써 가장 잘 피할 수 있다. 모든 형태의 그리스도의 사역에 대해 할 수 있는 가장 깊이 있는 말은, 모든 것이 하나님의 백성 가운데, 그리고 그들을 통해 역사하시는 하늘에 오르신 주님의 사역 외에 아무것도 아니라고 하는 것이다(롬 15:18).

③ 교회 밖으로의 봉사

교회의 봉사는 우선적으로 믿는 형제들 안에 있는 사람들에 대한 것이다(갈 6:10). 그러나 여기서 멈출 수 없다. 왜냐하면 예수님의 심도 깊은 봉사는 그와 원수 된 자들을 위한 것이기 때문이다(롬 5:6-8). 그러므로 교회는 복음 전파뿐 아니라 사회봉사를 통해 세상의 소금과 빛이 됨으로써(마 5:16) 하나님께 영광을 돌려야 한다. 교회는 사회로 하여금 보다 정의롭고, 깨끗하고, 정직하고, 인정이 있는 사회가 되도록 영향을 미쳐야 한다.

(3) 증거(마르투리아, μαρτυρια)

복음 증거에의 소명은 사도들에 대한 예수님의 마지막 교훈의 핵심이었으며(행 1:8), 오순절을 기점으로 그들은 이 임무를 시작하였다. 예루살렘 교회가 즉각적으로 세계 복음 전도에 나섰던 것은 아니다. 복음 전도가 본격적인 궤도에 오르기까지는 스데반의 순교와 바울의 사역이 필요했다. 그러나 사도행전에 나와 있듯이 주님의 계획은 차근차근 진행되었다. "예루살렘과 온 유대와 사마리아와 땅끝까지 이르러 내 증인이 되리라"(행 1:8). 오늘날의 교회는 복음 증거 사역에 충실한 처음 세대의 성도들을 계승하고 있다고 할 수 있다.

(4) 교제(코이노니아, κοινωνία)

교제는 교회가 하나님께 영광 돌리는 일과 밀접히 연관되어 있다.

"이러므로 그리스도께서 우리를 받아 하나님께 영광을 돌리심과 같이 너희도 서로 받으라"(롬 15:7). 그리스도인들이 참된 교제 가운데 함께 살 때 하나님은 영광을 받으신다. 코이노니아는 근본적으로 무엇을 함께 나누는 것을 의미한다. 그러므로 그것의 강조점은 오늘날 우리가 보통 '친교', 즉 상호간의 친밀한 교제라고 부르는 것과 다소 다르다. 그러나 두 가지 의미가 완전히 구별되는 것은 아니다. 왜냐하면 공동의 참여는 상호 교제를 내포하기 때문이다. 하나님의 백성의 교제는 하나님의 생명에 공동으로 참여하는 것에 기초를 두고 있다(요일 1:3, 7). 이것은 처음부터 교회의 현저한 특징이었다(살후 1:3). 그러나 신약의 교제가 무분별한 것은 아니었다. 극단적인 오류를 범한 자들과는 교제를 삼갔으며(고전 5:4 이하; 살후 3:14), '사도들의 교훈'을 부인하는 자들과도 교류를 끊었다(행 2:42; 갈 1:8 이하). 코이노니아의 본질적 표현은 아가페(agape, ἀγάπη)였다. 이는 형제를 위해 자기 자신을 주는 사랑으로, 예수님은 이것을 새로운 공동체의 구별된 특징으로(요 13:34 이하), 세상으로 믿음에 이르게 하는 수단으로 언급하셨다(요 17:23). 신약의 교제는 또한 손님 대접하기를 실천하며(히 13:2; 벧 4:9), 서로의 짐을 나누어 지며(갈 6:2), 서로 격려해 주고(히 10:25), 위하여 기도해 주는(빌 1:9, 11 ,19) 교제였다. 또한 성찬은 신약에서 볼 수 있는 교제의 특별한 표현이었다(고전 10:16 이하).

### 8) 교회의 의식들

성례에 대하여 살펴보자. 성례는 세례와 성찬으로 구분된다.

### (1) 성례의 의미

성례(sacraments)라는 말은 성경에 나와 있지 않다. 라틴어 sacramentum에서 비롯되었는데, 이 낱말은 소송 당사자가 공탁한 돈을 뜻하였다. 이 돈은 재판에서 이긴 자에게 돌려주고, 진 자의 돈은 신전에 바치게 되어 있었다. 그러니까 성례는 '신들에게 바친다', '거룩하게 사용한다'

는 뜻이다.

벌코프(Berkhof)는 성례를 다음과 같이 정의하였다. "성례는 그리스도로 말미암은 거룩한 의식으로서, 이 의식을 통하여 그리스도에게 나타난 하나님의 은혜와 혜택이 신도들에게 제시되고 '인'쳐지고 적용되며, 한편 신도들은 하나님께 그들의 믿음과 순종을 표시하게 된다"(L. Berkhof, *Systematic Theology*, p. 617).

개신교회에서는 성례가 구원의 필수적인 조건은 아니지만 그리스도께서 제정해 주신 의식으로 존중한다. 성경에 구원은 믿음으로 얻게 된다고 하였으나(행 16:31; 롬 3:28; 갈 2:16) 성례로 구원을 얻는다고 쓰여 있지 않다. 그러므로 성례를 받지 않아도 믿음으로 구원을 받을 수 있다. 주님은 자기 앞에서 회개의 눈물을 흘린 죄 많은 여인에게 "네 믿음이 너를 구원하였으니 평안히 가라"(눅 7:50)고 말씀하셨다. 성례가 은혜의 방편으로서 효력을 발생하는 것은, 성례 자체의 능력에서가 아니라 그것을 성령께서 수단으로 사용하시기 때문이다. 개신교에서는 그리스도께서 제정해 주신 세례와 성찬을 성례로 인정하고 있다.

(2) 세례

세례는 그리스도께서 승천하시기 전에 하신 의식이다. 주님은 제자들에게 "너희는 가서 모든 족속으로 제자를 삼아 아버지와 아들과 성령의 이름으로 세례를 주고 내가 너희에게 분부한 모든 것을 가르쳐 지키게 하라"(마 28:19-20)고 지시하셨다. 그리고 이처럼 세례를 지시하기 전, 그러니까 공생애를 시작하시기 전에 요한으로부터 세례를 받으셨다.

그렇다면 그리스도께서 받은 이 세례는 어떤 의미를 갖는가?

카이퍼(Kuyper)는 그리스도가 공적으로 제사장 임직식의 의미를 지닌다고 말하였다. 이때 "이는 내 사랑하는 아들"이라는 하나님의 음성이 들려왔고, 성령이 비둘기같이 강림하셨던 것이다(마 3:16). 웨스트민스터 소요리문답(Westminster shorter catechism) 95문에는 세례에 대해 다음과 같이 정의하고 있다. "세례는 물을 가지고 성부와 성자와 성령의 이름으로 씻는 성례이며, 우리가 그리스도에게 연합됨과 언약의 모든 은혜에 참여함과 주님의 사람이 되려는 우리의 서약을 표시하고 '인'치는 것이다."

즉 세례는 기본적으로 신자가 그리스도와 연합되고, 언약의 은혜에 참여함을 표시하고 '인'치는 의식이며, 세상으로부터 분리되어 교회 회원으로 가입한 자의 공적인 신분을 나타내는 표지이다.

### (3) 성찬

성찬은 그리스도께서 유다의 배반으로 대제사장의 하수인들에게 잡히시던 날 밤에 직접 정하신 성례이다(마 26:26-30; 막 14:22-26; 눅 22:17-20). 사도 바울은 성찬에 관해 다음과 같이 증거하였다. "주 예수께서 잡히시던 밤에 떡을 가지사 축사하시고 떼어 가라사대 이것은 너희를 위하는 내 몸이니 이것을 행하여 나를 기념하라 하시고 식후에 또한 이와 같이 잔을 가지시고 가라사대 이 잔은 내 피로 세운 새 언약이니 이것을 행하여 마실 때마다 나를 기념하라 하셨으니"(고전 11:23-25).

웨스트민스터 요리문답(The Westminster Catechism) 168문에 보면 "성찬은 신약의 성례이니 예수 그리스도께서 정하신 대로 떡과 포도즙을 주고받음으로 그의 죽으심을 나타내려는 것이다. 합당하게 받는 자들은 그의 몸과 피를 받아먹고 신령하게 양육 받고 은혜 안에서 성장하고 주님과 연합하고 교통함을 알게 되고, 하나님께 감사하며 하나님의 사람임을 새롭게 약속하며 같은 신비한 몸의 지체로서 피차 사랑과 교제를 증거하고 새롭게 한다"라고 하였다. 그러니까 성찬이란 그리스도께서 신도들에게 신령한 은혜를 더하시려고 자신의 살과 피를 떡과 포도즙으로 표시하여 먹고 마시도록 제정하신 성례이다. 유월절에 잡는 양은 그리스도의 그림자이다(요 1:29; 고전 5:7). 개혁파에서는 성찬에 그리스도께서 영적으로 함께하신다는 임재설을 주장한다. 칼빈에 의하면 성찬은 단순히 십자가에서 우리를 위해 대속의 제물이 되신 그리스도와 관련이 있을 뿐만 아니라, 현재 영광 중에 하늘나라에 계신 그리스도의 영적 사역과도 관련이 있다는 것이다. 그리하여 성찬에서 그리스도와 신자의 영적인 연합이 이루어진다고 하였다. 다시 말해서 성찬에서 신자가 떡과 포도즙을 먹고 마실 때 그리스도께서 신자에게 생명이 넘치는 감동을 주시며, 이 감동은 성찬의식을 통하여 성령의 매개체로 전달된다고 한다.

"교회는 하나님께서 만드신 것이지만 불완전한 인간들로 구성되어 있는 기관이다"라는 내용에 충실하고 싶다. 고린도전서 12장 4-31절 말씀에는 현대 교회에 한 자도 빠짐없이 강조하고 싶은 내용이 담겨 있다. 현대 교회에 분열과 불평과 불만이 곳곳에 도사리고 있음을 간과할 수 없다. 바울은 이상적인 연합(unity)에 대해서 에베소서 4장 1-16절에서 자세히 말씀하고 있다. 그런데 안타깝게도 오늘날 이 땅에 존재하는 교회들은 하나 되지 못하고 있다. 우리는 무수히 많은 교단들을 보게 되는데, 그것들은 때로 가르침에 있어서도 별 차이가 없으나 서로 경쟁적인 관계에 있다. 그리고 지역교회 성도들은 서로에 대해 냉담하고 심지어 서로 반목하는 관계를 가지기도 한다. 이러한 상황은 예수님께서 원하지 아니하시는 상황임에 틀림없지만 현실에서 일어나는 것이 우리의 마음을 슬프게 한다.

## 2. 성경에서 말하는 목회자는 누구인가[20]

목회자는 목사란 말로 대치할 수 있는데,[21] '목사'(pastor)라는 용어는 '보호한다'(to protect)는 의미의 어원에서 연원이 된 헬라어 'poimen'(ποιμην)의 해석인데, 에베소서 4장 11절에 한 번 나온다.

이 말은 하나님이 인간에게 주시는 '은사'를 받으면, '사도'(apostle) 혹은 '선지자'(prophet) 혹은 '복음 전하는 자'(evangelist) 혹은 '목사'(pastor)

---

20) 이승하, 《목회자》(서울: 한들출판사, 2010), p. 523.
21) Ibid., p. 524.

혹은 '교사'(teacher)로 만들어, 그 직책은 "성도를 온전케 하며 봉사의 일을 하게 하며 그리스도의 몸을 세우려 하심이라"(엡 4:11-12)고 했다.

그러나 같은 헬라어 'poimen'이 양 치는 목자(shepherd)로 번역된 곳은 마태복음에 3회(9:36, 25:32, 26:31), 마가복음에 2회(6:34, 14:27), 누가복음에 4회(2:8, 15, 18, 20), 요한복음에 5회(10:2, 11, 12, 14, 16), 히브리서에 1회(13:20), 베드로전서에 1회(2:25)로 도합 16회다.

이 성경 구절을 분석하면 누가복음에서는 양 치는 것을 직업으로 하는 '목자'만을 의미하고, 마태, 마가복음의 내용은 직업인 '목자'를 말하면서도 '지도자'의 뜻과 그들의 책임 불이행에 대한 심판과도 관련시키며, 요한복음 기사는 예수님을 선한 목자라 비유하여 인간들을 바르게 인도하는 선한 목자상과 또 인간들을 해치는 악한 목자, 삯꾼과 대조시키고 있고, 히브리서는 예수님을 모든 목자들이 쳐다보아야 할 '목자장'(great shepherd)이라 말하며, 베드로전서에서는 예수님을 영혼의 목자(the shepherd)요 감독자(overseer)로 표현하고 있다.

구약에서 '목자'에 대한 이해는 이스라엘의 하나님 여호와가 이스라엘 백성의 목자이심을 밝혀 주고, 이 목자 되신 하나님이 그 양들을 위해서 하시는 일은 양들에게 '부족함이 없게 하고'(시 23:1), '푸른 초장에 눕게 하고, 쉴 만한 물가로 인도하시며'(시 23:2, 77:20, 78:52, 80:1), '지팡이와 막대기로 안심하도록 보호하시고'(시 23:4, 121:4), '먹이시며, 그 팔로 모아 품에 안으시며 인도하신다'(사 40:11)고 했다.

이는 여호와 하나님이 이스라엘 백성의 '목자'가 되신다는 사상에 근거하고 있으며, 이스라엘 백성을 지도하는 왕이나 예언자, 관리들은 '목자'들이며, 목자로서의 사명을 다해야 함을 구약성경은 여러 가지 측면에서 말하고 있다.

이상을 종합해 보면 성경에 나타난 '목자'란 말에는 다음과 같은 기본적인 목자상이 있다.

• 목자는 자기를 먹이는 사람이 아니라 양을 먹이는 사람이다.

- 목자는 자기 양을 보호하고 위험에서 건져 주는 사람이다.
- 목자는 살찐 양들을 위한 시중만 하는 것이 아니라 약한 양을 강하게, 병든 양을 싸매어 주고, 불안 중에 있는 양을 우리 안에 돌아오게 하여 안심하게 한다.
- 목자는 양들을 위하여 '잔잔한 물가, 쉴 만한 곳으로'(시 23:2) 안전한 곳으로 인도할 책임이 있다.

예수님이 보여주신 목자상이 쳐다볼 수 있는 유일한 목자상이다. 왜냐하면 요한복음에서 예수님은 '선한 목자'(요 10:11, good Shepherd)라 했고, 구약에서는 장차 '참 목자'(렘 23:4-5) 한 사람이 나타날 것을 예언했기 때문이다. 그러니까 '성경의 목자상'이란 결국 예수님의 목자상에서 가장 참된 모범을 볼 수 있다.

### 1) 목회자는 누구인가?

**(1) 목회자는 예수님의 제자이다.**
그는 사도가 될 수 있다. 진정 목회자는 제자여야 한다. 예수님의 제자가 된다는 것은 쉬운 일이 아니다. 본회퍼(Dietrich Bonhoeffer)는 "예수의 제자직은 엄청난 대가를 필요로 하는 것이며 값싼 은총이 아니다"라고 했다. 예수님을 따르는 것은 예수님의 가르침을 받고, 감격하고, 그 스승을 우러러보는 정도로 충족되는 것이 아니다. 예수님을 따르는 것은 예수님의 운명(십자가)을 스스로 지는 것까지를 포함한다.

**(2) 하나님의 종이다.**
디도서 1장 1-3절을 보면 목회자의 정의를 말하고 있다.

"하나님의 종이요 예수 그리스도의 사도인 바울 곧 나의 사도 된 것은 하나님의 택하신 자들의 믿음과 경건함에 속한 진리의 지식과 영생의 소망을 인함이라 이 자기 때에 자기의 말씀을 전도로 나타내셨으니 이 전도는 우리 구주 하나님의 명령대로 내게 맡기신 것이라"

목회자는 하나님의 종이다. 하나님의 뜻을 찾고 하나님이 명령하신 것에 생명을 바치는 자이다. 목회자는 하나님께 죽도록 충성해야 한다. 영광된 사역을 위한 종이 되어야 한다.

(3) 하나님의 사람이다.

열왕기상 17장 18절과 24절을 보면, "여인이 엘리야에게 이르되 하나님의 사람이여 당신이 나로 더불어 무슨 상관이 있기로 내 죄를 생각나게 하고 또 내 아들을 죽게 하려고 내게 오셨나이까"(18절), "여인이 엘리야에게 이르되 내가 이제야 당신은 하나님의 사람이시요 당신의 입에 있는 여호와의 말씀이 진실한 줄 아노라 하니라"(24절)고 나온다.

즉 목회자는 하나님의 사람이다. 다른 사람들로부터 확실하게 인정받을 수 있는 자기의 위치를 갖는다는 것은 기쁜 일이다. 하나님의 사람이란 하나님을 위해서 사는 사람이다. 목회자가 사는 이유와 궁극적 목적은 하나님 때문이다. 하나님의 사람은 충성된 사람이다. 하나님의 일을 위해서 목숨을 내놓은 헌신의 사람이다. 목회자는 겸손하여야 한다.

빌립보서 2장 3-4절에서는 "아무 일에든지 다툼이나 허영으로 하지 말고 오직 겸손한 마음으로 각각 자기보다 남을 낫게 여기고 각각 자기 일을 돌아볼 뿐더러 또한 각각 다른 사람들의 일을 돌아보아 나의 기쁨을 충만케 하라"고 권하고 있다.

(4) 하나님과 함께 일하는 일꾼이다.

고린도후서 6장 4-10절에서는 이렇게 말씀한다.

"오직 모든 일에 하나님의 일꾼으로 자천하여 많이 견디는 것과 환난과 궁핍과 곤란과 매 맞음과 갇힘과 요란한 것과 수고로움과 자지 못함과 먹지 못함과 깨끗함과 지식과 오래 참음과 자비함과 성령의 감화와 거짓이 없는 사랑과 진리의 말씀과 하나님의 능력 안에 있어 의의 병기로 좌우하고 영광과 욕됨으로 말미암 으며 악한 이름과 아름다운 이름으로 말미암으며 속이는 자 같으나 참되고 무명 한 자 같으나 유명한 자요 죽는 자 같으나 보라 우리가 살고 징계를 받는 자 같으 나 죽임을 당하지 아니하고 근심하는 자 같으나 항상 기뻐하고 가난한 자 같으나 많은 사람을 부요하게 하고 아무것도 없는 자 같으나 모든 것을 가진 자로다"

목회자는 하나님의 일꾼이다. 하나님의 나라를 세우기 위해서 일하는 사람이다. 목회자의 사명은 일하는 것이다. 목회자는 하나님으로부터 부탁받은 일이 있다. 목회를 위해 최선을 다하는 것과 늘 순교한다는 정신으로 살아가는 결심이 있어야 한다.

### 3. 성경에서 말하는 목회자의 자질 (딤전 3:1-7)

디모데전서 3장 1-7절은 성도들에게 매우 익숙하고 잘 알려진 본문이다. 교회 내에서 윗사람을 선출할 때 혹은 청빙할 때 자주 의논하며 되새겨 보는 본문이다. 잘 정리되었으니 기억에 도움이 되었으면 한다.

장로와 집사 같은 직분의 경우는 그 선출과정이 일단 교회 구성원에게 위임되어 있으므로, 교회 전체의 질서를 유지하기 위하여 그 직분에 합당한 자를 가릴 수 있는 기준으로 그 기본 자질과 덕목을 교회가 구체적으로 확립할 것이 요청되었다. 바울 사도는 이러한 기준을 디모데전서 3장 1-7절과 디도서 1장 5-9절에 기술하고 있다. 목회자의 자질을 말할 때에는 보통 디모데전서 3장 1-7절을 예로 든다.

이것은 목회자가 무엇을 하는 사람인가의 기능 차원이 아닌, 목회자는 어떤 사람이어야 하는가에 대해 자질을 논하는 것이다. 목회자의 인격, 곧 사람 됨됨이가 목회자의 많은 일보다 더 우선시되는 것은 교회가 세상을 상대로 예수의 지상명령을 순종하는 선교적 사명을 감당하는 독특한 기관이기 때문이다. 교회 내부로도 가르치고 다스리고 양육하고 인도하고 보호하는 등 막중한 목사직을 감당하기 위해서는 그에 못지않게 인격적으로도 충분히 갖추어진 자라야 할 것이다.

목회의 기능적인 면은 교육과 수련을 통해서 어느 정도 획득할 수 있지만, 인격적인 자질은 훈련만으로는 되지 않는다. 예수 안에 들어와서도 타고난 기질을 그대로 가지고 있거나, 미혹의 영이 역사하여 쉽게 나쁜 습관을 나타낼 수도 있으며, 이것이 교회에 막대한 피해를 입힐 수 있다.

디모데전서 3장 1-7절은 목회자의 자질에 대하여 13가지를 언급한다.

"미쁘다 이 말이여, 사람이 감독의 직분을 얻으려 하면 선한 일을 사모한다 함이로다 그러므로 감독은 책망할 것이 없으며 한 아내의 남편이 되며 절제하며 근신하며 아담하며 나그네를 대접하며 가르치기를 잘하며 술을 즐기지 아니하며 구타하지 아니하며 오직 관용하며 다투지 아니하며 돈을 사랑치 아니하며 자기 집을 잘 다스려 자녀들로 모든 단정함으로 복종케 하는 자라야 할지며 (사람이 자기 집을 다스릴 줄 알지 못하면 어찌 하나님의 교회를 돌아보리요) 새로 입교한 자도 말지니 교만하여져서 마귀를 정죄하는 그 정죄에 빠질까 함이요 또한 외인에게서도 선한 증거를 얻은 자라야 할지니 비방과 마귀의 올무에 빠질까 염려하라"

### 1) 목회자는 책망할 것이 없어야 한다(must be blameless)

목회자는 선한 일에 힘쓰는 자(1절)이므로 교회 안에서나 밖에서나 사람들로부터 비난의 대상이 되어서는 안 된다는 의미이다. 목회자는 한 아내의 남편(the husband of one wife)이어야 한다. 이 부분은 학자들 간에 서로 의견을 달리하기도 하는데, 아내를 둔 자의 불륜한 행동을 금한 것이다. 바울이 감독의 자질로서 첫 번째 조건으로 꼽은 것이 결혼생활이다. 이는 진리를 가르치고 교인들을 책망하고 바르게 인도하는 사역을 하는 감독직을 감당하려면, 그 지도자부터 성과 결혼생활에서 흠 잡힐 것이 없어야 하기 때문이었다.

'한 아내의 남편이 된다'는 말은 역본에 따라 조금씩 다르게 해석이 될 수 있는데, KJV(King James version)는 이 본문을 "한 아내의 남편이어야 하며"로, NRSV(New Revised Standard version)에서는 "오직 한 번 결혼했으며"로, NEB(New English Bible)는 "한 아내에게 신실해야 한다"로 번역했다. 여기서 강조되는 것은 '한 아내'이다.

그 외에도 학자들에 따라 이것을 '오직 하나뿐인 아내에게 전적으로 참되고 신실하며 도덕적으로 의심할 데가 없는 자여야 한다'거나, 또는 '일부일처제 결혼을 서약하고 끝까지 그 서약에 충실한 자여야 한다'로 의역하기도 한다. 그러니까 '하나뿐인 아내'에 강조점을 둔 이 본문은, 감독자에게는 한 명의 아내만 있어야 한다고 강조한 것으로 이해된다.

### 2) 목회자는 절제(temperate)할 수 있어야 한다

신약성경의 다른 본문에서는 발견되지 않고 오직 목회서신에만 나오며(딛 2:2) 술과 관련되어 있다. 곧 '술 취하지 않음'이나 '금주(禁酒)에 따른 절제다. 술을 절제할 수 있어야 막중한 목회를 온전하게 감당할 수 있을 것이다. 좀 더 포괄적으로 이해한다면 세상적인 모든 욕망을 제어하는 중에 영적으로 깨어 있는 진지한 삶의 자세를 말한다. 목회자는 근신(sober-minded)할 줄 알아야 한다. 모든 일에 조심하며 깊이 생각하는 자세를 말한다. 분별력을 나타낸다.

### 3) 목회자는 아담(good behavior)하여야 한다

'질서가 있으며 잘 정돈된'이라는 뜻이다. 곧 감독 될 자에게서 보이는 '권위 있는 어떤 행동'을 가리킨다. 여기서 '근신하며'가 내적인 자세라면 '아담하며'는 외적인 것을 가리킨다. 내적인 분별력이 외적으로 바른 행위를 이끌어 낼 수 있다.

### 4) 목회자는 나그네를 대접(hospitable)할 줄 알아야 한다

초대교회 당시는 교통수단이나 숙박 시설이 낙후되어 있었기 때문에 여행자들이 많은 곤욕을 치르곤 했다. 그러한 나그네를 후하게 대접하는 것은 크나큰 미덕이었다(출 22:21; 신 10:19; 딤전 5:10). 또한 초대 교회에서 자주 사용되었던 '나그네를 잘 대접하는'이라는 술어는 본래 헬라적인 덕목 중 하나였으나, 그것이 기독교회에 받아들여지면서 순회 전도자를 영접하는 것으로 적용되었다. 곧 장로들의 회에서 파송된 복음 전파자들이 지역 교회를 방문하여 사역할 때 이들을 잘 대접하는 것은 성도 개인뿐 아니라 모든 교회의 당연한 의무였다.

### 5) 목회자는 가르치기를(able to teach) 잘하여야 한다

자신의 믿는 도리를 분명하게 밝히는 능력을 뜻한다. 불신자들에게 전도하고 신자들을 가르치는 일에 능통한 것을 말한다. 사실 교회 지도자는 자신의 양 떼를 말씀으로 양육할 능력이 있어야 하며, 그 일을 위해 적극 힘써야 한다(마 9:35). 그렇기에 말씀에 대한 확실한 지식이 있어야 한다.

### 6) 목회자는 술을 즐기지 말아야 한다(not given to wine, not a drunkard)

이것은 술에 중독된 것을 가리킨다(잠 23:32; 딛 1:7). 정도에 지나치게 술을 마시는 일은 인간의 이성을 마비시키고 감성(感性)에게 지나친 자유를 허락하여 인간을 '개'처럼 행동하게 한다. 비록 술 자체가 악한 것은 아니나 지나친 음주(飮酒)는 여러 가지 부작용을 일으키고 신앙생활에 치명적인 결함을 가져온다.

### 7) 목회자는 남을 구타하지 아니하여야 한다(not violent)

언사(言辭)로써 남을 치는 것을 말한다. 그 밖에도 손이나 발을 써 폭행하는 것을 말하기도 한다. 이는 술을 지나치게 마신 결과이기도 하다. 감독이 교인들이나 불신자들과 싸우고 구타하는 모습을 상상해 보라. 감독에게도 감정이 있지만 그 감정을 다 표현하고 살아서는 안 되며, 끝까지 참고 이해하며 용서하는 자세로 일관해야 한다.

### 8) 목회자는 관용함(gentle)이 있어야 한다

감독은 관용해야 한다. '관용하며'의 의미는 자리를 내어 주거나 양보하거나 굴복하는 등의 의미를 가진 단어다. 매튜 아놀드(Matthew Arnold, 1822-1888, England poet)는 관용을 '부드러운 합리성'(sweet reasonableness)[22]이라고 했다. 이것은 예수님의 본성이었고(마 11:29), 바울도 고린도 교인들에게 '그리스도의 온유와 관용으로 너희를 권한다'(고후 10:1)고 말한 바 있다. 사람들은 감독자의 상냥하고 온유한 모습에 감동 받아 마음을 열고 복음을 환영할 것이다.

### 9) 목회자는 다투지 말아야 한다(not quarrelsome)

이것은 진리를 위한 다툼이 아닌 자신의 개인적인 이해 문제에 얽힌 다툼을 금하는 것이다. 자신의 주장만을 내세우는 일을 삼가하고 타인의 의견도 수렴(收斂)할 수 있는 자세를 말한다.

### 10) 목회자는 돈을 사랑치 말아야 한다(not greedy for money)

하나님보다 이 세상의 것들을 사랑하지 아니함을 말한다. 지나친 탐욕은 인간을 철저하게 이기주의자로 만들어 버린다(딛 1:8). 정당하게 벌어 정당하게 쓰면 도리어 성경적이다. 물욕 때문에 정당하지 않은 방법으로 돈을 벌고 쓰는 것은 비성경적이다.

칼빈은 이렇게 말했다. "누구든지 부자가 되기를 원하면 결국 빨리 그렇게 되려 하고, 따라서 불의한 방법으로 재물을 취하게 된다."

돈은 인생을 살아가는 데 있어서 필요하고도 불가결한 것이다. 물론 성도가 신앙생활을 하는 데 있어서도 마찬가지다. 돈이 너무 없으면 궁

---

22) Matthew Arnold, *Passages from the prose writings of Matthew Arnold*, Epieikeia, 'I beseech you,' said Paul, 'by the mildness and gentleness of Christ.' The word which our Bible translates by 'gentleness' means more properly 'reasonableness with sweetness,' 'sweet reasonableness.' 'I beseech you by the mildness and sweet reasonableness of Christ.' This mildness and sweet reasonableness it was, which, stamped with the individual charm they had in Jesus Christ, came to the world as something new, won its heart and conquered it.

색하게 보이거나 신앙생활에 영향을 줄 수도 있다. 또 돈이 너무 많아도 그 물질에 마음이 사로잡혀 신앙생활을 등한히 할 수 있다. 중요한 것은 돈에 대한 초연한 자세다. 특히 목회자는 돈을 만질 기회가 많다. 그 때문에 돈을 사랑하는 사람일 경우에 부정직하게 돈을 이용하게 될 소지가 있다.

이것은 자신의 삶, 가정, 자기 인생을 파괴할 뿐 아니라 교회를 경제적인 위험뿐만 아니라 목회자를 신망하던 많은 교인들까지도 죽음의 골짜기로 몰고가는 목회자로 전락할 위험이 있다. 목회서신에는 돈을 사랑하지 말라는 문구가 자주 등장한다. 디모데가 목회를 하고 있는 에베소 교회는 거짓 교사들로 인해 어려움을 당하고 있었는데 그들은 돈을 사랑하는 자들이었다. 바울은 감독자가 되려는 자는 거짓 교사들처럼 돈을 사랑해서는 안 된다고 말하고 있다(딤전 6:5; 딤후 3:2). 이는 모든 사람에게 적용되는 말로서 돈을 사랑함이 일만 악의 뿌리가 된다고도 했다(딤전 6:10).

예나 지금이나 악한 사람들이 교회를 이용해서 금전적인 이익을 챙기려 한다는 사실을 잊어서는 안 된다.

### 11) 목회자는 자기 집을 잘 다스릴 줄 알아야 한다(one who rules his own house well)

목회자가 가정을 잘 다스려야 하는 이유는 하나님의 가정인 교회를 잘 돌보아야 할 사람이기 때문이다. 바울은 자기 집도 제대로 다스리지 못하는 사람이 어떻게 하나님의 집인 교회를 잘 다스릴 수 있겠느냐고 했다(딤전 3:5). 목회자가 막중한 사명을 감당하는 데 있어서 가정사역이 절대적으로 우선시되어야 한다는 것은 아무리 강조해도 부족하지 않다. "수신제가 치국평천하"(修身齊家 治國平天下)라는 말이 있다. 중국 사서삼경 중 하나인 《대학》(大學)에 나오는 말로 올바른 군자의 자세를 강조하는 말이다. 큰일을 하려면 먼저 자기 자신과 그 주위부터 잘 다스려야 한다는 뜻이 있다.

### 12) 새로 입교한 자는 불가(must not be a recent convert)

최근에 개심하여 세례 받고 교회에 등록한 자들을 가리키는 말인데, 본절 전체는 이 같은 자들이 너무 급격히 교회의 중책을 맡게 되면 자만심에 빠질 수 있음을 경고하고 있다. 만약의 경우를 대비하여 바울은 새로 입교한 자는 금하라고 명한다. 곧 나이가 있고 지역사회에서 존경을 받는 연장자일지라도 믿음생활을 갓 시작한 자라면 무거운 직책을 주어서는 안 된다는 말이다. 이들이 쉽게 빠질 수 있는 죄는 교만이다.

### 13) 목회자는 외인에게서도 선한 증거를 얻은 자(moreover, must be well thought of by outsiders)여야 한다

여기에서 '외인'의 문자적인 뜻은 '외적인 것'이다. 이 말은 회원이 아닌 사람, 즉 불신자를 가리킨다(고전 10:32; 골 4:5; 살전 4:12). 따라서 본절은 목회자의 마지막 조건으로 무릇 교인들뿐만 아니라 불신사회에서도 평판을 얻은 자라야 한다는 것이다.

"사도들은 그들의 설교에 대해서는 끊임없이 공격을 받았으나, 그들의 인격에 대해서는 결단코 공격을 받아 본 적이 없다고 했다"(John Chrysostom, 349-407, Early Church father, Archbishop of Constantinople).

## 4. 성도와 목회자의 관계

### 1) 만남

인생은 만남과 헤어짐의 연속이다. 성도는 세상에 태어나 부모를 만남으로 인생을 시작하여 지속적으로 만남을 이어간다. 유치원에서 만난 많은 친구들도 각자가 원하는 학교로 진학하며 운명적으로 뿔뿔이 헤어진다. 중학교, 고등학교, 대학교 등 캠퍼스에서 만난 친구들과는 각자가 원하는 직장을 택함으로 헤어지기도 하고 만남을 지속하기도 한다. 사랑하는 부인과의 만남은 가히 하나님의 섭리 중의 섭리이다.

이전에 알고 지내던 이성들이 많이 있었지만 엉뚱한 다른 곳에서 자기의 평생 반려자를 만나 결혼하기도 한다. 직장에서는 서로 다른 성품의 소유자들인 직장 동료들을 만나고, 교회에 출석함으로 자기와 많이 다른 신앙인들을 만나기도 한다.

세상에 많은 만남이 있지만 다른 것과는 비교할 수 없는 가장 근본적이고 진실한 만남이 있다. 세상에서 많이 잊히고 마는 만남들을 살아 있는 것으로 바꿔 주는 만남! 이 만남은 주님과의 만남이다. 성도는 성경을 통해 가장 중요한 이 만남을 갖게 된다. 교회에서 예배를 통해 주님과 깊은 교제를 하고, 개인 영성을 통해 인격적 사귐을 갖는다.

다음으로 중요한 만남은 목회자와의 만남인데 이 만남 역시 매우 특별하다. 성도의 영적인 삶을 인도하실 분이기 때문이다. 목회자와의 만남은 어떠한 만남이어야 할까? 여기에 시(詩) 한 수를 소개한다.[23]

　　가장 잘못된 만남은
　　생선과 같은 만남이다
　　만날수록 비린내가 묻어오니까

　　가장 조심해야 할 만남은
　　꽃송이 같은 만남이다
　　피어 있을 때는 환호하다가
　　시들면 버리니까

---

23) 정채봉(丁埰琫, 1946년 11월 3일 ~ 2001년 1월 9일)은 대한민국의 동화작가이다. 본관은 창원(昌原)이고 전라남도 승주에서 출생하였으며, 2001년 1월 9일 간암으로 숨졌다. 1975년 동국대학교 국문과를 졸업했으며, 1978년부터 2001년까지 월간 《샘터》를 발행하는 샘터사에서 편집자로 일했다. 주요 작품으로는 《물에서 나온 새》, 《오세암》, 《스무 살 어머니》, 《생각하는 동화》(전 7권) 등이 있다. 불교 환경에서 자랐지만 1980년 광주민중항쟁이 전두환 독재정권에 의해 잔혹하게 진압당한 후, 정신적인 방황에 시달리면서 가톨릭 신앙을 갖게 되었고 다양한 종교체험을 하게 되었다. 그렇기에 그의 작품은 불교와 가톨릭의 영향을 받았다. 사후 10년째인 2011년에 그의 문학정신을 기리는 '정채봉 문학상'이 제정되었다.

가장 비천한 만남은
건전지와 같은 만남이다
힘이 있을 때는 간수하고
힘이 다 닳았을 때는 던져 버리니까

가장 시간이 아까운 만남은
지우개 같은 만남이다
금방의 만남이 순식간에 지워져 버리니까

가장 아름다운 만남은
손수건과 같은 만남이다
힘이 들 때는 땀을 닦아 주고
슬플 때는 눈물을 닦아 주니까

  이 시인은 인간의 만남 중에 손수건과 같은 만남을 가장 아름다운 만남이라 말하고 있다. 힘이 들 때는 땀을 닦아 주고 슬플 때는 눈물을 닦아 주니까. 참으로 사심이 없고 상대방을 배려하는 참 진실함이 배어 있는 만남이다. 성경에도 많은 만남에 대한 이야기가 있다. 훌륭한 만남이 있는가 하면 슬픈 만남도 기술하고 있다. 그런데 이 시인이 한 가지 모르는 만남이 있다. 우리와 하나님과의 만남은 배우자와의 만남 이상으로 하나님의 섭리 중의 섭리이다. 하나님은 항상 우리와 함께 있겠다고 약속하시고, 우리가 다가가기 전에 먼저 우리에게 오시는 분이시다. 우리를 무한히 사랑하시고 우리를 위해 목숨을 버리신 분이시다. 어떤 만남이 나를 위해 목숨을 버릴 수 있겠는가? 우리 성도들은 엄청 운이 좋은 사람들이다. 이렇듯 구원에 이르는 믿음의 첫 단계로서의 만남이 바로 하나님과의 만남이다. 또한 하나님과의 만남은 우리를 성화에 이르게 하는 계속적인 신앙생활 속에서 우리를 천국으로 인도하신다.

⑴ 아름다운 만남

구약에는 여러 형태의 만남과 헤어짐이 있는데, 그중에서도 남자와 여자의 만남 중 아담과 하와(Adam and Eve), 이삭과 리브가(Isaac and Rebekah), 룻과 보아스(Ruth and Boaz)의 만남을 아름다운 만남이라 할 수 있다.

이삭(뜻은 '하나님이여 미소(微笑)해 주시옵소서')은 하나님의 약속대로 브엘세바(Beersheba, 창 21:14, 31; 갈 4:23)에서 태어났는데 아버지 아브라함(Abraham)은 100세, 어머니 사라(Sarah)는 90세였다. 아브라함은 메소보다미아(Mesopotamia)의 하란(Haran)에 종을 보내어, 아브라함의 동생 나홀(Nahor)과 그 아내 밀가(Milcah) 사이에서 태어난 브두엘(Bethuel)의 딸 리브가(창 24:15)를 데리고 와, 내성적이며 명상적이며 애정(愛精)의 사람, 40세(창 24:63-67)인 노총각 이삭과 정혼시켰다. 신약은 이삭을 약속의 아들로 언급한다(갈 4:22-23).

룻은 예수님의 선조 중 한 명이다. 모압 지방의 여인으로 유다 지파(the tribe of Judah)의 베들레헴(Bethlehem) 주민 엘리멜렉(Elimelech)과 나오미(Naomi)의 자부이며, 말론(Mahlon)의 아내, 뒤에는 보아스(Boaz)의 아내가 되었다. 그리고 다윗(David)의 증조모가 된다. 룻의 남편 말론도 사망하고 시동생 기룐(Chilion)도 사망한 후 시어머니 나오미와 함께 베들레헴으로 돌아온다. 엘리멜렉의 친척인 보아스의 밭에서 이삭줍기를 하고 있을 때, 룻은 보아스의 청혼을 받는다. 룻과 보아스는 아들을 낳고 이름을 오벳(Obed)이라 하고, 또 그의 아들은 이새(Jesse)이고, 이새에서 다윗이 태어난다. 구약에서 이 두 쌍의 만남은 아름다운 만남으로 표현되며 우리의 귀감이 된다.

야곱이 루스에서 하나님을 만나자 그곳은 벧엘로 변했다. 모세는 호렙 산 떨기나무 사이에서 하나님을 만나고 출애굽의 지도자가 되었다. 삭개오가 뽕나무 위에서 예수님을 만나자 그에게 구원이 임했다. 갈릴리에서 예수님을 만난 시몬은 베드로가 되고, 우물가의 여인은 영원한 생명수를 얻었으며, 골고다에서 예수님을 만난 오른편 강도는 그날 낙원에 이르는 문이 열렸다. 이들은 예수님을 만난 후 삶이 변화되었다.

(2) 부적절한 만남

그렇다고 모든 만남이 다 적절하고 좋은 만남은 아니었다. 세겜(Shechem)과 디나(Dinah, 창 34장), 유다와 다말(Judah and Tamar, 창 38장), 삼손과 들릴라(Samson and Delilah, 삿 16장), 다윗과 밧세바(David and Bathsheba, 삼하 11장) 등은 가히 부적절한 만남이라 하겠다.

밤중에 찾아온 니고데모와의 만남은 깊은 관계로 이어지지 못했다. 예수님과 바리새인들의 만남, 예수를 죽이라고 외치는 무리들, 십자가 왼편의 강도, 무엇보다 가룟 유다와의 만남은 마음이 저며오는 잘못된 만남이었다.

## 2) 성도와 목회자와의 만남은 어떤 만남이어야 할까?

(1) 인격적인 믿음의 관계여야 한다.

"예수께서 배를 타시고 다시 저편으로 건너가시매 큰 무리가 그에게로 모이거늘 이에 바닷가에 계시더니 회당장 중 하나인 야이로라 하는 이가 와서 예수를 보고 발 아래 엎드리어 많이 간구하여 가로되 내 어린 딸이 죽게 되었사오니 오셔서 그 위에 손을 얹으사 그로 구원을 얻어 살게 하소서 하거늘 이에 그와 함께 가실새 큰 무리가 따라가며 에워싸 밀더라"(막 5:21-24).

갈릴리 바다 서쪽에 위치한 가버나움에서 행해진 치유의 이적 일부가 본문에 소개되고 있다. 예수님은 전도 지역의 중심지로 삼고 있던 (마 9:1) 가버나움에 돌아오자마자 회당장 야이로의 필사적인 간청에 직면하게 된다. 자기 딸이 죽음의 위기에 놓인 야이로가 사회적 지위를 내려놓고 예수님의 발 아래 엎드려 간곡히 호소한 것이다. 예수님은 야이로의 믿음과 겸손을 긍휼히 여기시고 야이로의 집으로 향한다.

우리의 관심은 회당장 야이로와 예수님의 만남이다. 이 만남에서 야이로의 태도는 우리에게 몇 가지 교훈을 준다. 야이로의 겸손함과 확신에 찬 태도와 예수님에 대한 최대의 존경심을 볼 수 있다. 회당장 야이로는 주위 사람들로부터 존경을 한 몸에 받는 신분이었으나, 다른 사람들의 이목을 전혀 염두에 두지 않고 예수님의 발 아래 엎드려 간구하는 겸손한 마음의 소유자였다. 사랑하는 어린 딸이 병들어 죽게 된 인생 고민을 숨김없이 예수님께 내어놓고 도움을 청했다. 이 예수님이면 틀림없이 자기 딸을 살릴 수 있다는 확신에 찬 믿음을 가지고 최대의 존경심을 표했다.

성도와 목회자의 관계는 예수님과 야이로의 인격적 만남과 같은 관계를 유지해야 한다. 어떤 고민이라도 허심탄회하게 만나 도움을 청하고 대화할 수 있는 관계를 유지해야 한다.

(2) 관심과 신뢰의 관계

성도는 자기에게 좋은 반응을 해주는 사람에게 관심을 가진다. 자기를 사랑하는 분들에게 관심을 가진다. 자기에게 호의를 베푸는 분에게 관심을 가진다. 성도가 사적인 일까지도 털어놓을 수 있는 분이라면 그분과 꽤 깊은 관계를 유지하고 있는 것이다. 나를 알아주는 분이면 더욱 그와 좋은 관계를 유지하기 원한다. 공감이라는 단어의 의미는 상대방을 다 아는 것이라기보다는 상대방이 느끼고 경험하는 것을 같이 느껴주려고 노력하는 태도이다.

성도는 목회자에 대해 얼마나 알고 있는가? 그분의 설교에 대해 얼마나 좋은 반응을 보였나? 성도는 목회자를 사랑하는가? 목회자가 악수를 청할 때 얼마나 반갑게 반응을 보였나? 손은 목회자의 손을 잡고 있으면서 눈은 지나가는 다른 성도와 마주치며 다른 얘기를 하는 당신의 자세를 생각해 본 적이 있는가? 목회자가 성도를 알아주지 않는다고 얼마나 투정을 부렸나? 성도는 이러한 질문에 흔쾌히 대답을 할 수 있어야 한다. 그래야 좋은 관계를 유지할 수 있다.

인간관계는 한쪽만의 일방적인 사랑으로 이루어지지 않는다. 쌍방이 협력해야 좋은 관계를 이룰 수 있다. 인간관계는 결코 완벽할 수 없다. 상처가 전혀 없이 사귀거나 완벽한 신뢰의 단계에서 지낼 수 없다는 말이다. 때로는 상처도 받고, 때로는 실망하며, 때로는 부담을 가지며 사귄다.

중요한 점은 이런 좋은 관계 유지가 어렵다는 사실을 인지하면서도 계속할 의지가 있느냐 하는 것이다. 성도는 목회자와의 관계에서 매일 매 순간 목회자와 함께 지내는 기쁨과 의미를 감사하며 계속할 수 있어야 한다. 만일 성도가 이 의지를 포기하면 그 관계는 깨질 것이다. 신뢰는 관심이다. 신뢰는 사랑이다. 신뢰는 좋아함이다. 신뢰는 생각하는 것이다. 신뢰는 함께하는 태도이다.

성도는 목회자에 대하여 관심을 가져야 한다. 좋아하고 사랑해야 한다. 목회자가 생각하는 방식대로 같은 생각을 해야 한다. 이렇게 해야만 목회자와 성도 간에 인격적인 사귐을 가질 수 있다. 서로 존경하게 된다.

## 5. 교회 안에서의 성도의 자세[24] (롬 12:3-13)

"내게 주신 은혜로 말미암아 너희 중 각 사람에게 말하노니 마땅히 생각할 그 이상의 생각을 품지 말고 오직 하나님께서 각 사람에게 나눠 주신 믿음의 분량대로 지혜롭게 생각하라 우리가 한 몸에 많은 지체를 가졌으나 모든 지체가 같은 직분을 가진 것이 아니니 이와 같이 우리 많은 사람이 그리스도 안에서 한 몸이 되어 서로 지체가 되었느니라 우리에게 주신 은혜대로 받은 은사가 각각 다르니 혹 예언이면 믿음의 분수대로 혹 섬기는 일이면 섬기는 일로, 혹 가르치는 자면 가르치는 일로 혹 권위하는 자면 권위하는 일로, 구제하는 자는 성실함으로, 다스리는 자는 부지런함으로, 긍휼을 베푸는 자는 즐거움으로 할 것이니

---

24) 성서아카데미 편,《그랜드 종합주석》제17권: 로마서 (서울: 성서아카데미, 1999), p. 293.

라 사랑엔 거짓이 없나니 악을 미워하고 선에 속하라 형제를 사랑하여 서로 우애하고 존경하기를 서로 먼저 하며 부지런하여 게으르지 말고 열심을 품고 주를 섬기라 소망 중에 즐거워하며 환난 중에 참으며 기도에 항상 힘쓰며 성도들의 쓸 것을 공급하며 손 대접하기를 힘쓰라"

본문은 성도가 이 세상을 살아가는 동안에 가장 중요한 교회 안에서의 생활에 대해 기록하고 있다. 일상생활에서 성도들의 대화 중 가장 많은 부분을 차지하는 내용은 교회에 대한 이야기이다. 교회생활은 성도의 일상생활에 직접적으로 많은 영향을 주고 있다. 대화의 내용을 보면 즐겁고 건설적이고 믿음의 내용보다는 좀 어둡고 남에 대한 험담이 일부를 장식한다. 이에 바울은 매우 중요한 메시지를 성도들에게 던져 주고 있다.

성도들에게는 각자의 믿음 분량대로 하나님이 주신 은사가 있고, 은사대로 봉사할 것을 권하며, 각자는 지체의식을 가져야 한다고 말하고 있다. 바울은 은사대로 봉사를 행하라, 지체의식을 가져라, 봉사를 하되 기쁜 마음으로 하고 충실히 하라고 권한다(3-8절).

성도들은 다른 지체를
섬기는 마음으로 예언하고 가르치며
섬기는 마음으로 권면하고 위로를 베풀고
섬기는 마음으로 성실하고 즐겁게 구제하며
섬기는 마음으로 부지런히 다스리라고 말하고 있다.

하나님이 각자에게 각기 다른 은사를 주신 이유는
각자를 높이는 데 있지 않고
겸손함으로 서로 협력하고
겸손함으로 연약한 부분을 보완하고
겸손함으로 성도를 온전케 하고

겸손함으로 그리스도를 높이는 데 이유가 있다(엡 4:11-12)고 말하고 있다.

성도 간에 가져야 할 삶의 자세는
모든 것의 근원이 되는 사랑을 가지는 것,
사랑으로 하는 자세가 기본이라고 권면하고 있다(9절).
성도 간에 가족처럼 사랑하고(10절)
성도 간에 가족처럼 존경해라(10절).

성도가 주님을 섬길 때에는
부지런히 섬겨라(11절).
게으르지 말라(11절).
열정적으로 섬겨라(11절).
하나님 나라에 대한 소망을 가져라. 그리고 이를 위해 기도하라(12절).
그 소망을 가지면 어려움도 이긴다(12절).
생활이 어려운 가난한 성도에게 실질적으로 도움을 주라(13절).

## 6. 왜 교회 공동체가 필요한가?[25]

### 1) 교회 공동체는 우리가 진정한 크리스천임을 증명해 준다
우리가 다른 배경, 인종, 사회적 지위에도 불구하고 사랑 안에서 교회 식구로서 하나가 되면 그것은 우리는 크리스천이라고 세상을 향해 증거하는 것이다(갈 3:28; 요 17:21). "너희가 서로 사랑하면 이로써 모든 사람이 너희가 내 제자인 줄 알리라"(요 13:35).

### 2) 교회 공동체는 우리를 자기중심적인 고립에서 건져 준다
교회는 하나님의 가족과 어울리는 방법을 배우는 교실과 같다. 교

---
25) 릭 워렌(Rick Warren), 《목적이 이끄는 삶》, 고성삼 옮김 (서울: 도서출판 디모데, 2002), p. 179.

회는 이타적이고 동정적인 사랑을 연습하는 실험실이라고 볼 수 있다. 바울은 교회 공동체에 대하여 "만일 한 지체가 고통을 받으면 모든 지체도 함께 고통을 받고 한 지체가 영광을 얻으면 모든 지체도 함께 즐거워하나니"(고전 12:26)라고 말하고 있다. 보통 사람들, 불완전한 믿는 사람들과의 정기적인 만남을 통해서만 우리는 진정한 교제를 배울 수 있고, 서로 연관되어 있고 서로 의지하는 신약의 진리를 경험할 수 있다(엡 4:16; 롬 12:4-5; 골 2:19; 고전 12:25).

### 3) 교회 공동체는 우리가 영적으로 성장하도록 도와준다

방관자의 입장에서 수동적으로 교회를 다니는 것으로는 영적인 성장을 할 수 없다. 교회생활에 참여해야만 영적으로 성장할 수 있다. 성경은 이렇게 말한다. "각 부분이 제 역할을 함으로 다른 부분들의 성장을 돕게 되고, 그래서 몸 전체가 건강하고 사랑으로 가득하며 성장할 수 있게 된다"(엡 4:16, NLT).

신약에서는 '서로'라는 말이 50번 이상 등장한다. 우리는 서로를 사랑하고, 서로를 위해 기도하고, 서로를 격려하고, 권고하고, 문안하고, 섬기고, 가르치고, 받아들이고, 존경하고, 서로의 짐을 나누어 지고, 또한 서로 용서하고, 서로 복종하고, 헌신하는 등 여러 가지 다른 일들을 서로 하라고 권면한다. 이것이 성경적인 멤버십이다. 서로 배우고 서로에게 행동의 책임을 점검받을 수 있는 관계를 통해서 더 빠르고 강하게 성장할 수 있다.

### 4) 그리스도의 몸이 우리를 필요로 한다

하나님은 우리 각자에게 가족 안에서의 독특한 역할을 주셨다. 이것이 우리의 사역이고, 하나님은 이 임무를 위해 우리에게 많은 재능을 주셨다. "은사는 교회를 돕는 데 사용하라고 주신 선물이다"(고전 12:7, NLT). 하나님은 우리가 교회에서 은사를 발견하고, 발전시키며, 사용하기를 원하신다. 예수님은 우리의 사역을 세워 주시겠다고 약속하신 것이 아니라 당신의 교회를 세우시겠다고 약속하셨다.

### 5) 세계 전역에 걸쳐서 그리스도의 일에 동참하게 된다

교회는 하나님이 이 땅에서 사용하시는 도구이다. 우리는 믿는 사람들이 서로 사랑함으로써 하나님의 사랑을 증거할 뿐 아니라, 하나님을 알지 못하는 세상의 구석구석에 이 사랑을 전해야 하는 귀한 특권을 받았다. 그리스도의 몸의 지체로서 그분의 손과 발, 눈, 그리고 심장이 되어 이 세상에서 그리스도를 위해 일하는 것이다. "우리는 그의 만드신 바라 그리스도 예수 안에서 선한 일을 위하여 지으심을 받은 자니 이 일은 하나님이 전에 예비하사 우리로 그 가운데서 행하게 하려 하심이니라"(엡 2:10).

### 6) 교회 공동체는 타락의 유혹에서 우리를 지켜 준다

우리는 그 누구도 유혹에 대한 면역이 없다. 상황이 되면 누구나 죄를 지을 수 있다(고전 10:12; 렘 17:9; 딤전 1:19). 하나님은 이것을 아시고 서로 책임을 점검하게 하셨다. 성경은 이렇게 말씀한다. "오직 오늘이라 일컫는 동안에 매일 피차 권면하여 너희 중에 누구든지 죄의 유혹으로 강퍅케 됨을 면하라"(히 3:13). 그렇기에 "네 일이나 알아서 해라"는 말은 크리스천들이 사용해서는 안 될 말이다. 우리는 서로의 삶에 관여하는 공동체의 삶을 살도록 부르심을 받았다. 만일 지금 누군가 영적으로 흔들리고 있는 사람을 본다면 그들을 쫓아가서 교제 가운데로 다시 데리고 오는 것이 우리의 책임이다.

야고보는 이렇게 말한다. "만일 하나님의 진리로부터 멀어져 방황하고 있는 사람을 안다면 그들을 단념하지 말고 그들을 찾아가라 그리고 그들을 다시 데리고 오라"(약 5:19, Msg[26]).

---

26) The Message, Colorado Springs: Navpress (1993).

### 7. 성도와 성도의 관계(요 15:12-17)

우리는 성경에서 성도와 성도의 관계에 대해 기록한 말씀을 여러 곳에서 발견하게 된다. 성도 간에 '서로 사랑하라'고 권면하는 고린도전서 13장 13절, '그리스도의 평강이 너희 마음을 주장하게 하라, 항상 감사하는 마음을 가지라'고 권면하는 골로새서 3장 15절, 그리고 바울 사도가 사랑하는 젊은 디모데에게 보낸 서신 디모데후서 2장 24-26절에서는 좀 더 자세히 성도의 관계에 대해 말씀하고 있다. 또 서로의 사랑을 강조하는 요한복음 13장 34-35절에서도 성도간의 관계에 대하여 언급하고 있다.

그런데 성도와 성도의 관계에 대해서 필히 마음에 새겨야 하는 말씀이 요한복음 15장 12-17절에 나타나 있다. 이 말씀은 권면의 도를 지나 명령이다.

> "내 계명은 곧 내가 너희를 사랑한 것같이 너희도 서로 사랑하라 하는 이것이니라 사람이 친구를 위하여 자기 목숨을 버리면 이에서 더 큰 사랑이 없나니 너희가 나의 명하는 대로 행하면 곧 나의 친구라 이제부터는 너희를 종이라 하지 아니하리니 종은 주인의 하는 것을 알지 못함이라 너희를 친구라 하였노니 내가 내 아버지께 들은 것을 다 너희에게 알게 하였음이니라 너희가 나를 택한 것이 아니요 내가 너희를 택하여 세웠나니 이는 너희로 가서 과실을 맺게 하고 또 너희 과실이 항상 있게 하여 내 이름으로 아버지께 무엇을 구하든지 다 받게 하려 함이니라 내가 이것을 너희에게 명함은 너희로 서로 사랑하게 하려 함이로라"

성도들이 교회 공동체에서 서로 좋은 관계를 유지하고 믿음생활을 원활히 유지하기를 원한다면 다음 명령 5가지를 준수해야 한다.

#### 1) 좋은 관계를 유지해야 하는 것은 계명이다(요 15:12)

주님은 내가 너희를 사랑한 것같이 너희도 서로 사랑하라고 명하신다. 이 말씀 이외에도 성경 여러 곳에서 이와 같은 말씀을 하고 있다.

"둘째는 이것이니 네 이웃을 네 몸과 같이 사랑하라 하신 것이라 이에서 더 큰 계명이 없느니라"(막 12:31).
"둘째는 그와 같으니 네 이웃을 네 몸과 같이 사랑하라 하셨으니"(마 22:39).
"대답하여 가로되 네 마음을 다하며 목숨을 다하며 힘을 다하며 뜻을 다하여 주 너의 하나님을 사랑하고 또한 네 이웃을 네 몸과 같이 사랑하라 하였나이다"(눅 10:27).
"사랑하는 자들아 내가 새 계명을 너희에게 쓰는 것이 아니라 너희가 처음부터 가진 옛 계명이니 이 옛 계명은 너희의 들은 바 말씀이거니와"(요일 2:7).
"다시 내가 너희에게 새 계명을 쓰노니 저에게와 너희에게도 참된 것이라 이는 어두움이 지나가고 참 빛이 벌써 비침이니라"(요일 2:8).
"부녀여, 내가 이제 네게 구하노니 서로 사랑하자 이는 새 계명같이 네게 쓰는 것이 아니요 오직 처음부터 우리가 가진 것이라"(요이 1:5).
"새 계명을 너희에게 주노니 서로 사랑하라 내가 너희를 사랑한 것같이 너희도 서로 사랑하라"(요 13:34).

위에 보여준 성경 구절마다 이웃과 좋은 관계를 맺는 일은 하나님의 계명이라 명하신다.

### 2) 희생을 각오해야 한다(요 15:13)

"그런즉 믿음, 소망, 사랑, 이 세 가지는 항상 있을 것인데 그중에 제일은 사랑이라"(고전 13:13)고 말씀한다. 사랑이 제일이다. 최고의 사랑에 대해 주님은 '사람이 친구를 위하여 자기 목숨을 버리면 이에서 더 큰 사랑이 없다'고 가르치신다. 이 최고의 사랑을 베푸신 이는 예수 그리스도이시다. 그는 죄인들을 구속하기 위해 십자가에서 돌아가셨다. 주님은 죄인들을 위해 희생하셨다. 사랑은 실천으로 나타난다. 우리 주변에서도 이에 버금가는, 친구를 위해 자신의 목숨을 내어주는 희생의 사랑을 종종 보게 된다. 신장의 기능을 상실하고 배 둘레가 49인치만큼 불러 더 이상 이식을 해도 Space가 없어 이식을 할 수 없었던 시절, 선뜻 자신의 신장을 기증하겠다고 나섰던 친구 K군, 피검사를 자청했으나 Match가 되지 않아 신장 이식은 못했을지언정 K군의 나를 사랑하는 마음은, 주님이 원하시고 명령하신 자기 목숨까지 버리면 이에 더 큰 사랑이 없다는 말씀을 몸소 실천에 옮긴 것이었다. K군의 나에 대한 사랑은 평생을 두고도 잊지 못하는 사랑이다. 사랑은 양보이다. 사랑은 배려이다. 사랑은 헌신이다. 사랑은 나보다 남을 먼저 생각한다. 자신을 희생하지 않고는 이 사랑을 이룰 수가 없다. 성도 간에는 이런 사랑을 바탕으로 관계가 맺어져야 한다.

### 3) 성도 간의 관계는 친구로 맺어져야 한다(요 15:14-15)

어릴 때부터 같이 놀며 자란 벗을 우리는 죽마고우(竹馬故友)라 한다. 죽마고우는 흉금을 털어놓는다. 거짓이 없다. 서로 사랑한다. 그러나 서로의 인격을 존중한다. 친구와 친밀한 관계를 유지하는 가장 좋은 방법은 일정한 거리를 유지하면서 생활에 지나친 간섭을 하지 않는 것이다. 친구는 감사할 줄 알아야 한다. 사람들은 종종 다른 사람의 결점은 잘 파악하면서 정작 자신의 결점은 소홀히 하는 경향이 있다. 하지만 친구의 결점을 보았을 때는 한쪽 눈을 감아라. 진실을 말하기보다는 친구를 이해하기 위해 노력하라. 이러한 좋은 친구에 대해 본문에서 주님은 친구의 자격을 말씀하신다. 주님이 명하신 대로 행하는 자는 곧 주님의 친구라고 말씀하신다. 주님을 사랑할 수 있어야 주님의 친구이다. 주님은 제자들에게 종이라고 하지 않겠다고 선언하신다(15절). 친구는 주인과 종의 관계가 아니고 동등한 관계임을 말한다. 주님의 말씀대로 행하면 주님과 동등한 친구가 된다고 말씀하신다. 성도와 성도의 관계는 주님의 사랑이 바탕을 이루어야 한다. 서로 사랑할 때 주님의 좋은 친구가 되는 것이다.

### 4) 하나님의 성도는 하나님이 선택하신다(16절)

가족의 구성의 자격은 같은 핏줄이다. 학문의 높낮이나 외모로 가족의 구성원이 되는 것이 아니다. 오직 같은 핏줄일 경우 한 가족의 일원이 된다. 입양에 의한 가족의 일원도 있을 수 있으나 이는 예외인 경우라 할 수 있고, 교회 공동체는 하나님이 선택하신 자만이 구성요원이 된다. 하나님이 선택하시고 세우신다. "너희가 나를 선택한 것이 아니요 내가 너희를 선택하여 세웠다"(요 15:16)고 말씀하신다. 이렇게 선택하는 이유는 열매를 맺게 하기 위함이다. 그 열매란 사랑의 열매일 것이다.

### 5) 성도 간의 관계는 '서로'로 성립되어야 한다(12, 17절)

하나님의 사랑은 어떠한가? 주님은 이 세상에 있는 어떤 사랑의 이야기보다 더 극적이고, 열정적이고, 아름답고, 고통스런 사랑을 우리에게 베푸셨다. 그 열정은 사그라지지 않고 영원하다. 동시에 어떤 고통이나 고난에도 불구하고 우리를 사랑하고 계신다. 하나님의 사랑은 배반하는 우리와 여전히 함께하시는 열정적인 사랑이다.

어쩌면 하나님의 사랑은 우리 죄인들에 대한 짝사랑일 수도 있다. 하나님은 아무 대가 없이 무조건 사랑하셨다. 이에 세상에 살고 있는 우리들에게도 서로 사랑하라고 말씀하신다. 그러나 그것은 실천하기가 매우 힘든 사랑이다. 그래도 주님이 우리를 먼저 사랑하셨기 때문에 우리도 그렇게 사랑해야 한다. 사랑은 상대방을 배려하는 마음이다. 상대방을 이해하는 마음이다. 다시 한 번 말하지만 나에게 진실을 말해주는 친구보다 나를 이해해 주는 친구가 참 친구이다. 이럴 때 '서로'라는 말이 성립된다. 이러한 사랑이 성도 간에 이루어져야 한다.

위의 본문에 나오는 몇 개의 언어와 이에 관계되는 언어에 대하여 먼저 살펴도록 하자.

① 언약(Covenant)[27]

구약에서 하나님은 이스라엘 백성과 인격적인 관계를 가지고 다음과 같은 언약(계약)을 맺으셨다.

① 홍수 후에 노아와의 언약(창 9장)[28]
② 선민에 관한 아브라함과의 언약(창 15, 17장)[29]
③ 율법을 주심에 있어서 이스라엘과의 언약(출 34장; 신 5장)[30]
④ 여호와를 유일신으로 하고, 이에 귀속하는 데 대한 여호수아 및 백성과의 언약(수 24장)[31]

이스라엘 백성이 택함을 받고 언약을 맺게 된 것은, 하나님과 교제함(사귐)에 있어서 충분한 자격과 실력이 있었기 때문은 아니다. 다만, 하나님의 자유로운 은혜의 행위로서 택정(擇定)된 것이다(신 7:6-10). 여기에서 인격적인 사랑의 관계가 생기고, 하나님과 이스라엘의 언약을 혼인관계에 비유하게 되었다(렘 2:2).

그러므로 이교신(異敎神)을 믿는 등의 언약 불이행은 간음으로 규탄된다(호 2장). 이 언약은 율법에 의해 지지되고 그것의 준수가 이스라엘 민족에게 요구되었다. 그래서 십계명이 '언약판'으로 불리는 것이다(신 9:9). 그러나 이스라엘 백성은 하나님께 불순종의 연속이었다. 유다왕국의 멸망과 예루살렘 성전의 붕괴는 언약 불이행으로 인한 것으로 이해되었다(호 8:1). 여기에서 잠시 이스라엘 백성의 성품을 들여다보는 일은 매우 흥미가 있을 것이다. 필자는 이스라엘 백성의 성품을 강의하면서 우리 자신을 돌아보는 시간을 가지곤 했다.

- 목이 곧고(stiff-neck, 출 33:5)
- 오만하고, 고집이 센(high-handed, 레위기)

---

[27] 이성호 편저, 《성경대사전》 (서울: 성서연구원, 2000), p. 1219.
[28] 성서아카데미 편, 《그랜드 종합주석》 제1권: 창세기 (서울: 성서아카데미, 1999), p. 313.
[29] Ibid., p. 385.
[30] 성서아카데미 편, 《그랜드 종합주석》 제2권: 출애굽기 (서울: 성서아카데미, 1999), p. 436.
[31] 성서아카데미 편, 《그랜드 종합주석》 제4권: 여호수아 (서울: 성서아카데미, 1999), p. 380.

- 불평하고(murmuring, 민 14:27)
- 자기중심적(Self-centered, 신명기, 여호수아, 사사기)

어느 성품 하나 건질 것 없는 아주 속된 말로 '싸가지'없는 성품인데 어찌하여 하나님은 이스라엘 백성을 택하셨을까? 성경에 여호와 하나님의 성품을 잘 나타내주는 구절이 있다.

"여호와로라 여호와로라 자비롭고 은혜롭고 노하기를 더디 하고 인자와 진실이 많은 하나님이로라"(출 34:6).

아브라함의 하나님, 이삭의 하나님, 야곱의 하나님은 한번 맺은 약속은 틀림없이 지키시는 하나님, 자비롭고 노하기를 더디 하시며 인자와 진실이 많으신 하나님, 아직도 참고 기다리시는 하나님이시기 때문이다.

언약으로 다시 돌아가서 어떤 언약이 있는지 차례로 알아보자.

### 가. 홍수 후에 노아와의 언약(창 9:8-17): 무지개 언약의 체결

이 본문은 홍수 심판 이후 하나님께서 노아와 그의 가족들을 비롯하여 모든 자연계 및 오는 세대들과 더불어 무지개 언약을 세우시는 장면이다. 무지개 언약이란, 앞으로는 인류를 결코 홍수로써 심판하지 않을 것을 약속하고, 또한 하나님께서 그 증표로서 구름 가운데 무지개를 두신 것을 말한다. 그러므로 홍수 이후의 세대들은 구름이 모여들고 비가 쏟아지기 직전이나 쏟아진 직후, 구름을 뚫고 떠오른 무지개를 바라보고 제2의 홍수 심판의 불안으로부터 벗어나 무한한 위로와 평안을 느낄 수 있게 된 것이다.

### 나. 선민에 관한 아브라함과의 언약(창 15:12-21, 17:9-14)
a. 횃불 언약 체결(창 15:12-21)

본문은 그 유명한 횃불 언약 체결 장면이다. 언약 체결은 아브람이 준비한 희생 제물(9-11절)의 쪼개진 중간 사이로 하나님의 가견적(可見的, 눈에 보이는) 임재의 상징물인 횃불이 지나감으로써 이루어졌다(17절). 본문을 보면 하나님의 임재의 상징인 횃불만이 희생제물 사이를 지났을 뿐 아브람은 지나가지 않았다. 이는 하나님과 아브람 사이에 맺은 언약이 하나님 홀로 의무를 지는 편무언약(片務言約: 당사자의 한쪽만이 채무를 부담하는 계약)임을 보여준다. 즉 하나님은 아브람의 신실성에 관계없이 스스로 아브람과 맺으신 약속을 신실하게 주도적으로 이루어 가실 것임을 상징적으로 나타내신 것이다. 이러한 하나님의 언약에 대한 신실하심으로 하나님의 구속사는 진행되어 왔고, 예수 그리스도의 구속사역에서 그것이 절정에 달했다. 이러한 구속사는 예수 그리스도의 보혈로 세워진 새 언약(렘 31:31-33)을 이루심으로 종결될 것이다.

한편 본문에서 계시된 하나님의 약속은 역사적으로 성취되었는데, 먼저 가나안에 대한 약속은 야곱과 그의 자손이 애굽으로 내려간 지 430여 년 만에 출애굽하여 가나안 땅을 점령함으로써 성취되었고, 아브라함의 자손을 뭇별과 같이 많게 하시겠다는 약속은 영적 아브라함의 자손들인 신약교회 성도들을 통해 성취되었다.

위에 언급한 '아브람과 맺으신 약속'(창 12-23장)은
- 셀 수 없는 많은 자손을 주겠다(자손, Seed/Generation).
- 가나안 땅을 주겠다(땅, Land).
- 복의 근원이 되게 해주신다(복의 근원, Blessing/Divine-Human relation)는 약속이다.

b. 할례 언약(창 17:9-14)

하나님은 아브라함과 그의 자손 가운데 남자는 모두 할례를 시행할 것을 명령하셨다. 이러한 할례의식은 아브라함과 그의 자손이 하나님의 언약 백성이 되었다는 외적 표징이라 할 수 있다(행 7:8).

구약 시대의 언약 백성 된 표징인 할례는 신약 시대에 이르러 세례

로 대체되었다(골 2:11). 성도들은 이러한 세례를 우리가 하나님의 언약 백성 된 표징으로만 알 것이요 구원의 보증으로 여기는 어리석음을 범해서는 안 된다. 오직 성령의 세례로써 거듭나는 체험을 함은 물론(겔 11:19; 요 3:8; 딛 3:5), 거듭난 자로서 하나님의 뜻에 부응하는 삶을 살아야 할 것이다(롬 6:4; 벧전 2:1-2).

### 다. 율법을 주심에 있어서 이스라엘과의 언약(출 34장; 신 5장)
  a. 언약의 회복(출 34:1-28)

본문은 이스라엘 백성의 가증한 우상숭배죄로 인하여(출 32:1-8) 파기된 하나님의 언약이(32:19) 모세의 생명을 건 중보기도로 말미암아(출 33:7-13) 다시금 회복되는 장면이다.

모세의 간절한 중보기도에 하나님은 응답하신다. 그래서 모세로 하여금 두 개의 돌판을 만들게 하신 후(1절) 시내 산에 다시 오르도록 하셨다(2절). 하나님은 시내 산에서 모세에게 당신의 이름과 속성을 계시하신다(5-9절). 그리고 이스라엘 백성을 대표하는 모세와 언약을 체결하셨다(10-28절). 이때의 언약 내용은 전혀 새로운 것이 아니고 첫 번째 언약에서 체결된 내용(19-23장)을 회복시킨 것이다. 따라서 첫 번째 언약에서 맺어진 모든 언약 내용은 그대로 유효한 것이 되었다.

본문에 언급된 주요 언약 내용을 살펴보면,
- 하나님께서 가나안에서 큰 이적을 행하여 그 땅 거민을 내어쫓으신다(10-11절).
- 가나안 거민과 언약을 맺지 말 것(12절).
- 가나안 땅에 있는 우상을 섬기지 말 것.
- 가나안 땅의 거민과 통혼하지 말 것(16절).
- 3대 절기를 지킬 것(18-26절) 등이다.

  b. 호렙 산 언약의 재반포(신 5:1-6).

본문은 모세 설교의 두 번째 부분(4:44-26:19)의 시작으로 출애굽기

20장 2-17절에 기록된 십계명을 재차 언급하기 위한 도입 부분이다.
- 1절은 율법을 지켜 행하라.
- 2-3절은 호렙 산 언약의 의의
- 4-6절은 하나님과 이스라엘 백성이 언약을 체결할 당시의 상황에 대한 언급이다.

중요한 사실은,
- 호렙 산 언약의 의의다. 호렙 산 언약은 하나님과 어느 개인 사이에 맺어진 언약이 아니라 이스라엘이라는 민족과 하나님 사이에 맺어진 전 민족적 언약이다. 이 율법은 당시 이스라엘 백성에게뿐 아니라 그리스도의 구속사역으로 구원함을 입은 오늘날의 성도들 역시 충실히 지켜야 하는 율례로 계승된다. 그 율법은 그리스도에 의해 완성되었고, 그 안에서 율법의 모든 정신이 계승되었기 때문이다.
- 하나님의 말씀에 대한 올바른 태도이다. 전심을 기울여 자세히 들어야 하고(롬 10:17), 열심히 배우고 분별하는 능력을 길러야 하고(엡 3:19; 딤후 3:14-15), 부지런히 지켜야 한다는 것(롬 2:13)이다.

### 라. 여호와를 유일신으로 하고, 이에 귀속하는 데 대한 여호수아 및 백성과의 언약(수 24장)
- **여호수아와 백성들과의 약조**(수 24:19-28)

신앙적 결단을 촉구하는 여호수아의 강력한 요구에 백성들은 오직 하나님만을 섬기겠노라 했지만(14-18절) 여호수아는 백성들이 죄의 유혹에 쉽게 넘어갈 것을 잘 알고 있었다. 이 본문에서 백성들로부터 재차 다짐을 받고(19-24절) 비로소 언약을 세우고(25절) 기념비를 세운다(26-28절). 죄의 유혹의 요소들이 산재해 있었던 가나안 땅에서 이스라엘 백성이 하나님만을 섬기겠다고 맹세한 것은 결코 쉬운 일이 아니었다.

하나님께서는 우리 인간이 근본적으로 하나님의 진노에서 벗어날 수 없는 존재임을 아시고 구원의 길을 열어 두셨다. 이것이 바로 예수 그리스도께서 십자가 상에서 피 흘리신 공로를 믿고 의지하는 자마다 구원에 이르도록 허락하신 것이다(요 14:6; 롬 5:2).

### • 새 언약(New Covenant)

여기서 하나님은 선지자를 통하여 '새 언약'(렘 31:31), '영원한 언약'(겔 16:60)을 예언하셨다. 이 '새 언약'은 예수 그리스도에 의해 성취되었다. 그리스도의 피로 말미암는 새 언약은(눅 22:20) 이스라엘에 한하지 않고 세계 모든 선민에게 주어졌다.

이 십자가의 속죄로 말미암는 구원의 약속이야말로 새 언약이고 복음이다. 새 언약은 복음이고 그리스도의 십자가의 피로 말미암아 이룩된 하나님의 은혜이다(히 13:20; 눅 22:20; 고전 11:25). 옛 언약, 즉 율법하에서는 하나님께서 "만약 너희가 내 언약을 지키면"(출 19:5)이라고 하셨으나, 신약에서는 "내가 ~하리라"(히 8:10, 12)고 하셨다.

### • 새 계명(New Commandment)

예수께서 "내가 너희를 사랑한 것같이 너희도 서로 사랑하라"(요 13:34)고 하신 것이 새 계명이다. 레위기 19장 18절을 보면 "원수를 갚지 말며 동포를 원망하지 말며 이웃 사랑하기를 네 몸과 같이 하라 나는 여호와니라"고 말씀하셨다. "이웃 사랑하기를 네 몸과 같이 하라"에 비해서 예수께서는 "내가 너희를 사랑한 것같이 너희도 서로 사랑하라"고 새로운 조건이 붙어 있기 때문에 '새 계명'이라 하신 것이다. '옛 계명'은 사람들이 자신처럼 이웃을 사랑할 것이 요구되어 있는데, '새 계명'은 그것을 훨씬 뛰어넘어 자기보다도 형제를 사랑하고, 그 친구를 위해 목숨을 버릴 것이 교시되어 있다(요 15:13). 이것은 그리스도 안에서 가능한 것이다(빌 4:13).

성도 간에 좋은 관계를 유지하는 일은 하나님의 계명이다. 위에서 설명한 바와 같이 계명은 선택이 아니라 이스라엘 백성에게 주신 반드시 지켜야 하는 명령이었다. 마찬가지로 새 계명은 성도에게 주신 명령이다. 이것은 선택이 아니다. 하나님의 명령인 것이다. 성도 간의 관계는 사랑이라는 새 계명으로 맺어져야 한다.

제5부

# 관계 회복

# 관계 회복

## 1. 관계 회복[32]

교회 공동체에서 성도 간에 관계가 일그러질 때가 있다. 하나님은 우리의 관계를 소중히 여기고 불화나 상처 혹은 갈등이 있을 때마다 그 관계를 깨뜨리기보다는 유지하기 위해 노력하기를 원하신다. 성경은 하나님이 우리에게 관계 회복의 사역을 주셨다고 말씀하고 있다.

> "모든 것이 하나님께로 났나니 저가 그리스도로 말미암아 우리를 자기와 화목하게 하시고 또 우리에게 화목하게 하는 직책을 주셨으니"(고후 5:18).

"그리고 성령님과 교통하는 것이 조금이라도 너희에게 있다면, 서로 화합하고 사랑하며, 영적으로 깊은 관계를 맺는 친구가 되어라"(빌 2:1-2하반절, Msg[33])고 권면하신다. 바울은 다른 사람과 어울리는 우리의 능력이 영적인 성숙의 척도라고 말씀하신다(롬 15:5, Msg).

관계 회복을 위해 다음 7가지 성경적인 방법을 살펴보자.

### 1) 사람에게 이야기하기 전에 하나님께 이야기하자

하나님과 먼저 그 문제에 대해 논하라. 친구와 이야기하기 전에 먼저 기도한다면 하나님께서 우리의 마음을 바꾸시거나 우리의 도움으로 상대방의 마음을 변화시키신다는 것을 발견하게 될 것이다.

---

32) 릭 워렌,《목적이 이끄는 삶》, 고성삼 옮김 (서울: 도서출판 디모데, 2002), p. 205.
33) The Message (Colorado Springs: Navpress, 1993).

다윗이 시편을 통해 그랬듯이, 기도를 통해 하나님께 마음을 쏟아 놓으라. 낙담한 이야기를 하나님께 하라. 그분에게 울부짖으라. 그분은 우리의 분노, 상처, 불안 등의 감정에 대해 놀라거나 당황해하지 않으신다. 그러니 자신의 감정을 정확하게 이야기하라. 야고보는 대부분의 갈등이 기도의 부족으로 생긴다고 지적했다.

> "너희 중에 싸움이 어디로, 다툼이 어디로 좇아 나느뇨 너희 지체 중에서 싸우는 정욕으로 좇아 난 것이 아니냐 너희가 욕심을 내어도 얻지 못하고 살인하며 시기하여도 능히 취하지 못하나니 너희가 다투고 싸우는도다 너희가 얻지 못함은 구하지 아니함이요"(약 4:1-2).

### 2) 항상 먼저 다가가라

우리가 피해자이든 가해자이든 상관없다. 하나님은 우리가 먼저 움직이기를 기대하신다. 상대방이 행동을 취할 때까지 기다리지 말라. 그들에게 먼저 다가가라. 깨어진 관계 회복은 매우 중요해서, 예수님은 이를 예배보다 우선순위에 두라고 명령하셨다.

> "그러므로 예물을 제단에 드리다가 거기서 네 형제에게 원망 들을 만한 일이 있는 줄 생각나거든 예물을 제단 앞에 두고 먼저 가서 형제와 화목하고 그 후에 와서 예물을 드리라"(마 5:23-24).

뒤로 미루면 분노만 깊어지고 문제가 더 심각해질 뿐이다. 갈등은 시간이 해결해 주지 않는다. 시간이 지나면 상처는 곪는다. 재빠르게 행동하면 우리의 영적인 손실도 적어진다.

### 3) 그들의 감정에 공감하라

입보다는 귀를 더 많이 사용하라. 의견차이를 좁히기 위해 어떤 시도를 하기 전에 사람들의 심정이 어떤지 먼저 들어보아야 한다. 바울은 "자신의 일들만 돌아보지 말고 서로의 일들을 돌아보라"(빌 2:4, TEV[34])고 충고했다. 사실보다 그들의 감정에 초점을 맞추라. 해결이 아닌 공감으로 시작하라. 처음부터 사람들이 그 감정에서 벗어나게 하려고 말로 충고하지 말라. 그냥 그들의 이야기를 들으라. 그래서 그들이 방어하지 않고 감정의 짐을 덜게 하라. 동의하지 않더라도 이해한다는 표현으로 고개를 끄덕이라. 성경은 "노하기를 더디 하는 것이 사람의 슬기요 허물을 용서하는 것이 자기의 영광이니라"(잠 19:11)고 말씀하고 있다. 즉 인내는 지혜에서 나오고, 지혜는 다른 사람들의 의견을 듣는 데서 나온다. 다른 사람의 말을 귀담아듣는 것은 "나는 당신의 의견을 존중합니다"라고 말하는 것이다.

### 4) 나에게도 잘못이 있음을 고백하라

만일 당신이 진지하게 관계 회복에 대해 생각하고 있다면 우선 자신의 실수나 죄를 인정하는 것에서부터 시작해야 한다. 예수님은 그것이 상황을 더 명확하게 보는 방법이라고 말씀하셨다.

> "외식하는 자여 먼저 네 눈 속에서 들보를 빼어라 그 후에야 밝히 보고 형제의 눈 속에서 티를 빼리라"(마 7:5).

'내가 문제인가? 내가 비현실적이고 둔한가? 혹은 내가 너무 예민한가?'를 생각해 보아야 한다. 고백은 화해의 아주 강력한 도구다. 우리가 스스로의 실수를 겸손하게 인정하기 시작한다면 상대방도 화를 풀고 공격을 늦춘다. 핑계를 대거나 책임을 전가하지 말라. 정직하게 그 갈등의 원인을 제공한 정도의 대가를 치르라. 자신의 실수에 대한 책임을 인정하고 용서를 구하라.

---

34) Today's English Version (New York: American Bible Society, 1992).

### 5) 사람을 공격하지 말고 문제를 공격하라

누구의 잘못인가를 가리는 데 너무 많은 노력을 쏟으면 문제를 해결할 수 없다. 우리는 둘 가운데 하나를 선택해야 한다. "유순한 대답은 분노를 쉬게 하여도 과격한 말은 노를 격동하느니라"(잠 15:1)고 하였다. 화를 내면 하고자 하는 말을 올바르게 전달할 수 없다. 부드러운 대답이 언제나 가시 돋친 말보다 낫다. 갈등을 해결하려고 할 때 어떻게 말하느냐는 무슨 말을 하느냐만큼 중요하다.

"마음이 지혜로운 자는 슬기롭다 하고, 사람들은 부드러운 말을 잘 듣는다"(잠 16:21, 쉬운성경)라고 하였다. 귀에 거슬리는 말을 하면서 상대방을 설득할 수 없음을 기억하라.

### 6) 할 수 있는 한 협력하라

바울은 "할 수 있거든 너희로서는 모든 사람으로 더불어 평화하라"(롬 12:18)고 말했다. 평화에는 항상 대가가 따른다. 때로는 그 대가가 우리의 자존심일 수도 있고, 자기중심성일 수도 있다. 교제를 위해서는 먼저 양보하고, 상대방에게 맞추며, 상대방의 필요에 호의를 보이는 데 최선을 다해야 한다(롬 12:10; 빌 2:3).

### 7) 해결이 아닌 화해를 강조하라

모든 사람이 모든 것에 대해 동의할 것을 기대하는 것은 비현실적이다. 해결은 문제의 초점을 맞추는 반면, 화해는 관계에 초점을 맞춘다. 우리가 화해에 초점을 맞출 때 문제는 그 중요성을 잃고 무의미하게 되어 버린다. 서로 간의 차이를 극복하지 못해도 관계는 다시 세워질 수 있다. 기독교 공동체에서 성도 간에 정당하고 솔직한 의견 차이나 이견은 있을 수 있다. 하지만 우리는 불쾌감을 주지 않으면서 그 의견에 반대할 수 있다.

이상을 읽고 누구와 관계를 회복해야 하는가? 단 1초도 지체하지 말

라. 그 사람에 대해 하나님과 이야기하라. 그리고 전화로 그 과정을 시작하라. 이 7단계는 간단하지만 쉽지 않다. 관계를 회복하는 데 많은 노력이 필요하기 때문에 베드로는 "다른 사람과 평화롭게 살기 위해 열심히 노력하라"(벧전 3:11, NLT[35])고 우리에게 권하고 있다. 그래서 하나님은 평화를 위해 애쓰는 사람들을 당신의 자녀라 부르시는 것이다(마 5:9).

## 2. 성도와 교회 사이에서 파생되는 문제들

교회 공동체에는 여러 형태의 교인들이 모여 공동체를 이루고 있다. 성품, 교육 정도의 차이, 출생지역과 직장생활이나 사업 형태의 다양성, 믿음의 정도, 은사의 다양성 등 모든 면에서 매우 다른 이들이 모였다. 서로 다름은 공동의 믿음생활에서 조화와 균형을 이루어야 하는데 그렇지 못하는 경우가 허다하다. 성도와 성도 사이 혹은 성도와 목회자의 관계에 균열이 가면 어느 한쪽은 교회를 떠나 다른 공동체로 이동하여 새로운 믿음생활을 하곤 한다. 이를 수평이동이라 할 수 있는데, 이에 대한 연구가 '교회성장연구소'에서 실시한 여론조사 "한국교회 교인 수평이동에 대한 연구"가 유일한 자료의 출처이다.

### 1) 교인 수평이동 현황에 대하여

교회성장연구소(Institute for Church Growth, 소장 홍영기 목사)가 창립 11주년을 기념하여 국내 종교계 최초로 조사한 "2003년 한국교회 교인 수평이동에 대한 연구"[36] 결과에 따르면 교회신자들은 평균 2.4번이나 교회를 옮긴 경험이 있고, 우리나라 교회신자 100명 가운데 80명가량이 교회를 옮긴 적이 있는 것으로 나타났다. 또 교인들이 다른 교회로 옮기는 가장 큰 이유는 목회자와의 갈등 때문이었다. 소형교회를 다녔던 신자들이 주로 대형교회로 옮겨가는 추세를 보인 것도 큰 특징이다.

---

35) New Living Translation Wheation (IL: Tyndale House Publishers, 1996).
36) 교회성장연구소, 《교회선택의 조건》(서울: 교회성장연구소, 2004), p. 35.

교회성장연구소는 2003년 7월부터 3개월 동안 서울, 부산, 인천, 대구, 대전, 광주, 울산, 경기, 강원지역의 만 18세 이상 개신교인 1,088명을 대상으로 1대 1 개별 면접을 통해 '교인 수평이동' 현황에 대해 조사했다. 조사 결과 성도들의 수평이동을 확인했으며, 목회자의 자질 문제가 교회를 옮기는 중요한 이유인 것으로 드러났다.

[표1] 교회를 옮기게 된 이유[37]

| 대 답 | (%) |
|---|---|
| 근무지역 변경 | 23.1 |
| 목회자 문제 | 22.8 |

[표 2] 교회 선택의 이유는[38]

| 대 답 | (%) |
|---|---|
| 목회자의 설교 | 31.6 |

한국교회 성도의 76.5%가 교회를 옮긴 경험을 갖고 있으며, 주된 이유는 근무지역 변경이 23.1%, 목회자 문제가 22.8%인 것으로 나타났다. 이들은 목회자의 설교를 듣고 새로운 교회를 선택하는 것으로 (31.6%) 조사되었다.

[표 3] 교회 이동 횟수[39]

| 대 답 | (%) |
|---|---|
| 1차례 | 34.9 |
| 2차례 | 28.8 |
| 3차례 | 22.3 |
| 10차례 이상 | 1.1 |

---

37) Ibid., p. 44.
38) Ibid., p. 66.
39) Ibid., p. 36.

조사 결과에 따르면 성도들의 교회 이동 횟수는 1차례 34.9%, 2차례 28.8%, 3차례 22.3%로 나타났으며, 10차례 이상 교회를 옮긴 성도도 1.1%에 달했다. 교회를 옮기는 가장 큰 이유는 직장문제가 23.1%였으나, 목회자 문제(22.8%)가 으뜸이라고 해도 과언이 아니다. 다음으로 이사(16.7%), 봉사(8.6%), 갈등(6.7%) 등의 순으로 나타났다.

[표 4] 새로운 교회를 선택하는 이유는[40]

| 대 답 | (%) |
|---|---|
| 목회자의 설교 | 58.3 |
| 기도와 찬양 | 29.3 |
| 거리(distance) | 18.5 |
| 목회자의 인격 | 17.9 |

새로운 교회를 선택한 성도들은 목회자의 설교(58.3%)를 가장 중요하게 생각했으며 기도와 찬양(29.3%), 거리(18.5%), 목회자의 인격(17.9%) 등도 고려했다. 목회자의 인지도와 교파는 고려하지 않는 것으로 나타났다.

[표 5] 바람직한 목회자의 자질[41]

| 대 답 | (%) |
|---|---|
| 깊은 영성 | 33.4 |
| 훌륭한 인격, 품성 | 24.3 |
| 성도 관리와 돌봄 | 14.9 |
| 좋은 설교 | 12.2 |

대부분의 수평이동의 경험이 많은 이들이 선호하는 목회자의 자질로는 깊은 영성, 훌륭한 인격과 품성을 지적하고 있다.

---

40) Ibid., p. 96.
41) Ibid., p. 45.

## 2) 교회를 옮기면서 발생하는 상처

40여 년 전만 해도 이민사회에서 교회를 옮긴다는 것은 거의 생각할 수 없었다. 혹시 하나님으로부터 벌이라도 받을까 혹은 친히 사귀고 있던 친구들과 멀어지는 것은 아닌가 하는 걱정 때문에 옮기지 못하는 경우가 많았다. 혹은 나홀로 외로이 모든 관계를 끊고 어떻게 살아갈까 하는 두려움도 있었다.

남가주에 당시 3-4개 정도의 교회밖에 없었던 이유도 있었지만, 요즘에는 1,300여 개의 교회가 산재해 있어서 쓸데없는 죄책감은 덜 들게 되었다고 생각할 수 있다. 그러나 교회 내에서의 여러 가지 갈등을 이유로 교회를 떠나면서 가족 가운데 누가 선도하여 결정하였든 간에 가족 전체는 깊은 상처를 안고 교회를 떠난다. 오랜 교회생활로 인한 인간관계, 편안함, 익숙함 등등 모든 것을 포기하면서 마음에 깊은 상처를 안게 되는 것이다.

실제로 나이 많으신 분들은 자녀들을 결혼시킬 때 그동안 축의금을 실컷 내고 못 받을까 봐 옮기지 못하는 경우도 있다고 한다. 이런 경우는 갈등을 안고 상처 난 마음을 추스리며 그 교회에 남는 경우이다. 그렇다면 Church Switcher(교회를 옮기는 사람)들은 어떤 것들을 포기하며 상처를 받는지 살펴보도록 하자.

### (1) 거절감[42]

오랫동안 자기 교회에서 누리고 있던 기득권을 포기하는 데서 오는 거절감, 즉 버림받았다고 느껴지는 아픔의 상처를 받는다. 사람은 누구로부터 사랑받고 인정받고 싶은 대상이 있기 마련이다. 나를 사랑해 주고 인정해 주길 기대하게 되는 사람을 소위 '권위의 인물'이라고 하는데, 교회에서는 담임목사나 장로 혹은 가까이 지낼 수 있었던 동료 교인들이 될 수 있다. 이들로부터 교회 일을 통하여 부당하게 거절당하거

---

[42] 유진소, 《하나님의 형상 회복》 (서울: 두란노, 2003), p. 42.

나 혹은 정당한 거절인데도 자기 의사가 계속적으로 무시되어 자신이 버림받았다는 감정이 누적되어, 이 감정을 마음속에 간직한 상태로 교회를 떠난다.[43]

오랜 교회생활로 인한 인간관계, 편안함, 익숙함(필자는 이것들을 기득권이라 명명한다) 등을 포기하면서 거절감이라는 상처를 안고 교회를 떠난다. 이러한 거절감은 자신과 가족의 마음을 슬프게 만들고, 자기 연민(Self-Pity), 자기 증오(Self-Hatred), 실의(Depression), 무관심, 자기만 교회로부터 도태되었다는 열등의식 등의 증상을 낳는다.

(2) 분노[44]

분노하는 마음을 가지고 교회를 떠난다. 하나님께 자신의 의도대로 교회가 운영되지 않는다는 서운함을 품고 권위의 인물에 대한 분노의 상처를 안고 교회를 떠난다. 이 분노는 자신에 대한 자만심이다. 자기의 생각이나 결정이 옳았다는 자만심이다. 다시 말해서 권위의 인물을 얕보거나 평가절하하는 데서 오는 분노이다. 권위의 인물을 비판하는 마음에서 오는 상처이다. 이런 분노하는 마음이 영적 피해를 가져온다는 사실을 모르고 오랫동안 마음에 분노의 상처를 가지고 산다.

또한 이런 상처에 대한 치유 없이 다른 교회로 옮긴다. 교회를 옮긴 사람들을 색안경을 끼고 본다는 교인들의 보이지 않는 눈길에 대한 분노도 잠재적으로 있다. 새로 온 교인을 대하는 새 교회 교인들에게(사실 그들은 그렇게 생각하지 않을 수도 있다) 자신은 참을성 없는 교인, 성급한 교인, 불평불만이 많은 사람으로 비추어지는 것은 아닌가 하는 분노의 상처가 있게 마련이다.

(3) 굶주린 마음[45]

---

43) Ibid., p. 42.
44) Ibid., p. 58.
45) Ibid., p. 74.

굶주린 마음을 가지고 교회를 떠난다. 굶주린 마음을 가진 사람은 항상 무엇엔가 집착한다. 야곱의 장자권에 대한 집착은 아버지의 사랑을 받기 위한 수단에의 집착이다. 그에게는 아버지 사랑에 대한 결핍이 있었다. 아버지의 온전한 사랑을 받아 보지 못한 야곱은 하나님의 사랑도 온전히 받을 수 없었다. 그래서 그는 조건을 붙인다. '~하시면, ~하겠나이다.' 신앙생활에서 이렇게 조건적이 되는 까닭은 바로 버림받은 마음, 굶주림 때문이다. 교회를 떠나는 사람들은 이 굶주림의 상처를 안고 교회를 떠난다. 이분들의 굶주림은 권위의 사람인 담임목사로부터의 사랑의 굶주림이다.

이들은 항상 담임목사에게 끊임없는 관심과 사랑을 요구한다. 항상 자기 의견을 경청해 주고, 자신의 안건을 받아 주고, 항상 자기를 배려해 주고, 돌봄이 있기를 기대한다. 담임목사로부터의 배려에 집착을 한다. 굶주린 마음의 사람은 사랑을 갈망하기 때문에 그만큼 상처를 많이 받는다. 자기가 원하는 것을 상대방이 조금만 거부해도 상처를 받는다. 사랑이 채워지지 않을 때 굶주린 마음의 상처를 안고 교회를 떠난다.

여기서 잠시 신학 이론 공부를 조금 하고 본론으로 돌아가자. 야곱에 대해서이다. 하나님은 야곱에게도 아브라함에게 하셨던 약속과 같은 약속을 하신다(창 28:13-15). 그러자 이 야곱은 다음과 같은 조건을 내세우고 하나님께 약속을 한다(창 28:20).

> 조건  1) 하나님이 함께 계시고
> 2) 길을 지켜 주시고
> 3) 양식과 입을 옷을 주시고
> 4) 평온히 아비 집으로 돌아가게 해주신다면,
>
> 약속  1) 내가 기둥으로 세운 이 돌이 하나님의 성전이 되고
> 2) 십일조를 하겠다.

야곱은 얄미울 정도로 얍삽한 성품을 소유하고 있었다. 도망갔다가 고향으로 돌아오는 길에 형 에서를 만난 야곱의 태도를 보자.

- 창 33:3 - 몸을 일곱 번 굽혔다.
- 창 33:4 - 에서를 안고 울었다.
- 창 33:5, 8 - 에서를 '주'라 표현했다.
- 창 33:5 - 자신을 에서의 종으로 표현했다.
- 창 33:8 - 에서에게 은혜를 입으려 한다고 표현했다.
- 창 33:10 - 에서의 얼굴을 본 것이 하나님의 얼굴을 본 것 같다고 말했다.
- 창 33:11- 에서에게 선물을 바쳤다.
- 창 33:14-15 - 자신으로 하여금 에서에게서 은혜를 얻게 하라고 말했다.

(4) 두려운 마음[46]

두려운 마음으로 교회를 떠난다. 오랜 교회생활로 인한 인간관계, 편안함, 익숙함을 포기하고, 미지의 교회에서 새로 등록하여 새신자 교육부터 다시 시작하여야 한다는 두려움, 다시 시작해야 한다는 번거로움과 시간낭비는 아닌가 하는 아쉬움, 모든 것이 불편하고 귀찮은 것은 교회를 옮긴 사람의 공통된 두려운 마음의 상처이다. 다시 새로운 신자들과 좋은 인간관계를 맺어야 하는 두려움, 그들과의 관계에서 편안함을 가지는 데는 너무나도 오랜 세월이 필요하다는 긴장감에서 오는 두려움, 이런 일들 때문에 고립되고 편협하게 되어간다.

(5) 실망감

실망감을 가지고 교회를 떠난다. 통계에 의하면 담임목사에 대한 실

---

[46] Ibid., p. 90.

망이 교회를 옮기는 이유 가운데 가장 큰 것으로 나타났다(표 1 참조). 그의 물질 우선주의, 영적 부족함, 자질의 결핍, 언행 불일치, 표적설교, 기복사상을 강조하는 설교, 권위주의 등을 들고 있다.

### 3. 미국 교회에서의 조금 다른 양상

미국의 저명한 여론조사 기관인 라이프웨이(LifeWay)에서 2006년도 조사한 바에 의하면, 필요성과 원해서 떠난 후 지금의 교회에 합류하게 된 경우가 많은데 어떤 필요성인지, 왜 원했는지에 대해서는 분명치 않다. 한 가지 분명한 것은 영적으로 성장하기 위하여, 그리고 교회사역에 참여하기 위하여 옮긴다고 했다[Fifty-eight percent of respondents in a LifeWay Research study said the greatest impact on their decision to move to another church was 'my need/desire to leave my previous church.' The rest (42 percent) said they switched because of the desire to join their current church. More specifically, 28 percent of churchgoers who choose to leave their previous church do so because the 'church was not helping me to develop spiritually,' the study revealed. And 20 percent of respondents leave because they 'did not feel engaged or involved in meaningful church work.' (The latest study builds on LifeWay Research's 2006 study of the formerly churched)].

질문에 응답한 자의 28%는 영적으로 자랄 수 없을 때 교회를 떠난다고 했다. 영적인 문제에서 담임목사의 책임은 자유로울 수 없다. 이런 문제로 교회를 옮기는 신도들은 담임목사에 대한 실망감이라는 상처를 안고 떠난다. 자신이 얼마나 그 교회에서 적응하기를, 봉사하며 일체감을 느끼기를 노력하였는지에 대한 질문과 대답은 없다. 오직 하나님만을 바라며 교회에 출석한다고 하지만 이런 질문은 사치스럽게 느껴진다.

### 4. 교인 수평이동 현황에 대한 종합적인 요약

교회를 옮겨 본 경험이 있는 성도들은 수평이동을 바람직하지 않은 행위로 여기고 있어 불가피하게 교회를 옮긴 것으로 조사되었다. 전체 응답자의 73.3%가 이같이 생각하고 있었다. 또 55.5%가 옮긴 교회에서도 가능하면 떠나지 않도록 노력하겠다고 밝혀 보수적인 성향을 드러냈다.

응답자들은 살아 있는 예배(28.4%), 전도와 선교(24.1%), 기도와 찬양(13%) 등을 바람직한 교회의 요소로 꼽았다. 또 바람직한 목회자의 자질로 깊은 영성(33.4%)과 훌륭한 인격·품성(24.3%), 성도 관리와 돌봄(14.9%), 좋은 설교(12.2%) 등을 들었다. 이번 조사 결과의 표본오차는 ±3, 신뢰도는 95% 수준이다.

현재 각 교회에 출석하고 있는 교인들 가운데 76.5% 이상이 교회를 옮겨 본 경험이 있으며, 교회를 선택할 때에는 담임목사님의 설교 말씀이 주요 이유로 나타났다. 섬기던 교회를 떠나게 된 직접적인 이유는 목회자의 자질문제와 직장문제이며, 그중에서도 목회자의 인격, 허세와 권위주의와 표적설교가 주요 원인이었다.

가장 바람직한 목회자의 성품으로는 그의 인격과 품성, 그리고 깊은 영성을 꼽았다. 목회자의 영성의 결핍은 많은 신도들에게 깊은 상처를 준다.

### 5. 교인들이 교회를 떠나지 못하는 이유들

교회를 떠나지 못하는 이유는 각 가정마다 다를 수 있고 다양할 수 있다. 필자는 다음 5가지의 이유를 들어 설명하고 싶다.

어느 이북 실향민이 이곳 LA에 거주한다면 그들의 짧은 인생은 교회 수평이동의 역사의 단면을 보게 된다. 순천예배당(평양), 부산 온천

제일교회, 부산동래 수안교회, 서울 금호장로교회, 한성교회(LA), 새안교회, 웨스트힐장로교회, 강남교회, 밸리 동양선교교회, 나성북부교회, 새한교회, 밴나이스감리교회, 그리고 현 종착지인 ANC온누리교회이다. 나라의 정변, 대학 진학, 미국 유학 등으로 옮긴 이동은 불가항력의 힘이 작용했다고 볼 수 있지만 최소한 아홉 번의 수평이동이 있었다. 신앙생활의 방황이라 할까? 진짜 목사, 인성과 지성과 영성을 겸비한 목사다운 목사를 찾아 40년을 이동했다. 힘들게 찾아 정착(8년)하나 했더니 이번에는 담임목사님이 다른 곳으로 수평이동하셨다. 믿음생활하기가 얼마나 힘든지를 실감하게 된다.

그래도 많은 분들은 현재 믿음생활하고 있는 교회에서 정착하기를 희망한다. 그들은 그들대로 이유들이 있다. 못 떠나는 이유를 들어 보자.

### 1) 애착심 상실을 염려한다

교회를 떠나는 이유는 위에 설명한 내용 그대로 목회자의 자질 부족 때문이다. 이를 알면서도 성도는 '나는 이 교회 개척 멤버인데' 하는 자부심과 교회를 사랑하는 마음이 마음 한구석에 자리 잡고 있다. '개척 당시 얼마나 힘들었는데, 밤잠을 설치고, 전화통에 불이 나도록 뜻을 같이하는 성도끼리 토론하고 싸우고 염려하면서 지난 세월 이곳에 땀을 뿌렸는데 왜 목회자 때문에 내가 나가야 해? 난 못 나가. 목사가 나가야지.' 그러면서 믿음 없이 왔다갔다 하는 시계추처럼 쓰라린 마음으로 자리를 지킨다. 언젠가는 저 보기 싫은 목사가 나가주겠지 하며 한 주 한 주 보낸다. 신앙에는 엄청난 상처를 받는다. 십일조가 줄어들고, 감사헌금은 온데간데없어졌고, 봉사는 멀리 사라져 버린다. 이를 악물고 버티는 것이다.

### 2) 기득권 상실을 염려한다

교회 창립 멤버이면 꽤 오랜 세월 마음과 정성으로 믿음생활을 했다. '세월이 지나 서리집사에서 안수집사를 거치고 지금은 시무장로인

데 내가 다른 교회에 가면 이런 대접을 받을 수 있을까? 누가 단상에 세워 대표기도를 시켜? 그래도 장로인 나의 말 한마디면 약발이 먹혀 들어가는 곳이 여긴데 내가 어딜 가? 아무도 나를 얕잡아보거나 무시하지 못하는데, 그래도 여기가 내 집이지. 저 보기 싫은 목회자가 빨리 나가줘야겠는데' 하며 세월을 허송하고 있다. '성도와의 관계도 괜찮은 편이고, 그동안 얼마나 많은 결혼 축의금을 냈단 말인가? 나도 언젠가는 거두어들이는 시간이 올 거야. 누가 나를 정죄할 수 있겠는가? 모두가 기다리다 지쳐 나갔지만 나는 그래도 이 자리를 지키지 않았는가?'

### 3) 새 교회로 옮겼을 때의 두려움

작은 교회는 골치 아프다. 너무 많은 부서에 봉사를 해야 한다. 작은 교회는 금전적으로 너무 부담이 된다. 큰 교회로 옮기면 아는 사람이 많지 않기 때문에 일단 마음은 편하다. 한두 번 예배에 참석을 못한다 해도 누구 하나 전화 거는 사람도 없다. 8여 년 동안 이곳에 정착을 했지만 심방 오신다는 전화 한 번 없고, 다락방장 전화 한 통 없는 곳이 이곳이다. 얼마나 편한가? 그냥 내가 알아서 기어야 한다. 아직 아는 사람은 매우 제한되어 있다. 예배 후에는 뿅하니 날아가듯 집으로 온다. 매우 허전하고 가슴이 텅 빈 마음으로……. 그래도 옛날에 있던 교회에서는 예배보다도 예배 후가 더 왁자지껄하고 돌아가면서 악수하고 한곳에 모여 콩나물국에 밥 말아 먹던 맛이 있었는데 이곳은 한겨울처럼 찬바람이 쌩쌩 분다. 누구 하나 같이 식사나 커피 한 잔 하자는 사람이 없다. 얼마나 더 버틸 수 있을까? 토요일 오후에 '내일은 목사님이 어떤 말씀으로 나의 이 텅 빈 마음을 하나님의 말씀으로 위로해 주실까?' 하는 기대는 접어버렸다. '왜냐고요? 목회자님이 수평이동하셨으니까요.'

### 4) 구관이 명관이라는 생각

발도 없는 소문은 무척 빠르게 번진다. 어느 교회 담임목사는 어떠하더라는 소문은 거의 다 알고 지내는 사이다. 1,400여 개의 교회가 산재해 있지만 목회자와 교회에 대한 내용은 소문을 듣고 거의 알고 지내는 편이다. 목회자의 설교 내용은 Internet을 통해 점검이 가능하고, 그분의 인품도 입소문을 통해 알게 마련이다. 이렇게 저렇게 재어 보면 갈 만한 교회의 목회자나 내가 섬기는 교회에 계시는 분이나 그저 그렇고, 그래서 도토리 키 재기인데 옮겨 봤자 나만 손해가 아닐까 하는 생각을 심각하게 해본다. 그러면서 한 주 두 주 세월을 보내게 된다.

### 5) 자녀들과 노부모 때문

자녀가 아예 어렸을 때는 옮기는 데 아무 문제가 없다. 그러나 자기 의사를 조금이라도 표현할 나이가 되면 교회 옮기는 일에 칭얼대기 시작한다. 자기 의사를 분명히 표현하고 교회 친구들과 어울리는 나이가 되었다든지 중·고등학생이면 부모들이 교회 옮기는 일은 거의 불가능해진다. 친구들과 떨어지지 않으려는 자녀들은 식음을 전폐한다. 부모들의 입장에서 볼 때에도 자녀들의 신앙에 엄청난 타격을 주게 된다. 어떤 성도 가정은 자녀들은 다니던 교회에 다니도록 주일은 교통편의를 봐주고 어른들은 새 교회로 가는 경우도 보게 된다. 기쁜 마음으로 예배를 드리러 가야 할 성스러운 날인데 주일마다 이산가족이 되는 경우를 보게 된다. 이건 비극이다. 그래서 못 옮기는 가정을 보게 된다.

노부모님을 모시고 믿음생활을 한다면 상황은 더 복잡하게 된다. 부부가 마음대로 교회를 옮길 수 없기 때문이다. 노부모님은 교회의 연로하신 분들과 교회에서의 친분이나 교제는 물론이고 평일에도 대화를 자주 하시는 분들이기 때문에 전혀 옮길 생각을 하지 않는다는 것을 알아야 한다. 새로운 곳으로 가면 지금까지 사귀어 온 연로한 분들과의 인연이 끊기기 때문에 노부모를 설득하여 새 교회로 옮긴다는 것은 아예 포기하는 것이 낫다. 그래서 주일날에는 이산가족이 되는 것이다.

제6부

# 대규모구조(Macrosystem): Society
# 성도와 사회

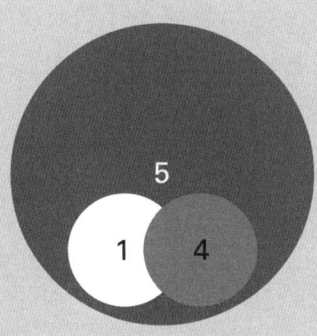

1 성도(개인)–Individual
4 성도와 사회생활–Society
5 하나님의 섭리–Providence

# 성도와 사회

"인간은 사회적 동물이다"라고 함은, 인간은 누구나 혼자 살아가는 것이 아니라 누군가와 관계를 맺으며 영향을 주고받으며 살아가게 된다는 의미이다. 인간은 태어나면서부터 부모와 인간관계를 맺고, 형제와 인간관계를 맺는다. 성장하면서 친구와 스승과 선후배와 이성과 관계를 맺으며, 사회생활을 시작하면서는 직장동료와 관계를 맺으며 생활한다. 사람이 살아간다는 것은 혼자가 아니고 다른 사람과 관계를 맺으며 살아간다는 의미이다. 그러면 성도는 어떻게 사회생활을 해야 하는가? 성경은 어떤 말씀을 하고 있는지 살펴보도록 하자.

## 1. 성도의 사회생활[47]

"외인을 향하여서는 지혜로 행하여 세월을 아끼라 너희 말을 항상 은혜 가운데서 소금으로 고르게 함같이 하라 그리하면 각 사람에게 마땅히 대답할 것을 알리라"(골 4:5-6).

"그런즉 너희가 어떻게 행할 것을 자세히 주의하여 지혜 없는 자같이 말고 오직 지혜 있는 자같이 하여 세월을 아끼라 때가 악하니라 그러므로 어리석은 자가 되지 말고 오직 주의 뜻이 무엇인가 이해하라 술 취하지 말라 이는 방탕한 것이니 오직 성령의 충만을 받으라"(엡 5:15-18).

"형제 사랑하기를 계속하고 손님 대접하기를 잊지 말라 이로써 부지중에 천사들을 대접한 이들이 있었느니라 자기도 함께 갇힌 것같이 갇힌 자를 생각하고 자기도 몸을 가졌은즉 학대 받는 자를 생각하라 모든 사람은 혼인을 귀히 여기고 침소를 더럽히지 않게 하라 음행하는 자들과 간음하는 자들을 하나님이 심

---

[47] 성경 말씀 해석은 《그랜드 종합주석》을 참조하였음을 밝힌다.

판하시리라 돈을 사랑치 말고 있는 바를 족한 줄로 알라 그가 친히 말씀하시기를 내가 과연 너희를 버리지 아니하고 과연 너희를 떠나지 아니하리라 하셨느니라 그러므로 우리가 담대히 가로되 주는 나를 돕는 자시니 내가 무서워 아니하겠노라 사람이 내게 어찌하리요 하노라"(히 13:1-6).

### 1) 골로새서 4장 5-6절
본절에서는 성도들에게 사회에서 불신자들을 향해 취해야 할 바람직한 자세를 권면하고 있다.

#### (1) 행동의 기준(골 4:5)
행동의 기준은 지혜로움이다. 지혜롭게 행동하여야 한다(엡 5:15). 성도는 일상생활에서 불신자(외인)들과 관계를 맺으며 살아간다. 성도는 세상 속에 있으면서도 세상과 짝하지 않고, 그렇다고 불신자들을 적대시하는 관계를 유지하지 않는 지혜를 가져야 한다. 평소 성도의 지혜로운 삶을 통해 불신자들을 감동시키기 위해서는 더욱 지혜로운 행동이 요구된다. 그래서 예수님은 뱀같이 지혜로울 것을 권면하셨다(마 10:16). 또한 본절은 "세월을 아끼라"고 말하고 있다(엡 5:16). 시간과 기회는 빨리 지나간다. 그러므로 시간과 기회를 잘 포착해서 많은 영혼을 주님 앞으로 인도하라는 의미이다. 성도들에게 주어진 삶의 순간들은 한편으로는 주님의 영광을 위한 것이요, 다른 한편으로는 보다 많은 영혼들을 주님께로 인도하기 위해 주어졌음을 알아야 한다.

#### (2) 언행의 기준
언행의 기준은 은혜롭고 친절함이다. 불신자들과의 일상생활에서 빈번하게 대화를 하면서 관계를 이어간다. 대화는 소통하기 위한 하나의 방법이다. 그들이 불신자이니까 악인들이라는 관념은 버려야 한다. 마음속에 이러한 잔재가 남아 있다면 언젠가는 말로 표현이 되기 때문이다. 그들에 대한 좋지 않은 관념이 잔재해 있다면 성도에게서 나오는 말은 불현듯 부정적이 될 수 있고 본의 아니게 상대방을 불쾌하게 만들 수 있다.

성도도 불신자와 같이 죄인이었음을 잊지 말아야 하며, 항상 친절하고 은혜스럽고 상냥한 목소리로 대화를 나누어야 한다. "소금으로 고루게 함같이 하라"는 말씀은, 성도들의 말 한마디가 그들에게 막대한 영향을 끼칠 수 있다는 말씀이다. 그들에게 가치를 부여하고 은혜를 끼칠 수 있게 말을 하라는 권면이다(마 5:13; 막 9:49-50).

다음과 같은 조언이 생각난다. "성격은 얼굴에서 나타나고, 본심은 태도에서 나타나며, 감정은 음성에서 나타난다. 센스는 옷차림에서 나타나고, 청결함은 머리카락에서 나타나며, 섹시함은 옷맵시에서 나타난다."

### 2) 에베소서 5장 18절

골로새서 4장 5-6절과 에베소서 5장 15-18절에서 성도에 대한 사회생활에 대한 권면이 중복되는 부분은 생략하였다.

(1) 술 취함은 허랑방탕한 생활의 증거다.

'방탕'(ἀσωτία, 아소티아)[48])은 윤리적인 면에서 '부도덕'과 '허랑방탕한 생활'(눅 15:13)을 의미하는 말이다. 당시 이교들의 윤리상태를 말해 주고 있다. 특별히 에베소에서는 신전 제사에서 술에 취하여 춤을 추었는데, 술 취함이 자랑거리로 여겨졌었다고 한다. 성경은 성도들에게 술에 취하여 방탕한 생활을 금할 것을 권면하고 있다.

(2) 한국의 술 문화

이곳 LA에서 사회생활을 하는 성도들은 한국적인 술 문화로 인해 많은 심적 어려움을 당하고 있다. 미국 계통의 회사에서는 거의 볼 수

---

48) 헬라어의 뜻을 알기 위해서는 World Biblical Commentary를 사용했음을 밝힌다.

없는 특유한 분위기가 한국계 직장에 있다. 근무시간을 마치면 여러 가지 이유를 붙여 그룹으로 저녁 친목을 위한 회식을 함께한다. 이러한 그룹 회식에 성도라고 해서 참석하지 않을 수가 없는 것이다. 참석하지 못할 경우는 과내에서 소외감을 느끼며 그룹에서 제외되는 경우가 허다하다. 회식 자리에는 필히 술이 동반된다. 술잔도 돌리며 서로 강요하여 술을 먹인다. 술잔을 돌리며 마시는 일은 위생상으로 위험천만한 일이다. B형 간염에 옮을 확률이 높다. 이 병은 평생을 고생하게 하는 병이다. 이것으로 끝이 아니다. 또 다 같이 2차로 음악실(가라오케)로 향한다. 여기서는 조금 더 고차적이다. 노래와 춤도 곁들이지만 독주에 다른 독주를 타서 '폭탄주'를 만들어 반 강제로 모두에게 강권한다. 다음 통계를 보자.

### 세계 연평균 1인당 알코올 섭취량

| 순위 | 나라 | 섭취량(리터) |
|---|---|---|
| 1 | 몰도바 | 18.22 |
| 2 | 체코 | 16.45 |
| 3 | 헝가리 | 16.27 |
| 4 | 러시아 | 15.76 |
| 5 | 우크라이나 | 15.60 |
| 13 | 한국 | 14.80 |

자료: 세계보건기구

한국인의 독주(毒酒) 섭취량이 여전히 세계 1위를 달리고 있다.[49] 세계보건기구(WHO)가 2011년 9월 14일 아제르바이잔 수도 바쿠에서 열린 'WHO 유럽 지역 회의'에서 유럽인들의 과음 행태에 대해 경고하고 나선 가운데, 맥주·포도주가 아닌 증류주 계열의 독주를 가장 많이 마시는 나라는 한국이란 사실이 새삼 다시 부각되었다.

이러한 술 문화 속에서 우리의 성도는 믿음생활을 영위해 나가야

---

49) [출처] 본 기사는 조선닷컴에서 작성된 기사이다. http://news.chosun.com/site
입력 : 2011. 09. 17.

하는 어려움이 있다. 그래서 성경은 "오직 성령의 충만을 받으라" 한다. 성령 충만을 받는 것을 단회적이 아니라 계속적으로 받으라고 권한다. 이것은 하나님의 명령이다. 이러한 명령은 하나님의 주권에 속한 것이므로 성도들은 성령 충만을 갈망하고 하나님께 계속 구해야 한다. 성령 충만케 하는 주체는 인간이 아닌 하나님이시다.

### 3) 히브리서 13장 1-6절

(1) 형제 사랑은 기독교 윤리의 핵심이다(13:1).
초대교회의 특징은 그리스도 안에서 서로를 뜨겁게 사랑하는 형제애의 실천이었다(행 2:44-47). '사랑'은 기독교 윤리의 대강령이다(마 22:36-40).

> "선생님이여 율법 중에 어느 계명이 크니이까 예수께서 가라사대 네 마음을 다하고 목숨을 다하고 뜻을 다하여 주 너의 하나님을 사랑하라 하셨으니 이것이 크고 첫째 되는 계명이요 둘째는 그와 같으니 네 이웃을 네 몸과 같이 사랑하라 하셨으니 이 두 계명이 온 율법과 선지자의 강령이니라"

첫째는 하나님 사랑, 둘째는 내 이웃 사랑임을 말하고 있다. 좀 더 자세한 사랑에 대한 내용은 '언약', '옛 계명'과 '새 언약'을 참조하라.

(2) 손님 대접은 기독교인의 덕목이다(13:2).
손님을 접대하기를 힘쓰라는 것은 구약 율법에도 규정되어 있는 덕목이다(신 10:18-19). 고대사회에서는 숙박 시설이 미비했었다. 고대사회에서는 나그네나 손님을 잘 대접하는 것이 크나큰 미풍양속이었다고 한다. 손님 접대는 이웃을 네 몸과 같이 사랑하라는 주님의 명령(마 22:39)에 대한 말씀 실천의 가장 작은 부분에 불과하다. 소자 한 사람에게 냉수 한 그릇을 주는 것으로 시작해(마 10:42) 낯선 이웃에게 온정을 베푸는 것은 모든 성도가 그리스도의 사랑을 좇아 실천해야 하는 기독교 덕목의 하나일 것이다. 성도들은 다음의 성경 말씀을 기억하기 바란다.

> "주라 그리하면 너희에게 줄 것이니 곧 후히 되어 누르고 흔들어 넘치도록 하여 너희에게 안겨 주리라 너희의 헤아리는 그 헤아림으로 너희도 헤아림을 도로 받을 것이니라"(눅 6:38).

사회생활을 하다 보면 대접을 받기도 하고 대접하기도 한다. 유의할 점은 대접을 받기만 해서는 안 된다. 상대방의 마음을 얻기 위해서는 먼저 대접하라. 마음 문을 열고 그를 진심으로 대접하라. 그러면 상대방이 당신을 기억할 것이다.

(3) 나눔의 삶은 사랑의 실천이다(13:3).

나눔의 삶은 '성도의 삶'에서 자세히 다루었다. 참고하기 바란다.

(4) 음행을 피하라. 하나님이 심판하신다(13:4).

음행은 모든 사람이 조심해야 하는 죄악이다. 바울은 "음행을 피하라 사람이 범하는 죄마다 몸 밖에 있거니와 음행하는 자는 자기 몸에게 죄를 범하느니라"(고전 6:18)고 경고하고 있다. '침소'라는 말은 원래 '잠자리'를 의미하지만 여기서는 '결혼한 부부들이 동침하는 것'을 뜻한다. 남녀가 정당한 결혼을 하지 않고서 서로 잠자리를 같이하는 일은 하나님이 제정하신 혼인제도를 어지럽히는 것인 동시에 하나님이 주신 육신을 더럽히는 죄악이다. '음행'이란 성적 방종 행위나 결혼하지 않은 자들의 성행위를 뜻한다. '간음'은 결혼한 남녀가 다른 남녀와 성적 방종 행위를 하는 것을 말한다.

하나님은 모든 형태의 성 범죄를 단호히 심판하신다. 성적으로 너무나 문란한 시대에 성도들은 믿음생활을 하고 있다. 모든 미디어에 성도들의 말초신경을 자극하는 이야기들이 가득하다. 참으로 하나님 말씀대로 산다는 것이 매우 힘든 시대이다. 성경은 단호하게 성도들에게 경고한다. 다음 말씀을 상기하자.

"불의한 자가 하나님의 나라를 유업으로 받지 못할 줄을 알지 못하느냐 미혹을 받지 말라 음란하는 자나 우상숭배하는 자나 간음하는 자나 탐색하는 자나 남색하는 자나 도적이나 탐람하는 자나 술 취하는 자나 후욕하는 자나 토색하는 자들은 하나님의 나라를 유업으로 받지 못하리라"(고전 6:9-10).

(5) 단순성을 회복하라. 이는 하나님의 명령이다(13:5).

히브리서 기자는 인간이 가장 빠지기 쉬운 욕구인 물욕에 대하여 경고한다. 마음과 행동이 돈에 의해 좌우된다면 돈은 우리의 우상이 된다. 우선순위에서 돈이 하나님보다 먼저이기 때문이다. 바울도 돈을 멀리하라고 한다(딤전 6:10). 돈은 이 세상을 살아가는 데 필요한 유용한 수단이다. 그러나 돈이 우리의 생활 전체를 지배해서는 안 된다. 우리의 삶을 지배할 분은 하나님이라는 사실을 잊어서는 안 된다. 이 세상 사람 중에 돈을 싫어하는 사람이 어디 있겠는가? 하나님은 우리의 재물을 하늘에 쌓아 두라 말씀하신다(마 6:19-21). 돈에 대한 좀 더 자세하고 깊은 내용을 알고자 한다면 '단순성'을 읽기 바란다.

## 2. 사회에 대한 성도의 의무(롬 12:14-21)

바울은 로마서 12장 14-21절에서 사회 속에서 성도가 어떤 자세로 삶을 살아야 하는지 사회에 대한 성도의 의무를 말하고 있다.

"너희를 핍박하는 자를 축복하라 축복하고 저주하지 말라 즐거워하는 자들로 함께 즐거워하고 우는 자들로 함께 울라 서로 마음을 같이하며 높은 데 마음을 두지 말고 도리어 낮은 데 처하며 스스로 지혜 있는 체 말라 아무에게도 악으로 악을 갚지 말고 모든 사람 앞에서 선한 일을 도모하라 할 수 있거든 너희로서는 모든 사람으로 더불어 평화하라 내 사랑하는 자들아 너희가 친히 원수를 갚지 말고 진노하심에 맡기라 기록되었으되 원수 갚는 것이 내게 있으니 내가 갚으리라고 주께서 말씀하시니라 네 원수가 주리거든 먹이고 목마르거든 마시우라 그리함으로 네가 숯불을 그 머리에 쌓아 놓으리라 악에게 지지 말고 선으로 악을 이기라"

본문 자체를 이해하기 쉽게 표로 만들어 보았다.

| 1 | 핍박하는 자를 축복하라. | 14절, 벧전 3:9 | 6 | 지혜 있는 체하지 마라. | 16절, 잠 3:7 |
|---|---|---|---|---|---|
| 2 | 핍박하는 자를 위해 기도하라. | 14절, 마 5:44 | 7 | 악으로 악을 갚지 마라. | 17절, 벧전 3:9 |
| 3 | 슬픔과 기쁨을 함께 나누어라. | 15절, 잠 17:5 | 8 | 선한 일을 도모하라. | 17절, 살전 5:15 |
| 4 | 서로 마음을 같이하라. | 16절, 롬 15:5 | 9 | 화평을 도모하라. | 18절, 막 9:50 |
| 5 | 겸손하게 행하라. | 16절, 롬 11:20 | 10 | 긍휼을 베풀어라. | 20절, 잠 25:21 |

성도는 겸손해야 하며, 다른 사람의 기쁨과 슬픔을 함께하는 세상의 목회자가 되어야 하며, 원수 된 자에게까지 선을 행함으로써 그 원수조차 그리스도께 인도하는 선교사 역할을 해야 한다.

### 3. 성도와 직장 상사의 관계

#### 1) 직장 상사(리더)의 정의

'리더'라는 어휘의 사전적 의미는 '앞장서는 사람', '이끄는 사람', '인도하는 사람', '선두에 서는 사람'으로 나와 있다. 요즘 세상에서는 '리더'라는 어휘보다 '리더십'이라는 어휘가 더 널리 쓰이고 있다. 이 의미에는 사람보다는 그 사람의 능력을 더 중요시한다는 의미가 포함되어 있다. 현실에서의 리더십은 다른 사람들보다 앞서 있는 것을 요구하기보다는 남보다 앞서 가는 사람을 요구하는 경향이다. 대원들보다 훨씬 앞서가기보다는 불러서 들을 수 있는 거리, 그냥 조금 앞서서 거리를 조절하며 나아가는 그러한 사람을 말한다.

한국사회에서는 '직책'이 바로 '리더'라 생각한다. 그 직책을 얻기 위해 부단한 노력을 한다. 일반 직원보다는 '팀장' 혹은 '과장', 과장보다는 '부장' 등의 직책을 얻기 위해 부단한 노력을 한다.

사회에서는 변칙이 따르게 마련이다. 부단한 노력에 의해 직책이 변경되는 것이 아니라 심심치 않게 '낙하산'이라는 인사가 있다. 부단한 노력 없이 윗선에서 "오늘부터는 이분이 당신의 리더다"라고 하명하는 경우도 허다하다. 사실 이러한 것들보다 진실로 순수한 리더는 남보다 '앞선 생각'을 하는 사람보다도 비전(vision)을 가진 사람이 리더인 것이다. 현실의 비현실적인 인사를 탓하기보다 자신의 비전을 가진 사람, 창조적인 생각을 소유한 사람이 현재의 리더라 할 수 있다.

### 2) 리더의 자격

여기에서 논하는 리더는 성도가 사회생활하는 동안 만나게 되는 리더이다. 교회 공동체에서 말하는 영적 리더는 여기에서는 제외된다. 사회생활을 하는 동안 영적인 리더를 만난다면 얼마나 살맛 날 것인가? 훌륭한 리더와 함께 직장생활을 한다는 것은 행복 그 자체이다. 50여 년 직장생활을 하는 동안 여러 성품을 가진 리더들과 생활을 했다. 그 가운데 그들이 소유했던 자격, 그들이 소유해야만 하는 자격을 몇 가지 논하고자 한다. 그러나 각자가 실생활에서 만난 리더들의 자격은 나름대로 다를 수 있음을 밝혀 둔다.

#### (1) 경청할 줄 아는 리더

상대방의 말을 경청한다는 것은 상대방의 인격을 존중한다는 의미이다. 마음 문을 활짝 열고 눈높이를 맞추고 귀를 기울여서 듣는 모습이다. 그는 열린 마음으로 듣는다. 자기 말은 마지막에 한다. 성경 말씀을 인용하면, "내 사랑하는 형제들아 너희가 알거니와 사람마다 듣기는 속히 하고 말하기는 더디 하며 성내기도 더디 하라"(약 1:19), "사연을 듣기 전에 대답하는 자는 미련하여 욕을 당하느니라"(잠 18:13)와 같이 경청을 중요시한다.

(2) 공정성과 정직성의 소유자

리더는 자신을 위해 일하는 직원들의 능력을 있는 그대로 정확하게 인식하는 공정성의 소유자여야 한다. 자기의 주관이나 의견이 들어간다면 부하직원들의 능력 평가는 공정할 수 없다. 개인 감정에 치우치면 공정성을 잃게 된다. 자신의 의견은 선택(option)으로 남겨 놓아야 한다. 정직성은 인생에 있어서 가장 기초적인 가치(value)이다. 이는 상대방이 정직하건 거짓이건 상관없이 자신이 가지는 기본 가치이다. 직원 앞에서 평가한 내용과 자신이 자기 보스에게 보고할 때 또 다른 내용으로 자신의 직원에 대한 평가를 보고한다면 이는 이중(二重)평가이기에 믿을 수 없는 리더가 된다. 이러한 이중성은 오래 버티지 못하게 하고 신임을 상실하게 하는 요인이 된다. 이러한 이중성을 소유한 리더는 우리 주변에 허다하다. 그러나 평가서를 정정하여 직원에게 불리한 평가서를 보스에게 보고한 내용은 어찌된 노릇인지 돌고 돌아서 당사자의 귀에 들어가기 마련이다. 좀 시간이 걸리는 것뿐이다. 이런 때 그런 리더에 대한 실망감은 이루 형언할 수 없다. 이것은 필자가 직접 겪은 내용임을 밝힌다. 이러한 이중적인 리더는 얼마 못 가서 학교에서 퇴출되었다. 그러나 공정성과 정직함을 소유한 리더는 부하들로부터 신임과 존경을 받는 리더일 것이다.

(3) 풍부한 경험을 소유한 리더

필자가 보잉사에 입사할 때는 새내기 어린 엔지니어였다. 한 리더 밑에는 40여 명의 엔지니어들이 일하고 있던 시절이었는데, 새내기인 필자에게 또 다른 한 엔지니어와 같이 일하라고 명령했다. 이분이 필자의 직접적인 리더가 되었다. 후에 알았지만 이분은 15년의 경험이 있어 나를 이끌 만한 분이셨다. 이분은 인공위성 분야에서만 15년의 경험을 가진 정말로 엄청난 경험의 소유자였고, 뛰어난 이론이 뒷받침된 매우 박식한 분이었다. 이분의 도움을 받으며 시작한 새로운 미국에서의 직장생활은 매일매일 신나는 날들이었다. 지금 생각해 보면 훌륭하고 경험 많은 리더를 만난 것은 엄청난 행운이었다.

(4) 훌륭한 태도의 소유자

태도는 마음속의 느낌이 겉으로 표현된 것이다. 겸손한 태도는 그의 마음속에 겸손이 항상 자리 잡고 있기 때문이고, 오만불손한 태도를 가진 사람은 그 마음속에 항상 뒤틀린 오만과 불평 투성이인 무엇인가를 가지고 살기 때문에 비틀어진 마음이 밖으로 표현되는 것이다. 현재의 삶은 지금까지의 태도에 의해 만들어진 것이다. 미래 역시 지금의 태도에 의해 결정적인 영향을 받게 된다. 훌륭한 태도를 소유한 리더는 항상 부하직원들로부터 선망의 대상이며 존경의 대상이 된다. 부하직원들은 무엇인가를 자기 리더를 위해 해주고 싶은 마음의 충동을 느낀다. 훌륭한 태도를 소유한 리더와 같은 그룹에서 일하는 그룹은 항상 향상된 결과와 일체감을 느끼는 소그룹이 된다.

(5) 신뢰할 수 있는 리더[50]

《칭찬은 고래도 춤추게 한다》의 저자 켄 블랜차드(Ken Blanchard, 70) 박사는 "21세기 기업 환경에서 진정한 경쟁력은 오직 CEO와 직원들 간의 신뢰관계"라고 말했다. 그는 "경쟁기업이 절대로 모방하거나 빼앗아 갈 수 없는 것이 CEO와 직원들 간의 신뢰이며, 신뢰를 바탕으로 품질·가격·마케팅·물류에서 새 전략을 개발하면 아무도 이 기업을 추격

---

50) [출처] 본 기사는 조선닷컴에서 작성된 기사이다. 《칭찬은 고래도 춤추게 한다》의 저자 켄 블랜차드 인터뷰. 김종호 기자.

할 수 없게 될 것"이라며, "신뢰 관계가 쌓이려면 CEO의 리더십이 가장 중요하다"고 강조했다.

CEO가 강력한 리더십을 발휘하려면 CEO와 직원들 간에 신뢰가 있어야 하고 그 다음으로는 비전이다. "가장 먼저 확실한 비전을 제시해야 한다. 리더의 비전은 조직의 나침반이다. 확고한 비전은 조직원 모두의 에너지를 한 방향으로 결집시켜 강력한 조직을 만들어준다. 강력한 비전에 꼭 담겨야 할 요소가 3가지 있다. 의미 있는 목적과 미래의 청사진, 분명한 가치가 그것이다."

고객을 감동시키려면 고객과 직접 만나는 직원들의 역할이 중요하다. "맞다. 범고래가 관객을 감동시키는 이유는 조련사가 범고래 한 마리 한 마리와 신뢰와 우정을 쌓았기 때문이다. 기업 역시 고객을 감동시키려면 고객과의 접점에 있는 직원을 신뢰해야 한다. 그 징표가 바로 권한 위임이다. 신뢰의 기반 위에 선 권한 위임은 믿기 힘든 일을 이뤄낸다."

"거대한 범고래를 조련할 때 가장 중요한 것은 조련사가 고래와 신뢰 관계를 쌓는 것이다. 조련사가 원하는 행동을 고래가 보여줄 때 크게 칭찬해 주는 것은 쉽다. 중요한 것은 고래가 잘못된 행동을 했을 때에도 조련사는 절대 화를 내서는 안 된다는 것이다. 이렇게 말하면 대부분 사람들은 '부하 직원이 일을 망쳐 놓았을 때 이를 못 본 척하고 넘어갈 수는 없다'고 말한다. 하지만 다시 생각해 보자. 잘못을 저지른 직원에게 경고하는 것이 과연 직장에서 신뢰 관계를 쌓는 방법이 될까? 이때에는 부하 직원이 잘해 낼 수 있을 때까지 기회를 주거나, 부하 직원이 잘할 수 있는 일을 맡기는 식으로 상황을 '전환'시키는 일이 중요하다."

### 3) 성도와 직장 리더의 관계(직장에서 살아남는 법)

성도와 직장 리더의 관계는 성경 여러 곳에서 발견할 수 있다. 다음 세 곳에 있는 말씀을 묵상하며 의미를 발견하자.

"종들아 두려워하고 떨며 성실한 마음으로 육체의 상전에게 순종하기를 그리스도께 하듯 하여 눈가림만 하여 사람을 기쁘게 하는 자처럼 하지 말고 그리스도의 종들처럼 마음으로 하나님의 뜻을 행하여 단 마음으로 섬기기를 주께 하듯 하고 사람들에게 하듯 하지 말라 이는 각 사람이 무슨 선을 행하든지 종이나 자유하는 자나 주에게 그대로 받을 줄을 앎이니라 상전들아 너희도 저희에게 이와 같이 하고 공갈을 그치라 이는 저희와 너희의 상전이 하늘에 계시고 그에게는 외모로 사람을 취하는 일이 없는 줄 너희가 앎이니라"(엡 6:5-9).

이 본문의 말씀은 성실함으로 두 사람의 관계가 이루어져야 한다고 말하고 있다.

(1) 성실함으로 관계를 맺어라.

요셉의 예를 들어 보자.[51] 성경에서 가장 성공한 사람의 경우를 한번 생각해 보면 좋겠다는 생각이 들었다. 창세기에 나오는 요셉이 그런 사람이다. 요셉의 이야기는 너무나 잘 알려져 있다. 성경에 나오는 인물 중에서 요셉은 가장 성공한 사람 중 하나이며, 따라서 요셉의 이야기를 통해 성공의 비결을 찾으려는 사람들이 많이 있다. 하지만 그것은 오해다. 요셉은 성공을 위해 분투한 사람이 아니었다. 요셉은 어릴 적에 꿈을 많이 꾸었다. 그리고 그 꿈은 뭔가 심상치 않은 미래를 예견하게 해주었다. 하지만 그것은 요셉이 적극적으로 추구한 꿈이 아니었다. 요셉의 이야기를 읽어 보면, 뭔가 큰 목표를 세우고 그 목표를 이루기 위해 고군분투한 사람이 아니었음을 알 수 있다. 대제국 이집트의 총리가 되는 꿈은 요셉의 마음 어디에도 있지 않았다. 그렇기 때문에 요셉의 이야기를 성공의 이야기로 읽는다면 잘못 읽은 것이라 할 수 있다.

요셉은 자신에게 주어지는 일에 전심을 다하고 진실했던 사람이다. 그가 위대한 이유는 불굴의 투지로써 '성공신화'를 이루었기 때문이 아

---

51) [출처] 인내에 관한 예화 모음, 작성자 고야, 인내에 관한 예화 모음. 인내, 기다림, 이기심, 자기중심. / 예화. 2011. 5. 27

니라, 삶의 우여곡절에도 불구하고 '성실신화'를 이루었기 때문이다. 그 태도가 결국 그를 이집트의 총리로 만든 것이다. 그는 보디발의 집에 노예로 팔려갔을 때에도 노예의 일에 성실했다. 노예의 일이 어떤 것인지 알지 않는가? 사람이라면 노예가 하는 그런 허드렛일을 즐길 사람은 아무도 없을 것이다. 요셉은 형들의 미움 때문에 남의 나라에 노예로 팔려온 자신의 신세를 한탄하고 세월을 흘려 보낼 수도 있었다. 열 사람이면 여덟은 그렇게 했을 것이다. 하지만 그는 그렇게 하지 않았다. 노예 신분을 벗어나기 위해 음모를 꾸미지도 않았다. 노예로서 어떻게든 잘 먹고 잘살아 보기 위해 머리를 짜내지도 않았다. 그는 다만 노예로서 자신에게 주어지는 일에 정성을 다했다. 그러한 삶의 태도가 지속되자 집주인 보디발이 그에게 모든 것을 맡겼다.

보디발의 집에서 요셉이 전성기를 구가할 때 주인의 부인이 그를 유혹했다. 한 번이 아니라 지속적으로 유혹을 했다. 만일, 인생 역전을 꿈꾼 사람이었다면 그 유혹을 이용할 음모를 꾸몄을 것이다. 따지고 보면 얼마나 기가 막힌 기회인가? 호박이 넝쿨째 굴러들어온 것 아닌가? 그 유혹을 받아들이고, 그 부인을 통해서 뭔가 모사를 도모할 절호의 기회를 얻을 수도 있었다. 야심 있는 청년이라면 그 부인이 자신을 유혹하기까지 기다리지 않고 자신이 그 부인을 유혹할 계책을 꾸몄을 것이다. 하지만 요셉은 자신을 믿어 준 주인을 배신할 수 없었다. 또한 노예로서 자신의 신분에 어긋나는 일을 해서는 안 된다고 믿었다. 그래서 그는 그 유혹을 뿌리쳤고, 결국 미움을 받아 감옥에 갇혔다.

감옥에 떨어졌을 때, 그도 사람인 이상 어찌 낙심되지 않았겠는가? 하지만 그는 금세 마음을 수습하여 자신이 처한 상황에 성실했다. 더이상 아무런 희망이 없어 보이는 상황에 떨어졌지만 그는 자신에게 주어지는 일에 성실했다. 아무리 보잘것없어 보여도 그 일에 정성을 다했다. 그로 인해 간수들의 신임을 얻게 되었다. 성실성은 그의 변함없는 삶의 태도였다. 그렇게 일관되게 성실했을 때, 간수의 마음이 동했던 것이다.

물론 요셉의 성실성이 항상 그에게 이롭게 작용한 것은 아니다. 그는 성실성 때문에 감옥에 떨어졌다. 지금이나 옛날이나 진실이 언제나 먹히고 성실성이 언제나 먹히는 세상이 아니다. 오히려 성실하게 살다가 손해를 보고 불이익을 당하는 경우가 더 많다. 하지만 요셉은 성공하기 위해 성실을 택한 것이 아니다. 성공하지 못하더라도 그것이 바른 길이므로 성실을 택했던 것이다.

그는 마침내 성실성을 통해 이집트의 총리에 오르지만 그것이 그의 목적은 아니었다. 총리가 되었을 때 그는 '아, 내가 드디어 성공을 이루었다!'고 만세 부르지 않았다. 만일 그것이 목적이었다면 그는 총리가 된 다음에 필경 부패하고 타락했을 것이다. 그의 목적은 성실성이었다. 그래서 총리가 된 다음에도 그는 일관되게 성실할 수 있었다. 그는 성실하게 살아서 성공한 것이 아니라 성실하게 사는 데에 성공했다. 이것이 요셉의 성공 이야기이다.

하나님에 대한 신앙 안에서만 성실함을 찾을 수 있다. 그렇다면 요셉은 어떻게 그렇게 일관되게 성실할 수 있었을까? 그 일관된 성실성의 이유를, 필자는 그의 하나님에 대한 신앙으로밖에는 찾을 길이 없음을 알게 되었다. 사실, 하나님께 대한 믿음이 아니고는 성실함으로 삶을 일관하기란 거의 불가능한 일이다. 하나님께서 나를 지켜보고 계시며, 하나님께서 진실할 것을 기대하시며, 하나님께서 작은 일에 충성하기를 바라시며, 그렇게 살아가는 나를 하나님께서 지키시고 인도하시리라는 믿음이 없이는 그렇게 일관되게 살아갈 수가 없다.

하나님을 진실로 믿는다면, 그 믿음이 진실하다면, 그리고 그 믿음이 살아 있다면 마땅히 성실해질 수밖에 없다. 진실하게 된다. 자신에게 주어진 일에 충성하게 된다. 이렇게 산다고 해서 늘 만사형통하고 늘 성공하는 것은 아니다. 하지만 장담할 것이 하나 있다. 그렇게 사는 사람은 늘 하나님과 함께 있게 된다. 하나님과 함께 있는 한 어떤 일이 일어나더라도 성공한 것이며, 하나님을 떠나 있는 한 그 어떤 일을 이룬다 해도 성공했다고 할 수 없다. 바로 그런 까닭에 성경에서는 "성공하라!"고 말하지 않고, "성실하라!"고 말하고 있는 것이다.

"사환들아 범사에 두려워함으로 주인들에게 순복하되 선하고 관용하는 자들에게만 아니라 또한 까다로운 자들에게도 그리하라 애매히 고난을 받아도 하나님을 생각함으로 슬픔을 참으면 이는 아름다우나 죄가 있어 매를 맞고 참으면 무슨 칭찬이 있으리요 오직 선을 행함으로 고난을 받고 참으면 이는 하나님 앞에 아름다우니라"(벧전 2:18-20).

성실한 사람에 대한 비평이 없는 것은 아니다. 다음 글이 생각나서 올린다.

> 성실한 사람은 운명이 궁핍하다.[52]
> 성실한 사람은 쉽게 폄하당한다.
> 성실한 사람은 남에게 기만당한다.
> 성실한 사람은 쉽게 인정받지 못한다.
> 성실한 사람은 연약하다.
> 성실한 사람은 친구가 적다.
> 성실한 사람은 고독하다.
> 성실한 사람은 돈 벌기가 어렵다.
> 성실한 사람은 불만이 많다.
> 성실한 사람은 오해받기 쉽다.

세상 사람들이 이와 같이 성실한 사람을 비평한다 하더라도 우리는 하나님의 말씀에 따라 성실해야 한다. 이것이 직장 생활에서 살아남는 방법이다.

---

52) [출처] 힘나라-좋은글, 좋은사람, http://www.himnara.net/ bbs/board.php?bo_table=x02&wr_id=17

(2) 순종과 인내함으로 관계를 맺어라.

### 슈바이처 박사의 이야기[53]

슈바이처 박사는 유명한 오르간 연주자이고 철학자이고 과학자이고 의사이고 또한 유명한 설교자였다. 그러나 그의 생애는 찬란한 조명 아래에서가 아니라 어둡고 미개한 아프리카에서 끝을 맺게 되었다. 그가 아프리카로 갈 때 주위의 많은 사람들이 그를 붙잡았다. 만일 그가 그곳에 남아 있었더라면, 그저 평범한 한 시대의 지식인으로서 인생을 마쳤을 것이다. 그 많은 환호와 추앙, 재물을 포기하고 혜택 받지 못한 곳으로 가기는 결코 쉽지 않았을 것이다. 그러나 그의 전도 장소는 아프리카였다. 그곳에 가서야 그의 삶은 빛을 발했고, 비로소 인류의 위인이 되었고, 봉사하는 삶을 완성할 수가 있었던 것이다. 여러분을 향한 하나님의 계획이 있다. 하나님께서 섭리를 이루시기 위해 여러분을 언제, 어디로 인도하시든지 간에 순종하며 따를 수 있는 믿음을 갖도록 노력하자.

### 링컨 대통령 이야기[54]

링컨 대통령에게는 정적이 많았지만 에드윈 스탠톤같이 험한 사람도 없었다고 한다. 그는 링컨이 무슨 정책을 내놓기만 하면 사사건건 물고 늘어졌을 뿐만 아니라 '저질광대'라고 공격하곤 했다. 스탠톤은 어느 날 탐험가 차일루에게 "고릴라를 잡으러 아프리카로 가는 것은 참으로 어리석은 일이다. 진짜 고릴라는 바로 여기 스프링필드에 있다는 것을 알아야 한다"라고 말함으로써 링컨의 털보 얼굴을 보고 '미련한 고릴라'로 별명을 붙이기도 했다.

링컨은 이런 저런 비난과 중상을 다 당하고 있으면서도 단 한마디도

---

53) [출처] 인내에 관한 예화 모음|작성자 고야, 인내에 관한 예화 모음. 인내, 기다림, 이기심, 자기중심, / 예화. 2011.05.27
54) Ibid.

대꾸한 적이 없었다. 그런데 링컨이 대통령이 되고 남북전쟁이 발발했을 때, 링컨은 이 골칫덩어리인 정적을 국방장관으로 기용하여 전쟁을 승리로 이끌었다. 주변 사람들이 의아해하며 취소할 것을 종용하였지만 링컨은 "내 판단으로는 이 시대에 이 전쟁을 승리로 이끌 사람은 그 사람이라고 확신한다"며 그를 임명하여 그 위대한 노예해방 전쟁을 승리로 이끌었던 것이다. 그로부터 얼마 후 워싱턴에 있는 워너극장에서 괴한의 총탄에 맞아 쓰러졌을 때 동석했던 스탠톤은 모두가 총성을 피하는 가운데 맨 먼저 쓰러진 링컨에게로 뛰어갔고 조용히 눈물을 흘리면서 끝까지 링컨의 시신을 지켰다. 그는 말없이 눈물을 흘리면서 조용히 말하기를 "이 세계 역사에서 가장 위대한 정치가가 여기에 누워있다"라고 했다고 한다. 사랑의 인내는 모든 것을 정복하고야 만다.

(3) 리더를 공경함으로 관계를 맺어라.

"무릇 멍에 아래 있는 종들은 자기 상전들을 범사에 마땅히 공경할 자로 알지니 이는 하나님의 이름과 교훈으로 훼방을 받지 않게 하려 함이라 믿는 상전이 있는 자들은 그 상전을 형제라고 경히 여기지 말고 더 잘 섬기게 하라 이는 유익을 받는 자들이 믿는 자요 사랑을 받는 자임이니라 너는 이것들을 가르치고 권하라"(딤전 6:1-2).

그리스도를 믿는 자들이 어떠한 삶의 자세를 지녀야 할 것인가에 대해 가르치고 있다. 사회 구조와 제도상 여전히 어떠한 공동체라도 상하 관계는 존속한다. 그러므로 윗사람에게 대한 아랫사람의 마땅한 태도와 아랫사람에 대한 윗사람의 마땅한 태도에 관한 바울의 가르침은 모든 시대, 모든 사람에게 해당되는 교훈이다. 성도들은 자신에게 주어진 일을 열심히 하여 불신자들의 본이 되어야 한다. 아무리 어렵고 힘든 상황에 처한다 하더라도 하나님께 감사하며 육적인 주인을 섬김에 있어서도 눈가림으로 할 것이 아니라 진실되게 해야 한다는 것을 본절은 말하고 있다. 또한 리더를 기쁜 마음으로 받들어 모실 수 있어야 한다고 바울은 말하고 있다.

### 4) 성경에서 제시하는 성도와 리더의 바른 자세(종합)

| 1 | 성실함으로 관계를 맺어라. | 엡 6:5-9 |
|---|---|---|
| 2 | 순종과 인내함으로 관계를 맺어라. | 벧전 2:18-20 |
| 3 | 리더가 믿는 형제라고 경히 여기지 말라. | 딤전 6:1-2 |
| 4 | 나태해지지 말고 더욱 성실히 섬기라. | 딤전 6:1-2 |
| 5 | 형제가 유익하게 됨을 기쁘게 여기라. | 딤전 6:1-2 |
| 6 | 범사에 공경하는 마음으로 섬기라. | 딤전 6:1-2 |
| 7 | 리더의 결점에 대해 비방하지 말라. | 민 12:2 |
| 8 | 공적인 일에 사적인 감정이 개입되지 않게 하라. | 삼상 24:1-11 |
| 9 | 리더의 일에 무조건 불평하지 말고 잠잠히 이해하려고 하라. | 왕하 2:3, 5 |
| 10 | 리더가 잘못된 길로 나갈 경우 겸손한 말로 깨닫게 하라. | 대상 21:1-3 |
| 11 | 불상사가 있어도 믿음의 친분관계는 손상되지 않도록 주의하라. | 몬 1:14 |
| 12 | 리더에 대한 바른 섬김으로 하나님께 영광이 돌아가도록 하라. | 딤전 6:1 |

### 5) 직장에서 처신 잘하기(눅 16:1-13)

"또한 제자들에게 이르시되 어떤 부자에게 청지기가 있는데 그가 주인의 소유를 허비한다는 말이 그 주인에게 들린지라 주인이 저를 불러 가로되 내가 네게 대하여 들은 이 말이 어찜이뇨 네 보던 일을 셈하라 청지기 사무를 계속하지 못하리라 하니 청지기가 속으로 이르되 주인이 내 직분을 빼앗으니 내가 무엇을 할꼬 땅을 파자니 힘이 없고 빌어먹자니 부끄럽구나 내가 할 일을 알았도다 이렇게 하면 직분을 빼앗긴 후에 저희가 나를 자기 집으로 영접하리라 하고 주인에게 빚진 자를 낱낱이 불러다가 먼저 온 자에게 이르되 네가 내 주인에게 얼마나 졌느뇨 말하되 기름 백 말이니이다 가로되 여기 네 증서를 가지고 빨리 앉아 오십이라 쓰라 하고 또 다른 이에게 이르되 너는 얼마나 졌느뇨 가로되 밀 백 석이니이다 이르되 여기 네 증서를 가지고 팔십이라 쓰라 하였는지라 주인이 이 옳지 않은 청지기가 일을 지혜 있게 하였으므로 칭찬하였으니 이 세대의 아들들이 자기 시대에 있어서는 빛의 아들들보다 더 지혜로움이니라 내가 너희에게 말하노니 불의의 재물로 친구를 사귀라 그리하면 없어질 때에 저희가 영원한 처소로 너희를 영접하리라 지극히 작은 것에 충성된 자는 큰 것에도 충성되고 지극히 작은 것에 불의한 자는 큰 것에도 불의하니라 너희가 만일 불의한 재물에 충성치 아니하면 누가 참된 것으로 너희에게 맡기겠느냐 너희가 만일 남의 것에 충성치 아니하면 누가 너희의 것을 너희에게 주겠느냐 집 하인이 두 주인을 섬길 수 없나니 혹 이를 미워하고 저를 사랑하거나 혹 이를 중히 여기고 저를 경히 여길 것임이니라 너희가 하나님과 재물을 겸하여 섬길 수 없느니라"

본절에서는 '불의한 청지기 비유'를 말씀하고 있다. 본문에 나타난 불의한 청지기는 세상의 아들들과 마찬가지로 자신의 유익과 안녕을 추구하는 자였다. 낭비가 심한 청지기는 주인으로부터 해고 통고를 받고 수완을 발휘하여 자기에게 유익이 되도록 조치를 취했다. 이 불의한 청지기는 주인의 채무자들의 문서를 고쳐쓰게 하여 그 빚을 반감해 주었다(5-7절). 이는 채무자들에게 선심을 사서 자기의 살길을 찾기 위한 불의한 청지기의 의도였다(3-4절). 그런데 비유를 보면 주인은 불의한 청지기의 행위를 칭찬했다고 말하고 있다(8절). 예수님이 이러한 비유를 하신 이유는 주인의 재산을 남용한 불의한 청지기의 부도덕성, 악한 방법을 따르라는 것이 아니다. 이는 세상의 아들들이 자신의 유익을 위해 빈틈없이 준비하는 것처럼 빛의 아들들도 하나님 나라를 최우선적 목표로 여기고 최선을 다해 준비해야 한다는 것을 교훈하신 것이다.

이러한 교훈을 현재 성도들이 다니고 있는 직장 공동체에서 최선을 다해 준비해야 한다는 교훈으로 삼는다면 너무 비약한 것은 아니라고 본다. 자신이 속한 직장에서 최선을 다하는 것은 성도로서 취해야 할 기본이 될 것이다.

기업 컨설턴트로 사업하고 있는 신시아 샤피로(Cynthia Shapiro)의 저서 《회사가 당신에게 알려 주지 않는 50가지 비밀》에서 필자가 이해하고 동의하는 충고를, 성도들의 사회생활에 조금이나마 도움이 되기를 바라며 간추려 몇 가지만 옮긴다.

### 6) 회사가 당신에게 알려 주지 않는 50가지[55]

- 신시아 샤피로가 말하는 "회사가 당신에게 알려주지 않는 50가지" 중에서 몇 가지를 간추려 본다.

- 법은 당신을 지켜 주지 못한다.

인력개발팀의 주요 비밀 임무 중 하나는 회사를 법적으로 보호하면서 원치 않는 직원을 제거하는 것이다. 회사는 해당 직원이 무엇을 잘못했는지 또는 무엇이 문제인지 절대로 말해 주지 않고 그를 조용히 제거한다. 해고를 직접적으로 말하는 건 법적으로 너무 위험하기 때문이다. 흔히 쓰는 방법으로 스스로 나가게 하는 것과 부당해고 합법화하기 2가지가 있다.

- 당신의 입지가 위태로워져도 아무도 이야기해주지 않는다.

해고당할 만큼 중대한 실수를 저지르고도 당신은 그 사실을 전혀 모를 수 있다. 많은 직장인들이 상사나 사장이 지적해 주지 않아 중대한 실수를 반복한다. 인력개발팀 담당자나 임원들은 직원들이 무엇을 잘못했는지, 그들의 어떤 점이 직장생활에 치명적인지 말하지 말라는 교육을 받는다. 그렇게 지켜보다가 회사는 실수를 저지른 직원을 제 발로 나가게 유도하거나 다음 구조조정 명단에 이름을 올린다.

---

[55] 신시아 샤피로(Cynthia Shapiro), 《회사가 당신에게 알려주지 않는 50가지 비밀》, 공혜진 역 (서울: 서돌출판가, 2007). 신시아 샤피로는 미국 대기업에서 인력개발팀장과 부사장직을 역임하며 회사의 비밀 규범과 전략을 관리하는 업무를 맡아 왔다. 현재는 기업 컨설턴트로서 신생 기업부터 미국 포춘지 선정 100대 기업에 이르기까지, 각 조직의 고용주와 경영자 뿐만 아니라 관리자들과 일반 직원들에게 조언을 해주고 있다. 이 내용을 간추린 분은 오드리 부장선생이다(ok@successkorea.com).

- 능력이 뛰어나다고 해서 안전한 것은 아니다.

능력이 뛰어나고 열심히 일한다고 해서 안전할 거라고 믿는 것은 잘못이다. 임원들이나 인력개발팀은 해고사유를 사실대로 말하기보다는 '능력'을 들먹이도록 교육받는다. 능력은 매우 주관적인 기준이므로 해당 직원의 능력이 '회사가 요구하는 것과 차이가 있다'는 이유를 대면 법적인 소송에 휘말릴 확률이 줄어든다. 우선은 고용주의 눈으로 자신을 바라볼 줄 알아야 한다. 외부시각에서 볼 때 당신은 전체 행렬에서 얼마나 떨어져 있는가? 이 외부 시각이 당신이 직장에서 안전한가를 재는 척도이다. 능력이 뛰어나고 회사에 큰 이익을 남겨 준 수많은 직장인들이 오늘도 밀려나고 있다. 회사가 신뢰할 수 없는 위험한 직원으로 낙인찍혔기 때문이다. 누구나 능력은 키울 수 있다. 회사는 그 이상의 것을 요구한다. 회사가 가치를 두는 것에 적극 동참하는 직원을 원하는 것이다.

- 나이 차별은 엄연히 존재하며, 거기에는 이유가 있다.

나이는 승진, 연봉, 정리해고 대상자를 결정할 때 영향을 준다. 물론 나이 때문이라는 이유보다는 조직개편이나 조기퇴직, 구조조정 등의 사유를 댈 것이다. 회사가 나이 많은 직원들이 떠난 자리를 젊은 직원들로 채우는 것은 매우 익숙한 일이다. 그런데 정말 중요한 것은 직원의 실제 나이가 아니라 '몇 살처럼 보이고 몇 살처럼 행동하는가'이다. 자기 연령의 부정적인 인식을 불식시키고 긍정적인 속성을 십분 발휘한다면 나이는 직장생활에 큰 영향을 미치지 않는다.

- 나이가 어린 직원

어리고 미성숙해 보이는 외모는 마이너스다. 지나칠 정도로 책임감이 강한 모습을 보여라. 열정적인 제안(무한정한 에너지 방출)이 위협으로 느껴질 수 있다. 회사는 열정을 사랑하지만 그 밖의 모든 것은 두려워한다.

- 나이가 많은 직원

건강한 모습을 보여라. 시대의 흐름을 놓치지 마라. 긍정적인 이미지를 창출하라.

- 너무 똑똑한 체하는 것은 똑똑한 짓이 아니다.

많은 직원들이 똑똑해서 채용되었다고 생각한다. 그래서 자신의 능력을 보여주려는 의욕에 온갖 아이디어와 제안들을 쏟아낸다. 회의석상에서 상사의 잘못을 지적하고, 더 나은 방법과 향상된 업무방식을 제안하는 프리젠테이션을 한다. 문제는 신임을 얻기 전에 이런 행동을 한다는 데 있다. 이런 행동은 자칫하면 회사에 대한 비난으로밖에 들리지 않는다. 회사는 직원이 회사에 존경심을 보이기 전에 똑똑한 체하는 것을 원하지 않는다. 의도가 아무리 좋아도 그건 중요하지 않다. 먼저 회사와 상사에 대한 존경심을 보이지 않으면 상사는 당신을 위협적인 존재로 느끼고, 회사는 당신을 방해요소로 인식한다. 반드시 기억해야 할 것은 누가 자신의 운명을 쥐고 있는가 하는 것이다. 당신이 얼마나 똑똑한지 증명하기 위해 상사에게 돌아갈 스포트라이트를 낚아채지 마라. 상사는 당신의 승진문제가 거론될 때 머리를 끄덕여 주는 사람이다. 그가 머리를 끄덕이지 않으면 당신은 위로 올라가지 못한다. 당신의 능력은 자신의 야망이 아니라 상사를 돕는 데 써야 한다.

- 상사에게 당신의 능력을 안전하게 보여주는 방법

당신의 의견을 물을 때만 견해를 제시하라. 문제를 제기하거나 잘못된 점을 지적하지 마라. 긍정적인 해결책만을 제시하라. 상사가 당신의 제안을 무시하면 그대로 다물어라. 이미 갖춰진 시스템에 호의와 존경을 표현하라. 팀에 공헌할 수 있는 좋은 제안을 했다면 반드시 상사에게 그 공을 돌려야 한다.

- 남의 말 하기를 좋아하면 조직의 반역자로 낙인찍힌다.

만약 당신이 이런 이유로 정리해고 명단에 올랐다 해도 절대로 그 사실을 알지 못할 것이다. 조용히 사라질 뿐이다. 소문은 불신을 낳는다. 다른 직원이나 상사 또는 회사의 소문을 재미삼아 남에게 옮기지 마라. 무슨 말을 하든지 절대 옮겨서는 안 된다.

• 전송 버튼을 눌렀는가? 이메일이 위험한 이유
지난 6개월간 주고받은 이메일을 상사가 보았다고 누군가 귀띔해 준다면 당신은 물 밖으로 나온 생선처럼 헐떡이지 않을까? 자신의 이메일을 회사가 볼 수 있다는 사실을 모르는 직장인들이 많다. 하지만 적지 않은 회사들이 직원들의 이메일을 정기적으로 체크한다. 이메일이 사생활의 일부라고 생각하거나 그저 편한 통신수단이라고 여기는 것은 잘못이다. 이메일을 지나치게 쉽게 생각하고 부주의하게 사용하다 보면 의외의 난관에 봉착하게 된다.

• 직장 친구는 위험하다.
경쟁과 우정은 공존할 수 없다. 직장에서는 모든 것이 순식간에 바뀐다. 이런 변화는 바깥세상에서는 찾아볼 수 없을 만큼 드라마틱하다. 직장 내 우정은 직급의 변화나 격차에서 오는 갈등을 이기지 못해 깨지기 쉽다. 오늘의 친구가 내일의 적이 될 수가 있다.

• 직장에서 자신의 사생활을 털어놓는 것은 위험하다.
많은 직장인들이 자녀의 교육문제, 질병이나 개인사, 하다못해 자신이 이혼한 사실과 경제적인 어려움까지 직장동료와 공유한다. 하지만 이런 행동은 부적절할 뿐만 아니라 직장에서 자신의 입지를 약화시킨다. 동료들에게 남긴 당신의 이미지는 곧 회사에 남긴 이미지이며, 당신을 판단하는 기준이 된다. 회사는 당신의 사생활과 직장에서의 모습이 별개라고 생각하지 않는다. 관리자로서 부하직원 중 누구를 신뢰하고 누구에게 주요 프로젝트를 맡기는가 하는 선택은 곧 자신의 사활을 거는 일이다. 관리자의 성공은 얼마나 효율적으로 업무를 위임했는가에 달려 있기 때문이다. 관리자들은 사생활로 쩔쩔매는 사람에게 자신의 운명을 맡기는 위험한 행동을 하지 않는다.

- 좋은 소식이 곧 나쁜 소식이 될 수 있다.

결혼, 출산, 약혼, 임신 등에 대해 다른 직원들이 자신들의 이야기를 늘어놓는다든지 경험담을 들려주려 하면 그냥 듣기만 하는 게 좋다. 당신 이야기로 답례할 필요는 없다. 그러나 MBA 과정 이수, 강연요청을 받는 등 자신이 원하는 프로페셔널한 이미지를 강화할 수 있는 일들이라면 모든 방법을 동원해 알려야 한다.

- 사무실에서는 사적인 통화를 자제하라.

사적인 통화는 당신이 일하지 않고 있음을 가장 극명하게 보여준다. 사무실에서 하지 말고 조용한 곳으로 가서 하라. 굳이 주변사람들에게 자신의 사생활을 들려줄 필요는 없다.

- 승진 기회는 요구하는 순간 사라진다.

승진은 어떻게 요구할 것인가? 요구할 수 없다. 그게 진실이다. 급여와는 달리 승진은 요구하는 게 아니고 주어지는 것이다. 상사가 확신을 갖기도 전에 당신이 먼저 승진을 요구하는 것은 문으로 들어가지 않고 담을 넘어가려는 것과 같다. 상사가 채 마음을 준비도 하기 전에 이번이 당신 차례라고 말하면 그는 불안해한다. 이것은 무모한 야망이며, 당신이 회사의 이익보다는 자신의 욕망에 더 신경을 쓴다는 인상만 남길 뿐이다.

- 소문의 진실 여부는 중요하지 않다.

악의적인 소문이라도 사실이 아니면 크게 문제될 게 없다고 생각하는 직장인들이 의외로 많다. 하지만 그렇지 않다. 당신을 모함하거나 비방하는 소문을 회사가 믿는다면 문제는 달라진다. 평판이란 직장에서 당신이 보여주는 행동이다. 태도, 행실 등에 대한 주변 사람들의 견해이다. 평판은 조심스럽게 관리해야 한다. 자신에 대한 평판을 적극적으로 관리해야만 보호받을 수 있다. 평판을 관리하는 데 가장 중요한 핵심은 일관성과 곧은 가치관이다.

- 실수나 실패를 품위 있게 극복하는 방법이 있다.

누구나 실수를 하면 아무도 모르게 재빨리 덮어 두고 싶은 유혹을 느낀다. 하지만 그렇게 하면 실수를 더 극대화시킬 뿐이다. 남들이 당신이 실수를 아는 게 감당할 수 없을 만큼 창피하더라도 그것을 감춰서는 안 된다. 회사는 당신이 실수를 하거나 잘못을 저질러도 크게 문제 삼지 않는다. 그렇다고 자신이 저지른 모든 실수를(피해를 입는 사람이 오직 자신뿐일 때) 밝힐 필요는 없다. 그러나 조직에 영향을 줄 때에는 무슨 일이 있어도 밝혀야 한다.

- 외모는 생각보다 훨씬 중요하다.

많은 회사들이 직원들의 복장규제를 완화시키는 추세이다. 하지만 조심하라. 지나치게 편안한 차림은 회사의 주요 결정권자들에게 부정적인 인상을 줄 수 있다. 외모가 성공에 미치는 영향은 무시할 수 없다. 사람들은 외모로 당신을 판단한다. 회사는 당신의 외모가 당신이 어떤 사람인지 나타낸다고 생각한다. 회사에는 여전히 구시대적인 발상이 존재하며, 비즈니스의 본성은 변함없다. 다만, 그 모든 규범들이 수면 아래 숨어 있기 때문에 당신이 모르는 덫이 될 것이다. 근무환경이 아무리 자유롭고 창조적이더라도 고용주는 구겨진 티셔츠를 입은 직원이 회사를 대표하는 이미지가 되는 것을 바라지 않는다. 당신이 성공의 사다리를 올라갈수록 회사를 대표하는 일이 잦아진다. 당신의 이미지가 곧 회사의 이미지인 것이다. 따라서 당신의 외모를 회사가 원하는 이미지에 맞게 가꿔야 한다.

- 책상은 당신의 가치를 보여준다.

화분, 발매트, 알록달록한 쿠션 등 각종 소품들로 직장을 집 밖의 거실 공간처럼 꾸미지 마라. 당신은 집에 있는 게 아니라 사무실에 있는 것이다.

- 일을 침착하게 처리한다는 인상을 주어라.

더 위로 올라가고 싶으면, 지금 맡은 일이 당신에게는 너무 쉽고 단순하며, 보다 큰 책임을 떠맡을 준비가 되어 있다는 인상을 주어라.

- 회사의 MVP가 되고 싶으면 기꺼이 일을 떠맡아라.

"네"라고 대답할 수 있어야 한다. 당신이 원치 않는 일이라고 해서 거절하면, 나중에 정말 원하는 일을 얻기 힘들다.

- 정상에 서려면 긍정적인 태도를 가져야 한다.

성취의 세계는 늘 낙천주의자들의 것이다. 혁신을 저해하는 가장 빠른 방법은 새로운 아이디어를 듣자마자 "불가능한 일이야"라고 말하는 것이다. 역사가 우리에게 가르쳐 준 것이 있다면, 그것은 일을 성취한 사람들이 몽상가들이며 이상주의자들이고 낙천주의자들이었다는 것이다.

- 업무를 위임하지 못하면 성공할 수 없다.

새로 부임한 관리자 대부분은 부하직원들이 하는 일을 지나치게 간섭하려 한다. 그러다 보면 팀의 자원을 효율적으로 배분하지 못해 팀이 빠른 시간 안에 성과를 올리는 데 오히려 방해가 된다. 최악의 경우 관리자가 팀의 모든 일을 떠안고 팀원들을 소외시키는 기이한 현상이 벌어진다.

- 누구에게나 좋은 사람이 되려고 하면 존경받지 못한다.

모든 사람들이 당신을 좋아하길 바란다면 당신은 관리자로 성공하기 어렵다. 늘 사람 좋다는 소릴 듣고 싶어 하고 모든 사람들과 좋은 관계를 유지하려는 욕구가 지나치게 강하다면 관리자가 되어서는 안 된다.

- 이기는 게 전부다.

　모든 일이 잘될 거라는 막연한 희망을 가지고 출근하지 마라. 자신을 위해 동원할 수 있는 모든 무기들을 준비하라. 회사는 당신이 생각한 만큼 비밀스런 조직이 아니다. 당신의 선택에 대응할 뿐이다. 수많은 사람들이 뒤늦게 깨닫는 진실 하나는, 조직은 위에서 바꿀 수 있을 뿐이며 밑에서는 절대 바꾸지 못한다는 사실이다. 조직을 완전히 탈바꿈시킬 수 있는 권한을 가진 사람들은 오로지 최상층에 오른 사람뿐이다. 그 자리에 오르기까지 남다른 노력을 한 사람만이 그러한 권한을 갖게 된다. 당신이 높이 올라갈수록 회사는 당신을 닮아 간다. 당신이 가장 높이 도달할 그날까지 새로운 시작을 꿈꾸던 젊을 때 모습을 기억하라.

## 7) 6가지 유형의 사람들[56]

　"이 사람이 자기를 옳게 보이려고 예수께 여짜오되 그러면 내 이웃이 누구오니이까 예수께서 대답하여 가라사대 어떤 사람이 예루살렘에서 여리고로 내려가다가 강도를 만나매 강도들이 그 옷을 벗기고 때려 거반 죽은 것을 버리고 갔더라 마침 한 제사장이 그 길로 내려가다가 그를 보고 피하여 지나가고 또 이와 같이 한 레위인도 그곳에 이르러 그를 보고 피하여 지나가되 어떤 사마리아인은 여행하는 중 거기 이르러 그를 보고 불쌍히 여겨 가까이 가서 기름과 포도주를 그 상처에 붓고 싸매고 자기 짐승에 태워 주막으로 데리고 가서 돌보아 주고 이튿날에 데나리온 둘을 내어 주막 주인에게 주며 가로되 이 사람을 돌보아 주라 부비가 더 들면 내가 돌아올 때에 갚으리라 하였으니 네 의견에는 이 세 사람 중

---

[56] Gordon MacDonald, *Restoring Your Spiritual Passion* (Nashville: Thomas Nelson Publishers, 1985).

에 누가 강도 만난 자의 이웃이 되겠느냐 가로되 자비를 베푼 자니이다 예수께서 이르시되 가서 너도 이와 같이 하라 하시니라"(눅 10:29-37).

이 본문에서는 세 사람이 등장한다. 동족을 보살피고 돌봐 주어야 할 의무를 저버린 제사장, 이웃을 외면한 레위인, 인종적으로나 종교적으로 유대인들로부터 멸시를 받던 사마리아인이다. 예수님은 율법학자에게 물으신다. "너는 이 세 사람 중 누가 강도 만난 사람의 이웃이라고 생각하느냐?" 율법학자가 대답했다. "자비를 베푼 사람입니다." 예수께서 그에게 말씀하셨다. "너도 가서 이와 같이 하여라."

진정한 네 이웃이 누구냐 하는 내용이다. 오늘날 많은 사람들이 이웃을 자신의 이익을 위한 수단으로 삼는 경우가 있다. 이웃과의 관계가 목적이 되지 않고 수단이 되고 만다면 우리는 이웃과 동행할 수 없다. 성도들은 사회생활을 하는 동안 대부분 자신과 여러모로 다른 사람들을 만나게 된다. 성품, 태도, 학문, 그리고 경험 등등 서로 다른 것을 소유한 사람들을 만나게 된다. 이를 잘 선별하여 누가 이웃인지 분별할 수 있어야 한다.

그러면 어떤 종류의 사람들이 존재하는가?

(1) 자원이 풍부한 사람(very resourceful people)

이들은 우리의 삶을 더해 주고 열정에 불을 붙여 준다. 이들은 멘토이다. 때로는 나이 많은 사람들이어서 우리의 삶에 경험과 지혜를 더해 준다.

(2) 매우 중요한 사람(very important people)

이들은 사람들과 열정을 나눈다. 비전을 나눈다. 상대를 정직하게 만든다.

(3) 잘 훈련될 수 있는 사람(very trainable people)

이들은 열정을 이해한다. 새로 믿음을 갖게 된 사람들로서 우리가 그들의 삶 속에 무언가를 투자해야 할 대상들이다.

(4) 매우 품위가 있는 사람(very nice people)
열정을 즐기는 사람들이다. 그러나 그것에 이바지하지는 않는다. 상류층인 서구교회의 대다수의 회중들이다.

(5) 아주 김빠지게 하는 사람(very draining people)
이들은 갈등을 조장하고 꾸준히 안락함과 인정을 추구하며 사람들의 열정에 김을 뺀다.

(6) 아주 뻔뻔한 사람(impudent, cheeky, brazen-faced)
자기가 저지른 일에 대해 모른 척하는 사람, 혹은 자신을 감추는 사람이다. 겉과 속이 다르고 가까이하기에는 조심스러운 사람이다. 이중성격의 소유자일 가능성이 많다.

주의하지 않으면 매우 품위 있는 사람들, 아주 김빠지게 하는 사람들, 그리고 아주 뻔뻔한 사람들이 우리의 유용한 시간을 대부분 빼앗아 간다.

8) 리더(Leader)와 경영자(Manager)의 구별[57]

리더와 매니저의 차이점을 기억하자.

| Leaders | Managers |
|---|---|
| Have the vision<br>비전이 있음 | Have the plan to fulfill the vision<br>비전을 실행 |

---

[57] 미키 스토니어, 최선영 공저, 《위기의 목회자와 섬기는 리더십》 (서울: 쿰란출판사, 2016), p. 432.

| | |
|---|---|
| Goal oriented<br>목표지향적 | Results oriented<br>결과를 중요시함 |
| Leads others<br>다른 사람을 인도함 | Supervises others<br>다른 사람을 관리 감독함 |
| Tolerate ambiguity<br>불명확한 것을 받아들임 | Strive for order<br>명령만 함 |
| Turn failures into successes<br>실패자를 성공자로 | Correct failure<br>실패를 바로잡음 |
| Inspire people<br>사람들을 감동케 함 | Depend on system<br>시스템에 의존 |
| Desire to create change<br>변화를 시도하는 열망 | Try to adapt to change<br>변화에 순응하려 노력함 |
| Desire to do the right things<br>올바른 일을 행하려는 열망 | Desire to do things right<br>모든 일을 옳게 하려 함 |

### 9) 거리를 두어야 할 상사

현대인은 하루하루를 전쟁하듯이 살아간다. 돈에 얽매이고, 시간에 쫓기고, 교통난에 몸은 파김치가 되고, 직장에서 오늘의 친구가 내일의 적이 되는 무한 경쟁 속에서 관계를 맺으며 살아간다. 무한한 정보 속에서 무한한 외로움을 느끼며 하루를 산다. 이 모든 일들 가운데 하루 중에 최소한 8시간을 보내야 하는 직장생활이 원만치 못하면 하루하루가 죽을 맛이다. 다음과 같은 성품의 소유자가 자기 직속 상사일 때는 더 말할 나위가 없다. 이런 부류의 사람들과는 거리를 두어야 하고, 당신의 속내를 보여주는 일에 매우 조심해야 한다.

(1) 이중성 소유자(아부하는 상사나 동료)

이중성을 소유한 사람은 믿을 수가 없다. 어떤 말이 진심인지 알 수 없기 때문이다. 내 앞에서 하는 말이 어디까지 진실인지를 분간하기 힘들다. 이런 사람들은 무엇을 생각하는지 가늠하기도 힘들다. 그가 결론 내린 나에 대한 평가와 자신의 보스에게 올리는 나에 대한 평가가 완연히 다르기 때문이다. 내 앞에서는 보스 기질을 발휘하며 명령을 하지만 자신의 보스 앞에서는 완전히 고양이 앞에서 쥐 모양으로 지문이 닳아 없어질 정도로 싹싹 빌며 아부하는 자이다. 당신 앞에서 다른 사람의 말을 옮기고 비평하는 자를 조심해야 할 것이다. 그는 다른 사람에게 가서 당신이 한 말에 자신의 의견을 더하여 평한다.

(2) 막말하는 상사(갑질하는 보스)

다른 직원의 말을 중간에 자르고 세상만사에 자신의 견해가 항상 옳다고 생각하며 막말하며 고압적이고 이기적인 무례한 직장 상사는 공동체의 경쟁력을 떨어뜨리는 암적 요소임이 틀림없다. 특히 여성 직원이나 나이 어린 직원들을 무시하는 태도로 말을 반쯤 놓는 상사, 이런 성품의 소유자는 팀워크를 깨고 일의 효율을 낮추는 일에 한몫을 한다. 이런 상사는 절대 자신의 성품을 개조하기 힘든 자이다.

요즘 한국에서 가장 많이 사람들 입에 오르내리는 말 중의 하나는 "갑질한다"이다.

조현하 대한항공 부사장의 항공기 불법회항 사건을 말하고 있다. 한국에서 무슨 계약을 체결할 때 계약서 첫머리에는 반드시 갑(甲)과 을(乙)이 명시되어 있다. 갑은 계약을 주는 쪽이고 을은 계약을 받는 쪽이다. 갑이 더 힘이 센 쪽이다. 그러므로 계약서는 아무래도 갑 쪽이 더 유리하도록 작성된다. 갑이 부당한 요구를 해도 을은 직장을 잡기 위해서는 따라갈 수밖에 없다. 이런 갑의 횡포를 '갑질'이라 한다. 항공기 일등석에 조현아 부사장이 타고 있었다. 손님인 자기에게 마카데미아(땅콩보다 훨씬 큰 고소한 견과류)를 접시에 담지 않고 봉지에 담은 채로 주었다며 갑(대한항공 부사장)이 을(승무원 사무장)에게 호통을 치고 무릎까지 꿇게 하고, 그것도 모자라 이륙하기 위해 움직이는 비행기를 회항시켜 사무장을 내려놓고 20분이나 늦게 이륙하게 만든 행위는 갑질 치고는 수퍼 갑질이다.

이런 '금수저'를 물고 나온 갑질의 횡포는 한국 여러 곳에서 '은수저'도 아니고 '동수저'를 물고 나온 사람들의 마음을 여지없이 짓밟아 버린다. 대한항공의 주가는 곤두박질을 쳤고, 드디어는 회장인 아버지가 기자회견에서 허리를 90도 구부려 사죄하는 결과를 낳고, 부사장 갑질녀는 직책에서 물러나 재판에 계류 중이다. 이분이 죗값을 치르고 돌아오면 겸손해지리라 믿는가? 전혀 아니다. 이 갑질녀는 영원히 돌아오지 말아야 할 사람이다. 이러한 갑질의 행동을 어디서 배웠을까? '윗물이 맑아야 아랫물이 맑은 법인데' 하는 생각에 미치면 대한항공 전체 직원들이 일하는 곳의 분위기와 전체 직원들의 일의 능률은 솔선수범에서 오는 것이 아니라 갑질에 억눌려 마지못해 응하는 곳으로 그들의 고충을 짐작할 수 있다.

1980년대 '배추머리'란 별명으로 유명했던 개그맨 김병조(金炳朝, 64)씨의 한마디가 생각난다. 그가 입에서 뿜어대는 코믹한 한마디는 서민(을, 乙)들의 마음을 시원하게 하였던 것을 기억할 것이다. 이 한마디는 곧바로 유행어가 되었다. 분수를 모르고 나쁜 짓을 하려는 이들(갑, 甲)에게 무당이 말하는 톤으로 "지구를 떠나거라~"고 쏘아붙여 서민(을, 乙)의 속을 시원하게 했다. "먼저 인간이 되어라", "나가 놀아라", "난 이렇게 산다우" 등도 그가 유행시켰다. 나도 한번 따라 하자. 갑질하는 이들이여 "먼저 인간이 되어라", "지구를 떠나거라."

(3) 능력 자체가 부족한 상사(함량이 부족한 상사)

이 상사는 운영자의 친인척일 확률이 매우 높아 '낙하산' 인사일 것이다. 이런 사람은 특유한 성격의 소유자이다. 일단 목에는 깁스를 해서 목에 힘을 주고 다니며 겸손하고는 거리가 멀고, 눈은 항상 금붕어 눈알처럼 튀어나올 정도로 거드름을 피우고 다닌다. 일 자체는 그에게 첫째의 관심사가 아니다. 고집이 세다. 자신의 정보가 바로 윗선과 닿아 있음을 과시한다. 항상 허풍을 떨어댄다. 매우 상대하기 껄끄럽다. 주어진 직책에 대한 충분한 이론이나 경험이 부족하다. 이런 자와는 등을 돌리지 말아라. 그렇다고 아부하지도 말아라. 항상 거리를 두고 지내라. 김병조의 말을 대신하자면 "너는 나가 놀아라"이다.

(4) 부하 직원의 공로를 갈취하는 상사

가장 저질 상사다. 부하 직원들의 원기를 북돋을 줄 모르고 직원의 아이디어를 훔치는 도벽이 있는 사람이다. Meeting에서 직원이 제시한 아이디어를 자신이 만든 양 자신의 보스에게 보고하는 악질 보스다.

여담 한 가지 하자. 서울에서 지금까지 논문 표절로 세상을 온통 뒤집어 놓으신 거룩하시고 존경스러운 K목사가 이곳에 있을 때의 실화다. 같은 교회에서 전도사로 재직하고 있던 A전도사가 대학원 논문을 위해 '제자훈련'에 대한 소논문을 써서 위대하신 K목사께 검토를 의뢰했다고 한다. 고견을 듣고 싶은 심정이었을 것이다. 서너 달이 지나도 아무 연락을 받지 못했는데, 몇 달 후 똑같은 제목과 내용으로 K목사 이름으로 책이 출간되어 서점에서 팔리고 있는 것을 발견했다고 한다. 담임목사인 K목사에게 항의할 틈도 없이 그 교회를 사직했는데 제 버릇 남 줄 수 있겠는가?

K목사는 아프리카에 있는 희한한 대학교에서 Course Work도 없이 써낸 Ph. D. 논문도 표절로 탄로가 났고, D. Min. 논문도 표절로 들통이 나는 바람에 얼굴에 X를 칠하였지만, 아직 서울에서 목회를 하고 있으니 이 목사야말로 부하직원의 논문을 가로챈 아주 저질의 목사임에 틀림없다. 나도 한마디 하자. 함량 부족한 상사님, "먼저 인간이 되어라", "지구를 떠나거라."

(5) 때와 장소를 가리지 못하고 아무 말이나 하는 상사

이런 성품을 소유한 상사는 마치 풋볼과 같아서 대화의 주제가 어디로 튈지 모르는 사람이다. 건전하고 진취적이어야 할 전체 회의에서 이 사람 저 사람 험담을 뿜어낸다. 직원의 사생활까지 들먹이며 요란을 떤다. 회사의 재정문제도 마구 쏟아낸다. 회의 어젠다는 실종되고 잡담 수준으로 가다 마지막에 가서 몇 마디 어젠다를 슬쩍 건드리고는 회의를 마친다. 인성(人性)과 지성(知性)과 영성(靈性)이 부족한 보스다. 회사에 전연 도움이 되지 않는 회의다. 이런 사람은 지시만 한다. 이들은 대부분 공동체 창립자이거나 회사 오너이다. 의논은 이미 상실되고

직원들은 초긴장 상태가 된다. 불똥이 자신에게 튈까 노심초사하기 때문이다. 입이 시궁창보다 더 더러운 상사님 "먼저 인간이 되어라", "지구를 떠나거라."

(6) 좁쌀 감독(Micromanagement)
회사 돌아가는 일을 혼자 모두 챙기지 않으면 밤잠을 못 자는 사람이다. 중간 보스에게 권한을 주지 않는다. 모든 직원이 Weekly Report를 자신에게 직접 보고해야 한다. 중간 보스를 무시한다. 그래서 모든 직원도 중간 보스를 무시한다. 왜냐하면 중간 보스는 아무 권한이 없기 때문이다. 이러한 성품의 소유자는 대개 회사 설립자 자신이 회장을 맡고 있다. 물론 모든 일에 사사건건 개입해야 직성이 풀린다. 자신은 늘 최고의 경영자이고 일을 가장 많이 하는 사람이라고 생각하고, 정상근무 8시간 일하는 직원들을 우습게 알고, 주말이나 정규 시간 이외에 늦게까지 사무실에 불이 켜져 있어야 마음을 놓는 저질 보스다. 직원들의 휴식은 안중에도 없다. 죽도록 충성할 것을 기대한다. 한마디 한다면 "직원 모두 내보내고 혼자 살아라."

(7) 부정을 밥 먹듯이 하는 보스
세상에서 가장 양심이 깨끗한 척하는 사람이다. 남들 앞에서 자신을 가장 정직한 사람이라 떠들어 댄다. 이민생활에서 가장 나약한 사람들은 영주권이 없는 이들이다. 어떤 방법으로라도 영주권을 취득하려는 마음이 항상 그들의 마음을 짓누른다. 매일매일이 불안하다. 언제 이민국에서 아파트로 들이닥쳐 자신을 체포하여 불법체류자로 몰아 국외로 추방할지 모른다는 불안감으로 하루하루를 살아간다. 변칙임을 알면서도 이들은 학교에 등록을 하고 학생신분으로 비자를 연장한다. 부정을 밥 먹듯이 하는 보스들은 이들의 약점을 이용한다. 겉으로는 어엿한 학교이지만 내부를 들여다보면 부정 투성이다. 이런 학교 내부를 면밀히 들여다보면, 부정을 몇 종류로 분류할 수 있다. 첫째, 방문 비자로 입국한 이들을 F1비자로 둔갑시켜 학교에 적을 두게 하는 경우이다. 둘째, 정식으로 F1비자로 입국한 학생들을 입학시키는 경우이다.

첫 번째의 경우는, 몇 년 전 한인타운을 떠들썩하게 만들었던 대규모 학생 비자 사기혐의로 체포, 기소된 한인 목사에게 중형이 선고된 풀러튼의 '가주 유니온 신학교'(CUU) 대표인 오재조(66, 미국명 사무엘 오) 목사를 들 수 있다. CUU의 실제 소유주로 학교에 출석하지 않는 외국인 유학생들을 상대로 I-20 장사를 해온 오 씨는 지난 10여 년간 학생 1인당 600-1만 달러를 챙겨오다 2009년 12월 이민당국에 체포되었다(〈한국일보〉 2009년 12월 24일 보도). 오 씨의 CUU는 지난 1999년부터 한국인 등 수백여 명의 외국인 학생들이 학교에 출석하지 않고도 학생 비자 신분을 유지할 수 있도록 I-20을 발급해 이민당국으로부터 '사기 학교'(fraud school)로 지목되어 2009년 10월 18일 I-20 발급 인가가 취소되었다.

두 번째의 경우는, 발견하기 쉽지 않은 경우다. 정식 대학교로 승인을 받았으나 외부에 알려진 입소문이 좋지 않아 입학 학생들이 거의 없는 학교인 경우가 대부분이다. 입학 절차도 겉으로는 정식으로 순서를 밟아 입학하는 것 같으나 너무 많은 변칙들을 사용한다. 제출된 서류를 입학 전에 심사하여 자격에 맞는 학생들을 선발하는 것이 아니라, 먼저 입학 허가를 주어 입학시켜 놓고 후에는 흐지부지 서류 조사는 뒷전인 경우가 허다하다. 학생들이 학교에 출석은 하는 것 같으나 한 과목 정도는 학교에서 택하고 나머지 두세 과목은 DVD[58]라 하는 변칙의 강의 녹화를 사용하여 일주일에 하루 정도 학교에 출석하고 나머지는 집에서 공부한다는 그럴싸한 명분을 주어 부정을 하는 것이다. 누이 좋고 매부 좋은 경우다. DVD를 주어 숙제를 하도록 편의(사실은 위법이다)를 봐주는 학교는 광고에는 "이 학교에서는 On-line수업이 제

---

58) DVD을 사용하는 Home work 형식은 ATS(The Association of Theological Schools, 신학대학원협의회, 10 Summit Park Dr., Pittsburg, PA 15275; 412-785-6505)에서 불법으로 간주하고 있는 공부 방식이다.

공됩니다"라고 광고를 한다. DVD로 공부하는 것과 On-line으로 공부하는 방법은 완전히 다르다는 것을 알면서 학생들을 속이고 있는 학교다. 이런 대학에 출석하는 학생들은 무늬만 학생인 것이다. 부정의 온상인 이런 학교와 부정을 밥 먹듯이 하는 보스님, 학교는 접으시고 당신은 "먼저 인간이 되어라", "지구를 떠나거라."

(8) 영주권 매매

 필자 주변에는 합법적으로 영주권을 취득한 친구들이 상당수 있다. 오랫동안 신분 문제로 많은 고민을 했던 친구들이다. 영주권이 나오자 먼저 결혼 준비를 서두르는 친구가 있는가 하면, 어떤 친구는 한국 방문을 준비하며 고향 산천을 보며 부모들을 뵙는 꿈을 매일 꾸었다. 사연은 매우 다양하다. 필자가 보기에도 이들은 합법적으로 영주권을 취득한 경우이다. 그들에게는 충분한 학위와 경력이 있고, 열성과 부지런함, 충성심 등 공동체가 요구하는 조건을 충족하고도 남음이 있기에 공동체에서도 선뜻 스폰서가 되어 준다. 공동체뿐만 아니라 그 공동체를 이끌고 있는 보스 역시 매우 양심적이라 할 수 있다.
 그런데 이와는 다르게 어두운 면은 항상 우리 주변에 있다. 어엿이 인가 난 학교가 교회를 운영하면서 꼭두각시 담임을 세우고 학교 주인이 뒤에서 조종하는 곳이 존재함은 통탄할 노릇이다. 이러한 공동체는 심증은 가지만 물증을 잡기는 너무나 힘든 곳으로, 부적절한 미자격자에게 교회의 직위를 서면으로만 주고 뒷거래로 상당한 액수의 돈을 챙기는 악덕업주가 뒤에 숨어 있다는 사실은, 돈을 준 쪽이나 받은 쪽이 함구하고 있기 때문에 음으로 이루어지고 있어서 증거를 잡기 힘든 부정이다. 그러나 오랜 시간이 지나 영주권이 발부되면 교회에서 사라지는 분이 생긴다. 서로 목적을 달성하였고 더 이상 볼일이 없기 때문이다. 또한 학교를 운영하면서 금전거래를 통하여 영주권을 상습적으로 거래하고 있는 곳이 있으니 이러한 공동체에서는 하루속히 빠져나오는 것이 상책이다. 언젠가는 하나님의 채찍을 받을 곳이기 때문이다.

우리는 여기서 하박국 선지자의 기도를 기억하여야 한다(합 1장). 하박국 선지자는 두 가지 질문을 가지고 있었다.

첫째, 하나님께서 이스라엘 백성들의 범죄를 왜 그냥 두시는가(1:1-4). 이 질문에 대하여 하나님께서는 곧 바벨론을 통해서 유다를 징계하실 것이라고 대답하셨다(1:5-11).

두 번째, 그러자 유다보다 더 악한 바벨론을 통해서 유다를 징계하신다면 '공의는 어디에 있는가'라는 질문을 한다(1:12-17). 하박국 2장에 이에 대한 대답이 주어졌다. 이렇게 하박국서는 '하나님께서 과연 불의를 심판하시겠는가, 아니면 그대로 두시겠는가'에 대하여 질문하고 있다. 이에 대한 하나님의 대답은 명료하다. 하나님께서는 반드시 불의를 심판하시고, 또한 하나님과 언약한 백성들을 끝까지 보존하실 것이다.

그러면 언제인가?

- 정한 때가 있다(2:3).
- 종말은 속히 이른다(2:3).
- 결코 거짓이 아니다(2:3).
- 더디지만 기다려라(2:3).
- 정녕 응하리라(2:3).
- 그러나 의인은 믿음으로 말미암아 살리라.

   (The Just shall live by his faith)

이 하박국서는 오늘날 우리에게도 공의를 사모하는 백성들이 끝까지 실망하지 않고 믿음으로 살아야 한다는 교훈을 제시하고 있다. 그러면 틀림없이 불의를 심판하시고, 부정을 저지르고도 아무렇지 않게 살아가는 자들을 응징하리라는 교훈을 받는다. 더디지만 기다려라, 다 하나님의 때가 있다는 교훈을 얻는다.

(9) 부정과 야합하는 스승

교회 공동체이건, 학교 공동체이건, 회사 공동체이건 공동체에서는 여러 종류의 보스를 만나게 된다. 옛날 얘기이지만 필자가 담임으로 있던 고등학교 2학년에는 65명 정도의 학생들이 출석부에 기재되어 있었다. 그런데 어느 날 갑자기 문교부에서 감사원들의 감사가 나오면 그 시간 이후에는 56번 이하 65번까지의 학생들은 다른 실습실에 모이게 하여 실습을 하는 척하던 때가 있었다. 이 번호에 속한 학생들은 문교부에서 지정한 55명 이외의 학생들인데, 모두 부정으로 학교에서 뽑은 학생들이었다. 담임인 필자도 학생들 보기가 미안하고 죄송했지만 벌써 고등학생이면 이런 사실이 모두 부정임을 알게 마련이어서 선생과 학생간의 존경심은 순간 사라지고 마는 것이다. 이 번호에 속한 학생들은 부정으로 입학한 사실이 없이 정식으로 시험 치르고 입학했지만 키 순서대로 번호를 매기고 좌석을 배정하던 때라 운 나쁘게 그 번호에 속한 경우였다. 지금 생각해 보면 참으로 낯 뜨거운 순간순간이었다. 50여 년이 지났지만 그 당시에 내 반에 있던 학우들이여, 나는 참으로 부정직한 교사였으니 용서를 빈다. 부정을 부정이라고 가르치지 못한 스승을 용서하기 바란다. 내가 그들에게 얼마나 마음에 상처를 주었을까? 부정을 가르치던 참으로 야속했던 학교 당국이 얄밉게 느껴진다.

　이곳 LA에 왔더니 신학교라는 학교에서도 부정으로 입학한 학생이 학교에 출석 한 번 하지 않고 어엿하게 박사학위를 받고 졸업하는 모습, 학장이라는 분이 학교 당국을 속이고 4년간 남동생 대리로 누나가 출석하여 모든 학교생활을 정식으로 입학한 학생처럼 다니는 사건을 직접 보게 되어 너무 놀란 일이 있었다. 아마 학생들에게 발견되지 않았더라면 누나가 동생 대리로 목사 안수까지 받을 뻔하였으니 얼마나 놀랄 만한 일인가? 이 사실을 숨기고 4년을 눈감아 준 그분은 아직도 단상에서 설교도 하고 강의를 하는 교수요 목사라는 사실이다. 과연 학장 혼자 4년간 부정 입학을 허락했을까? 아직 의문이 풀리지 않는다. 이러한 부정을 눈감아 준 교수와 학교 당국은 "세상에서 없어지거라."

　(10) 게으른 스승

신학교는 목회자가 되기 위한 훈련장이다. 대부분의 교수들의 인성(人性)은 알아볼 길이 없지만 지성(知性)은 그의 학위를 보면 어느 정도 수준을 감지할 수 있다. 또한 영성(靈性) 또한 자로 재듯이 알아볼 길이 없다. 그러나 그의 평소 신앙생활을 봄으로써 영성의 수준을 알 수 있다. 그런데 영성적인 행동은 어느 기간 동안 카피할 수 있지만 영성 자체는 오래가지 않아 외적으로 드러나게 마련이다. 인성 역시 그의 결혼생활과 믿음생활을 통해 감을 잡을 수 있다. 신학교 교수들은 학생 섬기는 모습을 먼저 학생들에게 보여주어야 한다. 그 모습을 학생들이 본받기를 기대한다. 그러나 그렇지 못한 교수들도 있다. 무슨 특별한 일이 있어 늦는 경우는 학생들도 이해하지만, 매 시간 권위를 잡으려고 그러는지 모르겠으나, 10여 분씩 꼭 늦게 들어와 그제야 컴퓨터를 켜고 우물거리며 시간을 낭비하는 교수, 첫 번째 질문으로 '지난 시간에 어디까지 진도가 나갔는지'를 학생들에게 물어보는 교수, 이러한 교수들의 행위는 수업을 열심히 준비하고 수업 내용을 기대하는 대부분의 학생들에게는 인격을 무시하고 자존심을 상하게 한다. 그는 학생들을 섬길 줄 모르는 교수들임에 틀림없다. 학생들이여, 이들에게는 교수 평가 시간에 각 항목마다 '0'점을 줄지어다.

(11) 침묵하는 이들

《침묵의 기술》[59]은 18세기 프랑스에서 세속사제로 활동했던 조제프 앙투안 투생 디누아르 신부가 쓴 고전이다. 이 신부는 침묵의 가치를 재발견하기를 원하고, 실생활에서 화법의 하나로써 침묵을 적절히 활용하는 실용적인 방법을 제시하고 있다. 이 신부는 14가지 침묵의 원칙을 통해 침묵에 대한 깊은 통찰을 새기게 하며, 10가지 침묵과 그 적용을 통해 침묵의 다양한 기능과 기술을 말하고 있다. 침묵의 14가지 원칙 중 첫 번째 원칙은 "침묵보다 나은 할 말이 있을 때에만 입을 연다"

---

59) 조제프 앙투안 투생 디누아르, 《침묵의 기술》, 성귀수 역 (서울: 아르테, 2016), p. 39.

이다. 이는 침묵에 있어 가장 기본 원칙이자 이 책을 관통하는 핵심적인 메시지다.

이 책에서 경계해야 할 몇 가지 침묵을 언급하는데 그중 하나가 '무시의 침묵'이다. 반응을 기대하는 사람을 상대로 아무 대응 반응 없이 입을 닫는 건 상대를 무시하기에 가능하다는 얘기다.

필자는 이 내용의 소제목을 '침묵하는 이들'이라 정했다. 왜냐하면 우리의 실생활에서 관계성을 맺고 있는 분들이 다양하기 때문이다. 자신이 느끼기에 친하게 느껴지는 친구, 혹은 직장 동료나 보스, 자신이 생각하기에 존경하는 학교 교수님이나 교회 목사님 등이 이 소제목 속에 속하기 때문이다.

이들에게 가끔은 기쁜 소식들, 혹은 위로를 받기 위해 마음 아픈 이야기들, 혹은 의논할 이야기 등을 이메일로 보낼 때에는 반응을 기대한다. 그러나 무반응이거나 만날 때에도 아예 이메일 내용에 대하여는 일언반구 없을 때가 있다.

침묵을 지킨다. 이 침묵은 우리들을 향한 무시나 경멸을 느끼게 한다. '어떻게 이러한 침묵으로 나를 무시하는가' 하는 마음을 가지게 한다. 이렇게 나에 대하여 침묵으로 무관심으로 대하는 이들이여, 반성할지어다. 이들과는 거리를 두고 지내라.

왜냐하면 그들의 마음속에는 당신이 존재하지 않기 때문이다.

### 10) 회사에서 절대 금물인 말

다음과 같은 말은 보스와 대화하는 동안에 절대 금물이다. 소위 말해서 자살골을 넣는 일이다. 보스와 아주 기본적인 갈등을 조장하는 언어이다.

(1) Denial - "I don't have a problem"

"보스, 저는 전혀 문제가 없습니다"라고 말하지 마라. 문제가 없는 일은 세상에 없다. 일 자체에 대해 진지하고 진실을 밝혀서 좋은 아이디어를 구하는 것이 현명하다. 아무 문제가 없다고 큰소리쳐 놓고 뒤에 조금이라도 하자가 발견될 때에는 덤으로 화를 자초한다.

(2) Blame – "It is your fault"
"저 사람의 잘못입니다", "제 탓이 아닙니다"라고 말하지 마라. 책임 회피처럼 들리고 직원들과의 관계성을 파괴하는 행동이다. 인격의 어두운 면을 표출한 것이다. 지혜가 필요하다.

(3) Rationalization(합리화) – "Everyone doing it"
"김 군, 이 일을 어떻게 이렇게 처리했소?"라고 질문을 받았는데, 한다는 소리가 "모두가 그렇게 하기 때문에 저도 그렇게 했습니다"라고 대답하지 마라. 완전 무식이 탄로 나는 경우이다. 업무 태만으로 보인다. 나름대로 왜 그렇게 해야 했는지를 분명히 밝혀야 한다. 그렇지 않으면 능력이 부족한 직원으로 낙인찍힌다.

(4) Withdrawal(뒤로 빠짐) – "I can't do anything about it"
"저는 전혀 그것에 대해 할 수가 없습니다"라고 말하지 마라. 직무유기다. 경험 부족이다. 보스는 '할 수 없는 일은 세상에 없다'라고 생각하고 '당신은 이 일을 할 수 있어'라는 가정하에 이 일을 맡기는 것이다. "잘 해보겠습니다", "질문이 있으면 말씀드리겠습니다"로 대응하면 본전치기는 한다.

### 4. 성희롱(Sexual harassment) 문제[60]

사회생활을 하는 동안 사회 공동체 내에서 성희롱 사건에 대해 많이 듣고 보아 왔을 것이다. 요즘은 아주 평범한 사건으로 여겨져 별로 심각

---

[60] http://moneymony.tistory.com/147 '성폭력, 성폭행, 성추행, 성희롱의 의미를 아시나요', 2010년 7월 23일, by 머니머니.

한 문제로 받아들여지지 않는다. 교회 공동체 내에서도 성희롱 사건은 끊임없이 발생하고 있어 관심 있는 여러 성도들의 얼굴을 붉히게 하고 있다. 성희롱 사건은 심심치 않게 빈번히 일어나고 있다. 표출된 사건에 대해서만 알려질 뿐 사실 경중(輕重)에 관계없이 공동체 내에는 신고하지 않은 성희롱 사건이 무수히 많다. 회사에 보고하면 피해자 자신에게도 불이익이 있을 것이라는 두려움으로 혹은 보고하기 귀찮아 그냥 묵과하고 넘어가는 경우가 허다하다. 성희롱 사건은 동료 직원이나 상사와 직급이 아래인 직원 사이에 많이 일어난다. 그 반대의 현상도 가끔은 일어나고 있다. 이와 관련된 내용들을 좀 더 자세히 알아보자.

### 성폭력
성폭력은 성희롱이나 성추행, 성폭행 등을 모두 포괄하는 개념으로 '성을 매개로 상대방의 의사에 반해 이뤄지는 모든 가해 행위'를 뜻한다.

### 성폭행
성폭행은 강간과 강간미수를 의미한다.

### 성추행(강제추행)
성추행은 강제 추행을 뜻한다. 강제추행이 성희롱과 다른 것은 '폭행이나 협박을 수단으로 추행'하는 것이다. 성추행은 성욕의 자극, 흥분을 목적으로 일반인의 성적 수치, 혐오의 감정을 느끼게 하는 일체의 행위(키스를 하거나 상대방의 성기를 만지는 행위 등)로 강제추행은 이러한 추행행위 시 폭행 또는 협박과 같은 강제력이 사용되는 경우를 말한다.

### 성희롱(Sexual Harassment)
"성희롱이란 업무, 고용, 그 밖의 관계에서 공공기관의 종사자, 사용자 또는 근로자가 그 직위를 이용하여 또는 업무 등과 관련하여 성적 언동 등으로 성적 굴욕감 또는 혐오감을 느끼게 하거나 성적 언동 또는 그 밖의 요구 등에 따르지 아니한다는 이유로 고용상의 불이익을 주는 것을 말합니다. 성희롱 사건 발생 시 국가인권위원회를 통해 진정할 수 있습니다."[국가인권위원회법 제2조]

- 다음과 같은 육체적, 언어적, 시각적 행위는 성희롱이 될 수 있다.
  - 입맞춤이나 포옹, 뒤에서 껴안기 등의 신체적 접촉
  - 가슴, 엉덩이 등 특정 신체부위를 만지는 행위
  - 안마나 애무를 강요하는 행위 등
  - 음란한 농담이나 음담패설
  - 외모에 대한 성적인 비유나 평가
  - 성적 사실관계를 집요하게 묻거나 성적인 내용의 정보를 의도적으로 유포하는 행위
  - 성적 관계를 강요하거나 회유하는 행위
  - 음란한 내용의 전화 통화
  - 회식자리 등에서 술을 따르도록 강요하는 행위
  - 외설적인 사진, 그림, 낙서, 음란출판물 등을 게시하거나 보여주는 행위
  - 직접 또는 팩스나 컴퓨터 등을 통하여 음란한 편지, 사진, 그림을 보내는 행위
  - 성과 관련된 자신의 특정 신체부위를 고의적으로 노출하거나 만지는 행위
  - 사회통념상 성적 굴욕감 또는 혐오감을 유발하는 것으로 인정되는 언어나 행동

위의 내용은 한국 정부에서 마련한 '성희롱 방지법'(국가인권위원회)에도 자세히 기술되어 있음을 알린다. 위의 글을 자세히 읽고 숙지(熟知)하기 바란다.

A교수가 직접 현장에서 목격한 '성희롱' 경우를 들으면 여러분의 귀를 의심할 것이다. 교수들과 직원들 모두 30여 명의 미팅이 CEO에 의해 소집되었는데, 웃어른이 무척이나 심기가 불편하였던 날이라 생각되었다(후에 들었지만 이런 성희롱이 다반사였다고 한다). 회의 도중 자신의 발언에 어패가 있음을 발견하신 어른께서 옆에 앉아 있는 여직원에게 "야, 이년아, 너는 얼굴이 그 모양이니 45살이 될 때까지도 시집도 못 가고 그 모양이지. 뭘 그렇게 쳐다보냐?" 그러더니 또 다른 옆쪽에 앉아 있는 다른 여직원의 종아리를 자기 구둣발로 힘껏 찼다. 여직원은 불의의 습격을 받기도 했지만 장딴지가 얼마나 아팠는지 얼굴을 엄청 찡그렸다. 계속 종아리를 손으로 비비고 있었다. A교수는 여러 교수들과 이 장면을 목격했고 사무실을 뛰쳐나오기 직전이었다. 이제 한 번 더 이런 일이 생기면 A교수는 회의장에서 나가리라 생각했었단다. 이 사건이 있은 지 며칠 후에 두 아가씨 가운데 한 분을 복도에서 우연히 만나게 되어 위로 겸 "지난번에는 당황하셨죠? 괜찮으세요?"라고 물었더니 대답이 A교수의 마음을 더욱 아프게 했다. "그분은 사랑의 표현을 그렇게 한다우." A교수는 할 말을 잊었다. 이 직원은 마음속으로 얼마나 울었을까? 이 지긋지긋한 직장을 그만두어야겠다고 수십 번 되뇌었을 것이다.

	비영주권자라는 약점을 잡고 마구 퍼부어대는 막말은 직원의 인격을 말살하는 일이다. '지금 내가 어쩌랴? 마땅히 갈 곳도 없고, 비영주권자를 받아주는 직장은 더더욱 없고, 이 직장에 내 생계가 달려 있는데, 좀 더 참자. 참는 것만이 내가 살 수 있는 길'이라고 생각했을 것이다. 매우 참담한 일이다.

	이런 일이 이 직장 한 곳에서만 생기는 일이 아니라는 데 문제점이 있다. 이 어르신은 지구상에서 없어져야 낫는 병을 가진 것 같다. 이분은 안수를 받으신 목사님이기도 하다. 영주권 없음을 악용하여 직원들을 노예처럼 부리는 악덕업주다. 나도 한마디 하자. 개그맨 김병조 씨의 말씀 한마디 빌리자. 목사님 "먼저 인간이 되어라", "지구를 떠나거라."

하나님께서 이런 자들을 먼저 하늘나라로 데려가야 할 터인데……. 하나님이 하박국 선지자에게 말씀하신 것같이 언젠가는 응징하실 것이다. 그때를 기다리자.

## 5. 성희롱 미연에 방지하기

완벽하게 성희롱을 미연에 방지하는 방법은 존재하지 않을 것이다. 왜냐하면 성희롱의 피해자가 아무리 조심하고 만반의 대비를 하고 생활한다 해도 가해자는 항상 근처에 존재하기 때문이다. 그러나 최소화 할 수 있는 방법을 강구해 놓아야 한다. 직장에서는 성희롱에 대한 예방 대책을 마련해야 할 것이고, 직원들은 성희롱에 대한 교육을 필히 받도록 해서 준수토록 하여야 한다. 법이 규정되어 있다 하더라도 당사자가 미연에 방지하는 것이 최상의 방법일 것이다.

다음을 인지하여 평상시에 성희롱의 상황을 미연에 방지하도록 하자.

### 1) 품행(品行)을 단정히 하라

평소에 외유내강(外柔內剛, 겉으로는 부드럽고 순하게 보이나 속은 곧고 굳셈)의 성품을 소유하기 바라고, 행실을 바르게 함으로 흐트러짐이 없게 생활하라. 가해자는 행실이 흐트러진 사람에게 쉽게 접근한다.

### 2) 몸단장을 단정히 하라

너무 요란하게 최신 유행에 따라 화려하게 치장을 하고 회사에 출근하면, 일하는데도 부자연스럽지만 다른 동료들에게 특별히 눈에 띄어 가십(gossip)의 대상에 오르기 쉽다. 너무 짧은 미니스커트라든지, 앞가슴이 너무 파여 상대방이 눈을 놓을 자리를 찾기가 민망하게 하는 차림, 너무 짙은 화장, 너무 속이 들여다보이는 옷을 착용하는 것도 재고해야 한다. 이러한 요란한 치장은 당신을 야하게 보이게 하는 동시에 쉬운 여자로 보이게 하기 때문이다. 일하기에 불편하지 않을 정도의 몸치장이면 충분하다.

### 3) 공(公)과 사(私)를 구분하라

우리가 흔히 사용하는 '공과 사를 구분하지 못한다'는 표현은 공적인 일을 하는 데 개인적인 감정을 가지고 와 일을 그르칠 때 쓰는 말이다. "공(公)과 사(私)의 구분을 분명히 해야 한다"라는 말을 우리는 자주 듣는다. '공'은 전체, 조직 또는 사회를 뜻하고, '사'는 개인, 전체의 아류가 되는 부분 또는 개체를 뜻한다. 공인이든, 개인이든 넘지 말아야 할 선이 있다. 마지노선이라고 하든가? 그 선을 지키고 못 지킴에 따라 그 사람의 인격이 드러나는 것이다. 어떤 경우라도 최소한의 선은 넘지 말라. 그 선을 넘으면 회복이 불가능하다. 업무시간 외에는 원하지 않는 만남을 피해야 한다. 사적인 자리임에도 자유롭지 못하다면 불행하다. 반대로 공적인 자리에서 개인 중심의 행동을 한다면 그 자리는 유지되기 힘들다. 공과 사를 구분하지 못하는 장소나 대화에서 분위기에 휩쓸려 성희롱에 희생될 수 있음을 기억해야 한다.

### 4) 직장에서 실시하는 '성희롱 예방교육'을 필히 받아라

이곳에서 글로 표현하기에는 한계가 있다. 그러므로 직장에서 실시하는 '성희롱' 예방 교육을 필히 이수하여 사전에 예방하도록 하라. "평안히 지낼 때에는 항상 위태로움을 생각하여야 하고, 위태로움을 생각하게 되면 항상 준비가 있어야 하며, 충분한 준비가 되어 있으면 근심과 재난이 없을 것이다"(유비무환, 有備無患)라는 고사성어를 기억하라.

# 제7부

# 성도와 하나님

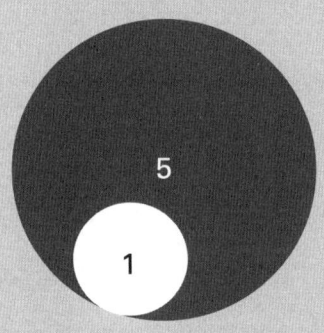

- **1** 성도(개인)–Individual
- **5** 하나님의 섭리–Providence

# 성도와 하나님

## 1. 하나님의 형상 이해하기

인간은 '하나님의 형상'(The Image of God, the imago Dei)[61]대로 창조되었다(창 1:27). 이 개념은 성서해석에 대한 기독교 전통에서 상당히 중요한 주제가 되어 왔다. Dr. Don Thosen[62]은 다음과 같은 3가지의 견해를 모두 이해함으로 하나님의 뜻에 좀 더 가까이 간다고 말하고 있다.

| Viewpoint | Characteristics | Examples(attributes: 속성) |
|---|---|---|
| Structural view | Who people are | Physicality(육체인 것)<br>Psychology(심리적인 것)<br>rationality(합리성)<br>Volition(의지적인 것)<br>spirituality (영적인 것) |
| Functional view | What people do | Morality(도덕성)<br>Exercising dominion |
| Relational view | How people | Relations with God, self, and others |

1) Structural view:

A structural view of the image of God asserts that particular human attributes constitute the sum and substance of our likeness to God. These attributes include psychological, rational, volitional, and spiritual qualities in people. Rationality also separated people from animals in

---

61) Don Thosen, *An Exploration of Christian Theology* (Peadody: Hendrickson Publishers, Inc., 2008), p. 130.
62) Don Thorsen, Chair, Department of Theology and Ethics. Director, Master of Divinity Professor of Theology at Azusa Pacific University.

the created order. People have a spiritual dimension to their lives.

하나님의 이미지에 대한 구조적인 견해는 "인간의 속성이 하나님 것과 비슷하게 구성되어 있다"는 의미이다. 이러한 속성은 정신적인 것, 합리적인 것, 의지에 관한 것, 그리고 인간에게 있어서 영적인 특성을 포함한다. 합리성은 동물들과는 창조 순서에 있어서 다르게 창조되었다. 인간은 그들의 삶에 영적인 면을 가지고 있다.

2) Functional views:

People acts in a moral, righteous, fashion. God created people to live in obedience to God's will. God created people to have "dominion" over all aspects of God's creation(Gen 1:26, 28).

하나님의 이미지에 관한 기능적인 면으로 보는 견해는, 인간은 도덕적으로 행동하게 되어 있고 공정하게 행하도록 되어 있다는 것이다. 하나님은 인간들이 하나님이 창조하신 모든 세계를 지배하기를 원하신다.

3) Relational view:

The most important relationship for people is our relationship with God. God created people to be in relationship with one another.

하나님의 이미지에 관한 관계성에 대한 면으로 보는 견해는, 우리에게 가장 중요하게 여기는 부분은 하나님과의 관계임을 말하고 있다. 하나님이 창조하신 창조물인 인간은 다른 사람과도 관계를 맺도록 되어 있다.

## 2. 하나님과의 관계

하나님이 '하나님의 형상'으로 인간을 창조하실 때 하나님과 인간은 밀접한 관계를 맺도록 창조되었음을 알게 된다. 하나님은 우리 인간과 관계 맺기를 간절히 원하고 계신다. 이 관계는 사랑의 관계임을 성경을 통해서 알 수 있다. 다음 세 구절을 통해 하나님과의 관계는 사랑임을 알 수 있다.

"네 마음을 다하고 목숨을 다하고 뜻을 다하고 힘을 다하여 주 너의 하나님을 사랑하라 하신 것이요"(막 12:30).
"예수께서 가라사대 네 마음을 다하고 목숨을 다하고 뜻을 다하여 주 너의 하나님을 사랑하라 하셨으니"(마 22:37).
"대답하여 가로되 네 마음을 다하며 목숨을 다하며 힘을 다하며 뜻을 다하여 주 너의 하나님을 사랑하고 또한 네 이웃을 네 몸과 같이 사랑하라 하였나이다"(눅 10:27).

하나님을 사랑하되 우리의 마음을 다하고 목숨을 다하고 힘을 다하여 사랑하여야 한다. 하나님은 인간과 이러한 사랑의 관계를 맺기를 기뻐하시고, 이러한 관계를 맺기 위하여 먼저 우리를 사랑하사 자신의 생명을 우리 인간들에게 주셨다. 그것이 예수 그리스도의 십자가의 죽음과 부활이다. 독생자 예수 그리스도는 인간을 위해 죽으시고 우리 인간들을 위해 부활하신 하나님으로 자신의 모든 것을 바치셨다.

그러므로 하나님과 우리 인간의 관계는 사랑의 관계이다. 하나님의 사랑을 깨닫고 하나님을 향한 사랑의 길을 가는 사람이 최고의 신앙인이다. 그리스도를 사랑하고 하나님을 사랑하고 이웃을 사랑하고 기쁘게 헌신하는 것, 이것이야말로 진정으로 행복한 신앙인이요 기독교인의 목표이다.

### 3. 삼위일체의 하나님[63)]

여기서부터는 상당부분 신학적인 이론을 말할 것이다. 읽기 딱딱할

---

63) Millard J. Erickson, 《조직신학 개론》, 나용화, 황규일 공동번역 (서울: 기독교문서선교회, 2001), p. 159.

지 모르나 잘 기억하여 혼돈이 없도록 마음에 간직하길 바란다. 매우 간결하게 설명하였다. 대부분의 조직신학에 대한 책을 읽다 보면 같은 내용의 이론을 접하게 된다. 삼위일체 교리는 기독교의 독특한 교리들 중 하나다. 이 교리는 매우 중요한 기독교 교리이다. 이 교리는 하나님은 누구시며, 어떠한 분이시며, 어떻게 사역하시며, 어떻게 그분께 나아가야 하는가 등의 문제와 관련이 있다.

삼위일체 교리와 관련이 있는 성경의 자료들부터 살펴보자. 세 가지 유형으로 분리되어 있지만 상호 관련이 있는 증거 유형들이 있다. 하나님은 한 분이시라는 것, 하나님이신 삼위(三位, three persons)가 계시다는 것, 그리고 삼위일체에 대한 지적 혹은 최소한 암시가 있다.

콘스탄티노플의 입장을 보여주는 공식은 "세 위격(person:hypostases) 안에 있는 한 본체"(substance:one ousia)이다. 여기서 강조점은 종종 하나의 분리될 수 없는 신격(godhead)보다는 삼위 하나님의 분리된 존재들에 더 많이 있는 듯하다. 한 신격이 세 존재 양식 혹은 위격 안에 동시에 존재하고 있다. 그 신격은 '나누어진 위격들 안에 나누이지 않고' 존재한다. 세 위격 안에 '본성상의 동일성'이 있는 것이다.

• **하나님은 누구인가?**
하나님은 한 분이시면서 동시에 세 인격으로 영원히 존재하신다. 이 교리는 성경에 명백히 기록되어 있지 않다.

• **삼위일체의 뜻**
1) 하나님은 그의 본체적 존재나 본질적 본성에 있어서 하나이다.
2) 한 신적 존재 안에 성부, 성자, 성령의 개체적 실존이 있다.
3) 하나님은 분리되지 않은 본체(질)의 모든 속성이 삼위 각각에게 완전한 형태로 존재한다.
4) 신적 존재 안에 있는 삼위의 실존과 활동은 일정한 순서를 가진다.

성경에서 말하고 있는 하나님의 통일성에 대한 증거를 살펴보도록 하자.

### 1) 하나님은 한 분이시다(The Oneness of God)

**[구약에서]**
고대 히브리인들의 종교는 엄격한 유일신론적 신앙이었다. 하나님의 통일성은 여러 시기에 다양한 방법으로 이스라엘 백성들에게 계시되었다.

(1) 십계명에 나타나 있다(출 20:3-17).
- **출애굽시킨 여호와**:
  제1계명, "너는 나 외에는 다른 신들을 네게 있게 말지니라."
- **우상 숭배 금지**:
  제2계명(4절), 오직 하나님만이 신이며, 유일한 예배 대상이다.

(2) 쉐마(Shema)
이스라엘 백성들이 스스로 터득해야 할 뿐 아니라 자손들에게 반복적으로 가르치도록 명령 받은 위대한 진리에 하나님의 유일성이 나타나 있다.
- 하나님의 유일성에서 알 수 있다(신 6장).
- 주제(핵심): 우리 하나님은 오직 하나인 여호와이시다(신 6:4).

(3) 아론의 축도에서 알 수 있다(민 6:24-26).

"여호와는 네게 복을 주시고 너를 지키시기를 원하며 여호와는 그 얼굴로 네게 비취사 은혜 베푸시기를 원하며 여호와는 그 얼굴을 네게로 향하여 드사 평강 주시기를 원하노라 할지니라 하라"

(4) 성삼위송(사 6:3)

"서로 창화하여 가로되 거룩하다 거룩하다 거룩하다 만군의 여호와여 그 영광이 온 땅에 충만하도다"

[신약에서]
(1) 야고보서 2장 19절

"네가 하나님은 한 분이신 줄을 믿느냐 잘하는도다 귀신들도 믿고 떠느니라"

(2) 고린도전서 8장 4-6절

"그러므로 우상의 제물 먹는 일에 대하여는 우리가 우상은 세상에 아무것도 아니며 또한 하나님은 한 분밖에 없는 줄 아노라 비록 하늘에나 땅에나 신이라 칭하는 자가 있어 많은 신과 많은 주가 있으나 그러나 우리에게는 한 하나님 곧 아버지가 계시니 만물이 그에게서 났고 우리도 그를 위하여 또한 한 주 예수 그리스도께서 계시니 만물이 그로 말미암고 우리도 그로 말미암았느니라"

2) 삼위의 신격(The Deity of Three)

(1) 성부 하나님(The Deity of the First Father)의 신격
성부 하나님의 신성에 대해서는 논란의 여지가 없다.

① 예수님이 성부를 하나님이라고 언급했다(고전 8:4, 6; 딤전 2:5, 6)
② 예수님께서 성부를 하나님으로 인정하셨다(마 6:26).

"그러므로 우상의 제물 먹는 일에 대하여는 우리가 우상은 세상에 아무것도 아니며 또한 하나님은 한 분밖에 없는 줄 아노라"(고전 8:4)

"그러나 우리에게는 한 하나님 곧 아버지가 계시니 만물이 그에게서 났고 우리도 그를 위하여 또한 한 주 예수 그리스도께서 계시니 만물이 그로 말미암고 우리도 그로 말미암았느니라"(고전 8:6).

"하나님은 한 분이시요 또 하나님과 사람 사이에 중보도 한 분이시니 곧 사람이신 그리스도 예수라 그가 모든 사람을 위하여 자기를 속전으로 주셨으니 기약이 이르면 증거할 것이라"(딤전 2:5-6).

"공중의 새를 보라 심지도 않고 거두지도 않고 창고에 모아들이지도 아니하되 너희 천부께서 기르시나니 너희는 이것들보다 귀하지 아니하냐"(마 6:26).

(2) 성자 하나님(The Deity of Christ Jesus)의 신격

성경은 예수님도 하나님이라 말하고 있다.

① 예수님은 근본 하나님의 본체시라 말하고 있다(빌 2:5-11).

"너희 안에 이 마음을 품으라 곧 그리스도 예수의 마음이니 그는 근본 하나님의 본체시나 하나님과 동등됨을 취할 것으로 여기지 아니하시고 오히려 자기를 비어 종의 형체를 가져 사람들과 같이 되었고 사람의 모양으로 나타나셨으매 자기를 낮추시고 죽기까지 복종하셨으니 곧 십자가에 죽으심이라 이러므로 하나님이 그를 지극히 높여 모든 이름 위에 뛰어난 이름을 주사 하늘에 있는 자들과 땅에 있는 자들과 땅 아래 있는 자들로 모든 무릎을 예수의 이름에 꿇게 하시고 모든 입으로 예수 그리스도를 주라 시인하여 하나님 아버지께 영광을 돌리게 하셨느니라"

바울은 여기서 예수님은 "근본 하나님의 본체시나"(6절)라고 말하였다. 여기서 '본체'(form)라고 번역된 단어는 '모르페'이다. 헬라어에서도 '어떤 사물은 본연의 그것이 되도록 하는 일련의 특성들'이라는 의미를 갖는다. 본문에서 '모르페'라는 단어의 사용은 초대교회의 신앙을 반영하는 것으로, 그리스도의 온전한 신성에 대한 깊은 확신이 있었

음을 보여준다. 이것을 하나님의 '본질적인 속성과 성품'으로 이해한다(Muller, Lightfoot, Kent, Hawthorne, Vincent). 본문은 그리스도께서 '하나님의 본체 안에 존재하신다'는 의미로 하나님과 분리된 상태가 아니라 하나님께 속한 하나님의 본질을 소유한다는 의미이기 때문이다.

② 히브리서 1장

히브리서 저자는 성자이신 예수님의 완전한 신성을 강하게 암시하는 여러 진술들을 기록했다. 서두에서는 성자께서 천사들보다 우월하시다는 사실을 언급한다. 하나님께서는 아들을 통해 말씀하셨고, 그를 만물의 후사로 세우셨고, 그로 말미암아 모든 세계를 지으셨다고 말하고 있다(2절). 저자는 성자를 "하나님의 영광의 광채"시요, "그 본체의 형상"으로 묘사하고 있다(3절). 또 하나님께서는 그가 여기서 아들로 부른 이의 아버지가 바로 자신임을 밝힌 것 외에도(5절), 8절에서는 시편 45편 6절을 인용하면서 아들을 하나님으로 부르고 계신 것으로 인용하고 있고, 10절에서는 시편 102편 25절을 인용하면서 아들을 '주'(Lord)라고 호칭하고 있다.

③ 예수님의 자의식이다.

가. 예수님은 직접 자신의 신성을 주장하신 적이 없다.

나. 하나님께만 속한 것을 자신이 소유하고 있다고 주장하였다.

- 천사를 자신의 천사라 말하고(마 13:41)
- 하나님의 나라와 하나님께서 택한 자들을 자기의 것으로 여기셨다(막 13:20).
- 예수님은 자신이 죄를 사할 수 있다고 하셨다(막 2:8-10).
- 예수님은 세상을 심판하고(마 25:31) 다스릴 수 있는(마 24:30; 막 14:62) 권세가 있음을 주장했다.

(3) 성령 하나님의 신격(Holy Spirit)

성령님을 하나님과 동일시하는 성경 구절도 있다.

① 성령을 하나님과 동일시하는 성경 구절(행 5:3-4)

"베드로가 가로되 아나니아야 어찌하여 사탄이 네 마음에 가득하여 네가 성령을 속이고 땅 값 얼마를 감추었느냐 땅이 그대로 있을 때에는 네 땅이 아니며 판 후에도 네 임의로 할 수가 없더냐 어찌하여 이 일을 네 마음에 두었느냐 사람에게 거짓말한 것이 아니요 하나님께로다"

성령님께 거짓말한 것을 하나님께 거짓말하는 것과 동일시했다.

② 하나님과 같은 특성을 가지고 계시고 하나님의 사역들을 수행하고 계심을 묘사
- 사람에게 죄에 대하여, 의에 대하여, 심판에 대하여 책망하시는 분이 성령님이다(요 16:8-11).
- 성령님은 거듭나게 하시고 새 생명을 주신다(요 3:8).
- 각종 은사를 주시고, 은사 받은 자를 주관하신다(고전 12:4-11).
- 존귀와 영광을 받으신다.
- 신자들 속에 거하고(고전 3:16-17)
- 하나님과 성령님을 상호 교환하여 사용(마 28:19)

③ 삼위 하나님을 언급(벧전 1:2)

"곧 하나님 아버지의 미리 아심을 따라 성령의 거룩하게 하심으로 순종함과 예수 그리스도의 피 뿌림을 얻기 위하여 택하심을 입은 자들에게 편지하노니 은혜와 평강이 너희에게 더욱 많을지어다"

3) 삼위일체성(Three in Oneness)

(1) 하나님을 삼위일체로 이해하여야 할 이유

① 성경적 근거(요일 5:7-8)

"증거하는 이는 성령이시니 성령은 진리니라 증거하는 이가 셋이니 성령과 물과 피라 또한 이 셋이 합하여 하나이니라"

"증거하는 이가 셋인데 곧 아버지와 말씀과 성령이십니다"라고 말한다(8절).

② 이름
이스라엘의 하나님을 지칭하는 복수 형태의 명사인 '엘로힘'은 삼위일체의 입장을 암시하는 단서로 간주된다.

③ 창세기 1장 26절
하나님께서 "우리의 형상을 따라……우리가 사람을 만들고……." 여기서 복수 형태는 "우리가……만들고"(Let us make)에서의 동사와 "우리"(Our)라는 소유접미사에서 나타나고 있다.

④ 이사야 6장 8절
"내가(단수) 누구를 보내며 누가 우리(복수)를 위하여 갈꼬."

(2) 삼위(三位)는 통일성(Unity)과 동등성(Equalty) 속에서 연결되어 있다.

① 마태복음 28장 19-20절(지상명령)
"아버지와 아들과 성령의 이름으로 세례를 주고." 이 말씀에는 삼위 하나님이 모두 포함되어 있음에도 불구하고 '이름'이라는 단어가 단수로 쓰였다는 사실에 주목하라.

② 고린도후서 13장 13절(바울의 축도)
상호 동등한 삼위일체 하나님에 대한 강력한 증거이다.

"주 예수 그리스도의 은혜와 하나님의 사랑과 성령의 교통하심이 너희 무리와 함께 있을지어다"

③ 성부와 성자의 관계
• 성부에 의해 보내심을 받고(요 14:24)

"나를 사랑하지 아니하는 자는 내 말을 지키지 아니하나니 너희의 듣는 말은 내 말이 아니요 나를 보내신 아버지의 말씀이니라"

• 성부에서 나오며(요 16:28)

"내가 아버지께로 나와서 세상에 왔고 다시 세상을 떠나 아버지께로 가노라 하시니"

④ 성부와 성령의 관계
• 성부에 의해 보내심을 받고(요 14:26)

"보혜사 곧 아버지께서 내 이름으로 보내실 성령 그가 너희에게 모든 것을 가르치시고 내가 너희에게 말한 모든 것을 생각나게 하시리라"

• 성부에 의해 주어지며(요 14:16)

"내가 아버지께 구하겠으니 그가 또 다른 보혜사를 너희에게 주사 영원토록 너희와 함께 있게 하시리니"

- 성부에게서 나오며(요 15:26)

"내가 아버지께로서 너희에게 보낼 보혜사 곧 아버지께로서 나오시는 진리의 성령이 오실 때에 그가 나를 증거하실 것이요"

⑤ 성자와 성령의 관계
- 성자는 성부로부터 성령을 보내실 것이다(요 15:26).

"내가 아버지께로서 너희에게 보낼 보혜사 곧 아버지께로서 나오시는 진리의 성령이 오실 때에 그가 나를 증거하실 것이요"

- 성령의 오심을 위해 기도(요 14:16)

"내가 아버지께 구하겠으니 그가 또 다른 보혜사를 너희에게 주사 영원토록 너희와 함께 있게 하시리니"

- 성령을 보내시기 위해 성자께서 떠나심(요 16:7)

"그러하나 내가 너희에게 실상을 말하노니 내가 떠나가는 것이 너희에게 유익이라 내가 떠나가지 아니하면 보혜사가 너희에게로 오시지 아니할 것이요 가면 내가 그를 너희에게로 보내리니"

⑥ 성령의 사역은 성자의 사역의 계속이다.
- 성자의 하신 말씀을 기억나게 함(요 14:26)

"보혜사 곧 아버지께서 내 이름으로 보내실 성령 그가 너희에게 모든 것을 가르치시고 내가 너희에게 말한 모든 것을 생각나게 하시리라"

• 성자를 증거함(요 15:26)

"내가 아버지께로서 너희에게 보낼 보혜사 곧 아버지께로서 나오시는 진리의 성령이 오실 때에 그가 나를 증거하실 것이요"

• 성자를 영화롭게 함(요 16:13-14)

"그러하나 진리의 성령이 오시면 그가 너희를 모든 진리 가운데로 인도하시리니 그가 자의로 말하지 않고 오직 듣는 것을 말하시며 장래 일을 너희에게 알리시리라 그가 내 영광을 나타내리니 내 것을 가지고 너희에게 알리겠음이니라"

⑦ 성부와 성자 사이에는 구별이 있으나 교제가 있다(요 1:1).
• 나와 아버지는 하나라(요 10:30)

"나와 아버지는 하나이니라 하신대"

• 나를 본 자는 아버지를 본 자라(요 14:9)

"예수께서 가라사대 빌립아 내가 이렇게 오래 너희와 함께 있으되 네가 나를 알지 못하느냐 나를 본 자는 아버지를 보았거늘 어찌하여 아버지를 보이라 하느냐"

• 성부와 하나라(요 17:21)

"아버지께서 내 안에, 내가 아버지 안에 있는 것같이 저희도 다 하나가 되어 우리 안에 있게 하사 세상으로 아버지께서 나를 보내신 것을 믿게 하옵소서"

⑧ 삼위일체 교리는 성경에서 분명히 표현된 것은 아니지만 성경을 보면 삼위 하나님의 신성과 일체성을 암시하는 수많은 성구들이 나온

다. 교회가 그렇게 결론지은 것은 옳은 일이다.

### 4) 삼위일체를 이해하기 위한 유비적 설명(The Search for Analogies)

삼위일체 교리에 관한 진술을 세워 감에 있어서 나타나는 문제점은 단순히 용어들에 대한 이해에만 있는 것이 아니다. 예를 들면, 삼위일체를 다룸에 있어서 '위격'(person)이라는 말의 의미를 아는 것도 어렵다. 그러나 더욱 어려운 것은 삼위의 위격들 사이의 상호관계를 이해하는 일이다. 인간의 마음은 때때로 그러한 노력들에 도움을 줄 수 있는 유비적 설명을 찾기 마련이다.

널리 사용된 유비를 들자면,

- **달걀**: 분리된 본질(노른자, 흰자, 껍질) - 성부와 성령이 신적인 본질에서 분리된 부분들이라는 사실을 말하는 듯하다.
- **물**: 양태론적 성향(물, 얼음, 수증기) - 양태론적 성향을 보여준다. 왜냐하면 얼음, 물, 수증기는 존재의 서로 다른 양태이기 때문이다.
- **식물**: 뿌리, 줄기, 가지
- **물리**: 공간, 물질, 시간
- **해**: 해, 빛, 온도

이러한 유비들은 인격 개념의 결여라는 허점이 있다. 좀 더 깊은 뜻을 공부하기 위해서는 조직신학을 연구하기 바란다.

### 5) 하나님의 절대적 속성들[64]

하나님께만 속한 성질들, 다른 누구와도 공유할 수 없는 하나님 고유의 탁월함들을 의미한다.

(1) 스스로 계심(自存, Self-Existence)

---
64) Ibid., p. 121.

하나님께서는 우리들이 '영원 과거'라고 부르는 모든 것 이전에도 존재하셨다. 그분에 의해 이루어진 모든 것들 이전에 계신 분인 것이다. 그분은 자신의 창조에 예속되지 않으시며, 아무것도 아쉬운 것이 없으시다.

(2) 영원함(Eternity)
이 영원하신 분께서는 생의 시작도 끝도 없으시다. 그분은 시간의 경계 밖에 존재하시며, 어떠한 시간의 측정으로부터도 구애받지 않는 순수한 실재 가운데 거하시는, 영원한 지금이시다. 그분은 스스로 있는 자이시다(I Am, 출 3:14).

(3) 불변함(Unchanging Creator of all things)
그분의 본질과 속성들과 계획과 뜻에 그분은 변함없이 머무신다. "나 여호와는 변역지 아니하나니"(말 3:6), "오직 주는 영존할 것이요……주는 여전하여 연대가 다함이 없으리라"(히 1:11-12).

(4) 단일함(Unity)
하나님께서 세 인격을 나타내셨다는 것은, 하나님 신격의 각 구성원께서 다른 위격들과는 다른 각자의 의견을 가지고 계신다는 것을 의미하지 않는다. 하나님은 본질에서나 목적에서나 뜻에서나 하나이시다. 이에 관한 히브리어는 하나의 단일함(a unit)이 아닌, 한 복합된 단일함(a compound unity)을 나타내고 있다.

(5) 삼위일체
이 단어가 성경에 있지 않음에도 불구하고, 이 진리는 그 안에 널리 스며들어 있다. 하나님은 한 분이시지만 명백히 아버지, 아들, 성령이란 세 인격들로 계시되어 있다. 이성은 하나님의 단일함을 우리에게 보여 주는데, 오직 계시만으로 그분의 삼위일체를 우리에게 가르친다.

### 6) 하나님의 상대적인 속성들

하나님께만 속한 특성들이긴 하나 그분의 피조물들과 우주에 대한 그분의 관계를 통하여 알려질 수 있는 속성들이다.

#### (1) 스스로 계시하심(Self-Revelation)

하나님은 알 수 없는 분이시다. 우리는 우리 자신의 노력으로는 그분을 찾을 수 없다. 그분은 우리를 향한 그분 자신의 계시하심 – 창조, 역사, 성경, 그리스도 – 을 떠나서는 알 수 없다.

#### (2) 전능하심(Omnipotent)

하나님은 그분의 본성의 완전함들과 조화되는 모든 것을 하실 수 있으시다. 따라서 그분이 무엇을 하실 수 없다는 진술은 그분의 능력의 한계가 아닌 그분의 영광의 계시를 말하고 있는 것이다. 하나님은 모든 것을 하실 수 있다(막 10:27).

#### (3) 편재하심(Omnipresent, 동시에 어디든지 계시는)

무한한 분이신 하나님은 자신의 존재를 어디에서나 알릴 수 있으시다. 자신의 모든 피조물들에게 끼칠 수 있는 영향력 가운데 그분은 무한하시다.

"음부에 내 자리를 펼지라도 거기 계시니이다"(시 139:8).

#### (4) 전지하심(Omniscient, 무엇이든 안다)

오직 하나님만이 자신을 아시며, 또한 다른 모든 것을 아신다. 실제인지 단지 가능성인지, 과거인지 현재인지 미래인지, 그분은 그것들에 대해 완벽하게, 즉각, 동시에, 그리고 영원 전부터 아신다.

#### (5) 주권자이심(The Sovereignty of God)

엄밀히 말해서 하나님의 주권, 즉 우주 안에서 최고의 통치자로서 지닌 하나님 고유의 권위는 그분의 속성 중 하나가 아닌 하나님만의 특권이다. 그것은 하나님의 어떠하심이 아니라 하나님의 행하심이다.

**7) 하나님의 도덕적 속성들**
도덕적 성질들에 관계된 신성한 본질의 특징들이 은혜를 통하여 하나님의 피조물들에게 공유되긴 했으나 그것들은 오직 하나님 안에서만 무한하고 완벽하게 나타난다.

(1) 영
하나님은 실체이시다. 그러나 물질적 실체가 아니시다. '하나님은 영이시다.' 비물질적이시며, 무형이시며, 비가시적이시다.

(2) 인격
하나님은 비인격적 영이 아니시고 자의식과 지성과 의지를 가지신 인격적 존재이시다.

(3) 사랑
첫째로 신격 안에서, 그리고 다른 것들에게 하나님 자신을 펼쳐 보이시기 위해, 하나님께서 영원토록 감동을 받으시는 그 완전함을 의미한다.

(4) 질투
종종 부정적으로 보이나 하나님에 관해 말할 때 '질투'는 그의 소유와 권리들을 지키시기 위한 세심한 보호책이시다.

(5) 양선

"하나님 한 분 외에는 선한 이가 없느니라"(막 10:18).

그 이상적인 분께 호응하는 모든 자질들을 포함한다.

(6) 관용

피조물들이 느낄 수 있는 그분의 애정이 인간의 계산을 초월한 여러 가지 방식으로 보여졌다.

(7) 은혜

범죄함으로 받을 만한 가치가 전혀 없는 죄인들에게 베풀어지는 하나님의 부드러운 다루심, 본질적으로 그것은 하나님의 선택권이다.

(8) 자비

비탄 속에 빠져 있는 이들에게 베풀어지는 하나님의 인정 많은 취급, 그분의 연민과 동정과 자애와 유사하다.

(9) 오래 참음

성나게 하는 것에 직면하여 성급히 보복하지 않고 자신을 억제하는 것, 인내도 이와 유사하다.

(10) 분노

특별히 죄의 도발에 대하여 외관상 나타나는 격렬한 감정의 표현이다.

(11) 신실

언제나 자신이 하리라고 말씀하신 바를 행하신다는 것과 그 자신이 계시된 바와 같이 동일할 것임을 믿게 하는 하나님의 속성이다.

(12) 공의

하나님의 본성과 행동 간의 완전한 일치를 가리킨다.

(13) 거룩

하나님은 그의 피조물들과 분리되어 있고, 다르며, 측량치 못할 만큼 높으사 또한 그에 걸맞게 죄로부터 완전히 분리되어 있으시다.

(14) 의

하나님은 도덕적 통치를 제정하셨고, 그의 피조물들에게 제재하는 율법을 부과하셨다.

(15) 지혜

하나님께서 택하신 가치 있는 목적들과 그것들을 위한 최선의 수단들 안에서 스스로 명백히 드러나는 하나님의 덕목이다.

(16) 진리

영원한 실재 속에 나타나는 하나님의 지식과 선포와 표현이다.

## 4. 성도와 하나님의 관계

"그러므로 사랑을 입은 자녀같이 너희는 하나님을 본받는 자가 되고 그리스도께서 너희를 사랑하신 것같이 너희도 사랑 가운데서 행하라 그는 우리를 위하여 자신을 버리사 향기로운 제물과 생축으로 하나님께 드리셨느니라 음행과 온갖 더러운 것과 탐욕은 너희 중에서 그 이름이라도 부르지 말라 이는 성도의 마땅한 바니라 누추함과 어리석은 말이나 희롱의 말이 마땅치 아니하니 돌이켜 감사하는 말을 하라 너희도 이것을 정녕히 알거니와 음행하는 자나 더러운 자나 탐하는 자 곧 우상숭배자는 다 그리스도와 하나님 나라에서 기업을 얻지 못하리니 누구든지 헛된 말로 너희를 속이지 못하게 하라 이를 인하여 하나님의 진노가 불순종의 아들들에게 임하나니 그러므로 저희와 함께 참예하는 자 되지 말라 너희가 전에는 어두움이더니 이제는 주 안에서 빛이라 빛의 자녀들처럼 행하라 빛의 열매는 모든 착함과 의로움과 진실함에 있느니라 주께 기쁘시게 할 것이 무엇인가 시험하여 보라 너희는 열매 없는 어두움의 일에 참예하지 말고 도리어 책망하라 저희의 은밀히 행하는 것들은 말하기도 부끄러움이라 그러나 책망을 받는 모든 것이 빛으로 나타나나니 나타나지는 것마다 빛이니라 그러므로 이르시기를 잠자는 자여 깨어서 죽은 자들 가운데서 일어나라 그리스도께서 네게 비취시리라 하셨느니라"(엡 5:1-14).

이 본문에서는 성도와 하나님의 관계에 대하여 말하고 있다. 결론을 먼저 말하면, 바울은 먼저 '너희는 하나님을 본받는 자가 되라'고 권면한다. 성도가 하나님과 올바른 관계를 유지하기 위해서는 하나님과 같이 되는 것이 가장 좋은 길일 것이다.

그러면 하나님을 본받는 생활이란 무엇인가?

첫째, 그리스도께서 우리를 사랑하신 것같이 우리도 사랑 가운데 거하는 것이다(2절).
하나님은 독생자 예수 그리스도를 우리를 구속하기 위해 대속물로 내어주시기까지 하셨다. 성도들은 자기를 희생하여 하나님과 형제들을 위해 봉사해야 한다. 봉사하되 사랑으로 행하여야 한다.

둘째, 불순한 죄인의 생활을 버려라(3-7절).
음행과 온갖 더러운 것과 탐욕과 우상 숭배 등의 크고 작은 모든 죄악에서 떠나라는 권면이다. 우리 인간은 눈에 띄는 죄악에서는 주의를 기울임으로 경계하지만 눈에 잘 안 띄는 죄악에 대해서는 소홀히 한다. 그러므로 하나님보다 더 관심을 두며 중요시한다면 그것이 우상 숭배이다.

셋째, 어두움 대신 빛 가운데 거하라(8-14절).
구원받기 전에는 성도들은 행할 바를 몰라 어두움 가운데 헤매던

자들이었다. 그러나 이제는 그리스도의 구원의 은혜로 하나님의 자녀가 되었다. 빛의 자녀로서 세상에 대하여 말과 행위로써 빛의 역할을 감당해야 한다.

# 제8부

# 하나님의 섭리

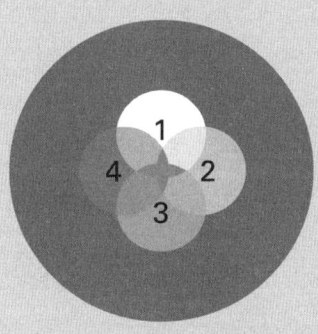

1. 성도(개인)–Individual
2. 성도의 가정–Family
3. 성도의 교회생활–Church
4. 성도의 사회생활–Society
5. 하나님의 섭리–Providence

세상만사(世上萬事) 하나님의 섭리 안에 있다.

# 하나님의 섭리(攝理)[65]

하나님께서 모든 피조물을 보존케 하시며, 세상에서 생성되고 소멸되는 모든 일에 간섭하시고 행동하시며, 만물을 하나님이 정하신 방향으로, 원하시는 목적으로 인도하시는 사역으로 정의할 수 있다.

## 1. 섭리의 대상[66]

하나님의 섭리는 인간 역사의 모든 부분에 표출된다. 모든 우주(시 103:19; 단 5:35), 물질적 세계(시 104:14; 마 5:45), 동물계(시 104:21, 28; 마 6:26, 10:29), 국가적 사건(욥 12:23; 행 17:26), 사람의 출생과 운명(삼상 16:1; 시 139:16; 사 45:5; 갈 1:15-16), 인간의 성공과 실패(시 75:6-7; 눅 1:52), 우발적인 듯한 사소한 사건(마 10:23), 의인의 보호(시 2:8, 5:12; 롬 8:28), 악인의 적발과 형벌(시 7:12-13, 11:6), 하나님 백성의 필요에 대한 공급(창 2:8, 14; 신 8:3; 빌 4:19), 그리고 기도의 응답(삼상 1:19; 사 20:5-6; 대하 33:13; 시 65:2; 마 7:7)에까지 섭리하신다.

> "공중의 새를 보라 심지도 않고 거두지도 않고 창고에 모아들이지도 아니하되 너희 천부께서 기르시나니 너희는 이것들보다 귀하지 아니하냐"(마 6:26).
> "발견치 못하매 야손과 및 형제를 끌고 읍장들 앞에 가서 소리 질러 가로되 천하를 어지럽게 하던 이 사람들이 여기도 이르매"(행 17:6).
> "그러나 내 어머니의 태로부터 나를 택정하시고 은혜로 나를 부르신 이가 그 아

---

65) Millard J. Erickson, 《조직신학 개론》, 나용화, 황규일 공동번역 (서울: 기독교문서선교회, 2001), p. 219.
66) Ibid.

들을 이방에 전하기 위하여 그를 내 속에 나타내시기를 기뻐하실 때에 내가 곧 혈육과 의논하지 아니하고"(갈 1:15-16).

"사람이 회개치 아니하면 저가 그 칼을 갈으심이여 그 활을 이미 당기어 예비하셨도다 죽일 기계를 또한 예비하심이여 그 만든 살은 화전이로다"(시 7:12-13).

성도와 가정, 성도와 사회, 성도와 교회, 그리고 성도와 하나님의 관계도 하나님의 섭리 안에 있음을 알 수 있다.

## 2. 섭리의 요소[67]

### 1) 보존(保存, Preservation)

하나님께서 만물을 후원하시는 사역을 계속하신다. 피조물과 독립적으로 계시되 신적 권능으로 만물의 존재와 행동에 간섭하신다. 하나님이 매 순간마다 세상을 계속 창조하신다는 의미도, 세상으로부터 아예 손을 떼신다는 의미도 아니다(시 63:8; 느 9:6; 행 17:28; 골 1:17; 히 1:3).

### 2) 협력(協力, Concurrence)

하나님께서 모든 창조물과 합력하여 그 피조물이 일을 정확히 하게 하신다. 하나님은 인간의 모든 행동에 동반하여 그 행동이 효과 있게 하신다. 하나님과 인간이 각 한 부분씩만 담당한다는 의미가 아니라, 하나님이 인간의 자유의지의 결정과 행동에 협력하신다는 의미이다. 그렇다고 인간의 악행의 책임을 하나님께 돌려서는 안 된다. 하나님은 오히려 악행하지 않도록 간섭하신다(창 6:3; 욥 1:12, 2:6; 시 76:10; 사 10:15; 행 3:13, 7:51).

### 3) 통치(統治, Government)

---

[67] Ibid.

하나님께서 만물이 존재 목적에 응할 수 있도록 계속적으로 다스리신다. 하나님은 우주의 왕으로서 만물을 당신의 기쁨으로 다스리신다. 전 세계와 만물이 하나님의 지배와 간섭 속에 있다(시 47:9; 잠 16:33; 마 10:29, 31; 행 14:16, 33:31; 빌 2:31).

### 3. 성도는 제자가 되어야 한다

우리는 하나님을 믿고 예수를 구주로 받아들이는 사람을 성도(聖徒)라고 부른다. 지금까지 필자는 제자라는 단어 대신에 성도라는 단어를 사용하였다. 이제부터는 왜 성도는 제자가 되어야 하는지를 말하려 한다.

예수님 당시에는 성도라는 말보다 제자(弟子)라는 말을 더 많이 사용하였다. 그러나 제자라는 말이 사도행전 이후에는 성도라는 말로 바뀌는 듯한 느낌을 받는다. 제자가 예수님 당시의 언어라면, 성도는 초대교회의 언어라고도 할 수 있다. 그것은 예수님이 살아 계셨을 때는 당신이 직접 가르치고 훈련시키셨지만, 예수님께서 승천하신 이후에는 이미 제자가 된 사람들의 주도 아래 성령운동이 주류를 이루었기 때문인 듯하다. 이런 의미로 보면 소수의 제자들에 의해 많은 성도들이 태어났다고 할 수 있다. 주님의 마지막 지상명령은 바로 제자를 만들라는 것이다.

"그러므로 너희는 가서 모든 족속으로 제자를 삼아 아버지와 아들과 성령의 이름으로 세례를 주고 내가 너희에게 분부한 모든 것을 가르쳐 지키게 하라 볼지어다 내가 세상 끝 날까지 너희와 항상 함께 있으리라 하시니라"(마 28:19-20).

예수님 당시에는 예수님을 따르는 무리들이 많았다. 그러나 그들을 모두 제자라고 부르진 않았다. 특별히 선정하여 택한 12명만 '제자'(弟子) 혹은 '사도'(使徒)라고 불렀다. 물론 70인의 제자도 있지만 그 의미상

12제자와는 다르다. 그들은 특별히 부름 받은 자들은 아니었다. 이런 의미에서 성도(聖徒)는 예수님을 따르는 자이다. 제자는 예수님에 의해 특별히 선택된 자들이다.

마태복음 28장 16절의 말씀과 같이 예수님께서는 11명의 제자들에게 지상명령을 말씀하셨다. 즉 세상 모든 족속을 제자로 삼으며, 세례를 베풀고(19절), 예수님의 삶과 가르침에 순종하여 살아가도록 가르치라고 명하셨다.

> "하나님이 세상을 이처럼 사랑하사 독생자를 주셨으니 이는 저를 믿는 자마다 멸망치 않고 영생을 얻게 하려 하심이니라"(요 3:16).

"저를 믿는 자마다", 이는 바로 성도(聖徒)라는 말이다. 성도는 예수 믿어 구원받을 수 있는 사람이다. 그러나 제자(弟子)는 좀 더 중요한 일이 주어졌다. 증인의 사명을 감당하는 일이다. 그렇다고 성도는 증인의 사명을 감당하지 않아도 된다는 말로 오해해선 안 된다. 제자는 특별히 선정되고 훈련받아 그 사명을 더욱 잘 감당하도록 임명된 사람이란 뜻이다. 하나님의 말씀을 믿고 예수 그리스도를 자기의 구주로 영접한 자들은 신앙인이 되었다. 그러나 듣고 믿는다고 해서 다 제자는 아니다. 훈련을 통하여 일할 수 있을 때 제자라고 말할 수 있다. 주님께서 원하는 것은 제자가 되는 것이다.

### 4. 영성 훈련을 통한 제자훈련: 제자가 되려면 영성 훈련을 하라

#### 1) 영성 훈련

"영성 훈련의 목적은 인간의 전적인 변화에 있다. 또한 영성 훈련은 파괴적인 옛 사고, 습관을 생명을 주는 새 습관으로 대체시키는 데 목적이 있다. 사도 바울은, 우리가 변화받는 길은 마음을 새롭게 하는 데 있다고 말하고 있다"(롬 12:2).[68] 훈련은 자신의 시간을 기도, 묵상, 금식, 그리고 단순성 훈련에 전적으로 바치는 사람들을 위한 것이다. 하나님은 영성 훈련이 보통 사람에게서 이루어지기를 원하신다. 사실 훈련은 우리의 하루하루 일상생활 속에서 가장 잘 이루어진다.[69] 훈련이 변화시키는 효력을 가지고 있다면 그 효력은 나와 가정생활, 나와 교회생활, 그리고 나와 사회생활 속에서 발생되는 관계성 속에서 발견될 수 있다. 영성 훈련은 어려운 것이 아니다. 우선 요청되는 것은 하나님을 갈망하는 것이다.

시편 기자는 시편 42편에 다음과 같이 기록하였다.

> "하나님이여 사슴이 시냇물을 찾기에 갈급함같이 내 영혼이 주를 찾기에 갈급하니이다 내 영혼이 하나님 곧 생존하시는 하나님을 갈망하나니 내가 어느 때에 나아가서 하나님 앞에 뵈올꼬"(시 42:1-2).

시냇물은 그냥 물이 흐르는 냇물이 아니라 차고 흘러넘치는 풍족한 물이 사시사철 흐르는 시내를 뜻하는 것으로, 영원토록 마를 줄 모르는 하나님의 풍성한 은혜를 은유적으로 표현한 것이다. 이와 같이 영성 훈련은 하나님을 갈급하듯 간절한 마음으로부터 시작하여야 한다. 사람은 사람의 의지의 힘으로 일시 동안 선의 모양을 보일 수 있으나 조만간에 '부주의한 말'이 흘러나와서 마음속에 있는 실상을 드러내 보인다. 만약 우리 마음속에 자비심으로 가득 차 있다면 그 자비심은 밖으로 드러나게 되어 있다. 만약 우리의 마음속에 원한이 가득 차 있다면 그 원한도 언젠가는 드러나기 마련이다. 만약 인간의 의지와 힘과 노력으로 내적 변화를 얻을 수 있다고 믿는다면 엄청난 절망감에 도달할 것이다. 우리 속의 변화는 하나님의 일이지, 우리의 일이 아니다. 필

---

68) 리처드 포스터, 《영적 훈련과 성장》(Celebration of Disciple), 권달천, 황을호 역 (서울: 생명의말씀사, 2006), p. 16.
69) Ibid., p. 95.

요한 것은 내적 일인데, 이는 오직 하나님의 은혜로만 변화시킬 수 있는 것이다.[70] 하나님은 자신의 은혜를 받는 방법으로 영적 삶의 훈련을 우리들에게 주셨다.[71] 이 훈련이 우리들로 하여금 하나님 앞에 나아가도록 하여, 하나님께서 우리를 변화시킬 수 있게 한다. 그래서 우리는 영성 훈련은 하나님의 은혜의 통로라고 말한다.[72] 이런 점으로 볼 때 "훈련으로 은혜 받는 길"이라는 말은 합당한 말이다.

'은혜'는 값을 내지 않고 거저 받는다는 의미가 있고, '훈련'은 우리들에게 무엇인가 할 바가 있다는 의미가 있다. 디트리히 본회퍼(Dietrich Bonhoeffer)는 "제자가 되기 위한 대가(The Cost of Discipleship)에서 은혜는 값을 내지 않고 받는 것이지만 결코 값싼 것은 아니라는 것을 분명히 밝혔다. 우리가 하나님의 은혜는 인간의 힘으로 얻을 수 없다는 것을 명백히 이해하였다. 그리고 우리가 성장하기를 원한다면 우리는 의식적으로 일련의 선택적 행동을 지속해야 한다. 여기에는 개인의 삶과 또 단체생활 모두가 포함된다. 바로 이것이 영성 훈련의 목적이다."[73]

본문에서는 묵상 훈련, 기도 훈련, 금식 훈련과 단순성 훈련을 다루고자 하며, 이 모든 훈련에 '거듭나기 훈련'을 첨가했다. 영성 훈련으로 들어가려면 가장 먼저 해야 할 일이 있다. 회개다. 회개 없이 영성 훈련에 임한다는 것은 하나님을 기만하는 것이다. 진정한 회개가 없는 영성 훈련의 출발은 백해무익(百害無益)하다.

(1) 회개해야 한다(Need for Repentance).

회개란 과거의 잘못된 생활을 뉘우쳐 그 방향을 돌이켜 성경이 말하는 바른길을 택하는 것이다. 회개는 신앙생활과 영적 훈련에 들어서는 첫 단계이다. 우리의 믿음의 선조들은 백성들에게 회개를 외쳤고,

---

70) Ibid., p. 22.
71) Ibid., p. 23.
72) Ibid., p. 24.
73) Ibid., p. 24.

예수님도 전도의 첫마디로 "회개하라 천국이 가까이 왔느니라"(마 4:17) 고 말씀하셨다.

> "그런즉 이스라엘 온 집이 정녕 알지니 너희가 십자가에 못 박은 이 예수를 하나님이 주와 그리스도가 되게 하셨느니라 하니라 저희가 이 말을 듣고 마음에 찔려 베드로와 다른 사도들에게 물어 가로되 형제들아 우리가 어찌할꼬 하거늘 베드로가 가로되 너희가 회개하여 각각 예수 그리스도의 이름으로 세례를 받고 죄 사함을 얻으라 그리하면 성령을 선물로 받으리니"(행 2:37-38).

본문은 오순절 성령 강림의 역사로 성령 충만함을 받은 베드로의 설교를 들은 결과 3천 명이 회개하고 주께로 돌아오는 장면의 일부분이다. 본문은 하나님 나라 공동체의 일원이 되는 조건을 순서대로 말하고 있다. 첫째는, 자신의 죄를 깨닫고 회개하는 일이다. 두 번째는, 예수의 이름으로 세례를 받고 죄 사함을 받는 것이다. 셋째는, 성령의 은사를 선물로 받으라는 말씀이다.

우리에게는 이미 회개의 기회(계 2:22)가 주어졌음을 기억하여야 한다. 그래도 회개치 않는다면 하나님의 마음을 영원히 아프게 할 것이다. 음란과 호색함(고후 12:21)에 대하여 피를 토하는 회개가 있어야 한다. 십자가 없는 회개(without repenting)를 한다면 그는 값싼 은혜(cheap grace)[74]의 소유자임을 잊지 마라.

영혼 구원이 무엇인가를 아주 명료하게 이해하기 위해서는 진정한 회개가 무엇인지를 반드시 깨달아야만 한다. 또한 회개할 때 하나님은 죄인을 용서하실 뿐 아니라, 예수 그리스도의 보혈이 모든 죄를 깨끗하게 하신다는 것을 깨닫게 하신다(요일 1:7). 반드시 해야 할 첫 번째 일은 회개하는 것이다. 성령님께서는 회개케 하시는 일을 하신다. 성경은 "하나님의 뜻대로 하는 근심은 후회할 것이 없는 구원에 이르게 하

---

74) Glen H. Stassen and David P. Gushee, *Kingdom Ethics* (Downers Grove: Inter Varsity Press, 2003), p. 133.

는 것이요 세상 근심은 사망을 이루는 것이니라"(고후 7:10)고 말씀하신다. 성령님께서 심령에 오셔서 심령을 무겁게 하시며 '너는 죄인이고 너는 지옥으로 가는 길 위에 있다'고 알려 주시기 시작하실 것이다. 하나님의 뜻에 따라 슬퍼하기 시작하며, 그 하나님의 뜻에 따른 슬픔이 당신으로 하여금 돌이켜서 회개하게 한다. 그 후 그 회개가 구원에 이르게 한다. 하나님의 뜻에 따른 슬픔은 회개하여 구원에 이르게 한다. 성경은 여러 곳에서 죄인을 위하여 회개하라고 말씀하고 계신다. "너희에게 이르노니 아니라 너희도 만일 회개치 아니하면 다 이와 같이 망하리라"(눅 13:3), "주의 약속은 어떤 이의 더디다고 생각하는 것같이 더딘 것이 아니라 오직 너희를 대하여 오래 참으사 아무도 멸망치 않고 다 회개하기에 이르기를 원하시느니라"(벧후 3:9)고 말씀하신다.

회개는 완전한 방향 전환이다. 지금까지의 생활과는 완전히 다른 생활 양태로 들어가는 것이다. 그것은 거듭남, 즉 '중생'이라는 말로도 표현된다. 회개와 중생은 동일한 경험의 양면으로, 다만 관점이 다를 뿐이다. 회개는 사람 편에서 되는 것이요, 거듭남은 하나님 편에서 이루시는 일이다.

성경이 말씀하시는 '진정한 회개'가 무엇인지를 반드시 깨달아야 한다. 어떻게 내가 회개하는가? 진정한 성경적 회개에 관하여 예수님께서 우리에게 가르쳐 주신 성경의 비유(눅 15:11-32)에서 네 가지를 묵상해 보자. 이는 거듭나기 위한 단계라고 해도 된다.

"또 가라사대 어떤 사람이 두 아들이 있는데 그 둘째가 아비에게 말하되 아버지여 재산 중에서 내게 돌아올 분깃을 내게 주소서 하는지라 아비가 그 살림을 각각 나눠 주었더니 그 후 며칠이 못 되어 둘째 아들이 재물을 다 모아가지고 먼 나라에 가 거기서 허랑방탕하여 그 재산을 허비하더니 다 없이한 후 그 나라에 크게 흉년이 들어 저가 비로소 궁핍한지라 가서 그 나라 백성 중 하나에게 붙여 사니 그가 저를 들로 보내어 돼지를 치게 하였는데 저가 돼지 먹는 쥐엄 열매로 배를 채우고자 하되 주는 자가 없는지라 이에 스스로 돌이켜 가로되 내 아버지에게는 양식이 풍족한 품꾼이 얼마나 많은고 나는 여기서 주려 죽는구나 내가 일어나 아버지께 가서 이르기를 아버지여 내가 하늘과 아버지께 죄를 얻었사오니 지금부터는 아버지의 아들이라 일컬음을 감당치 못하겠나이다 나를 품꾼의 하나로 보소서 하리라 하고 이에 일어나서 아버지께 돌아가니라 아직도 상거가 먼데 아버지가 저를 보고 측은히 여겨 달려가 목을 안고 입을 맞추니 아들이 가로되 아버지여 내가 하늘과 아버지께 죄를 얻었사오니 지금부터는 아버지의 아들이라 일컬음을 감당치 못하겠나이다 하나 아버지는 종들에게 이르되 제일 좋은 옷을 내어다가 입히고 손에 가락지를 끼우고 발에 신을 신기라 그리고 살진 송아지를 끌어다가 잡으라 우리가 먹고 즐기자 이 내 아들은 죽었다가 다시 살아났으며 내가 잃었다가 다시 얻었노라 하니 저희가 즐거워하더라 맏아들은 밭에 있다가 돌아와 집에 가까왔을 때에 풍류와 춤추는 소리를 듣고 한 종을 불러 이 무슨 일인가 물은대 대답하되 당신의 동생이 돌아왔으매 당신의 아버지가 그의 건강한 몸을 다시 맞아들이게 됨을 인하여 살진 송아지를 잡았나이다 하니 저가 노하여 들어가기를 즐겨 아니하거늘 아버지가 나와서 권한대 아버지께 대답하여 가로되 내가 여러 해 아버지를 섬겨 명을 어김이 없거늘 내게는 염소새끼라도 주어 나와 내 벗으로 즐기게 하신 일이 없더니 아버지의 살림을 창기와 함께 먹어 버린 이 아들이 돌아오매 이를 위하여 살진 송아지를 잡으셨나이다 아버지가 이르되 얘 너는 항상 나와 함께 있으니 내 것이 다 네 것이로되 이 네 동생은 죽었다가 살았으며 내가 잃었다가 얻었기로 우리가 즐거워하고 기뻐하는 것이 마땅하다 하니라"

① 죄를 깨닫고 인정하라(18절).
무엇보다 먼저 진실하고 진정한 회개는 한 인간이 자신의 죄를 기꺼이 깨닫고 인정하는 것(18절)이라는 사실을 기억하라.

② 죄를 회개할 결단이 필요하다(19절).
회개는 자기의 잘못된 행동을 구체적으로 고백하고, 그 죄를 용서하시는 하나님에 대한 경외심을 가지고 죄를 범하지 않겠다는 결단(19절)

이 전제되어야 한다. 회개는 영성의 시작이다.

③ 죄를 버리고 죄로부터 돌아서라(20절).
회개(repentance)라는 단어는 중동 지역에서 사용하던 단어이다.[75] 이 단어는 사람들이 잘못된 방향으로 가는 것을 깨닫고 돌이키는 행위를 묘사한 것이다. 이 단어는 도덕적 행위와 영적인 행위를 나타내는 데 적절한 말이었다.[76] "나는 일어나서 지금 있는 이 더러운 곳을 나가서 하늘에 계신 아버지께로 가야만 한다"라고 고백하는 것, 이것이 진정한 회개이다. 회개는 죄를 버리려는 의지를 낳는다.

④ 하나님 앞에 당신의 죄를 자복하라(21절).
돌아온 탕자는 자신의 잘못을 아버지에게 고백한다. 그것은 진정한 회개를 입증하는 것으로 바로 자신의 죄를 자복하려는 의지이다. 성령님께서 오셔서 당신의 행동들을 보여주시고 당신의 죄를 하나님 앞에 자복하게 하신다. "어떤 사람들의 죄는 밝히 드러나 먼저 심판에 나아가고 또 어떤 사람들의 죄는 그 뒤를 좇나니"(딤전 5:24)라고 성경은 말씀하고 있다.

선택을 해야만 한다. 죄들은 여전히 당신과 함께 있어 심판대까지 당신을 따라갈 것이다. 죄들을 지금 하나님께 자복하라. 그것들을 당신보다 먼저 심판대로 보내라. 죄들을 하나님 앞에서, 그리고 당신이 죄를 지었던 사람들 앞에서 기꺼이 자복하려는가? 누가복음 15장의 탕자는 돼지우리를 떠났다. 그는 기꺼이 자기의 죄를 버렸고, 자기의 죄를 하나님 앞과 아버지 앞에서 자복하였다.

죄를 지었다는 것은 그 죄로 인해 고통 받는 사람도 발생한다는 것이다. 즉, 죄(sin)가 있는 곳에는 필연적으로 한(恨)도 동전의 양면처럼 공존한다. 그렇다면 진정한 죄 사함은 하나님과 당신의 일대일 관계가

---

75) 팀 라헤이, 《목회자가 타락하면》, 황승균 역 (서울: 생명의 샘, 1990), p. 172.
76) Ibid., p. 212.

아니라 하나님과 죄인인 당신과 당신의 죄로 인해 고통 받은 이웃이라는 '3자적 관계'에서 고려되어야 하며, 그때 진정으로 그 죄와 죄 사함이라는 용서와 치유가 이루어질 수 있다. 궁극적인 죄 사함, 즉 진정한 구원과 용서와 치유는 하나님과 당신이라는 일대일 관계에서가 아닌 하나님과 당신, 그리고 이웃이라는 3자적 관계에서 현실화됨을 잊지 말아야 한다.

애나뱁티스트(Anabaptist)[77]들이 말하는 삼차원 영성(Tripolar Spirituality)은 상대방에게 찾아가서 용서를 받고 참된 뉘우침의 징후가 있을 때까지 기다리면서 도덕적 공동체의 기준에 부합하는 관계회복을 위해 노력하는 것을 말한다. 개인적인 해방감이나 사적 위로가 아니라 상대방을 형제와 자매로 다시 회복하는 것을 용서의 목적으로 삼아야 한다.

진정한 회개는 죄를 버리려는 의지, 하나님께 진심으로 죄를 자복하려는 의지, 그리고 예수님을 섬기려는 의지로 구성되어 있다.[78] 만일 하나님께서 당신을 회개케 하신다면, 당신은 이러한 일들을 자원하여 하게 될 것이다. 당신은 진정으로 회개하였는가? 만일 회개하지 않았다면, 예수님께서 다음과 같이 말씀하실 것이다.

"간음하는 자들도 만일 그의 행위를 회개치 아니하면 큰 환난 가운데 던지고" (계 2:22).

※ 베드로와 가룟 유다의 회개

성도는 베드로와 가룟 유다의 회개를 비교하여 과연 어떠한 회개가 하나님께 합당한지를 인지하여야 한다. 우리는 가끔 베드로의 회개와 가룟 유다의 회개를 혼돈하여 이해할 때가 있다. 우선 가룟 유다의 회개를 의논해 보자.

---

77) David Augsburger, *Dissident Discipleship* (Grand Rapids: Brazos Press, 2006), p. 15.
78) Ibid., p. 212.

① 가룟 유다

"때에 예수를 판 유다가 그의 정죄됨을 보고 스스로 뉘우쳐 그 은 삼십을 대제사장들과 장로들에게 도로 갖다 주며"(마 27:3).

'뉘우쳐'에 해당하는 헬라어 '메타멜레데이스'(μεταμεληθεις)는 단순히 과거 어떤 행동에 대해 뉘우치는 감정을 나타낸다. 마음과 삶의 전적인 변화를 뜻하는 '회개'(메타노에인, μετανοειν)와는 구별된다. 유다는 자신의 잘못을 깨닫고 하나님께 완전히 돌아선 것이 아니라 단지 스승을 팔아 죽음으로 몰고 간 자신의 행위를 '후회'하는 정도에서 머무른 것이다. 뉘우치는 것은 분명히 회개의 중요한 요소이기는 하지만 삶의 변화를 수반하지 않는 뉘우침은 회개라 할 수 없다.

② 베드로

"이에 베드로가 예수의 말씀에 닭 울기 전에 네가 세 번 나를 부인하리라 하심이 생각나서 밖에 나가서 심히 통곡하니라"(마 26:75).
"주께서 돌이켜 베드로를 보시니 베드로가 주의 말씀 곧 오늘 닭 울기 전에 네가 세 번 나를 부인하리라 하심이 생각나서 밖에 나가서 심히 통곡하니라"(눅 22:61-62).
"닭이 곧 두 번째 울더라 이에 베드로가 예수께서 자기에게 하신 말씀 곧 닭이 두 번 울기 전에 네가 세 번 나를 부인하리라 하심이 기억되어 생각하고 울었더라"(막 14:72).

마태복음 26장 75절, 누가복음 22장 62절, 그리고 마가복음 14장 72절에 나오는 구절 가운데 '심히 통곡하니라'의 한글 번역에 조금 차이가 있어 보이나 헬라어로는 '심히 통곡하다'에 속하는 에클라이엔(ἔκλαιεν, κλαιω)이라는 같은 단어를 쓰고 있다.

닭 우는 소리와 함께 예수님의 눈길과 마주친(눅 22:61) 베드로는 예수님이 예언하신 말씀이 생각나서 자신의 죄를 깨닫고 심히 통곡하였다. 이 통곡은 예수님에 대한 죄책감과 함께 산산이 부서져 무너져 내린 자신의 교만함으로 인한 회개의 울음이다. 이 회개는 자기중심의 회개가 아니라 하나님 중심의 진정한 회개이며, 구원에 이르는 회개이다.

가룟 유다는 양심의 가책은 받았지만 끝내 회개하지 않고 자살함으로 생을 마감하여(마 27:3-5) 주님께 용서받지 못하고(마 26:24) 영원한 배반자의 상징으로 남게 되었다(요 17:12). 그러나 베드로는 죄책감으로 회개하고 주님께 죽기까지 순종하고 복종하기로 결심하여(마 26:75) 주께 용서받았으며(요 21:15-23), 초대교회의 반석이 되는 생을 살았다(마 16:18; 행 1:15).

(2) 거듭나야 한다.[79]

제자가 되기 위해서는 먼저 회개하고 죄 사함을 받고 거듭나야 한다. 그렇지 않으면 모든 훈련은 무용지물이다. 거듭나지 않고 훈련만 완성한다는 것은 모래 위에 아름다운 집을 짓는 것과 같고, 겉만 빛나는 일이요, 알맹이가 텅 빈 강정이라 할 수 있다. 요한은 거듭나야 하나님의 나라에 들어갈 수 있다고 말씀하고 있다. 거듭남은 얼마나 오랫동안 예수를 믿었는가와는 아무 상관이 없다. 거듭남은 교회 공동체 안에서의 지위와도 아무 상관이 없다. 거듭남이란 참 믿음을 갖는 순간 인간의 마음과 본성이 변화되는 것을 의미한다. 인간 자신의 내적 세계(inner world)가 예수님의 내적 존재(inner being)로 성령님의 도움(spirit-driven)으로 변화된 사람(transformed)을 거듭난 자라 할 수 있다.

신앙을 고백하고 그리스도인을 자처한다고 해서 모두 다 똑같은 것이 아니다. 교회 안에는 항상 두 종류의 그리스도인이 존재한다. 하나

---

79) Antioch theological seminary의 웹섬김이 씨가 웹사이트에 올린 '당신은 진정 거듭났는가?'의 일부를 참조하였음을 밝힌다. http://atsnu.org/_chboard/bbs/board.php? bo_table=m5_1&wr_id=101709

는 이름과 형식만 갖춘 그리스도인이고, 다른 하나는 신앙과 행위가 일치하는 참 그리스도인이 있음을 인지하여야 한다. 이스라엘 사람이라고 해서 다 참 이스라엘 사람이 아니었듯이 그리스도인이라고 해서 다 참 그리스도인은 아니다.

> "예수께서 대답하여 가라사대 진실로 진실로 네게 이르노니 사람이 거듭나지 아니하면 하나님 나라를 볼 수 없느니라 니고데모가 가로되 사람이 늙으면 어떻게 날 수 있삽나이까 두 번째 모태에 들어갔다가 날 수 있삽나이까 예수께서 대답하시되 진실로 진실로 네게 이르노니 사람이 물과 성령으로 나지 아니하면 하나님 나라에 들어갈 수 없느니라"(요 3:3-5).

'거듭난다'에 해당되는 헬라어 '아노덴'(ανωθεν)은 '하나님께로서 새롭게'를 의미한다. 하나님에 의해 새롭게 태어남을 하나님 나라를 볼 수 있는 자격으로 밝힌다. 죄로 인해 하나님의 형상을 회복함에 있어서 회개하고 성령으로 거듭나야 천국에 들어갈 수 있음을 말하고 있다.

요한복음 3장 8절을 보면 "바람이 임의로 불매 네가 그 소리를 들어도 어디서 오며 어디로 가는지 알지 못하나니 성령으로 난 사람은 다 이러하니라"고 하였다.

우리는 바람이 불 때 나뭇가지가 흔들리는 것을 보고 바람이 지나갔음을 알 수 있듯이, 성령으로 난 자도 결과(혹은 증상)를 보고 거듭났는지 알 수 있다고 말씀하신다.

※ 성령으로 거듭난 자들은 어떤 이들일까?
① 하나님 말씀을 듣고 하나님이 보내신 이를 믿는 자

> "내가 진실로 진실로 너희에게 이르노니 내 말을 듣고 또 나 보내신 이를 믿는 자는 영생을 얻었고 심판에 이르지 아니하나니 사망에서 생명으로 옮겼느니라"(요 5:24).

'나 보내신 이'를 온전히 믿기 위해서는 그리스도의 말을 들어야 한다. '들음'은 '믿음'과 밀접하게 연결되어 있음을 알아야 한다(롬 10:17). '듣다'는 히브리어로 '쉐마'와 마찬가지로 단순히 청취한다는 뜻뿐만 아니라 들은 바를 이해하고 이를 실천에 옮긴다는 의미를 가지고 있다. 성령으로 난 자는 하나님 말씀을 듣고 이해하고 이를 실천에 옮기는 결과를 가져온다는 것이다.

② 일치한 마음과 부드러운 마음을 가진 자

"내가 그들에게 일치한 마음을 주고 그 속에 새 신을 주며 그 몸에서 굳은 마음을 제하고 부드러운 마음을 주어서"(겔 11:19).

일치한 마음이란, 여로보암(B.C. 930-909)이 북이스라엘 왕국을 창건함으로써 두 왕국으로 갈라졌던 이스라엘이 포로생활을 마치고 귀국했을 때에는 하나로 연합될 것을 의미한다. 여기서 '굳은 마음'으로 번역된 히브리어 '레브 하에벤'(לב האבן)은 '돌과 같은 마음'을, 그리고 '부드러운 마음'으로 번역된 히브리어 '레브 바사르'(לב בשר)는 '살과 같은 마음'을 뜻한다. 이는 하나님께서 포로생활을 마치고 귀환한 백성들의 심령을 근본적으로 변화시켜 주실 것을 의미한다. 돌과 같은 마음으로 변했던 그들의 마음을 고국으로 돌아오도록 인도하신 후에는 살과 같은 마음, 부드러운 마음으로 거듭나게 하신다는 하나님의 약속이다.

③ 그리스도 안에 있으면서 새로운 존재가 된 자

"그런즉 누구든지 그리스도 안에 있으면 새로운 피조물이라 이전 것은 지나갔으니 보라 새것이 되었도다"(고후 5:17).

그리스도인의 존재의 변화를 가장 선명하게 보여주고 있다. 여기서

'그리스도 안'이라는 말은 공간적인 뜻이 아니라 믿음과 회개를 통하여 그리스도와 하나가 된 상태를 말한다. 그리스도와 연합된 자는 새로운 존재가 된다는 의미이며, 거듭난 상태를 말하고 있다.

④ 의를 행하는 자

"너희가 그의 의로우신 줄을 알면 의를 행하는 자마다 그에게서 난 줄을 알리라"(요일 2:29).

요한은 '의를 행하는 자'를 하나님께로서 난 자라고 말하고 있다. 하나님이 의롭다는 것을 아는 자는 알고 있는 그 의를 행해야 한다는 것이다. 이러한 가르침은 '행함이 없는 믿음은 죽은 믿음'이라는 야고보서 2장의 가르침과 일치하고 있다.

⑤ 습관적으로 죄를 짓지 않는 자

"하나님께로서 난 자마다 죄를 짓지 아니하나니 이는 하나님의 씨가 그의 속에 거함이요 저도 범죄치 못하는 것은 하나님께로서 났음이라"(요일 3:9).

'하나님께로서 난 자'는 그리스도의 십자가 공로로 말미암아 그를 믿고 성령을 받아 거듭나서 하나님의 자녀 된 자이며(롬 8:14-16), 무슨 죄를 짓든 간에 지속적이고 습관적으로 짓지 아니한 자를 말한다. 우리는 나약하고 죄 중에 거하기 때문에 '다 실수를 할 수 있다'(약 3:2). 거듭난 자는 죄를 거부하며 하나님 앞에 진정으로 지은 죄를 사죄함으로 잘못을 뉘우친다.

⑥ 서로 사랑하는 자

"사랑하는 자들아 우리가 서로 사랑하자 사랑은 하나님께 속한 것이니 사랑하는 자마다 하나님께로 나서 하나님을 알고 사랑하지 아니하는 자는 하나님을 알지 못하나니 이는 하나님은 사랑이심이라"(요일 4:7-8).

본문에서 가장 중요한 것은 요한이 '너희는 서로 사랑하라'고 한 것이 아니고 '우리가 서로 사랑하자'라고 한 것이다. 모든 인간은 다 사랑을 실천해야 하는 하나님의 계명 앞에 놓여 있다. 사랑은 결코 타인의 명령에 의해 행해지는 것이 아니라 자신의 마음속에서 저절로 우러나는 성령의 감동으로부터 비롯된다. 그래서 타인이 솔선수범해서 사랑하는 행위를 보고 배움으로써 더욱 커지는 것이다.

본 구절은 '성도들아 우리가 서로 사랑하자. 왜냐하면 사랑은 하나님께 속한 것이기 때문이다'라는 의미이다. 하나님이 사랑이시기 때문에 하는 것이며, 또한 해야 하는 것이다(요 3:16, 15:9-12). 사랑을 행하는 행위는 하나님께로 났다는 증거가 된다. 또한 하나님을 사랑하고 하나님의 계명을 지키는 자는 하나님을 아는 자이므로(요일 1:3) 사랑하는 자는 하나님을 아는 자라고 말할 수 있다.

⑦ 예수가 그리스도이심을 믿는 자

"예수께서 그리스도이심을 믿는 자마다 하나님께로서 난 자니 또한 내신 이를 사랑하는 자마다 그에게서 난 자를 사랑하느니라"(요일 5:1).

요한은 예수께서 '그리스도임을 믿는 자'들은 하나님께로서 난 자라고 말하고 있다. 예수 그리스도라는 이름은 예수 그리스도께서 온전하게 신성과 인성이 하나인 인격체이심을 나타내는 이름이다. 이 이름에서 예수가 부정되면 그의 인성이 부정되는 것이고, 그리스도가 부정되면 그의 신성이 부정되는 것이다.

따라서 본문은 인간 되신 예수님이 하나님의 아들이시며(요일 4:15),

구세주이시며(요일 4:14), 바로 그리스도라는 사실을 믿는 자는 모두 하나님의 자녀라는 의미가 된다. 또 하나님의 자녀들은 그들이 믿는 하나님을 사랑하는 것같이 서로 사랑한다는 의미를 본문 말미에 말하고 있다.

⑧ 세상을 이기는 자

"대저 하나님께로서 난 자마다 세상을 이기느니라 세상을 이긴 이김은 이것이니 우리의 믿음이니라"(요일 5:4).

그리스도를 믿는 믿음 안에서 사는 자에게는(갈 2:20) 그 안에 계신 하나님(요일 4:4)이 세상에서 승리하도록 하신다. 하나님은 크시며, 세상을 일시적으로 지배하는 마귀보다 더 크시다. 거듭난 자는 세상의 기쁨에 거리를 두고, 세상을 사랑치 않으며, 거듭난 자는 모든 일에 있어서 세상의 방법과 관념과 관습에 초연하다. 세상을 이기는 자는 거듭난 자이며, 하나님께로서 난 자이다.

요한은 '의를 행하는 자', '습관적으로 죄를 짓지 않는 자', '서로 사랑하는 자', '예수가 그리스도이심을 믿는 자', 그리고 '세상을 이기는 자'를 거듭난 자이며 하나님께로서 난 자라고 말하고 있다.

(3) 묵상 훈련(Meditation)[80](시 119:78; 수 1:8)

기독교의 묵상을 간단히 말하면 하나님의 음성을 듣고 그의 말씀에 순종하는 능력이다. 묵상의 목적은 "예수님과 친한 친구 관계"의 상태를 유지(토마스 아 켐피스, Thomas a Kempis)하고, 우리는 그리스도의 빛과 생명 속으로 들어가 그 자세를 편히 즐기기 위함이고, 삶을 주님

---

[80] 리처드 포스터, 《영적 훈련과 성장》, 권달천, 황을호 역 (서울: 생명의말씀사, 2006), p. 5.

께 맡기기 위함이다.

무엇을 묵상하여야 할까? 하나님의 말씀에 귀 기울여야 하고, 하나님의 일을 생각하고 하나님께서 하신 행위를 생각하고, 하나님의 법을 반추하여야 한다. 이삭이 들에서 묵상하였고(창 24:63), 엘리야는 여호와의 세미한 음성을 분별하였다(왕상 19:9-18).

하나님께서 그들에게 말씀하신 것은 그들에게 특별한 능력이 있어서가 아니라 그들이 귀를 기울여 들을 준비가 되어 있었기 때문이다. 하나님과의 내적 교제는 우리의 속사람을 변화시키고, 우리의 마음속에 내재하고 있는 악한 것을 비우고, 그 마음속을 하나님의 선하신 마음으로 채우게 한다.

(4) 기도 훈련(Prayer)[81](마 6:5-15)

기도는 하나님과의 대화이다. 하나님과 친밀한 관계를 유지하기 위해서는 대화가 필요하다. 대화를 통해 그분의 생각과 뜻을 알 수 있다. 그분의 마음을 헤아릴 수 있다. 기억할 것은 성령님의 도움을 통해서 기도해야 한다는 것이다. 성령 안에서 기도해야 한다(엡 6:18). 일방통행식으로 하지 말고 쌍방적으로 하나님과 소통해야 한다. 기도는 영적 호흡과도 같다. 모든 생물이 호흡해야 생명을 유지할 수 있듯이 영적 생활에서는 기도를 해야 영적인 생명을 유지할 수 있다. 기도를 통해서 하나님이 기뻐하시는 것이 무엇인지를 알기 때문에 우리는 일상생활에서 기도를 빼놓고는 살 수 없는 것이다. 기도만이 하나님으로부터 축복을 누릴 수 있는 길이다.

기도가 가장 쉬운 일 같지만 가장 중요한 이유는 기도가 우리를 아버지와 영원한 교제 가운데로 이끌기 때문이다. 마태복음 6장 5절부터 15절을 보면 기도할 때의 주의점을 말씀하고 있다. 우리는 이러한 주의점을 마음에 새겨야 한다. 기도할 때 외식하는 자와 같이 해서는 안 된

---

81) Ibid.

다. 성전의 좋은 위치에서 멋있는 옷을 입고, 기도 내용도 좀 더 멋지게 하기를 원하며, 자기 자랑을 곁들이고 자신을 드러내는 바리새인의 기도는 백해무익임을 말하고 있다.

형식적인 기도, 진정한 '회개'가 없는 기도, 중언부언하는 기도는 금물이다. 기도의 초점은 하나님이어야 하며, 우리의 뜻은 내려놓아야 한다. 외우기보다는 '본'으로 하여야 하며, "하늘에 계신"으로 시작되는 기도의 의미는 하나님께서 이미 모든 것을 알고 계신다는 사실을 염두에 두어야 한다. 진정한 기도는 우리를 하나님과 영원한 교제 가운데로 이끈다. 진정한 기도는 우리를 변화시킨다. 구하여도 받지 못하는 기도는 정욕으로 쓰려고 잘못 구하는 기도이며(약 4:3), 중보기도할 때에 "만일 하나님의 뜻이라면"이라는 말은 하지 마라. "그러나 내 원대로 마옵시고 아버지의 원대로 되기를 원하나이다"(눅 22:42)를 따르라. 진정한 기도를 할 때 우리는 하나님의 생각을 따라 생각하게 되며, 하나님이 원하시는 것을 원하게 되며, 하나님이 사랑하시는 것을 사랑하게 되고, 하나님이 세상을 보시는 관점에서 우리도 세상을 보는 법을 배우게 된다. 주기도문은 예수님이 제자들에게 마태복음 6장 9-14절과 누가복음 11장 2-4절에서 가르치신 기도이다. 이 기도는 주님이 직접 주신 가장 기본이면서도 본이 되는 기도이다.

엉뚱한 얘기 한마디 하자. 필자는 주기도문을 외울 때마다 고등학교 시절 국어 선생님이셨던 서문경 선생님을 떠올린다. 그분은 어느 날 국어시간에 "너희들 삶에는 많은 시험(test)이 있다. 시험문제를 풀기 전 주기도문을 35초 동안 진심으로 외우는 버릇을 기르도록 해라. 이 기도는 시험을 잘 치러야 한다는 강박관념을 해소시키고 너희들의 마음의 불안감과 초조함을 해소시키고 진정시키는 효과가 있다. 잊지 마라"고 말씀하셨다. 이 선생님이 기독교인이 아님은 후에야 알게 되었다.

- 기도는 하나님의 마음을 바꾸어 놓는다.

**가. 모세의 기도**(출 32:1-14)

모세가 시내 산에 올라가 십계명을 받는 동안, 아론은 금고리를 모아 송아지 형상을 만들어 이스라엘 백성을 애굽에서 구원한 신(우상숭배)이라고 했다. 이는 우상 숭배임에 틀림없다. 여호와는 모세에게 너희 백성이 부패하였다고 말씀하셨다(7절). 그들은 송아지를 만들고 그것을 숭배하였다(8절). 그들은 목이 곧은 백성이다(9절). 여호와는 진노하고, 그들을 진멸하리라고 천명하셨다(10절).

이에 모세는 마음과 정성을 다해 여호와께 기도드린다(11절).

'왜 백성을 출애굽시키셨는가(12절). 왜 화를 내시고 산에서 죽이고 지면에서 진멸하려 하시는가(12절). 이스라엘을 기억하옵소서(13절). 여호와께서는 아브라함, 이삭과 이스라엘을 기억하옵소서(13절). 여호와께서는 약속을 하시지 않으셨는가(13절). 이스라엘 민족의 성품을 알고 계시지 않는가? 그들은 목이 곧고(stiff-neck, 출 33:5), 오만하고, 고집이 센(high-handed, 레위기) 백성이요, 불평하고(murmuring, 민 14:27), 자기중심적(self-centered, 신명기, 여호수아, 사사기)인 백성임을 모르시는가? 하나님은 아브라함에게 약속하시지 않으셨는가(창 12-23장). 셀 수 없는 많은 자손을 주겠으며(자손, seed/generation), 가나안 땅을 주겠으며(땅, land), 복의 근원이 되게 해주신다(복의 근원, blessing/divine-human relation)고 약속하지 않으셨는가?'

모세는 여호와께서 마음을 돌리시기를 간절히 기도했다. 모세의 기도를 들으시고 여호와는 마음을 돌리시고 재앙을 거두셨다(14절).

### 나. 히스기야 왕의 기도(왕하 20:1-6)

유다의 성군 히스기야의 기도를 들 수 있다(왕하 20:1-6). 히스기야 왕은 이사야 선지자로부터 너는 죽고 살지 못한다는(왕하 20:1) 말을 듣고 낯을 벽으로 향하고 여호와께 통곡하며 기도했다. 자기가 주 앞에서 진실과 전심으로 행한 것과 주께서 보시기에 선하게 행한 것을 근거로 하나님을 설득한다(2-3절). 이에 하나님은 그의 기도에 응답하신다. "내가 네 기도를 들었고 네 눈물을 보았노라 내가 너를 낫게 하리니……내가 네 날을 십오 년을 더할 것이다"(4-6절).

이 두 믿음의 조상의 기도를 통해 우리는 여호와 앞에 신실하게 서는 자들에게 설득당하시는 하나님을 볼 수 있다.

(5) 금식 훈련(Fast)[82](마 6:16-18)

'나'의 삶 속에 하나님의 영광을 방해하는 요소가 있어 '나'의 삶이 하나님의 영광을 가릴 때에 금식하면서, 하나님이 내 속에 있는 죄의 요소를 씻으시도록 '나'를 하나님께 드리는 훈련이다.

금식은 영적 목적을 위하여 음식을 삼가하는 것을 말한다. 성경을 보면 유명한 인물들이 금식한 것을 볼 수 있다. 율법을 받은 모세가 그러하였고, 다윗 왕, 선지자 엘리야, 왕후 에스더, 환상을 본 다니엘, 여선지 안나, 사도 바울, 하나님의 아들 예수 그리스도, 이들 모두가 금식하였다. 또한 교회 역사 전체를 통해서도 볼 수 있듯이 많은 위대한 그리스도인들이 금식을 하였고, 금식의 가치를 증언하였다. 마틴 루터가 그러하였고, 칼빈, 존 녹스, 존 웨슬리, 조나단 에드워즈, 데이비드 브레이너드, 찰스 피니, 그리고 중국의 시(his) 목사가 그러하였다.

금식은 절대 금식, 단체 금식, 그리고 규칙적인 금식으로 대별할 수 있다. 절대 금식은 음식과 물을 다 금하는 금식을 말한다. 자신과 유대인 백성 앞에 기다리고 있던 대학살을 앞두고 에스더는 절대 금식을 요구한다(에 4:16). 바울은 다메섹으로 가던 도중에 예수님을 만난 후 3일 동안 절대 금식을 했다(행 9:9). 모세와 엘리야는 40일 동안 절대 금식을 했다(신 9:9; 왕상 19:8). 단체 금식은 모세가 속죄일에 단체 금식을 요구한 일이 있고(레 23:27), 국가가 위기에 처했을 때(욜 2:15-16), 유다가 침략을 받았을 때 여호사밧 왕은 나라의 금식을 선포하였고(대하 20:1-40), 요나가 심판을 선포하자 니느웨 성 전체가 금식하였다(욘 3:5). 1756년 영국의 국왕은 프랑스의 침공 위협을 받고 영국 전국에 단체 금식

---

82) Ibid.

을 명한 적이 있다.

규칙적인 금식은 스가랴 시대의 네 가지 규칙적인 금식을 숙고할 필요가 있다(슥 8:19). 1년에 네 번의 규칙적인 금식이 있었다. 사월의 금식은 남유다 왕 시드기야 11년(B.C. 586) 4월 9일 예루살렘이 바벨론의 느부갓네살 군대에게 마지막 함락된 것을 기념하는 금식이고(렘 39:2-3, 52:4), 오월의 금식은 바벨론 왕 느부갓네살 19년(B.C. 586) 5월 7일 예루살렘 성전과 성읍이 불탄 것을 기념하는 금식이고(왕하 25:8-9; 렘 52:12), 칠월의 금식은 남유다 왕 시드기야 11년(B.C. 586) 7월 예루살렘 멸망 후 이스마엘이 예루살렘 총독 그달리야(매국노요 변절자)를 죽인 그 달을 기념하는 금식이고(왕하 25:25; 렘 41:1-2), 시월의 금식은 남유다 왕 시드기야 9년(B.C. 588) 10월 11일 바벨론의 느부갓네살 군대가 예루살렘을 포위하고 공격하기 시작한 것을 기념하는 금식이다(왕하 25:1; 렘 39:1).

금식의 목적(동기)은 오로지 하나님을 위한 것이어야 한다. 육체적인 유익을 위한다거나 기도의 성공을 위하여, 능력을 부여 받기 위하여, 영적 통찰력을 위하여 금식해서는 안 된다.

(6) 학습 훈련[83]

"영성 훈련의 목적은 인간의 전적인 변화에 있다. 또한 영성 훈련은 파괴적인 옛 사고 습관(思考 習慣)을 생명을 주는 새 습관으로 대체시키는 데 목적이 있다. 이 목표는 학습 훈련에서 잘 드러난다. 사도 바울은, 우리가 변화 받는 길은 마음을 새롭게 하는 데 있다고 말하고 있다"(롬 12:2). 새롭게 하기 위해 무엇이 마음을 변화시키는지에 대한 내용에 마음을 쏟아야 한다.

"종말로 형제들아 무엇에든지 참되며 무엇에든지 경건하며 무엇에든지 옳으며 무엇에든지 정결하며 무엇에든지 사랑할 만하며 무엇에든지 칭찬할 만하며 무슨 덕이 있든지 무슨 기림이 있든지 이것들을 생각하라"(빌 4:8).

---

[83] 오성춘,《영성과 목회》(서울: 장로신학대학교출판부, 1997), p. 289.

이 말씀을 현대인 성경은 "여러분은 참되고 고상하고 옳고 순결하고 사랑스럽고 칭찬할 만한 것이 무엇이든 거기에 미덕이 있고 찬사를 보낼 만한 것이 있다면 그것들을 생각하십시오"로 번역하여 좀 더 쉽게 이해할 수 있다.

학습 훈련은 우리들로 하여금 '이것들을 생각하도록' 만드는 근본적인 수단이다. 우리는 내적 변화를 위하여 자신의 지식이나 학문에 의지하지 말고 하나님의 은혜를 수단으로 할 수 있다는 것을 알아야 한다. 학습이란 사고(思考)를 일정한 방향으로 움직이도록 하는 특별한 경험을 말한다. 또한 학습 훈련은 하나님과 인간의 관계에 대한 어떤 사고 양식에 사고를 규칙적이고 반복적으로 집중하도록 하는 데 있다.

① 학습의 4단계
리처드 포스터는 그의 저서 《영적 훈련과 성장》(Celebration of Discipline)에서 학습의 단계를 다음 4가지로 요약한다.

- 반복(Repetition)
- 집중(Concentration)
- 이해(Comprehension)
- 숙고(Reflection)

**가. 반복**
우리의 뇌리에 뿌리 깊게 박힌 습관은 반복에 의해서만 뽑아낼 수 있다. 모든 영성 훈련에서 하나님의 말씀을 규칙적으로 되풀이하는 것보다 좋은 방법은 없다고 본다.

**나. 집중**
학습을 증진시키기 위해서는 반복과 동시에 주제에 대한 집중이 필요하다. 우리 주변에는 집중력을 산만하게 만드는 것들이 산재해 있다.

이러한 우리의 정신상태를 산만하게 만드는 것들을 기도로 극복하며 주제에 집중하여 정신을 특정 방향으로 되풀이하는 것이 학습을 새로운 단계에 이르게 할 수 있다.

### 다. 이해

우리를 자유케 하는 것은 그냥 진리가 아니라 진리를 아는 지식이라고 예수님은 말씀하셨다(요 8:32). 이해는 진리를 아는 지식에 초점을 맞춘다. 어떤 내용을 읽고 또 읽어서 마침내 의미를 깨닫게 되는 경험을 말한다.

### 라. 숙고

이해는 우리가 공부하고 있는 것(what we are studying)을 규명하지만, 숙고는 우리가 공부하고 있는 것의 의미나 중요성(the significance of what we are studying)을 규명하는 것이다. 숙고하는 일은 되새김으로써, 사건들의 내적 진실(the inner reality of those)을 이해하는 것이다. 숙고는 우리로 하여금 하나님의 시각에서 사건들을 볼 수 있게 하며, 결국에는 우리들 자신을 알게 해준다.

② 말씀 훈련

하나님의 말씀이라고 할 때 우리는 다음 3가지 의미로 이해한다. 먼저, 성육신하셔서 이 세상에 오신 예수 그리스도를 의미하는 '계시된 하나님의 말씀'이다. 그리고 "하나님의 감동으로 된 것으로 교훈과 책망과 바르게 함과 의로 교육하기에 유익하니 이는 하나님의 사람으로 온전케 하며 모든 선한 일을 행하기에 온전케 하려 함이니라"로 정의되는 '기록된 하나님의 말씀'이신 '성경 말씀'을 말하는데, 이는 신약과 구약성경을 말한다. 마지막으로 하나님께서 세우신 하나님의 종들을 통하여 2천여 년 전에 기록된 성경 말씀을 바탕으로 하여 오늘 이 세대에 들려주시고 선포되는 '설교'를 의미한다.

특별히 '기록된 하나님의 말씀인 성경'은 우리 자신의 참모습을 보게 하며, 우리를 깨우치고, 하나님께서 우리와 함께 계심을 알게 하며, 하나님의 음성을 듣게 한다. 기록된 하나님의 말씀은 우리를 구원하시는 하나님의 능력이심을 알게 한다. 그러므로 성경 말씀에 대한 훈련이 없을 때 우리의 영성 훈련은 영적 성장에 도움을 줄 수 없다.

③ 성경공부 유형들
오늘날 한국에서 사용되고 있는 성경공부 방법을 대별해 보면 다음 4가지로 구분될 수 있다.

- 강의식 성경공부
- 모자이크식 성경공부
- 조감도식 성경공부
- 귀납법적 성경공부

**가. 강의식 성경공부**
우리들에게 매우 익숙한 공부방법이다. 가르치는 자는 강의를 하고 배우는 자는 듣고 질문도 한다. 이 방법은 지식 훈련에 속한다 하겠고, 성경에 대한 지식을 깨닫는 데 용이하다. 그러나 하나님 말씀을 주입식으로 가르치는 자의 성경 해석을 하나님의 뜻으로 오해하기 쉽다.

**나. 모자이크식 성경공부**
선교단체(CCC 등)들이 대학생들을 위한 전도용으로 개발한 성경공부 방식이다. 성경 전체를 교리적인 바탕 위에 제목별로 정리한 공부 방법이다. 성경 말씀을 찾는 동안 성경과 친밀해질 수 있고, 자기 신앙을 스스로 찾아 읽은 성경 말씀의 기초 위에 세우고, 성경 말씀을 사랑하고 존중하며 기억하기 쉽다. 그러나 저자의 신학과 신앙에 따라 성경 공부하는 사람의 신학과 신앙이 좌우되어 저자의 신학 입장을 그대로 받아들이는 단점이 있다. 두란노에서 발행한 《교리별 성경 연구》가 좋은 예이다.

### 다. 조감도식 성경공부

하나의 관점(예를 들면, 예수 그리스도의 구속의 관점)에 의해 신구약 성경 전체를 조직적으로 정리한 성경공부다. 신구약 성경 전체를 조직적으로 정의, 성경 전체를 보는 눈을 길러 준다. 하나님의 말씀은 통일성과 일관성이 있음을 알게 되고, 하나의 관점에 대하여 깊은 이해를 할 수 있고, 성경 전체에 대한 지식의 수준을 높여 주는 장점이 있다. 그러나 지식 훈련에 치우칠 우려가 있고, 성경 한 절 한 절을 통해 들려주시는 하나님의 음성을 들을 수 없는 단점이 있다. 1970년대의 벧엘성서연구 혹은 1980년대의 크로스웨이가 있다.

### 라. 귀납법적 성경공부

위에 소개된 공부 방법들을 보완한 성경공부라 할 수 있다. 성경 본문에서 출발하여 다음 세 과정을 거쳐 성경을 공부한다. 본문 말씀을 통해서 하나님의 음성을 듣고자 하며(관찰, observation), 그 말씀이 우리에게 무엇을 말하려 하는지 하나님의 뜻을 깨닫기를 노력하고(해석, interpretation), 그 뜻을 삶에 적용, 실천(적용, application)하는 성경공부이다.

### (7) 단순성(정직) 훈련

"한 사람이 두 주인을 섬기지 못할 것이니 혹 이를 미워하며 저를 사랑하거나 혹 이를 중히 여기며 저를 경히 여김이라 너희가 하나님과 재물을 겸하여 섬기지 못하느니라"(마 6:24).

"하나님께 속한 것에 너의 지문을 남기지 마라"(Do not leave your fingerprints on what belongs to God alone). "단순성은 자유다. 이는 하나님께

속한 것은 하나님의 것이라는 의미가 있고, 하나님의 것에 손대지 말라는 의미가 있다. 이중성은 굴레이다. 단순성은 기쁨과 조화다. 이중성은 불안과 공포다. 단순성은 내적인 것이지만 외적 생활로 나타난다."[84] 단순성은 "거룩한 중심을 가지고 산다"는 말과 대동소이하다(토마스 켈리).

현대문화에는 단순성의 내적 실재와 외적 생활양식이 모두 부족하다. 우리는 현대 세계에 살아야 하기에, 현대 세계의 부서지고 파괴된 상태의 영향을 받는다. 현대인의 삶의 방향은 통일성이나 중심이 없다. 거룩한 중심이 없으면 물질에 애착을 가진다. 하나님은 단순성 훈련을 통해 우리에게 자유를 주신다. 성경이 경제적인 문제에 대하여 애매하다는 견해부터 일소해야 할 필요가 있다. 성경은 가난한 사람을 착취하는 일이나 재물을 축적하는 일을 명백히 반대하고 있다.

단순성 훈련의 중심점은 먼저 그의 나라와 그의 의를 구하는 데 있다. 단순성은 정직이다. 정직은 믿음의 기초가 된다. 누군가가 정직하다는 평판을 들으면 우리는 그를 믿게 된다. 그러나 그가 한 번이라도 거짓말을 하면 더 이상 믿지 않게 될 수 있다.

① 성경에 나타난 단순성(정직성)
성경의 필자들은 자신의 잘못과 약점을 솔직히 인정한다.
모세는 자신이 저지른 실수와 그로 인해 치르게 된 크나큰 대가에 대해 언급하였다(민 20:7-13).
요나는 자신이 하나님의 지시를 따르지 않은 일과 하나님께서 회개한 죄인들에게 자비를 나타내셨을 때 자신이 처음에 나타낸 잘못된 태도에 관해 이야기했다(욘 1:1-3, 3:10, 4:1-3).
마태는 예수께서 붙잡혀 가시던 날 밤에 그분을 버리고 도망간 사실을 솔직히 기록하였다(마 26:56).

---

84) 리처드 포스터, 《영적 훈련과 성장》, 권달천, 황을호 역 (서울: 생명의말씀사, 2006), p. 117.

성경의 필자들은 모세, 요나와 마태 등 자신의 실수까지 기록했다. 이처럼 성경에는 필자들이 정직한 사람들이었다는 증거가 무수히 많다. 그들의 정직성은 성경 기록에 믿음을 더해 주지 않는가!

② 돈에 대하여

기독교인들에게 돈은 무엇일까? 많은 교회에서 발생한 문제 가운데 재정 문제가 주요 갈등 요인인 것을 볼 수 있다. 목회자들과 헌금을 다루는 성도들은 교회 운영을 하다 보면 '돈'이라는 괴물을 마주해야 하는 문제에 봉착한다. 재정이 불투명한 경우나 재정 배임 또는 횡령의 혐의가 있는 경우 등 재정과 관련된 문제가 교회 분쟁이 일어나는 직접적인 원인임을 알 수 있다.

### 가. 구약에서[85]

구약성경에는 돈과 물질의 축복을 언급하는 내용이 신약에 비해 빈번히, 그리고 강하게 표현되어 있다. 구약의 재물관은 팔레스타인 유대 문화의 전통과 직간접적인 연관성이 있다.

a. 시편 112편(대표적인 예)

"할렐루야, 여호와를 경외하며 그 계명을 크게 즐거워하는 자는 복이 있도다 그 후손이 땅에서 강성함이여 정직자의 후대가 복이 있으리로다 부요와 재물이 그 집에 있음이여 그 의가 영원히 있으리로다"(시 112:1-3).

하나님의 말씀에 복종하고 준행하는 자에게는 그 집안 대대로 부요와 재물이 따를 것이라고 약속한다.

---

85) 임채광,《돈에 대한 기독교의 교리와 역사적 전개》(서울: 불교통론, 38호. 2009).

b. 창세기 13장 2절

"아브라함에게 육축과 은금이 풍부하였더라"(창 13:2).

사실 아브라함, 이삭, 야곱과 같은 족장들은 모두 부자였다.

c. 욥기 1장 21절

"가로되 내가 모태에서 적신이 나왔사온즉 또한 적신이 그리로 돌아가올지라 주신 자도 여호와시요 취하신 자도 여호와시오니 여호와의 이름이 찬송을 받으실지니이다 하고"(욥 1:21).

자신의 전 재산을 모두 잃고도 하나님에 대한 믿음을 고백한 욥도 그의 재산이 갑절이 되는 부를 얻게 된다.

d. 돈은 만사형통이다.

"잔치는 희락을 위하여 베푸는 것이요 포도주는 생명을 기쁘게 하는 것이나 돈은 범사에 응용되느니라"(전 10:19).

이 본문에서 잔치, 포도주, 돈은 나라를 망하게 하는 지도층이 벌이는 방탕한 행위를 나타내며, 희락과 생명을 기쁘게 하는 것을 의미하는데 모든 것이 육신의 쾌락을 가리킨다. 이러한 자들에게는 돈만이 범사를 해결하는 열쇠로 작용한다. 돈은 필요악이라고 말하고 있다.

## 나. 신약에서

신약의 핵심은 예수의 탄생에 있다. 신약의 기록들에는 새로운 통치자로서 예수 이외의 모든 현세적 가치와 물질들에 대해서 평가절하하고 있다. 그렇지만 신약성경에서도 현세적 축복을 불필요한 것으로 보지는 않는다.

a. 돈을 사랑하지 마라.

"술을 즐기지 아니하며 구타하지 아니하며 오직 관용하며 다투지 아니하며 돈을 사랑치 아니하며"(딤전 3:3).

목회자의 자격을 말하면서 하나님보다 더 이 세상의 것들을 사랑하지 말라는 의미다. 지나친 탐욕은 한 인간을 철저하게 이기주의자로 만들어 버리기 때문이다. 정당하게 벌어서 정당하게 쓰는 것은 성경적이지만 물욕 때문에 정당하지 않은 방법으로 돈을 벌고 쓰는 것은 비성경적이다.

칼빈은 "누구든지 부자 되기를 원하면 결국 빨리 그렇게 되려 하고, 따라서 불의한 방법으로 재물을 취하게 된다"라고 말한다. 재물을 모으는 것을 생의 첫 번째로 삼지 말라고 충고한다.

b. 돈 사랑으로 죄악을 저지를 수 있다.

"돈을 사랑함이 일만 악의 뿌리가 되나니 이것을 사모하는 자들이 미혹을 받아 믿음에서 떠나 많은 근심으로써 자기를 찔렀도다"(딤전 6:10).

본절은 재물에 대한 탐심 자체가 모든 악의 근원이 된다는 말은 아니다. 악의 근원은 인간의 부패한 마음이다(렘 17:9). 그런데 탐심을 일만 악의 뿌리라고 표현한 것은 탐심 자체가 다른 많은 악들과 필연적으로 연결되어 있음을 가리키는 것이다. 탐심 때문에 다른 사람을 속이는 부당한 방법을 사용하거나, 상대방을 미워하고 시기하는 등 악한 일들을 하게 되는 동기가 될 수 있다는 말이다. 따라서 본절은 재물에 대하여 지나친 욕심을 부릴 경우 각종 죄악을 저지를 수 있다고 경고하고 있다.

c. 하나님과 재물을 겸하여 섬기지 마라.

"한 사람이 두 주인을 섬기지 못할 것이니 혹 이를 미워하며 저를 사랑하거나 혹 이를 중히 여기며 저를 경히 여김이라 너희가 하나님과 재물을 겸하여 섬기지 못하느니라"(마 6:24).

재물의 축적보다는 재물의 올바른 사용을 촉구하고 있다. 이 본문에 대해서는 다음에 자세히 논할 것이다.

d. 그래도 인간들은 돈을 사랑한다.

"사람들은 자기를 사랑하며 돈을 사랑하며 자긍하며 교만하며 훼방하며 부모를 거역하며 감사치 아니하며 거룩하지 아니하며"(딤후 3:2).

바울은 본문에서 말세에 있을 도덕적 타락상을 경고하고 있다. 하나님보다 다른 무엇을 더 사랑하게 되는 것은 하나님 앞에서 죄다. 그런데 말세에는 재물이나 자기 자신에 대한 사랑이 하나님께 대한 사랑보다 더 강해진다는 말씀이다. 전형적인 타락상이다.

### 다. 공관복음에 나타난 물질관
공관복음에서는 제자들에게 재물에 대한 철저한 포기를 요구한다. 이는 바른 제자도를 정립하기 위함이다.

a. 마가복음
마가복음 10장 17-31절을 보자.

"예수께서 길에 나가실새 한 사람이 달려와서 꿇어 앉아 묻자오되 선한 선생님이여 내가 무엇을 하여야 영생을 얻으리이까 예수께서 이르시되 네가 어찌하여 나를 선하다 일컫느냐 하나님 한 분 외에는 선한 이가 없느니라 네가 계명을 아나니 살인하지 말라, 간음하지 말라, 도적질하지 말라, 거짓 증거하지 말라, 속여 취하지 말라, 네 부모를 공경하라 하였느니라 여짜오되 선생님이여 이것은 내가 어려서부터 다 지키었나이다 예수께서 그를 보시고 사랑하사 가라사대 네게 오히려 한 가지 부족한 것이 있으니 가서 네 있는 것을 다 팔아 가난한 자들을 주라 그리하면 하늘에서 보화가 네게 있으리라 그리고 와서 나를 좇으라 하시니 그 사람은 재물이 많은고로 이 말씀을 인하여 슬픈 기색을 띠고 근심하며 가니라 예수께서 둘러보시고 제자들에게 이르시되 재물이 있는 자는 하나님의 나라에 들어가기가 심히 어렵도다 하시니 제자들이 그 말씀에 놀라는지라 예수께서 다시 대답하여 가라사대 얘들아 하나님의 나라에 들어가기가 어떻게 어려운지 약대가 바늘귀로 나가는 것이 부자가 하나님의 나라에 들어가는 것보다 쉬우니라 하신대 제자들이 심히 놀라 서로 말하되 그런즉 누가 구원을 얻을 수 있는가 하니 예수께서 저희를 보시며 가라사대 사람으로는 할 수 없으되 하나님으로는 그렇지 아니하니 하나님으로서는 다 하실 수 있느니라 베드로가 여짜와 가로되 보소서 우리가 모든 것을 버리고 주를 좇았나이다 예수께서 가라사대 내가 진실로 너희에게 이르노니 나와 및 복음을 위하여 집이나 형제나 자매나 어미나 아비나 자식이나 전토를 버린 자는 금세에 있어 집과 형제와 자매와 모친과 자식과 전토를 백 배나 받되 핍박을 겸하여 받고 내세에 영생을 받지 못할 자가 없느니라 그러나 먼저 된 자로서 나중 되고 나중 된 자로서 먼저 될 자가 많으니라"

우리는 본문에서 다음과 같은 구체적인 교훈을 얻을 수 있다.

첫째, 율법을 행함으로 영생을 얻으려는 자들의 시도는 반드시 실패하게 된다. 부자 청년은 충실히 율법을 준행하려고 노력했으나 결코 영생의 문제를 해결하지 못했다. 사람이 의롭다 하심을 얻는 것은 율법의 행위로 말미암는 것이 아니라 그리스도에 대한 전적인 신뢰로 말미암는다(롬 3:28; 갈 2:16).

둘째, 성도가 시간과 재물을 바쳐서 이웃을 돕는 사랑을 가지지 않고서는 하나님의 계명을 온전히 준행할 수 없다. 부자 청년은 자신의 재물로 가난한 자들을 구제하는 일에는 인색했다. 이웃에 대한 사랑보다 소유에 대한 욕심이 앞선 자는 행함이 있는 믿음의 소유자가 아니다(약 2:14-17; 요일 3:17-18).

셋째, 구원과 영생은 오직 하나님의 주권적 은총의 결과로 주어지는 선물이다(엡 2:8).

25절에서 약대 바늘귀 통과에 대한 말씀에서는 물질에 집착하는 자가 하나님 나라를 소유하기는 불가능하다는 것을 천명하신다.

28-30절에서는 모든 것을 '버린 제자'와 예수님 추종을 원치 않는 '부자'를 대조시키고 있다.

마가에게 있어서 결정적인 답은 사람으로는 할 수 없으나 하나님으로는 하실 수 있다는 27절이다.

### b. 마태복음

마태의 재물과 부에 대한 입장은 무엇보다도 산상수훈 팔복 선언(마 5:3-12)에서 찾아볼 수 있다.

"심령이 가난한 자는 복이 있나니 천국이 저희 것임이요 애통하는 자는 복이 있나니 저희가 위로를 받을 것임이요 온유한 자는 복이 있나니 저희가 땅을 기업으로 받을 것임이요 의에 주리고 목마른 자는 복이 있나니 저희가 배부를 것임이요 긍휼히 여기는 자는 복이 있나니 저희가 긍휼히 여김을 받을 것임이요 마음이 청결한 자는 복이 있나니 저희가 하나님을 볼 것임이요 화평케 하는 자는 복이 있나니 저희가 하나님의 아들이라 일컬음을 받을 것임이요 의를 위하여 핍박을 받은 자는 복이 있나니 천국이 저희 것임이라 나를 인하여 너희를 욕하고 핍박하고 거짓으로 너희를 거슬러 모든 악한 말을 할 때에는 너희에게 복이 있나니 기뻐하고 즐거워하라 하늘에서 너희의 상이 큼이라 너희 전에 있던 선지자들을 이같이 핍박하였느니라"

이 본문이 우리에게 주는 교훈은 다음과 같다.

첫째, 여기서 가난한 자란 물질적인 의미에서 스스로 가난하게 된 자가 아니라 영적으로 가난한 자, 곧 하나님 앞에 전적으로 하나님을 의지하는 자로 해석한다.

둘째, 마태복음 19장 16-26절을 평행 단락인 마가복음 10장 17-27절과 비교해 보면, 마태는 부자 청년에 대한 재물 포기 요구를 "네가 온전하고자 할진대"(마 19:21)라는 조건 아래 둠으로써 부자에 대한 일반적인 비판을 배제시킨다.

셋째, 마태가 외적인 가난이 구원을 보장한다는 오해에 대해 방어하고자 하였다는 점이다.

넷째, 사랑의 이중 계명(마 22:37-40)은 다시 한 번 "온 율법과 선지자의 강령"이며, 이웃 사랑 계명이 마가의 경우 '둘째' 계명(막 12:31)인 반면 마태에게 있어서는 크고 으뜸 되는 하나님 사랑 계명과 동일한 계명이다(마 22:38). 결국 마태의 경우 '사랑이 식는 것'(마 24:12)은 곧 불법이다.

다섯째, 성도들은 물질적이고 현세적인 축복에 집착하기보다 영원하고 참된 하나님 나라의 축복을 사모해야 된다. 이것은 당시 사람들이 지니고 있던 복의 개념을 완전히 뒤엎는 말씀이다.

여섯째, 행복이란 결코 풍족한 물질과 편안한 외부 환경에서 비롯되는 것이 아니라 영적인 풍요로움과 내적인 평안함에서 비롯되는 것을 강조하고 있다.

요약하면, 마태는 재물 자체에 대한 직접적인 평가나 재물 사용에 대한 구체적인 지침을 제공하지 않으나 사랑이 '더 나은' 실천의 최고 규범임을 분명하게 보여준다.

c. 누가복음

누가복음은 다른 복음서에 비해 더 많고 더 강한 빈부에 관한 말씀을 하고 있으며, 특히 소유와 소유 포기, 지상 재물의 가치와 그것의 올바른 사용에 대한 질문에 열중한다. 누가는 가난한 자에게 특별한 관심을 기울인다.

- **마리아 찬가**(1:46-55)

"마리아가 가로되 내 영혼이 주를 찬양하며 내 마음이 하나님 내 구주를 기뻐하였음은 그 계집종의 비천함을 돌아보셨음이라 보라 이제 후로는 만세에 나를 복이 있다 일컬으리로다 능하신 이가 큰 일을 내게 행하셨으니 그 이름이 거룩하시며 긍휼하심이 두려워하는 자에게 대대로 이르는도다 그의 팔로 힘을 보이사 마음의 생각이 교만한 자들을 흩으셨고 권세 있는 자를 그 위에서 내리치셨으며 비천한 자를 높이셨고 주리는 자를 좋은 것으로 배불리셨으며 부자를 공수로 보내셨도다 그 종 이스라엘을 도우사 긍휼히 여기시고 기억하시되 우리 조상에게 말씀하신 것과 같이 아브라함과 및 그 자손에게 영원히 하시리로다 하니라"

- "주리는 자를 좋은 것으로 배불리셨으며 부자를 공수(空手)로 보내셨도다"(1:53)는 말씀을 보면 멸시받고 소외된 사람들에게 많은 관심을 보이고 있다. 하나님은 자신의 의와 자랑에 빠진 부자들에 대해서 책망하시고 마음이 가난하고 하나님의 은혜를 사모하는 백성들에게는 한량없는 은혜를 베풀어 주신다. 권세나 부 자체가 잘못이 아니고 다만 하나님을 떠나 스스로 높아져 부유해진 마음이 잘못이다.
- 그리스도는 마구간에서 태어났으며
- 가난한 목자들이 그 아기를 발견한 첫 번째 사람들이었다(2:6-17).

누가는 '마리아 찬가'에서 가난한 자에 대한 특별한 관심을 보인다. 재물과 부자에 대한 비판적인 입장도 누가복음에서 발견된다.

- **"평지설교"[86]** (6:20-26)

"예수께서 눈을 들어 제자들을 보시고 가라사대 가난한 자는 복이 있나니 하나님의 나라가 너희 것임이요 이제 주린 자는 복이 있나니 너희가 배부름을 얻을 것임이요 이제 우는 자는 복이 있나니 너희가 웃을 것임이요 인자를 인하여 사람들이 너희를 미워하며 멀리하고 욕하고 너희 이름을 악하다 하여 버릴 때에는 너희에게 복이 있도다 그날에 기뻐하고 뛰놀라 하늘에서 너희 상이 큼이라 저희 조상들이 선지자들에게 이와 같이 하였느니라 그러나 화 있을진저 너희 부요한 자여 너희는 너희의 위로를 이미 받았도다 화 있을진저 너희 이제 배부른 자여 너희는 주리리로다 화 있을진저 너희 이제 웃는 자여 너희가 애통하며 울리로다 모든 사람이 너희를 칭찬하면 화가 있도다 저희 조상들이 거짓 선지자들에게 이와 같이 하였느니라"

본문은 두 종류의 사람들을 대조시키고 있다.

- **복 있는 사람들** (20-23절)

세상에서 천대받고 멸시받는 '가난한 자', '주린 자', '우는 자', '핍박받는 자'들이다. 네 유형의 사람들은 단지 외형적으로 불쌍하고 슬픈 자만을 의미하지 않는다. 영혼이 가난함을 느끼는 겸손한 자들이다. 주님께서는 이 땅에서의 일시적인 영광과 부귀보다 다가올 하나님 나라의 영광을 위해 힘쓰는 사람들에게 영원한 기쁨과 영광으로 보상해 주실 것을 약속하신다.

- **화(禍) 있는 자들** (24-26절)

이 세상에서 '부요한 자', '배부른 자', '웃는 자', '칭찬받기를 좋아하는 자'이다 (24-26절). 이들은 현세에서 하나님의 뜻대로 행치 아니하고 자

---

[86] 예수님이 갈릴리 지역에서 행하신 일련의 설교에서 마태는 이 설교를 행하신 장소를 '산 위' (마 5:1)로 소개하고, 누가는 '평지'로 소개한다. 학자들은 편의상 마태의 기록과 누가의 기록을 구별하기 위해 마태의 것은 '산상수훈', 누가의 것은 '평지수훈'이라 일컫는다.

기의 만족과 행복만을 위해 살아온 자들이다. 하나님의 나라가 임할 때에 모든 것을 잃고 하나님의 진노를 받게 된다. 예수님이 제시하시는 인생에서의 복은 결코 물질적인 만족과 안락한 생활을 누리는 것이 아닌, 영적인 하나님의 축복과 내면의 풍요로운 삶을 통한 행복이다. "모든 사람이 너희를 칭찬하면 화가 있도다"라고 말씀하며, 부(富)는 단순한 위험이 아니라 희비가 바뀌는 종말론적인 반전(反轉)을 일으킨다 (6:25).

③ 탐욕에 대한 권고

**가. 어리석은 부자의 비유**(눅 12:13-21)

"무리 중에 한 사람이 이르되 선생님 내 형을 명하여 유업을 나와 나누게 하소서 하니 이르시되 이 사람아 누가 나를 너희의 재판장이나 물건 나누는 자로 세웠느냐 하시고 저희에게 이르시되 삼가 모든 탐심을 물리치라 사람의 생명이 그 소유의 넉넉한 데 있지 아니하니라 하시고 또 비유로 저희에게 일러 가라사대 한 부자가 그 밭에 소출이 풍성하매 심중에 생각하여 가로되 내가 곡식 쌓아 둘 곳이 없으니 어찌할꼬 하고 또 가로되 내가 이렇게 하리라 내 곳간을 헐고 더 크게 짓고 내 모든 곡식과 물건을 거기 쌓아 두리라 또 내가 내 영혼에게 이르되 영혼아 여러 해 쓸 물건을 많이 쌓아 두었으니 평안히 쉬고 먹고 마시고 즐거워하자 하리라 하되 하나님은 이르시되 어리석은 자여 오늘 밤에 네 영혼을 도로 찾으리니 그러면 네 예비한 것이 뉘 것이 되겠느냐 하셨으니 자기를 위하여 재물을 쌓아 두고 하나님께 대하여 부요치 못한 자가 이와 같으니라"

본문에서 예수님께서는 재산 분배의 문제를 가지고 온 사람(13절)을 통하여 사람의 참된 가치가 어디에 있는지를 가르치신다.

우리에게 주는 교훈은

- 인생의 참된 가치는 재물에 있지 않고 영원한 생명을 소유하는 데 있다.
- 모든 부와 생명의 근원이 하나님께 있다.
- 자신에게 주어진 물질적 축복을 어려운 사람을 돕는 일에 사용함으로 하늘에 보화를 쌓는 자가 하나님께 대하여 부요한 자라는 것이다(21절).
- 가지고 있는 부를 자신만을 위해 사용한다면 하나님의 심판에 이르게 된다.
- "오늘 밤에 네 영혼을 도로 찾으리니 그러면 네 예비한 것이 뉘 것이 되겠느냐"(20절)는 말씀을 기억하자.

### 나. 불의한 청지기 비유(16:1-13)

"또한 제자들에게 이르시되 어떤 부자에게 청지기가 있는데 그가 주인의 소유를 허비한다는 말이 그 주인에게 들린지라 주인이 저를 불러 가로되 내가 네게 대하여 들은 이 말이 어찜이뇨 네 보던 일을 셈하라 청지기 사무를 계속하지 못하리라 하니 청지기가 속으로 이르되 주인이 내 직분을 빼앗으니 내가 무엇을 할꼬 땅을 파자니 힘이 없고 빌어먹자니 부끄럽구나 내가 할 일을 알았도다 이렇게 하면 직분을 빼앗긴 후에 저희가 나를 자기 집으로 영접하리라 하고 주인에게 빚진 자를 낱낱이 불러다가 먼저 온 자에게 이르되 네가 내 주인에게 얼마나 졌느뇨 말하되 기름 백 말이니이다 가로되 여기 네 증서를 가지고 빨리 앉아 오십이라 쓰라 하고 또 다른 이에게 이르되 너는 얼마나 졌느뇨 가로되 밀 백 석이니이다 이르되 여기 네 증서를 가지고 팔십이라 쓰라 하였는지라 주인이 이 옳지 않은 청지기가 일을 지혜 있게 하였으므로 칭찬하였으니 이 세대의 아들들이 자기 시대에 있어서는 빛의 아들들보다 더 지혜로움이니라 내가 너희에게 말하노니 불의의 재물로 친구를 사귀라 그리하면 없어질 때에 저희가 영원한 처소로 너희를 영접하리라 지극히 작은 것에 충성된 자는 큰 것에도 충성되고 지극히 작은 것에 불의한 자는 큰 것에도 불의하니라 너희가 만일 불의한 재물에 충성치 아니하면 누가 참된 것으로 너희에게 맡기겠느냐 너희가 만일 남의 것에 충성치 아니하면 누가 너희의 것을 너희에게 주겠느냐 집 하인이 두 주인을 섬길 수 없나니 혹 이를 미워하고 저를 사랑하거나 혹 이를 중히 여기고 저를 경히 여길 것임이니라 너희가 하나님과 재물을 겸하여 섬길 수 없느니라"

본문에 나타난 불의한 청지기는 세상의 아들들과 마찬가지로 자신의 유익과 안녕을 추구한 자였다. 낭비가 심했던 청지기는 주인으로부터 해고 통보를 받고 최대한의 수완을 발휘하여 자신에게 이익이 되도록 조치를 취한다.

우리에게 주는 교훈은 재물을 올바르게 선용해야 한다는 것이다. 불의한 청지기는 재물을 이용해서 자신의 안전을 꾀했고 친구들을 만들었다. 빛의 자녀들 역시 세상 재물을 통해서 영육간의 유익과 선을 추구함으로써 장래를 대비해야 한다. 하나님께서 허락하신 재물을 헛되게 추구할 것이 아니라 하나님의 선한 일에 올바로 사용함으로 주님 앞에 칭찬받고 의로운 청지기의 삶을 살아야 한다(마 6:19-34; 롬 6:16; 약 5:1-6).

### 다. 부자와 거지 나사로의 비유(16:19-31)

"한 부자가 있어 자색 옷과 고운 베옷을 입고 날마다 호화로이 연락하는데 나사로라 이름한 한 거지가 헌데를 앓으며 그 부자의 대문에 누워 부자의 상에서 떨어지는 것으로 배불리려 하매 심지어 개들이 와서 그 헌데를 핥더라 이에 그 거지가 죽어 천사들에게 받들려 아브라함의 품에 들어가고 부자도 죽어 장사되매 저가 음부에서 고통 중에 눈을 들어 멀리 아브라함과 그의 품에 있는 나사로를 보고 불러 가로되 아버지 아브라함이여 나를 긍휼히 여기사 나사로를 보내어 그 손가락 끝에 물을 찍어 내 혀를 서늘하게 하소서 내가 이 불꽃 가운데서 고민하나이다 아브라함이 가로되 얘 너는 살았을 때에 네 좋은 것을 받았고 나사로는 고난을 받았으니 이것을 기억하라 이제 저는 여기서 위로를 받고 너는 고민을 받느니라 이뿐 아니라 너희와 우리 사이에 큰 구렁이 끼어 있어 여기서 너희에게 건너가고자 하되 할 수 없고 거기서 우리에게 건너올 수도 없게 하였느니라 가로되 그러면 구하노니 아버지여 나사로를 내 아버지의 집에 보내소서 내 형제 다섯이 있으니 저희에게 증거하게 하여 저희로 이 고통 받는 곳에 오지 않게 하소서 아브라함이 가로되 저희에게 모세와 선지자들이 있으니 그들에게 들을지니라 가로되 그렇지 아니하니이다 아버지 아브라함이여 만일 죽은 자에게서 저희에게 가는 자가 있으면 회개하리이다 가로되 모세와 선지자들에게 듣지 아니하면 비록 죽은 자 가운데서 살아나는 자가 있을지라도 권함을 받지 아니하리라 하였다 하시니라"

본문에서 부자와 나사로의 모습이 극명하게 대조되고 있다. 세상에서는 부자의 풍요와 나사로의 비천함을, 하나님 나라에서는 부자의 고통과 나사로의 평안을 대조시켜 세상에서의 삶과 하나님 나라의 삶이 어떠한가를 분명히 보여준다.

우리에게 주는 교훈은, 세상에서 누리는 풍요와 부유한 생활은 하나님께서 허락하신 것이므로 이것을 이기적으로만 사용해서는 안 되며, 다른 사람들을 위해서 선한 일에 사용하여야 함을 강조하고 있다.

④ 욕심

신앙생활을 하면서 가장 많이 부딪히는 문제가 재물의 문제이다. 오늘날 한국교회에서 일어나는 대부분의 문제는 재물과 관련된 것이다. 이것은 아마도 재물이 인생을 살아가는 데 필수불가결한 요소임을 반증하는 것이리라. 재물은 때로 사람의 마음속에 있는 하나님의 자리를 대신하기도 한다. 그래서 하나님보다 재물을 더 섬기는 일이 발생하는 것이다.

"한 사람이 두 주인을 섬기지 못할 것이니 혹 이를 미워하며 저를 사랑하거나 혹 이를 중히 여기며 저를 경히 여김이라"(마 6:24).

"너희가 하나님과 재물을 동시에 섬길 수 없느니라"고 말씀한다. 즉 재물이란 섬기라고 있는 것이 아니라 사용하라고 있는 것인데, 재물의 주인이 되어 그것을 선용하지 못하고 재물의 노예가 되어 그것에 의해 좌지우지된다는 것이다. 재물이 한번 사람의 마음을 사로잡으면 더 이상 신앙이 자리할 곳이 없다. 이런 이유 때문에 성경은 우리에게 하나님과 재물을 동시에 섬길 수 없다고 가르친다. 이런 신앙인의 고초를 우리는 이미 구약시대를 살았던 아굴(Agur)의 잠언을 통해서 알 수 있다. 잠언 30장 7-9절에서 아굴은 이렇게 기도한다.

> "내가 두 가지 일을 주께 구하였사오니 나의 죽기 전에 주시옵소서 곧 허탄과 거짓말을 내게서 멀리하옵시며 나로 가난하게도 마옵시고 부하게도 마옵시고 오직 필요한 양식으로 내게 먹이시옵소서 혹 내가 배불러서 하나님을 모른다 여호와가 누구냐 할까 하오며 혹 내가 가난하여 도적질하고 내 하나님의 이름을 욕되게 할까 두려워함이니이다"(잠 30:7-9).

아굴은 인생을 살아가는 데 있어서 재물의 문제가 제대로 해결되면 신앙에는 큰 어려움이 없을 것처럼 기도한다. 그리고 재물 문제에 있어서 필요한 일용할 양식만으로 족한 줄 알게 해달라고 기도한다. 이 아굴의 기도는 예수님께서 가르치신 "일용할 양식을 주옵시고"와 일맥상통하는 기도이다. 뿐만 아니라 이런 재물관은 자신이 가난에도 풍부에도 처할 줄 아는 일체의 비결을 배웠다는 바울 사도의 것과도 동일하다.

"우리에게 일용할 양식을 주옵시고"[87]는 예수님이 가르쳐 주신 '주기도문'의 일부다. 이는 우리에게 많은 의미를 준다. 우리의 삶이 우리의 양식처럼 하나님께로부터 오는 선물이라는 사실을 매일같이 우리에게 상기시킨다. 이 기도는 우리가 밥을 먹고 사는 육신을 가진 존재라는 것을 상기시킨다. 구원이란, 우리의 삶이 선물일 뿐 아니라 하루

---

87) Stanley C. Hauerwas, *Lord, teach Us* (Nashville: Abingdon Press, 1996), p. 115.

하루 밥에 의존하고 밥으로 이루어진다는 사실을 깨닫는 것이다. 우리가 일용할 양식만을 구한다는 점에 유의하라. '일용할'이란 표현보다는 '족한' 또는 '충분한'이 더 정확한 번역일 것이다. 이스라엘 족속에게 하나님은 광야에서 당일 필요한 양만큼 만나(manna)를 거둬들이도록 허락하셨다(출 16:16). 우리는 나의 양식을 구하는 것이 아니다. 우리의 양식을 구하는 것이다. 양식은 공동체적 산물이다.

우리 인간은 대략 5가지의 욕심을 가지고 산다. 재물에 대한 욕심, 이성에 대한 욕심, 음식에 대한 욕심, 명예에 대한 욕심, 향락에 대한 욕심이 그것이다. 인간들은 5가지의 욕심이 세상을 살아가는 데 필요불가결한 것으로 생각한다. 이 5가지의 욕심도 긍정적으로 본다면 한편 이해가 간다.

즉 재물에 대한 욕심은 경제력을 말한다. 인생을 살아가면서 이것이 부족하다면 한 가정을 지탱하는 데 문제가 발생한다. 재물을 모을 수 있는 경제적 능력이 있어야 한다. 이성에 대한 욕심도 건전한 이성관계 혹은 부부관계를 위해 필요하다. 음식에 대한 욕심은 건강을 위해서는 꼭 필요하다. 건강하고 활기찬 생활을 위해 어느 정도의 음식에 대한 욕심은 요구된다. 명예에 대한 욕심은 성실하고 진실된 사회생활을 위해 필요하며, 향락에 대한 욕심도 건전한 휴식과 놀이를 위해 필요한 부분이다. 이러한 의미로 볼 때 5가지의 욕심은 인생사에 모두 필요하다고 말할 수 있다.

이 5가지의 욕심은 욕심을 사용하는 사람에 따라 다르게 표출된다. 마치 '소'가 물을 마시면 '우유'가 생성되지만 뱀이 물을 마시면 '독'이 생성되는 경우와 마찬가지다. 같은 물이지만 사용자에 따라 결과는 판이하게 나타난다. 이 5가지 욕심 중에서 재물에 대해 성경은 어떻게 말하고 있는지를 보자.

### 가. 재물에 대한 욕심

우리는 어디에 있고, 우리의 행동은 어디에서 나오고, 우리는 무엇에 따라서 행동하고 살아가는지를 보게 된다. 욕심이다. 우리는 이 욕심에 대하여 어떠한 지식을 가지고 있는 것처럼 여기지만, 욕심은 실로 사람에게 무섭고 무서운 세력임을 보게 된다. 내가 어디에 있는가? '욕심 가운데' 있다. 내가 무엇을 따라서 살아가는가? 욕심을 따라서이다.

사람이라는 존재는 독단적인 행동을 하는 존재가 아니요 반드시 에너지가 있어야 하고, 목적에 따라 행동하고 움직이는 존재인데, 사람을 움직이게 하는 요소가 바로 욕심이다.

바울은 에베소 성도들에게 보낸 편지에 "전에는 우리도 다 그 가운데서 우리 육체의 욕심을 따라 지내며 육체와 마음의 원하는 것을 하여 다른 이들과 같이 본질상 진노의 자녀이었더니"(엡 2:3)라고 인간의 타락한 본성의 특징을 지적한다. 이것은 악인들의 삶의 형태이며, 성령의 인도에 따라 사는 삶이 아니라고 권면한다. 또한 에베소서 4장 22절에 "너희는 유혹의 욕심을 따라 썩어져 가는 구습을 좇는 옛 사람을 벗어 버리고"라고 권면한다.

내게 있는 욕심! 이 욕심이 나를 어디로 끌고 가고, 나는 어디로 따라가는가? 그러하기에 야고보 사도는 이렇게 언급하였던 것이다. 야고보서 1장 14절을 보면 "오직 각 사람이 시험을 받는 것은 자기 욕심에 끌려 미혹됨이니"라고 하여 욕심이 우리를 미혹한다고 말하고 있다.

아무튼 욕심이 일으키는 결과는 매우 중대한데, 나 자신의 불행과 고통과 사망의 근원지를 살펴보면 다 이 욕심이 잉태하여 낳은 결과임을 보게 된다. 산모가 아이를 낳듯이 욕심은 죄를 낳고, 사망을 낳고, 싸움과 절망과 다툼이라는 우리들이 원치 않고 하나님이 원치 아니하시는 상태를 낳는 대상임을 다음과 같이 기록해 주고 있다.

"욕심이 잉태한즉 죄를 낳고 죄가 장성한즉 사망을 낳느니라"(약 1:15).

"너희 중에 싸움이 어디로, 다툼이 어디로 좇아 나느뇨 너희 지체 중에서 싸우는 정욕으로 좇아 난 것이 아니냐"(약 4:1).

"부하려 하는 자들은 시험과 올무와 여러 가지 어리석고 해로운 정욕에 떨어지나니 곧 사람으로 침륜과 멸망에 빠지게 하는 것이라"(딤전 6:9).

아담과 하와가 어떻게 하나님의 말씀을 거역하고 먹지 말아야 할 실과를 따 먹는 불순종의 행동을 하고 죽음이라는 결과를 가져오게 되었는가? 하나님같이 되려는 유혹의 욕심에서 비롯된 현상이요 결과이며, 그것은 욕심이 낳은 산물이기도 하다. 이렇게 무서운 결과를 낳게 하는 이 욕심은 어디에서 비롯되어 오늘 나 자신에게까지 이르게 된 것인가? 마귀로부터이다. 내가 소유하고 있는 이 욕심은 하나님으로부터 주어진 것이 아니라 마귀로부터 물려받아 소유하게 된다.

"너희는 너희 아비 마귀에게서 났으니 너희 아비의 욕심을 너희도 행하고자 하느니라 저는 처음부터 살인한 자요 진리가 그 속에 없으므로 진리에 서지 못하고 거짓을 말할 때마다 제 것으로 말하나니 이는 저가 거짓말쟁이요 거짓의 아비가 되었음이니라"(요 8:44).

욕심, 그것은 하나님으로부터 사람에게 주어진 것이 아니라 사탄으로 말미암아 사람에게 주어진 것이다.

"이는 세상에 있는 모든 것이 육신의 정욕과 안목의 정욕과 이생의 자랑이니 다 아버지께로 좇아 온 것이 아니요 세상으로 좇아 온 것이라"(요일 2:16).

세상 사람들도 마찬가지이지만 우리 그리스도인들에게도 우상이 있음을 본다. 버릴 수 없는 우상 말이다. 바로 이것이 욕심이다. 리처드 포스터의 책 《돈, 권력, 섹스》[88]는 인간의 욕망 중에서도 가장 우위를 차지하고 있는 욕망의 정점을 돈이라고 말하고 있다. 특히 돈의 유용함과 악함의 양면성을 그리고 있다.

---

88) Richard J. Foster, *Money, Sex, and Power: The Challenger of a Disciplined Life* (NY: Harper & Raw Publishers, 1985), p. 91.

### 나. 유익성과 위험성

재물이 사람에게 얼마나 중요한지는 새삼스럽게 말할 필요도 없다. 사람은 누구나 재물이 있어야 살아갈 수 있다. 재물은 사람이 세상을 살아가는 데 필요한 도구이며(살후 3:10), 이 도구를 사용하여 사람에게 도움을 줌으로 재물로 인하여 궁지에 몰린 사람을 살릴 수도 있다. 다시 말하면 돈은 삶의 보호막이 될 수 있다(전 7:12). 또한 돈은 유용하다(전 10:19). 반면에 재물은 사람을 해치는 원인이 되기도 한다.

성경은 재물에 대하여 유익한 면을 말하고 있는 동시에 이 재물에 대한 위험성도 말하고 있다.

#### a. 유익성

재물은 사람에게 꼭 필요한 것이다(전 10:19). 그래서 사람이 재물을 구하는 것은 전혀 잘못이 아니다. 예수님은 재물을 달라고 기도하라고 말씀하신다. 마태복음 6장 11절은 예수님이 제자들에게 친히 가르치신 기도문이다. 이 기도문에는 제자들에게 일용할 양식을 위해 기도하라고 가르친다. 이것은 재물이 사람들에게 꼭 필요한 것이라는 사실을 말씀하시는 것이다.

예수님의 3가지 사역 중(teaching, preaching, healing)에 중요한 부분인 healing을 무시할 수 없다. 예수님은 많은 병자들을 고쳐 주셨다. 이것은 예수님이 병자들의 건강만을 회복시켜 주신 것이 아니라 병자의 경제력도 회복시켜 주었다고 이해하여야 한다. 남에게 의지하여 한 푼 두 푼 구걸하던 생활에서 건강을 되찾고 혼자의 힘으로 재물을 벌어 살도록 하였음을 알아야 한다.

그러기 때문에 예수님의 치유는 재물을 얻도록 도와주신 행동으로 보아야 한다. 재물은 어려운 이웃을 돕는 데 꼭 필요하다. 예수님은 가난으로 고통당하는 자들을 구제하는 일에 많은 교훈을 남기셨다. 사람을 구제하는 일에도 재물을 소유하고 있어야 한다. 이웃을 재물로 구제하는 일은 경제적으로 도움을 주는 일만이 아니고 굳게 닫혔던 이

옷의 마음을 열게 하여 구원의 복을 받아들이도록 유도하는 전초적인 작업일 수 있다. 그래서 재물은 육적인 도움만이 아니라 영적인 도움을 주는 데 유익한 것이다.

b. 위험성

재물은 때때로 사람에게 치명적인 위험한 요인이 될 수 있다. 요물 같은 재물이 사람의 삶에 유익을 주기 때문에 사람들은 재물에 의존하게 된다. 사람의 마음에 재물이라는 부분이 점령하기 시작하여 이 의존도가 점점 늘어나게 되면, 하나님을 의지하는 의존도는 그만큼 점점 줄어든다. 즉 하나님보다 재물에 의존하는 경향이 커진다. 사람이 재물의 묘한 능력을 믿기 시작하면 하나님과의 관계는 소원해지기 시작한다. 재물에 대한 의존도가 커질수록 재물을 더 사랑하게 된다. 하나님 대신에 재물을 더 사랑하게 된다. 예수님은 이러한 병폐를 없애기 위해 하나님과 재물을 동시에 사랑할 수 없다고 선언하신다.

"아무도 두 주인을 섬길 수 없나니, 이는 그가 한쪽을 미워하고 다른 쪽을 사랑하거나, 한쪽을 존중하고 다른 쪽을 업신여기기 때문이라. 너희가 하나님과 재물을 동시에 섬길 수 없느니라. 그러므로 내가 너희에게 말하노니, 너희 목숨을 위하여 무엇을 먹을까, 무엇을 마실까, 또 몸을 위하여 무엇을 입을까 염려하지 말라. 목숨이 음식보다 중요하지 아니하며, 몸이 의복보다 중요하지 아니하냐?"(마 6:24-25).

이 말씀을 통해 볼 때, 인간이 재물을 하나님보다 더 사랑한다는 말은 우상 숭배를 의미한다고 볼 수 있다. 그러므로 재물을 사랑하는 탐심은 우상 숭배라는 말이다(골 3:5). 재물 자체가 이러한 위험성을 가지고 있기 때문에 재물을 많이 소유하고 있는 그 자체도 위험성이 있다는 의미다. 재물을 의지하는 마음이 생기며, 재물 있는 곳에 마음이 있기 마련이다(마 6:21). 하나님은 재물을 세상에 쌓아 두는 일도 신앙생활에 위험이 된다고 경고하신다. "너희 자신을 위하여 땅에다 보물을 쌓아 두지 말라. 거기는 좀이나 녹이 해치며, 또 거기는 도둑들이 뚫고 들어와서 도둑질하느니라. 오히려 너희 자신을 위하여 하늘에다 보물을 쌓아 두라. 거기는 좀이나 녹이 해치지도 않으며, 또 거기는 도둑들이 뚫고 들어오지도 못하고 도둑질도 못하느니라"(마 6:19-20).

⑤ 돈 문제에 대한 하나님의 경고: 성경의 인물들의 예

**가. 아간의 범죄**

가나안 정복 전쟁에서의 첫 번째 전투인 여리고 성(Jerico) 전투에서 대승을 거둔 이스라엘(수 6장)은 두 번째 전투인 아이 성(Ai) 전투에 돌입한다. 그러나 이스라엘군은 제대로 싸워 보지도 못하고 패퇴한다(수 7:2-3). 그 첫째 원인은 여리고 성 정복과 관련된 아간(Achan)의 범죄 때문이다(수 7:1).

여리고 성의 정복은 전적으로 하나님의 은총에 의한 것이므로 전리품도 당연히 하나님께 귀속되어야 했다. 그러나 탐욕스런 일개인의 범죄로 말미암아 언약공동체를 이룬 이스라엘 전체가 하나님의 진노에 의해 아이 성 전투에서 대패케 되었다. 아간은 여리고 성 정복 시 하나님의 명령(수 6:18)을 어기고 하나님께 바쳐진 물건을 불의하게 취하였던 것이다(수 7:1). 하나님께 속한 재물에 욕심을 내어 취하였을 경우에 대해 하나님은 다음과 같이 엄한 경고를 내리셨고, 그 결과에 있어서도 단호하게 말씀하셨다.

> "너희는 바칠 물건을 스스로 삼가라 너희가 그것을 바친 후에 그 바친 어느 것이든지 취하면 이스라엘 진으로 바침이 되어 화를 당케 할까 두려워하노라"(수 6:18).

화를 당한다고 하나님은 경고하셨다. 재물에 대한 탐욕에 의해 하나님의 물건을 훔친 후에도 아간은 회개의 기색이 전혀 없었다. 심지어 범인을 찾기 위해 제비뽑기를 행하는데도 자신의 범죄를 자백하지 않

앉다. 이렇듯 끝까지 죄악을 숨기려 드는 완악한 마음은 하나님을 떠나 사망에 이르게 된다.

결국 아간은 그 범죄로 인해 화를 당했다. 그가 숨겨 두었던 물건들과 그 아들들과 딸들과 소들과 나귀들과 양들과 장막과 그에게 속한 모든 것이 돌무더기에 깔리고 불살라져서 아골 골짜기(the valley of achor)에 묻혀 버렸다. 여호수아는 그때 여호와께서 극렬히 분노하셨다고 표현하였다(수 7:26). 이것은 하나님께 드려진 구별된 물질에 대한 인간의 욕심을 하나님이 얼마나 미워하시는지를 적나라하게 보여준 사건이다.

### 나. 게하시(Gehazi)

열왕기하 5장을 보면, 아람 왕(the army of the king Syria)의 군대 장관 나아만(Naaman)이 문둥병(leper)을 고침 받기 위해 사마리아에 있는 엘리사(Elisha) 선지자를 찾아가며 은 10달란트(two talents of silver)와 금 6천 개(six thousand shekels of gold)와 의복 열 벌(ten changes of clothes)을 예물로 가져간 내용이 나온다(왕하 5:5). 나아만이 문둥병을 고침 받고 예물을 드리려 하자 엘리사는 이렇게 대답한다. "나의 섬기는 여호와의 사심을 가리켜 맹세하노니 내가 받지 아니하리라"(왕하 5:16). 나아만이 받으라고 강권하였지만 엘리사는 고사하였다.

한편 엘리사의 사환 게하시(Gehazi)는 그것이 못내 아까워서 돌아가던 나아만 장군을 뒤쫓아가서 거짓말로 엘리사 선지자가 불시에 방문한 선지자의 생도 두 사람에게 줄 은 한 달란트와 옷 두 벌을 요구한다고 하였다. 그러자 나아만은 은 두 달란트와 옷 두 벌을 주었고, 게하시는 그것을 감추어 두었다. 그러나 엘리사는 성령의 감동으로 이미 그 사실을 알고서 게하시에게 "지금이 어찌 은을 받으며 옷을 받으며 감람원이나 포도원이나 양이나 소나 남종이나 여종을 받을 때냐"(왕하 5:26)라고 책망하였다.

결국 게하시는 하나님의 징벌을 받아 나아만의 문둥병이 그 자신뿐만 아니라 자손에게 미쳐 영원토록 이르게 되는 저주를 받게 되었다.

　우리는 이 사건을 통해 재물을 탐하는 자는 결국 하나님 앞에서 아무것도 숨길 수 없다는 사실을 깨닫게 된다. 그리고 지금이 어찌 재물을 탐할 때냐고 책망하는 엘리사의 목소리가 오늘날 목회자들을 향한 외침으로 들려옴을 고백하지 않을 수 없다.

⑥ 단순성에서 실패한 목회자들의 면면

**가. 수정교회 슐러 목사**
　수정교회는 1955년 로버트 H. 슐러 목사에 의해 창립된 이래 미국에서 가장 크고 영향력 있는 교회 중 하나로 손꼽혀 왔다. 특히 30년 전 건축된 예배당은 아름다운 유리벽과 세계에서 가장 큰 파이프 오르간으로 유명했으며, 이곳에서 촬영한 TV 설교 방송 '능력의 시간'(Hour of Power)을 통해 전 세계 수많은 이들에게 복음이 전해졌다. 직사각형의 유리 1만장을 볼트 하나 없이 특수 접착제로 부착해 지은 수정교회(Crystal Cathedral)는 한때 캘리포니아 오렌지카운티의 명소였다. 1980년 1,800만 달러를 들여 3년간의 공사 끝에 지어진 수정교회 내부에는 세계 최대의 파이프 오르간 중 하나가 설치되었고, 건물은 8.0 강도의 지진이 와도 끄떡없게 제작되었다.

　하지만 2010년 10월 파산 신청을 시작으로 수정교회는 교회 설립자인 로버트 H. 슐러 목사가 지난 3월 11일 교회 이사회에서 사퇴하면서 그 기초가 무너지기 시작했다. "교인 수는 줄고, 빚은 산더미처럼 늘어가면서, 파산 신청 및 일부 부동산을 매각했으나 어려운 재정 문제는 해결되지 않았다. 그가 몰락하게 된 가장 큰 원인은(물론 여러 가지 복합적 요인이 많지만), 한마디로 말하면 시대 상황은 무섭도록 빨리 변해가고 있는데 그 시대의 변화를 읽지 못하고, 과거에 이룩한 성공을 붙들고 과거의 영광에 집착해 있었기 때문이라고 말할 수 있다."[89] 결국은 단순성에 있어서 실패한 것이 그 원인이 되었다.

### 나. 조xx목사

"물의를 일으켜 제 마음 깊이 뉘우칩니다. 어떠한 판결을 받더라도 하나님의 판결로 알고 순종하겠습니다." 지난 1월 20일, 배임·탈세 혐의로 불구속 기소된 조xx 원로목사(xxxxxx교회)가 선고 공판을 앞둔 최후진술에서 한 말이다. 조 목사는 1심에서 징역 3년, 집행유예 5년, 벌금 50억 원을 선고받았다. 조 목사는 이번 재판을 통해 "아무것도 소유하지 말아야겠다는 교훈을 얻었다(단순성)"고 했다(2014년 5월 11일 뉴스앤조이). 사역 말기에 그가 '단순성'을 이해하게 되어 다행이다.

### 다. 나성 xxx교회[90]

지난 2012년 무리한 건축으로 공사 마무리 단계에서 신축 예배당을 차압당한 나성 xxx교회가 교회 건물을 되찾기 위해 벌인 소송에서 패소했다. LA 고등법원(Superior Court of California, Los Angeles County)은, 나성 xxx교회가 사기 및 부당한 차압을 했다며 대출을 제공한 '기독신용조합'(ECCU)을 상대로 한 소송에서 교회 측 주장을 신뢰할 수 없으며 건물에 대한 권리를 주장할 수 없다고 2월 11일 판결했다. 구 예배당을 비롯한 교회 건물에 대한 권리를 되찾으려 한 나성 xxx교회의 노력은 물거품이 됐다는 평가다. 박xx 담임목사는 그동안 "곧 예배당에 돌아갈 것"이라며 언론과 교인들에게 공언해 왔다.

나성 xxx교회 신축 예배당은 부동산 부지 매입에 약 540만 달러, 은행 융자 2,800만 달러를 들인 대규모 공사로 세워졌다. 박 목사는 언론

---

89) 김택규(감신대 객원교수), "슐러 목사의 '수정탑'(Crystal Tower) 붕괴가 주는 교훈", 크리스천 뉴스위크, 2011-07-14, http://www.usaamen.net/news/

90) 전현진 <미주뉴스앤조이> 기자, "LA 나성XXX교회 3,000만 달러 예배당 물거품" http://www.newsnjoy.or.kr/news/, 2014.02.22.

을 통해 2011년 3월 말 입당할 것을 장담해 왔지만, 대출금을 갚지 못해 90% 이상 완성한 신축 예배당과 기존에 사용하던 예배당을 2012년 은행에 차압당했다. 이 건물은 현재 브라질계 교회가 2013년 7월 은행으로부터 매입해 사용 중이다. 총체적으로 볼 때 단순성에 있어서 실패한 것이 원인이다.

### 라. xx장로교회(신xx 목사)

개척교회 초심으로 돌아가 외형보다 선교·구제에 주력한다고 선포한 LA 인근의 대표적 중대형교회로 꼽혔던 xx장로교회가 새 성전을 매입한 지 10년 만에 건물을 포기했다. 교인이 줄고 헌금도 줄고 월세는 너무 무거웠다. 욕심이 과했던 것이다.

## 5. 재물에 대한 우리의 자세

### 1) 단순성을 회복해야 한다

"단순성은 자유이다. 이중성은 굴레이다. 단순성은 기쁨과 조화를, 이중성은 불안과 공포를 가져다준다."[91] 전도서의 기자는 "하나님이 사람을 정직하게 지으셨으나 사람은 많은 꾀를 낸 것이니라"(전 7:29)고 말하고 있다. 우리는 하나님께서 주시는 자유를 통해 자유를 체험한다. 그리스도인의 단순성은 내적인 것이지만 외적 생활로 나타난다. 단순성의 내적 측면과 외적 측면은 모두 중요하다. "단순성은 내적 초점과의 일치에서 시작된다. 단순성은 토마스 켈리(Thomas Kelly)가 말한 대로 '거룩한 중심'(the divine center)을 가지고 산다는 것을 의미한다. 내적 실재를 체험하면 외적으로 자유롭게 된다. 우리의 말은 진실하고 정직하게 되며 지위나 명예에 대한 욕심은 사라지게 된다."[92]

우리에게는 거룩한 중심이 없기 때문에 우리의 욕구는 안전을 위하

---

91) 리처드 포스터, 《영적 훈련과 성장》, 권달천, 황을호 역 (서울: 생명의말씀사, 2006), p. 79.
92) Ibid.

여 물질에 대한 애착을 가지게 된다. 우리는 현대 사회의 풍요에 대한 욕심이 비정상적인 상태라는 것을 분명히 알아야 한다. 그것은 진실과의 연결을 완전히 상실하였기 때문에 생기는 것이다.

우리는 우리가 원해서 물품을 사는 것이 아니라 사람들에게 어떤 인상을 주기 위해 그것을 산다. 우리는 옷이 낡을 때까지 오래 입는 것과 자동차를 오래도록 사용하는 것을 수치로 여긴다. 대중매체는 우리들로 하여금 유행에 뒤떨어지는 것은 진실에서 뒤떨어지는 것이라고 믿도록 만든다. 병든 사회를 본받는 것은 우리를 병들게 한다는 사실을 인식하고 깰 때이다.

우리는 현재의 삶의 방법을 과감하게 바꾸어야 한다. 우리는 얼마나 많은 물질을 벌 수 있느냐로 사람의 자격을 정의하는 현대의 비정상적인 현상에 반대해야 한다. 그 단순성은 오늘날에도 되찾을 수 있다. 또 반드시 되찾아야 한다.

### 2) 단순성의 회복(재물에 대한 생각)

재물에서의 자유함은 단순성을 말한다. 단순성을 회복하기 위한 재물에 대한 다음과 같은 생각은 우리를 자유케 한다.

(1) 세상의 모든 재물은 다 하나님의 것이며 하나님이 우리에게 선물로 주셨다는 사실을 알아야 한다.[93]

세상의 만물을 하나님께서 창조하셨듯이 재물 또한 창조물 가운데 하나이다. 하나님께서 만물을 창조하시고 인간에게 하나님의 것을 맡기고 관리하게 하셨다. 따라서 소유가 많으면 많을수록 하나님께 감사하고 그 은혜를 기억해야 한다. 지혜로운 자는 재물관리에 정직하고, 정직한 자는 하나님을 경외하고, 하나님을 경외하는 자는 재물에서 자유함을 얻는다.

---

93) Ibid., p. 80.

(2) 하나님보다 재물을 더 사랑해서는 안 된다.[94]

단순성의 중심점은 먼저 그의 나라와 그의 의를 구하는 데 있다. 우매한 자는 재물을 자신의 생명처럼 여긴다. 재물이 영원히 자신의 것인 양 자녀들에게 물려주려고 한다. 모든 것은 할 일을 먼저 하는 데 달려 있다. 그 무엇도 하나님의 나라보다 앞서서는 안 된다. 단순성은 그것이 하나님 나라를 구하는 일보다 앞설 때 우상 숭배가 된다. 어리석은 부자의 비유가 주는 교훈이 무엇인가? 하나님의 것을 자신의 것으로 착각하여 공들이는 모든 수고와 애씀이 헛되다는 것이다. "너희는 먼저 그의 나라와 그의 의를 구하라"(마 6:33) 하신 말씀을 기억하라.

(3) 우리의 소유물은 하나님께서 돌보셔야 한다는 자세가 필요하다.[95]

하나님이 우리의 소유를 보호하실 수 있고, 우리는 하나님을 신뢰할 수 있다. 우리의 소유물은 단순히 우리의 노동의 결과로 얻은 것이 아니라 하나님의 은혜로우신 돌보심에 의한 것이라는 사실을 잊어서는 안 된다.

(4) 우리의 소유물은 다른 사람들에게도 유용해야 한다는 자세이다.[96]

우리의 재물이 공동체를 유용하게 하지 않는다면, 그것은 도둑질하는 일이나 다름이 없다. 이 말이 난처하게 들리는 것은 미래에 대한 걱정 때문이다. 우리는 내일에 대한 걱정을 하기 때문에 재물을 나누어 주지 않고 재물에 매달린다. 우리가 하나님을 전능하신 창조주로 알고 있다면, 우리는 하나님이 우리를 보호하신다는 것을 알 수 있기 때문에 재물을 나누어 줄 수 있다.

앞에서 말한 내용이 우리 삶의 특성이 되어야 한다.[97] 이러한 자세가

---

94) Ibid., p. 82.
95) Ibid., p. 89.
96) Ibid., p. 89.
97) Ibid., p. 94.

합쳐져서 "염려하지 말라"고 하신 예수님의 말씀의 의미를 알게 된다.

### 3) 우리가 배워야 할 예수님의 단순성(Simplicity of Christ)[98]

(1) 그는 하나님이시다(He is God).
모자람이 없다. 하나님은 가장 부유한 분(부자)이시다. 예수님은 낮은 자를 위해 오시고 가난한 자를 위해 오셨다(Downward Mobility). 예수님도 승천하시려고 이 세상에 오셨다.

(2) 단순하게 태어나셨다(Born in Simplicity).
결혼 안 한 자에게서 태어나셨다.

(3) 단순하게 사셨다(Live in Simplicity).
"Job was Carpenter. No Bank Account. Donation"으로 사셨다. 소유욕이 없으셨다. 하나님 일만 하셨다.

(4) 자기 무덤도 없었다(Died in Simplicity).
옷 한 벌만 있었다. 자기 무덤도 없었다.
우리는 그의 제자들이다. 단순하게 살자.

### 6. 단순성의 외적 표출을 위한 주요 원리[99]

(단순성의 의미를 현대 생활에 구체화시키려는 하나의 시도로 생각해야 한다.)

- 물품은 체면이 아니라 유용성을 보고 사도록 하라.
- 중독을 일으키는 것은 무엇이든지 배격하라. 쾌적한 환경과 같은 심리적 필요와 중독을 구별하기 바란다.

---
98) 다니엘 뉴먼(Dr. Daniel Newman) 교수의 Leadership Formation 강의록에서.
99) 리처드 포스터,《영적 훈련과 성장》, 권달천, 황을호 역 (서울: 생명의말씀사, 2006), p. 131.

- 물질을 나누어 주는 습관을 기르도록 하라. 쌓아 두지 말아라. 필요 없는 물품을 쌓아 두는 일은 생활을 복잡하게 만든다. "단순하게 하라. 단순하게 하라"고 한 소로(Thoreau)의 권면을 따르라.
- 현대 가전기구 업자들의 선전에 현혹되지 않도록 하라.
- 물질을 소유하지 않고서도 그 물질을 즐기는 법을 배우라.

**예1)** 해변의 한 부분을 매입해야 한다는 생각을 하지 말고 그 해변을 즐기도록 하자.
**예2)** 공중 공원과 공중 도서관을 즐기도록 하자.

- 창조물에 대하여 깊은 감사를 느끼도록 하자.

"땅과 거기 충만한 것과……다 여호와의 것이로다"(시 24:1)라는 사실을 다시금 발견하는 것을 의미한다.

- "지금 구입하고 나중에 갚는다"는 전략에 대하여 건전한 의심을 가지고 보기 바란다.

그와 같은 전략은 우리를 함정에 빠지게 하고 속박하게 한다. 구약과 신약은 다 함께 고리대금을 책망하였다. 예수님께서는 고리대금을 옛 생활의 징표로 보시고 그의 제자들에게 "아무것도 바라지 말고 빌려 주라"(눅 6:35)고 권고하셨다.

- 명백하고 정직한 말에 대한 예수님의 교훈에 순종하자.

"오직 너희 말이 옳다 옳다, 아니라 아니라 하라 이에서 지나는 것은 악으로 좇아 나느니라"(마 5:37).

- 다른 사람에게 억압을 주는 일이라면 무엇이든지 거부하라.

**예)** 회사나 공장에서 다른 사람을 억압하는 일, 가정에서 자녀들 혹은 배우자를 억압하는 일, 성 차별, 인종 차별 등

- 하나님의 나라를 먼저 구하는 일에 장애가 되는 일은 무엇이든지 피하라.

**예)** 직장, 지위, 신문, 가족, 친구 안정, 이 모든 것들은 너무도 쉽게 우리의 관심의 중심이 된다.

하나님께서는 '먼저 그의 나라와 그의 의를 구하는' 삶이 우선순위

가 되기 위하여, 그리고 이 말씀이 내포하고 있는 모든 의미를 알도록 항상 우리에게 용기와 지혜와 능력을 주시기를 바란다. 그렇게 사는 것이 단순성의 삶이다. 하나님께 속한 것에 당신의 지문을 남기지 말라 (Do not leave your fingerprints on what belongs to God alone). 우리의 수의(壽衣, shroud)에는 주머니가 없다는 사실을 항상 기억하자.

제9부

제자

# 제자

성도 여러분은 '영성 훈련'을 통한 제자훈련의 과정을 다 마치게 되었다. 그러면 오늘부터 갑자기 제자가 되었는가? 이제부터 나는 진정한 제자가 되었다고 말할 수 있겠는가? 당신의 삶은 변화되었는가? 나와 가정의 관계는? 나와 교회의 관계는? 나의 사회생활에서 영성 훈련 전(before)과 후(after)가 변화되었는가? 하나님과의 관계성은 발전되었는가? 이러한 질문을 자신에게 진지하게 던져보아야 한다. 변화가 이렇게도 급속히 이루어졌다는 말인가? 필자가 보기에는 아니다.

제자가 가야 할 길은 멀고도 험난하다. 매일의 일상생활을 어떻게 해 가느냐 하는 일도 중요하다. 진정 당신은 이 훈련을 통해 마음의 변화와 삶의 변화가 있었다고 믿는가? 우리는 매일 예수 그리스도의 삶과 인격을 닮아가는 생활을 하여야 한다.

제자로서 감당해야 할 일들을 몇 가지 제시하면서 여러분이 진짜 예수쟁이가 되기를 기도한다. 제자가 가야 할 길을 우리는 '제자도'(弟子道)라 한다. 제자가 가야 할 길을 댈러스 윌라드(Dallas Willard)는 다음과 같이 말하고 있다.

> "제자가 가야 할 길은 예수 그리스도의 인격을 닮고자 내가 그분 안으로 들어가 나누는 사귐이다. 제자인 나는 하나님 나라 안에서 어떻게 살아가야 할지를(삶) 그분으로부터 배운다. 만일 그분이 나였다면 살아가셨을 모습(예수님의 삶의 모습)을 배운다. 당연한 결과로 내 행실이 바뀐다(변화). 더욱이 그분이 말씀하셨고 행하셨던 것들을 일상 속에서 쉽게 행하게 된다"(실천).

요약하면,

**인격**: 그리스도의 인격을 닮는다.

**사귐**: 그분과 사귄다.

**삶**: 하나님 나라에서 어떻게 살아야 하는지를 예수님의 삶으로부터 배운다.

**변화**: 나의 행실은 변화가 되어야 한다.

**실천**: 예수님이 말씀하시고 행하셨던 것들을 우리 일상생활에서 행한다.

**갈망**: 그분을 따르려는 갈망이 있어야 한다.

**거듭남**: 그렇게 함으로써 우리는 거듭나야 한다.

즉, 그리스도의 인격을 닮아야 하고, 그분과 매일 사귀어야 하고, 하나님 나라에서 어떻게 살아야 하는지를 예수님의 삶을 통해서 배워야 하고, 이로 인해 나의 행실은 변화되어야 한다. 우리의 일상생활은 예수님이 말씀하시고 행하셨던 일들을 실천해야 한다. 또한 그렇게 하기를 갈망하여야 한다. 그렇게 함으로써 우리는 거듭나야 한다.

### 1. 예수님의 당부

예수님은 우리에게 제자가 되고 제자를 길러 내라고 말씀하셨다. 우리는 이를 지상명령이라 부른다(마 28:18-20, The Great Commission).

"예수께서 나아와 일러 가라사대 하늘과 땅의 모든 권세를 내게 주셨으니 그러므로 너희는 가서 모든 족속으로 제자를 삼아 아버지와 아들과 성령의 이름으로 세례를 주고 내가 너희에게 분부한 모든 것을 가르쳐 지키게 하라 볼지어다 내가 세상 끝 날까지 너희와 항상 함께 있으리라 하시니라"

제자들이 몸소 행하여야 할 사항은 동사(動詞)에서 찾을 수 있다.

• 가라

가라 그리고 나서 제자를 삼고, 세례를 주고, 가르치고, 지키게 하라는 명령을 행하라는 말씀이다. 가지 않으면 그 다음에 말한 사역을 할 수 없다는 의미이다. 요즘 유행하는 말 한마디 "가라! 못 가, 그러면 보내라"의 구호는 어떠한가?

• 제자를 삼다

이에 해당하는 헬라어는 '마데튜사데'(μαθητεύσατε)인데 '가르치고 훈련시키다'의 의미를 가지고 있다. 먼저 복음을 가르치고 그 복음 위에 굳게 설 수 있도록 훈련시키라는 의미이다. 복음을 모르는 유대인과 이방인들로 하여금 복음을 알게 하고, 그 안에서 장성한 분량이 충만한 데 이르기까지(엡 4:13) 성장시키라는 말씀이다.

• 세례를 주라

이에 해당되는 헬라어 '밥티조'(βαπτίζω)는 '잠근다'의 뜻(왕하 5:14; 시 68:23)과 '씻는다'의 뜻을 가지고 있다(막 7:4; 눅 11:38; 딛 3:5). 그러므로 침례로도, 세례로도 번역할 수 있다. 한편 세례는 성령을 받고 믿음으로 하나님의 자녀가 되었다는 외적 징표이며, 세례의식은 교회 공동체 앞에서 그 사실을 공개적으로 알림으로써 공동체에 소속되는 입교의식이다. 세례를 주라는 예수님의 지상명령은 복음의 말씀으로 제자 삼은 자들을 중심으로 한 교회의 외적 확장과 연관된 것이라 볼 수 있다.

• 가르치라

'가르쳐'의 헬라어 '디다스콘테스'(διδάσκοντες)는 현재 분사형으로 '계속해서 가르치라'는 의미가 함축되어 있다. 따라서 제자의 사명 가운데 가르치는 것은 교회의 중대한 사명의 하나인 동시에 계속해서 가르치라는 명령이다. 예수님이 이제까지 제자들에게 말씀하시고 보여주신 모든 것을 가르치라는 당부이다.

- **지키게 하라**

예수님이 이제까지 제자들에게 말씀하시고 보여주신 모든 것을 가르치는 동시에 지키게 하라는 당부이다. 가르치는 것만으로는 교회의 임무가 끝나지 않는다. 가르친 것은 삶 속에서 실천하도록 양육해야 한다. 그러나 지키게 하는 것(양육)은 가르치는 것(교육)보다 어려운 일이다. 그래서 바울은 그리스도 안에서 일만 스승은 있으나 아비는 많지 않다고 했다(고전 4:15).

## 2. 예수님이 말씀하시고 보여주신 것

"예수께서 온 갈릴리에 두루 다니사 저희 회당에서 가르치시며 천국 복음을 전파하시며 백성 중에 모든 병과 모든 약한 것을 고치시니"(마 4:23).

본문에서 우리는 예수님의 사역을 엿볼 수 있다. 예수님은 하나님 나라(The Kingdom of God)를 가르치시고(teaching), 하나님 나라의 복음(The Gospel of the Kingdom)에 대하여 전파(preaching)하시고, 모든 약한 것(all kinds of sickness & all kinds of disease)을 고치셨음(healing)을 알 수 있다. 제자들은 이것들을 예수님이 하셨던 대로 하여야 한다. 이것을 우리는 그리스도의 삶의 구현(갈 2:20), 즉 기독교 영성의 정의라 한다.

## 3. 예수님이 제자들을 택하실 때의 독특한 점들[100]

예수님께서 제자를 택하실 때 몇 가지 특징이 있음을 발견하게 된다.

- **이방인을 택하지 않으셨다.**

이방인은 하나님이 아브라함에게 하신 약속의 윤곽에 들어맞지 않

---

[100] Bill Hull(빌 헐), 《온전한 제자도》(The Complete Book of Discipleship), 박규태 옮김 (서울: 국제제자훈련원, 2012), p. 72.

앉기 때문이다(창 12:1-3, 15:1-5). 이방인은 하나님 나라와 메시아의 역할에 관한 배경 지식이나 이해가 없었다.

- 그레코-로마 문화로부터 영향을 받아 그리스의 냄새가 나는 유대인을 제자로 택하지 않으셨다.

"그들은 안식일에는 여전히 회당에 가기를 원하면서도, 연극장이나 경기장과 곡예장과 체육관과 공중목욕탕에 가고 그 문화가 제공하는 갖가지 여흥에 참여하고 싶어 했다"(Douglas Greenwald).

- 율법을 준수하는 유대인 중에서 제자를 선택하셨다.

율법을 준수하는 유대인 중 대다수는 어부, 농부, 목수, 상인들이었다. 그들에게는 정결을 지키려는 열정이 있었다. 정결은 랍비들이 하나님을 영화롭게 할 일이라고 해석한 것들을 행하는 것이었다.

예수님은 자신이 세상을 구원하시는 일을 도울 기초 원자재만을 가진 이들을 고르시고, 예루살렘에서 그 일을 시작하셨다. 그들에게는 열정이 있었고, 그들의 영혼은 굶주려 있었다. 충분할 정도로 평범한 사람들이었다. 그들은 많은 것을 포기했다. 단 한 가지, 종교적 경력만큼은 포기하지 않았다.

제자가 정확히 어떤 사람인지 요약하면,
- 제자는 어떻게 예수님을 따라야 하는지 가르쳐 주는 선생에게 복종한다.
- 제자는 예수님의 말씀을 배운다.
- 제자는 예수님의 사역 방법을 배운다.
- 제자는 예수님의 삶과 인격을 본받는다.
- 제자는 다른 제자를 찾고 가르쳐서 그들도 예수님을 따르게 한다.

## 4. 왜 그리스도를 본받는가?[101]

바울은 제자들 속에서 그리스도의 형상을 이루는 것을 자신의 주된 과업으로 여겼다. 그는 갈라디아 사람들에게 다음과 같이 권면하였다(갈 4:19-20).

"나의 자녀들아 너희 속에 그리스도의 형상이 이루기까지 다시 너희를 위하여 해산하는 수고를 하노니 내가 이제라도 너희와 함께 있어 내 음성을 변하려 함은 너희를 대하여 의심이 있음이라"

예수님의 삶은 분투하고 산고를 치르며 너무나도 복잡한 일들 때문에 기력을 소진할 정도로 일하는 것이었다. 그러나 그리스도의 인격이 우리 안에서 이루어지는 과정을 수고할 가치 있는 것이라고 일러주고 있다. 그리스도의 인격을 우리 안에서 이루는 일은 그 어떤 고통과 고초를 겪더라도 이룰 만한 가치가 있다.

## 5. 그리스도의 형상을 닮았다는 말의 6가지 의미[102]

예수님을 따르고 그분을 닮았다는 말이 무슨 의미인지 정의해 보자. 예수님의 삶을 기초로 할 때, 그분을 닮았다는 것은 다음 6가지 주제로 함축할 수 있다. 즉, 다음 6가지의 변화된 삶을 산다는 말은 곧 예수님의 형상을 닮은 삶을 살았다고 말할 수 있다. 이것들이 제자들의 일상생활이 되기를 기도한다.

1) 변화된 마음(Transformed mind: 예수님이 믿으셨던 것을 믿음)
2) 변화된 인격(Transformed character: 예수님이 사셨던 삶을 살아감)

---
101) Ibid., p. 139.
102) Ibid., p. 160.

3) 변화된 관계(Transformed relationship: 예수님이 사랑하셨던 그대로 사랑함)
4) 변화된 습관(Transformed habits: 예수님이 훈련하셨던 그대로 훈련함)
5) 변화된 섬김(Transformed service: 예수님이 봉사하신 대로 봉사함)
6) 변화된 영향력(Transformed influence: 예수님이 이끄셨던 방식대로 이끌어 감)

**1) 변화된 마음**(Transformed mind: 예수님이 믿으셨던 것을 믿음)

예수님을 믿는 것과 예수님이 믿으셨던 것을 믿는 것은 별개의 문제이다. 그러나 예수님이 믿으셨던 것을 믿지 않으면 예수님을 믿을 수 없다. 예수님이 생각하셨던 것을 생각하고, 예수님이 느끼셨던 것을 느끼는 것, 그것이 바로 변화다. 우리는 그분의 제자로서 그분이 믿으셨던 것을 믿어야 한다. 그럴 때에만 그분이 사신 대로 살 수 있기 때문이다.

알베르트 슈바이처, 간디, 디트리히 본회퍼 같은 위대한 지도자들은 산상수훈(山上垂訓, Sermon on the Mount, 마 5-7장; 눅 6:20-49)에서 예수님이 믿으셨던 것들을 찾아냈다.

(1) 선하지 못한 삶

자긍심과 자기 확신과 자기에게 만족한 삶, 능력에 초점을 맞춘 삶은 산상설교에서 찾을 수 없다. 이러한 것은 하나님 나라에 속한 것이 아니기 때문이다.

(2) 선한 삶

제자라는 것은 태도다(마 5:1-12). 태도는 "한 사람의 성향이나 견해를 보여주는 행동이나 느낌이나 생각의 방식"이다. 팔복(BEATITUDES) 설교는 '어떻게 살아야 하는가'라는 문제에 필요한 내면의 핵심을 말하고 있다. 그 핵심의 근본은 겸손이다. 우리가 직접 순종하는 생활방식을 따를 때 산상설교가 말씀하는 복들이 나타나는 것들을 볼 수 있다.

(3) 영향력은 인격에서 비롯된다.

예수님은 모든 사람들에게 '너희의 훌륭한 생각과 현란한 단어와 설득력 있는 말솜씨를 보이라'고 말씀하시지 않았다. 오히려 예수님은 단순하면서도 폐부를 찌르는 임무를 주셨다. 사람들에게 선한 행실을 보이라는 것이다(마 5:13-16).

"너희는 세상의 소금이니 소금이 만일 그 맛을 잃으면 무엇으로 짜게 하리요 후에는 아무 쓸데없어 다만 밖에 버리워 사람에게 밟힐 뿐이니라 너희는 세상의 빛이라 산 위에 있는 동네가 숨기우지 못할 것이요 사람이 등불을 켜서 말 아래 두지 아니하고 등경 위에 두나니 이러므로 집안 모든 사람에게 비취느니라 이같이 너희 빛을 사람 앞에 비취게 하여 저희로 너희 착한 행실을 보고 하늘에 계신 너희 아버지께 영광을 돌리게 하라"

그러므로 당신의 삶이 썩을 것을 썩지 않게 보존하는 삶이 되게 하라. 당신의 삶에서 흘러나오는 불빛이 어둠 속으로 뚫고 들어가, 언덕 위에서 도시를 밝혀 주는 등불이 되게 하라.

말콤 머거리지(Malcolm Muggeridge)는 테레사 수녀가 끼친 영향에 대해 다음과 같이 말했다. "그녀가 사역하고 있는 곳을 방문한 적이 있다. 나환자들을 보면서 첫째는, 불쌍한 마음이 들었고, 두려움이 뒤죽박죽 섞인 감정이었다. 둘째는, 순수하고 가식이 없는 동정심이었고, 세 번째는, 이런 동정을 넘어선 그 어떤 것을 느꼈다. 나는 거기서 버림받고 죽어 가는 남녀를, 가짜 손을 낀 나병 환자들, 버림받은 아이들이 가련하고 불쾌하고 비참해 보이기보다 오히려 사랑스럽게 보였다."

(4) 하나님 나라를 가르치고 사는 위대한 영혼들

제자는 하나님의 눈으로 이 세상을 본다. 예수님은 다음과 같이 말씀하신다(마 5:19-20).

"그러므로 누구든지 이 계명 중에 지극히 작은 것 하나라도 버리고 또 그같이 사람을 가르치는 자는 천국에서 지극히 작다 일컬음을 받을 것이요 누구든지 이를 행하며 가르치는 자는 천국에서 크다 일컬음을 받으리라 내가 너희에게 이르노니 너희 의가 서기관과 바리새인보다 더 낫지 못하면 결단코 천국에 들어가지 못하리라"

예수님은 바리새인들이 율법의 전문가이기는 하지만 율법을 올바로 이해하지 못한다고 지적하셨다. 바리새인들은 율법을 암기하고 이해하긴 했지만 그 율법을 행하지는 않았다. 그들은 율법을 남용했다. 그들의 의는 아무 쓸모가 없었다. 예수님이 다시 규정하신 율법의 원리들을 마음을 다해 실천하는 사람들은 천국에서 크다 일컬음을 받게 될 것이다.

(5) 믿음은 아버지의 뜻을 행하는 것이다.
예수님은 다음과 같이 말씀하셨다(마 7:21-23).

"나더러 주여 주여 하는 자마다 천국에 다 들어갈 것이 아니요 다만 하늘에 계신 내 아버지의 뜻대로 행하는 자라야 들어가리라 그날에 많은 사람이 나더러 이르되 주여 주여 우리가 주의 이름으로 선지자 노릇 하며 주의 이름으로 귀신을 쫓아내며 주의 이름으로 많은 권능을 행치 아니하였나이까 하리니 그때에 내가 저희에게 밝히 말하되 내가 너희를 도무지 알지 못하니 불법을 행하는 자들아 내게서 떠나가라 하리라"

믿음은 반석 위에 집을 짓는 사람과 같아서, 홍수가 나도 그 집은 무너지지 않을 것이라고 말씀하셨다(마 7:24-25). 우리 삶을 반석 위에 세우기로 하고, 그곳을 우리 자리로 정하는 것이 곧 믿음이다. 그저 성경의 명제에 동의하는 것만으로는 믿음을 가졌다고 할 수 없다. 우리가 순종할 때 비로소 믿음은 진짜가 된다.

## 2) 변화된 인격(Transformed character: 예수님이 사셨던 삶을 살아감)

예수님이 광야에서 사탄의 시험을 받으신 사건이 예수님의 인격과 관련해서 어떤 점을 보여주는지 살펴보자.

### • 시험을 극복하심(사 53:6; 마 4:1-11; 히 4:15)

진정한 리더는 시험을 스스로 극복할 줄 아는 사람이다. 예수님의 두 가지 사건은 하나는 세례 요한으로부터 세례를 받은 일이었고, 또 하나는 사탄으로부터 시험을 받은 것이었다. 시험을 이기게 하신 이는 성령님이시다. 예수님은 3가지의 시험(누가)을 받으셨는데, 본능 시험(육적인 시험), 권력 시험, 그리고 명예 시험이다.

### • 본능 시험(육적인 시험)

예수님은 40일을 밤낮으로 금식하신 후여서(마 4:2) 무척 배가 고프고 궁핍한 상태였다. 배고픔은 육체적인 본능이다. 마귀는 이 교묘한 시간을 이용하여 예수님을 시험하였다. "네가 만일 하나님의 아들이어든 명하여 이 돌들이 떡덩이가 되게 하라"(사탄, 마 4:3)는 시험은 신적 능력을 발휘하여 하나님과의 관계를 무너뜨리려는 시험인 동시에 능력을 자기 자신을 드러내는 데 사용하도록 유혹(사탄)한 시험이다.

예수님은 신명기 8장 3절을 인용하여 시험을 이기신다.

> "사람이 떡으로만 살 것이 아니요 하나님의 입으로 나오는 모든 말씀으로 살 것이라"(예수, 마 4:4).

### • 권력 시험(영적 시험, 높은 산에서)

마귀는 예수님을 데리고 지극히 높은 산으로 가서 천하만국과 그 영광을 보여주며 만일 자기에게 엎드려 경배하면 이 모든 것을 주겠다고 시험한다. 모든 고통을 피하고 '이 사람들을 위해 죽어야 할 이유가 무엇인가? 저 사람들의 죄를 짊어질 이유가 무엇인가?'라고 시험한다.

"만일 내게 엎드려 경배하면 이 모든 것을 네게 주리라"(사탄, 마 4:9).

주님은 신명기 6장 3절과 10장 20절을 인용하여 유혹을 거절하셨다.

"주 너의 하나님께 경배하고 다만 그를 섬기라 하였느니라"(예수, 마 4:10).

주님은 드디어 승리하셨다. 우리는 매일 마귀와 맞서 싸운다. 성령의 힘으로 이들과의 영적 전쟁을 이겨야 한다.

• **명예 시험**(성경 시험, 성전 꼭대기에서)
마귀는 예수님의 종교심을 시험하고, 이 세상에서 성공하기를 시험하고, 영예와 동료들의 인정을 추구하도록 시험한다.

"네가 만일 하나님의 아들이어든 뛰어내리라"(사탄, 마 4:6).

사탄은 시편 91편 11-12절을 인용하며 시험했다. "저가 너를 위하여 그 사자들을 명하시리니 저희가 손으로 너를 받들어 발이 돌에 부딪히지 않게 하리로다"(사탄).
예수님은 신명기 6장 16절을 인용하여 시험을 이기신다.

"주 너희 하나님을 시험치 말라"(예수, 마 4:7).

오직 예수님만이 온 세상을 위해 죽으실 수 있었다. 그것이 그분의 소임이었고 그 일은 그분만이 할 수 있는 것이다. 세상의 가치 체계가 그에게 필요치 않고, 세상의 가치 체계와 무관한 존재로 살아가는 것이 예수님에게 맡겨진 소임이었다.

3) **변화된 관계**(Transformed relationship: 예수님이 사랑하셨던 그대로 사랑함)

예수님은 첫 번째 새 계명을 천명하시면서 예수님을 따르는 이들에게 그들을 사랑하신 것처럼 서로 사랑하라고 말씀하셨다.

> "새 계명을 너희에게 주노니 서로 사랑하라 내가 너희를 사랑한 것같이 너희도 서로 사랑하라 너희가 서로 사랑하면 이로써 모든 사람이 너희가 내 제자인 줄 알리라"(요 13:34-35).

새 계명은 과거로부터 "들은 바 말씀"(요일 2:7)인 옛 계명보다 더 고차원적인 계명이다. 즉 구약은 "이웃 사랑하기를 네 몸같이 하라"(레 19:18)고 규정하고 있지만, 새 계명은 그 사랑의 정도를 그리스도께서 우리를 사랑하신 '것같이' 서로 사랑하라고 한다. 사랑의 범위에서도 구약은 '이웃', 즉 동일한 여호와 신앙을 가진 동족 이스라엘을 말하고 있지만, 새 계명은 그 범위를 모든 인류에게로 확대시키고 있다.

이처럼 새 계명은 단순히 새롭게 주어졌다거나 옛 계명의 변조가 아니라 옛 계명을 완성하는 것이다. 예수님은 우리가 행할 수 없는 것을 행하라고 하신다. 다른 사람들이 받아들일 때까지 그들을 사랑하라고 하신다. 예수님은 새 계명의 표준을 제시하신다. 다른 사람을 사랑하시되 그 사랑이 온갖 방어물을 허물고 요새를 무너뜨리며, 방어벽을 산산조각내고, 심지어 문화라는 방벽도 뚫고 지나갈 정도로 사랑하라고 명하신다. 이것이 제자들에게 요구하신 혁명이다.

예수님은 예전이나 지금이나 우리를 사랑하신다. 그러므로 당신의 제자들에게 많은 사랑을 요구하신다. 서로 부족한 점들을 보듬어 주며 서로 사랑함으로써 하나님께 영광을 돌리라고 하신다.

### 4) 변화된 습관(Transformed habits: 예수님이 훈련하셨던 그대로 훈련함)

여기서 말하려는 것은 예수님이 어떻게 다른 사람들을 훈련시키셨는가가 아니라, 예수님이 자신을 어떻게 훈련시키셨는가를 말하려 한다. 배움과 훈련의 원리들도 예수님에게 적용되었다. 우리는 예수님도 배우고 자라나셨음을 알고 있다. 누가는 예수님도 지혜와 체구가 자라 갔다고 기록하고 있다(눅 2:41-52). 예수님도 고통스러운 일을 겪으면서 배움을 얻으셨다(히 5:8). 제자들은 예수님이 행하신 일들을 중심으로 삼아 자신들의 삶을 설정하기로 결심하게 된다. 우리는 그분이 사신 삶의 모습을 따를 것을 선택해야 한다. 그의 삶은 겸손과 순종과 희생과 복종의 삶이었다. 우리가 그분을 따르기로 할 때 거듭남이 일어난다.

여기에서 '애씀'과 '훈련'의 차이점을 알아보자.

### • 애씀이 아니라 훈련

Bill Hull은 '애씀'의 효력을 소멸시켜야 한다고 생각한다. 제자들이 적절한 도구 없이 어떤 목표에 도달하려고 노력할 때를 가리켜 '애씀'이라고 말한다. 하지만 훈련은 우리가 예수님이 행하신 일들을 중심으로 우리 삶을 재설정하는 데 헌신하는 것을 의미한다.

우리는 영혼의 연단을 받으려고 '애쓰지' 않는다. 애쓰면서 금식하고, 침묵하고, 홀로 거하고, 순결을 지키고, 공부하는 일을 하지 않는다. 그러나 예수님이 이런 일들을 행하셨으므로, 우리 역시 이렇게 영혼을 연단시키는 일들을 하면서 훈련한다. 우리는 예수님을 따르고 그분의 부르심에 순종한다. 그렇게 함으로 우리는 예수님이 사신 방식대로 살려고 노력한다. 이러한 과정을 지나면서 긍정적인 효과가 나타나 우리는 변화된다.

### • 간접 효과

영혼의 훈련은 인격을 만들어 낸다. 운동을 할 때 유연성을 기르는 체조가 필요하듯이 변화를 위해서는 영혼의 연단이 있어야 한다. 연단들은 우리를 준비시켜 반드시 해야 할 일들, 그리고 그 일이 이루어져야 할 방식으로 행하게끔 준비시키는 도구들이다. 이런 연단들은 간접 효과만 낳지만 그래도 그 효과는 긍정적이다. 영혼의 연단들은 우리를 반드시 준비시키며 꼭 해야 할 일들을 위한 도구들이 된다.

• **필요할 때 사용**

우리는 늘 영혼의 연단을 사용하는 것이 아니다. 이런 연단들이 우리 영혼을 튼튼히 할 필요가 있을 때 사용한다. 예수님은 이런 연단들을 건강하면서도 균형 있게 행하셨다. 예수님이 행하신 연단들을 보자.

침묵(마 4:1-11), 고독(막 1:35), 금식(마 4:1-11), 검소(눅 9:58), 기도(눅 6:12), 은둔(마 6:1-7; 막 4:1), 복종(요 5:18-37), 겸손(빌 2:5-8), 순종(눅 22:41-42), 희생(히 10:9-10), 공부(눅 2:41-52), 교제(눅 22:14), 고백(막 8:31, 14:36)과 예배(요 4:21-24)가 예수님이 행하신 연단들이다.

**5) 변화된 섬김**(Transformed service: 예수님이 봉사하신 대로 봉사함)

봉사는 섬김을 의미한다. 예수님은 자신에게 주어진 사명을 다음과 같이 표현하셨다.

> "인자의 온 것은 섬김을 받으려 함이 아니라 도리어 섬기려 하고 자기 목숨을 많은 사람의 대속물로 주려 함이니라"(막 10:45).

예수님은 섬김을 받으려 오신 것이 아니라 오히려 섬기려고 이 세상에 오셨다고 말씀하신다. 제자들은 이런 태도를 이해하지 못했다. 자신을 희생물로 내놓으면서 동시에 당신의 이미지를 관리한다는 것은 불가능하기 때문이다. 또한 예수님은 약함과 실패와 배척 속에서 사람들을 인도하셨다. 예수님은 사람들의 영혼이 날 때부터 혐오하는 모든 일을 주저 없이 행하셨다. 그 모든 일을 기꺼이 행하겠다는 자세는 예수님이 섬기신 모습 그대로 섬기고, 그분의 발자취를 따라가며, 우리 자신을 다른 사람들에게 내주는 길로 나가는 일종의 의식이다. 요약하면, 섬기러 오셨고, 대속물로 주려고 오셨다. 그러면 섬김이란 무엇일까?

• **섬김은 나를 비운다.**

바울은 예수님이 하나님을 얼마나 잘 섬기셨는지 우리에게 말해준다.

"너희 안에 이 마음을 품으라 곧 그리스도 예수의 마음이니 그는 근본 하나님의 본체시나 하나님과 동등됨을 취할 것으로 여기지 아니하시고 오히려 자기를 비어 종의 형체를 가져 사람들과 같이 되었고 사람의 모양으로 나타나셨으매 자기를 낮추시고 죽기까지 복종하셨으니 곧 십자가에 죽으심이라"(빌 2:5-8).

"오히려 자기를 비어……", 비운다는 말은 헬라어로 '케노우'(kenou, κενοω)이다. 이 말은 '통을 쏟아 아무것도 남기지 않고 다 비운다'라는 의미이다. 비운다는 의미가 무엇일까? '나는 대단한 존재가 아니라 아무것도 아닌 존재입니다' 이렇게 고백하는 것이 비운다는 의미이다.

- **예수님이 마신 잔을 우리도 마셔야 한다.**

"세베대의 아들 야고보와 요한이 주께 나아와 여짜오되 선생님이여 무엇이든지 우리의 구하는 바를 우리에게 하여 주시기를 원하옵나이다 이르시되 너희에게 무엇을 하여 주기를 원하느냐 여짜오되 주의 영광 중에서 우리를 하나는 주의 우편에, 하나는 좌편에 앉게 하여 주옵소서"(막 10:35-37).

야고보와 요한의 요청을 들으신 예수님은 그들을 위로하시면서도 그 요청을 멋지게 거부하셨다.

"예수께서 가라사대 너희 구하는 것을 너희가 알지 못하는도다 너희가 나의 마시는 잔을 마시며 나의 받는 세례를 받을 수 있느냐 저희가 말하되 할 수 있나이다 예수께서 이르시되 너희가 나의 마시는 잔을 마시며 나의 받는 세례를 받으려니와"(막 10:38-39).

'대체 무슨 잔입니까? 가져오기만 하십시오. 충분히 마실 수 있습니다.' 제자들은 영예로운 자리를 바랐다. 교만이 하늘에 닿았다. 우리는 대부분 야고보와 요한과 똑같다. 그러므로 예수님이 섬기신 대로 섬기려면 우리 자신의 교만과 맞서야 한다. 교만은 무언가를 가졌어도 기뻐하지 않으며, 옆집 사람보다 더 많이 가졌을 때 기뻐한다. 옆집보다 내 집이 커야 하고 새집이어야 하고, 내 차가 옆집이 소유한 차보다 좋아야 기뻐한다. 교만은 부유하거나 명석하거나 잘생겼어도 기뻐하지 않으며, 남보다 더 부유하거나 더 명석하거나 더 잘생겼을 때만 기뻐한다. 사람이 교만한 이유는 남과 자신을 비교하기 때문이다(C. S. 루이스). 그때나 지금이나 예수님을 닮기 원한다면, 예수님은 자기 제자들에게 "내가 마신 잔을 마시라"고 하신다.

이 잔에는 무엇이 들어 있는가? 그 안에는 그리스도의 종이라는 자리가 들어 있다. 나의 기득권을 포기해야 한다. 이 잔을 마신다는 것은 내 삶의 주인이 되어 나를 경영할 권리와 기득권을 포기한다는 뜻이다. 어떠한 희생도 각오한다는 뜻이다. 많은 믿음의 선조들이 이 잔을 마심으로써 배신을 당했고, 조롱을 받고, 육체의 고통을 당했고, 희생하였으며 비참한 죽음을 당했다. 예수님은 이 잔을 마시기를 원하신다.

**6) 변화된 영향력**(Transformed influence: 예수님이 이끄셨던 방식대로 이끌어 감)

예수님이 이끄셨던 방식이란 예수님의 섬기는 지도력을 말하고 있다. 지도력이란 영향력이다. 예수님이 말씀하시는 지도력은 세상의 지도력과 달리 섬기는 지도력을 말씀하고 있다. 예수님은 사역하시는 동안, 그리고 부활하신 후에도 많은 사람들에게 엄청난 영향력을 끼치고 있다. 예수님은 과연 어떤 인격을 소유하고 계시기에 이렇게 어마어마한 영향력을 많은 사람들에게 끼치고 있을까?

교회 공동체에는 많은 수의 사람들이 모여 있고 그들은 모두가 각기 다른 환경에서 자라왔다. 그래서 모든 면에서 서로 다르다. 믿음의 정도, 자라온 환경, 교육의 정도, 외모 등등. 그래서 교회공동체를 이끌고 있는 리더들의 고민이 매우 크다. 이처럼 서로 다른 수많은 성도들에게 어떻게 영향력을 발휘해서 하나님 앞으로 인도할 수 있을까? 어떻게 해야 모두를 한 곳으로 묶을 수 있고, 주님을 기쁘시게 할 수 있을까?

바울은 우리 삶에 있어서 가장 모범적이고 정답이신 예수 그리스도의 인격을 구성하고 있는 성품을 소개하고 있다. 이러한 성품의 소유자라야 세상 사람들과 교회 공동체를 구성하고 있는 성도들의 마음을 모두 한곳으로 묶을 수 있다고 확신하고 있다. 저자가 알고 있는 신약성경에 나타난 예수님의 성품은 95가지다. 더 있을 수도 있다. 이 모두를 이곳에서 기술할 수는 없다. 그래서 가장 기본이 되는 인격 몇 가지만을 소개하고자 한다.

(1) 겸손

바울은 빌립보서 2장에서 여러 핵심들을 말씀하고 계신다. 그중의 제일은 겸손이다. 겸손은 예수님의 인격 중 핵심이다. 겸손은 하나님의 주권을 인정하는 것이다.

"그러므로 그리스도 안에 무슨 권면이나 사랑에 무슨 위로나 성령의 무슨 교제나 긍휼이나 자비가 있거든 마음을 같이하여 같은 사랑을 가지고 뜻을 합하며 한마음을 품어 아무 일에든지 다툼이나 허영으로 하지 말고 오직 겸손한 마음으로 각각 자기보다 남을 낫게 여기고 각각 자기 일을 돌아볼 뿐더러 또한 각각 다른 사람들의 일을 돌아보아 나의 기쁨을 충만케 하라 너희 안에 이 마음을 품으라 곧 그리스도 예수의 마음이니 그는 근본 하나님의 본체시나 하나님과 동등됨을 취할 것으로 여기지 아니하시고 오히려 자기를 비어 종의 형체를 가져 사람들과 같이 되었고 사람의 모양으로 나타나셨으매 자기를 낮추시고 죽기까지 복종하셨으니 곧 십자가에 죽으심이라"(빌 2:1-8).

겸손은 우리의 모든 재능과 능력이 하나님으로부터 왔음을 인정하는 모습이다. 겸손은 남을 자기보다 낫게 여기는 마음이다. 이기적인 마음을 버리는 것이다. 나를 내세우는 것이 아니라 상대를 중시하는 마음가짐이다. 겸손한 마음을 소유하기 위해서는 다툼이나 허영으로 하지 말라고 바울은 권면하고 있다. 다툼은 이기심에서 오기 때문이다. 예수님이 겸손하시다는 첫 번째 증거는, 주님이 자기를 철저히 비우셨다는 사실이다. 그리스도께서는 본래 하나님과 권능과 영광과 위엄에 있어서 본질적으로 동등한 분이셨으나 그의 이러한 지위를 주장하여 영광스런 존재의 상태를 취하려 하지 않으셨다는 것이다. 두 번째로, 예수님이 겸손하셨다는 증거는 하나님이신 주님이 우리와 같은 인간이 되셨다는 사실이다. 형체로는 완전히 사람과 같이 되셨다는 것은 큰 결단과 희생이었음을 보여준다. 겸손한 마음을 소유함은 나에게 기쁨이 될 뿐만 아니라 하나님께 영광을 돌리는 일이다.

(2) 복종

예수님이 자신의 사명에 복종할 수 있었던 것은 그분의 겸손 때문이다. 시험 받으시는 장면, 기도하시는 장면을 보면 모든 선택의 기초를 아버지와 긴밀한 관계에 두셨음을 알 수 있다. 요한복음 5장 16-23절을 보면 예수님과 하나님의 관계를 잘 설명하고 있다. 신뢰로 연결된 하나님과의 관계 속에서 예수님은 자기 목숨을 기꺼이 아버지 손에 맡기셨다. 자신의 생각과 계획은 제쳐놓으셨다. 그분은 무가치하다고 여긴 모든 것을 내버리셨다. 영광스러운 삶, 이 땅의 권력, 하나님으로 추앙받는 일 등등 모든 것을 내려놓으셨다.

(3) 순종

예수님은 죽기까지 순종하셨다.

"저희를 떠나 돌 던질 만큼 가서 무릎을 꿇고 기도하여 가라사대 아버지여 만일 아버지의 뜻이어든 이 잔을 내게서 옮기시옵소서 그러나 내 원대로 마옵시고 아버지의 원대로 되기를 원하나이다 하시니"(눅 22:41-42).

그분은 십자가로 가는 길을 사명으로 여기셨다. 예수님이 죽기까지 복종하신 것은 그것이 그분의 소명이었기 때문이다. 그런 예수님은 모든 제자들에게 죽기까지 순종하라고 하셨다.

그러면 무엇이 죽어야 하는가를 생각해 보자. 믿음은 순종할 때 비로소 진짜 믿음이 된다. 예수님은 겟세마네에서 극심한 고통을 겪었을 때 가장 위대한 순종의 본을 보이셨다. 예수님은 자신의 순종과 복종으로 하나님의 계획을 이루셨다.

어떤 기독교 잡지에 올라왔던 성도들을 풍자하는 "그렇지만 주님"이라는 제목의 시이다.[103]

> 주님의 말씀대로 실천하겠습니다.
> 그렇지만 일단 장사가 잘되게 축복부터 내려 주세요, 주님.
> 항상 주님을 예배하고 싶습니다.
> 그렇지만 가끔 빠지는 주일 예배는 이해해 주세요, 주님.
> 헌금은 아낌없이 드리겠습니다.
> 그렇지만 백배의 축복은 반드시 주셔야 됩니다, 주님.
> 주님의 일을 위해 헌신하겠습니다.
> 그렇지만 너무 많은 희생을 요구하진 말아 주세요, 주님.
> 주님의 말씀대로 이웃을 사랑하겠습니다.
> 그렇지만 지금 당장 말고 내일부터 할게요, 주님.

여러분은 이 시에서 무엇을 생각하는가? 순종에는 이유가 없다. '그렇지만'이라고 핑계를 대는 순종 없는 믿음이 아니라 '그럼에도 불구하고' 실천하고 따르는 순종의 믿음을 가지기 바란다. '주님! 참된 고백과 행동이 어우러지게 하소서!' 하나님 앞에 결심한 것을 반드시 지키는 순종의 사람이 되자.

## 6. 순종과 복종의 차이[104]

---

103) https://www.facebook.com/febcnet/posts/728246623868587. [라디오QT] 그렇지만 주님.
104) 장광원, http://www.qtlife.org/bbs/index.php?document_srl=12578. 2009. 장광원 선생님이

위에 설명된 내용으로는 불충함을 느껴 좀 더 간단하게 순종과 복종의 차이점을 정리하고자 한다. 히브리서 저자는 이렇게 말하고 있다.

"너희를 인도하는 자들에게 순종하고 복종하라 저희는 너희 영혼을 위하여 경성하기를 자기가 회계할 자인 것같이 하느니라 저희로 하여금 즐거움으로 이것을 하게 하고 근심으로 하게 말라 그렇지 않으면 너희에게 유익이 없느니라"(히 13:17).

여기서 저자가 분명히 권하는 일은 두 가지이다. 우리를 인도하는 사람들에게 순종하고 복종하라는 것이다. 존 비비어(John Bevere)의 《순종》[105]이라는 책 속에서 그 의미가 분명히 다름을 알 수 있다. 늘 순종하기를 애쓰면서도 우리의 마음이 평안하지 않았던 것은 바로 그 차이를 깨닫지 못하기 때문이었다. 이 둘은 분명히 서로 다른 명령이지만 이 둘을 혼동하는 사람들이 많은 것 같아 이 글을 올린다.

순종이 권위에 반응하는 행동의 문제라면, 복종은 권위에 대한 태도의 문제이다. 하나님은 겉으로 보이는 행동과 마음에 숨은 태도를 함께 보시기에 이 둘의 차이점을 깨닫는 것은 우리의 믿음생활에 큰 도움이 되리라 생각한다. 믿음의 장인 히브리서 11장에 나오는 수많은 믿음의 조상들을 살펴보면, 그들은 하나같이 믿음으로 하나님의 권위에 행동으로 순종하였으며 즐거이 복종하였음을 볼 수 있다. 믿음으로 노아는 순종으로 방주를 예비하였으며, 믿음으로 아브라함은 순종하여 갈 바를 알지 못하고도 나아갔으며, 믿음으로 모세는 하나님의 백성과 함께 고난 받기를 좋아했음을 알 수 있다. 또한 수많은 믿음의 조상들이 즐거이 하나님의 권위에 복종하였기에 38절에는 "이런 사람은 세상이 감당치 못하도다"라고 기록하고 있다.

---

올리신 내용도 많이 참조하였음을 밝힌다.
105) 존 비비어(John Bevere), 《순종》(*Under His Authority*), 윤종석 옮김 (서울: 두란노, 2001), pp. 175-195. 존 비비어의 저서 《순종》에 대해서는 많은 논란이 있음을 알고 있다. 그러나 여기에 기술되는 내용은 이해가 되기에 동의하는 의미에서 인용하였다.

모든 순종에는 반드시 행위가 따르나 반드시 즐겨 행하지는 않는다는 것을 알 수 있다. 권위에 순종은 하지만 즐겨 순종하지는 않는다는 것이다. 이사야서를 보면 "너희가 즐겨 순종하면 땅의 아름다운 소산을 먹을 것이요 너희가 거절하여 배반하면 칼에 삼키우리라"(사 1:19-20)는 말씀이 있다.

'너희가 순종하면 땅의 아름다운 소산을 먹을 것'이라 말하지 않고 '너희가 즐겨 순종하면'이라고 말씀하고 있다. 즐겨 순종한다는 것은 바로 우리의 태도를 가리키는 것이다. 우리는 대부분의 사역에서 목회자의 권위에 순종하긴 하지만 반드시 즐겨 하는 태도로 하지는 않는다. 그 이유는 내 생각과 내 뜻에 반하기 때문이다. 이러한 태도가 우리가 그동안 자주 빠지곤 했던 함정이었음을 깨닫게 된다.

그러나 반대의 경우도 있다. 마태복음 21장에 나오는 두 아들의 비유는 이 둘의 차이점을 잘 설명해 주고 있다. 아버지가 맏아들에게 "얘, 오늘 포도원에 가서 일해라"고 했다. 아들은 "네, 가겠습니다" 하고 대답했다. 이 아들은 아버지를 존경하는 마음으로 그렇게 말했지만 예수님은 그가 '가지 아니했다'고 말씀하셨다. 아버지는 둘째 아들에게도 똑같이 말하였다. 아들은 "싫습니다" 하고 대답했지만 그렇게 말한 것을 뉘우치고 하던 일을 그만두고 포도원에 가서 일했다. 예수님은 그 둘 중에 누가 아비의 뜻대로 하였느냐고 물으셨다. 듣고 있던 사람들은 "둘째 아들입니다"라고 정답을 말했다. 예수님은 이 비유를 통하여, 그 아들이 마음으로는 동의했더라도 자기 아버지의 뜻을 행하지 않은 것이라고 분명히 말씀하셨다. 오늘날 교회에서도 이런 일이 많다. 우리는 선한 취지로 고개를 끄덕이고 웃으며 자기 위에 있는 권위에게 "예, 하겠습니다!" 한다. 그리고는 하지 않는다. 자기한테 중요한 일이 아니기 때문이다. '복종은 권세에 굴복하여 따르는 것'을 의미하며 '순종은 하나님의 의(義)를 인정하고 신뢰하고 따르는 것'임을 알 수 있다. 복종은 권위, 권세에 대한 경외함과 경배함이며 순종은 질서에 대한 믿음과 의지와 따름이다. 행동으로 순종함과 마음의 태도에서의 복종함을 구분하자.

제10부

# 회복된 영성 유지

# 회복된 영성 유지

　제자가 되는 여러 종류의 훈련을 마쳤다고 해서 진정한 제자가 되는 것은 아니다. 아직도 우리 마음 한구석에는 항상 우리를 공격하는 원죄의 씨앗이 공격하려고 준비하고 있음을 알아야 한다. 매일 끊임없는 기도와, 하나님과의 관계회복 유지와, 예수님의 삶의 방식을 따르는 삶과, 그의 정신을 따르는 삶과, 그와 지속적인 교제를 하는 회복된 영성 형성의 유지만이 매일 성도가 제자로 살아가는 길이 된다. 우리 마음 속에서 원죄성이 더 이상 활동할 수 없도록 하기 위해서는 매일 기도를 잊어서는 안 된다. 기도는 회개가 중심이 되어야 한다. 마치 아침에 안경을 깨끗하게 닦고 나가지만 온종일 세상에서 세상의 일을 하다가 오후에 집으로 돌아와 보면 뿌옇게 먼지로 덮여 있듯이, 우리 마음 한 구석이 세상에 물들어 있음을 알게 된다. 그래서 우리는 매일 우리의 영혼을 맑게 하기 위해 기도를 해야 한다. 원죄성이 더 이상 활동할 수 없도록 매일 기도해야 한다. 진정한 기도는 우리를 하나님과 영원한 교제 가운데로 이끈다. 진정한 기도는 우리를 변화시킨다.

　이러한 매일의 생활은 우리를 거듭난 사람으로 만들고, 성도의 믿음에서 제자의 믿음으로, 믿음을 한 계단 성숙하게 만든다. 우리 자신의 내적 세계(inner world)가 예수님의 내적 존재(inner being)로 성령님의 도움(Spirit-driven)으로 변화되는 사람(transformed)으로 거듭나게 될 것이다.

　'나'의 삶 속에 하나님의 영광을 방해하는 요소가 있어 '나'의 삶이 하나님의 영광을 가릴 때에 금식하면서, 하나님이 내 속에 있는 죄의 요소를 씻으시도록 '나'를 하나님께 드리는 금식 훈련도 필요하다. 금식은 영적 목적을 위하여 음식을 삼가하는 것을 말한다.

"한 사람이 두 주인을 섬기지 못할 것이니 혹 이를 미워하며 저를 사랑하거나 혹 이를 중히 여기며 저를 경히 여김이라 너희가 하나님과 재물을 겸하여 섬기지 못하느니라"(마 6:24)는 말씀을 생각하자.

이 단순성의 훈련은 일상생활에서 절대적이고 필수적이다. 하나님과 재물을 겸하여 섬길 수 없음을 일상생활화하여야 한다. "하나님께 속한 것에 너의 지문을 남기지 마라"(Do not leave your fingerprints on what belongs to God alone). 이는 하나님의 명령이다. 단순성은 자유다. 이중성은 굴레이다. 단순성은 기쁨과 조화다. 이중성은 불안과 공포다. 단순성은 내적인 것이지만 외적 생활로 나타난다. 이와 같이 영적 훈련을 생활화하는 제자의 삶은 마치 현악 4중주의 멤버 한 사람 한 사람이 악기의 현(絃)이나 활을 최상으로 튜닝하여 최상의 컨디션으로 유지하며, 최선을 다하여 끊임없이 연습함으로써 정해진 연주회 날 영광스럽고 후회 없는 훌륭한 협연을 할 수 있게 하는 것과 같다. 이처럼 하나님의 섭리 아래 나, 나와 가정의 관계, 나와 교회의 관계, 나와 사회의 관계, 그리고 나와 하나님의 관계 형성을 최상으로 긴밀하게 유지하는 것만이 제자의 일상생활을 활력 있고 균형 있게 유지시킨다. 최상의 관계를 유지하고 회복된 나와 하나님의 관계 형성 유지는 모든 관계에서 최우선이다. 나와 하나님의 관계는 굳건한 하나님에 대한 믿음과 하나님의 권위(authority)를 인정하는 믿음, 즉 하나님의 약속에 대한 전적인 신뢰로서, 보이지 아니하는 것을 현재 가지고 있는 것처럼 확신하고, 하나님의 권능을 보지 못하고도 인정하는 그 믿음(히 11:1-2) 위에 굳건히 서 있는 신앙심만이 제자 됨을 유지케 한다.

나와 하나님의 관계는 항상 인격적인 교제 안에 있어야 한다. 제자가 하나님께 기도하였을 때 "네가 부를 때에는 나 여호와가 응답하겠고 네가 부르짖을 때에는 말하기를 내가 여기 있다 하리라"(사 58:9)는 말씀처럼 친밀한 관계일 때 당신은 진정 제자인 것이다. 이러한 긴밀한 하나님과의 관계 형성은 나 자신의 신앙생활에 활력소가 되며, 원만하고 다복한 결혼생활에 지대한 영양소가 되며, 교회에서의 봉사가 신나는 일이 되며, 직장생활에서 일의 능률이 향상되는 것은 말할 것도 없고, 어떤 일에도 열정과 흥미를 가지며 긍정적이 되고 하루의 일과가 신명나는 하루하루가 될 것은 자명한 일이다. 회복된 하나님과의 관계 형성을 유지하는 일상생활은 마치 제자가 연주(살아가는)하는 현악 사중주의 아주 아름다운 선율의 화음을 연상하는 일과 같다. 이 모든 제자의 하루의 삶은 하나님께 영광 돌리는 일일 것이다.

### 1. 끝없는 사탄의 공격이 있다(눅 22:31-32)

누가복음 22장 31-32절에 보자.

"시몬아, 시몬아, 보라 사탄이 밀 까부르듯 하려고 너희를 청구하였으나 그러나 내가 너를 위하여 네 믿음이 떨어지지 않기를 기도하였노니 너는 돌이킨 후에 네 형제를 굳게 하라"

이 구절은 예수님께서 성만찬 예식을 행하시고(눅 22:7-23), 그 만찬 석상에서 베푸신 마지막 교훈의 말씀 가운데 나오는 구절이다. 예수님은 베드로의 육신의 연약함을 미리 예견하시고 시몬이라는 본명을 부르신다. 베드로가 자신의 의지에 반하여 정신없이 예수를 부인할 것을 '밀'(wheat)이 '체'에 흔들리는 것으로 비유하셨다. '청구하였으나'는 '찾아 요구하다'의 의미를 가지고 있는데, 이는 사탄이 베드로를 실족하게 하려고 강하게 역사할 것을 의미하는 말이다. 베드로를 실족하도록 만든 이 강력한 사탄의 공격은 제자가 된 우리들에게도 강력하게 실행된다.

첫째로, 미래에 대한 불확실성에 대하여 끊임없이 공격한다.

우리 모두는 내일이라는 미래에 대하여 모두가 불안한 마음을 가지고 있다. 특히 경제가 악화되기 시작하면 평생직장(나와 사회생활)으로 여겼던 정들었던 곳을 떠나야 하는 것 아닌가 하는 불안한 마음을 지울 수가 없다. 이러한 불안한 마음은 누구에게나 있다. 정도의 차이는 있을지언정 비슷하다. 28년간 Engineer로 근무한 Boeing 회사에서 서너 번의 layoff 바람이 불었다. 성실성으로 버틴 것은 내 공로가 아니라 하나님이 주신 은혜였다. 지금까지 지내온 것 주의 크신 은혜라는 사실을 기억하자. 지금보다 더 나은 곳으로 인도하심을 잊어서는 안 된다. 하나님은 늘 우리와 함께 계심을 기억하자.

요한복음 14장 16-17절을 보면, "내가 아버지께 구하겠으니 그가 또 다른 보혜사를 너희에게 주사 영원토록 너희와 함께 있게 하시리니 저는 진리의 영이라 세상은 능히 저를 받지 못하나니 이는 저를 보지도 못하고 알지도 못함이라 그러나 너희는 저를 아나니 저는 너희와 함께 거하심이요 또 너희 속에 계시겠음이라"고 하였다. 항상 우리와 함께하시는 하나님을 기억하자.

둘째로, 구원에 대한 불확실성으로 사탄은 우리를 공격한다.

'나는 구원받은 몸인가?' '나는 과연 하나님의 자녀인가?' 우리 신앙의 근본을 사탄은 틈틈이 공격한다. 구원은 하나님의 선물임을 기억하자. 구원은 내게 달려 있는 것이 아니라 나를 사랑하시는 하나님의 무한하신 사랑이다. 그것으로 우리를 구원하신다.

에베소서 2장 8-9절에 "너희가 그 은혜를 인하여 믿음으로 말미암아 구원을 얻었나니 이것이 너희에게서 난 것이 아니요 하나님의 선물이라 행위에서 난 것이 아니니 이는 누구든지 자랑치 못하게 함이니라"고 말씀한 것을 기억하자.

셋째로, 과거의 잘못, 실패를 소록소록 생각나게 함으로 우리를 공격한다.

사탄은 우리에게 문제를 계속해서 생각나게 함으로 우리를 공격한다. '또 실패하는 것은 아닌가?' '또다시 같은 잘못을 저지르는 것은 아닌가?' 웨슬리는 구원에 대하여 과거의 잘못으로부터의 구원을 말씀하였다. 하나님은 우리가 감당할 시험만 허락하신다. 문제 때문에 실패한 성도는 없다. 신앙의 선배들은 모두 고난의 긴 터널 속에서 성장하였다. 우리는 반드시 승리한다. 두려워하지 말라.

고린도전서 10장 13절을 보면, 바울 사도는 다음과 같이 우리를 위로하고 믿음을 강건케 하신다. "사람이 감당할 시험밖에는 너희에게 당한 것이 없나니 오직 하나님은 미쁘사 너희가 감당치 못할 시험 당함을 허락지 아니하시고 시험 당할 즈음에 또한 피할 길을 내사 너희로 능히 감당하게 하시느니라." 할렐루야!

마지막으로 우리의 기도에 하나님의 응답이 없다고 의심할 때 사탄은 우리를 공격한다.

기도의 응답에 대한 의심은 큰 병을 낳는다. 사탄은 우리를 기도로부터 멀어지게 꼬드긴다. 그러나 우리는 하나님 말씀 위에 굳건히 서 있는 신앙을 가짐으로 사탄을 물리쳐야 한다. 하나님의 영광이 아닌, 세속적인 욕심과 이기심에서 비롯된 기도는 우리의 믿음과 하나님의 영광을 빼앗아 갈 뿐이다(약 4:3).

요한일서 5장 14절을 보면, "그를 향하여 우리의 가진 바 담대한 것이 이것이니 그의 뜻대로 무엇을 구하면 들으심이라"고 하였다. 그의 뜻대로 구하면 기도의 응답은 필히 있음을 믿자. 의심하는 기도는 하나님께 대한 불신앙을 나타낸다(민 23:19). 하나님의 인격과 능력에 대한 불신이다. 아울러 하나님의 사랑에 대한 불신이기도 하다. 기도에 있어서 낙심은 금물이다(딤후 1:7). 하나님께서 우리에게 주신 마음은 두려움이 아니라 능력과 사랑과 근신함이다.

## 2. 마음을 지키라(잠 4:20-27)[106]

"무릇 지킬 만한 것보다 더욱 네 마음을 지키라 생명의 근원이 이에서 남이니라"(잠 4:23).

주석은 이 본문을 "다른 모든 것을 지킴보다 네 마음을 지키는 데

---

106) 민병석, "네 마음을 지키라",《밤중소리》, 2011년 6월, http://www.bamjoongsori.org.

힘쓰라"고 해석하고 있다. '지키라'는 말은 악한 것을 피하는 소극적인 자세가 아니라 악한 것과 담대히 싸워 이겨서 신앙의 성장을 이룩하는 신앙의 적극적 태도를 권하는 교훈이다. 마음을 지키는 것이 바로 사람의 영육 간에 참된 생명을 소유하는 결과를 가져오기 때문이라는 것이다.

본문 20-21절에 의하면 "내 아들아 내 말에 주의하며 나의 이르는 것에 네 귀를 기울이라 그것을 네 눈에서 떠나게 말며 네 마음속에 지키라"고 하셨다. 하나님의 말씀을 마음에 지키라고 하신 것이다. 왜 하나님의 말씀을 마음에 지키라고 하신 것일까? 하나님의 말씀은 생명을 수확하는 씨앗이기 때문이다. 그리고 이 말씀을 지키는 비결에 대하여 몇 가지로 주의를 주고 있다. 첫째로, 내 말에 주의하라고 했다. 우리는 항상 하나님의 말씀에 주의해야 하는 것이다. 주의하라는 말은 조심스럽게 살펴야 할 것을 의미한다. 다음에, 하나님의 말씀에 귀를 기울이라고 했다. 우리의 귀는 마땅히 하나님의 말씀에 자주 기울여야 한다. 세상 소리에 귀를 기울이면 세상 사람이 되고, 하나님의 말씀에 귀를 기울이면 하나님의 백성이 되는 것이다. 그리고 마지막으로, 그 말씀을 네 눈에서 떠나게 말라고 했다. 우리의 눈은 세상에 망령된 것을 바라볼 것이 아니라 늘 하나님의 말씀을 떠나게 하지 말아야 하는 것이다. 그리고 그것을 우리의 마음속에 지키라고 했다. 마음속에서 하나님의 말씀을 지킬 때 우리의 생각과 우리의 행동은 자연히 하나님의 말씀을 따르게 되는 것이다.

### 3. 참으라(약 5:7-11)

"그러므로 형제들아 주의 강림하시기까지 길이 참으라 보라 농부가 땅에서 나는 귀한 열매를 바라고 길이 참아 이른 비와 늦은 비를 기다리나니 너희도 길이 참고 마음을 굳게 하라 주의 강림이 가까우니라 형제들아 서로 원망하지 말라 그리하여야 심판을 면하리라 보라 심판자가 문 밖에 서 계시니라 형제들아 주의 이름으로 말한 선지자들로 고난과 오래 참음의 본을 삼으라 보라 인내하는 자를 우리가 복되다 하나니 너희가 욥의 인내를 들었고 주께서 주신 결말을 보았거니와 주는 가장 자비하시고 긍휼히 여기는 자시니라"

본문에서는 여러 가지 상황 속에서 핍박을 받고 있는 성도들에게 주의 재림이 임박하였으므로 그때까지 핍박 속에서도 인내하라고 권면하고 있다. 성도들이 고난 중에도 인내해야 할 이유도 인내 끝에는 영광이 있기 때문이다(시 126:6; 롬 8:17-18). 또한 끝까지 인내하는 자에게 하늘의 축복이 예비되어 있기 때문이다(11절). 끝까지 잘 인내한 사람으로는 욥을 들 수 있다. 원인 모를 고난을 받았으나 하나님을 원망하지 않고 끝까지 인내했다(욥 42:10-17). 이것이 우리에게 무엇을 말하고 있는가? 우리 제자들에게 의미하는 바는 매우 크다. 우리의 인생은 고난과 역경의 연속이다. 믿음생활하기가 그제나 지금이나 내용상으로 다를 뿐 고난 자체는 대동소이하다. 정치, 경제, 사회, 국제 관계에 있어서 어느 면에서나 어려움은 우리의 피부에 닿아 있다. 사회가 힘들기 때문에 믿음생활하기도 마찬가지로 매우 힘들다. 많은 유혹이 우리를 공격하고 있다. 리처드 템플러(Richard Templar)의 시 한 수를 소개한다.

> 인생은 고난의 연속이다
> 만약 인생이 항상 수월하고 편하기만 한다면
> 우리는 시험에 들거나 시련을 겪지도 않을 것이고
> 인생의 불길 속에서 단련되지도 못할 것이다.
> 인생이 언제나 쉽게만 풀린다면 고난을 극복하는 과정도 없을
> 것이고 발전할 기회도 당연히 줄어든다.
> 무엇인가 배우거나 변화할 필요도 느끼지 못할 것이다.

그가 쓴 《인생 잠언》(The Rules of Life)에 나오는 글귀다. 삶은 결코 쉽지 않다. 인생에 공짜 점심은 없기 때문이다. 제자들은 예수님이 재

림하는 날까지 참고 참아야 한다. 인내의 끝에는 영광이 기다리기 때문이다.

### 4. 영적 훈련을 게을리하지 말라(잠 6:6-11)

"게으른 자여 개미에게로 가서 그 하는 것을 보고 지혜를 얻으라 개미는 두령도 없고 간역자도 없고 주권자도 없으되 먹을 것을 여름 동안에 예비하며 추수 때에 양식을 모으느니라 게으른 자여 네가 어느 때까지 눕겠느냐 네가 어느 때에 잠이 깨어 일어나겠느냐 좀 더 자자, 좀 더 졸자, 손을 모으고 좀 더 눕자 하면 네 빈궁이 강도같이 오며 네 곤핍이 군사같이 이르리라"

#### 1) 미리 준비하라(6, 8절)

개미는 연약하고 작고 힘이 없어 보이지만 겨울을 내다보고 미리 양식을 저장하기 위해 열심히 일을 한다. 이러한 개미의 모습을 보며, 현재의 성도에 머무르지 않고 믿음을 한 단계 성장시켜 제자로 발돋움하기 위해서는 미래를 대비하는 준비가 필요하다. 평상시에 미래를 대비하는 것은 매우 현명한 일이다. 일할 수 있는 시기에 수고하고 일할 수 없는 겨울을 날 수 있는 양식을 저장하는 개미의 모습은 성도들에게 귀감이 된다. 무엇을 준비해야 하는가? 영성 훈련 준비이다. 회개하고 기도하고, 묵상하고, 금식하고, 단순성 훈련을 연습하는 것 등이 이에 속한다.

#### 2) 부지런하라(6, 9, 11절)

현재의 편안한 생활에만 만족하여 미래를 대비하지 못하는 어리석음을 버리고 오직 부지런함과 성실, 근면함만이 안정된 미래를 보장해 준다는 사실을 깨달아야 한다(잠 30:25). 게으름은 필경 가난을 초래한다.

"부지런하고 부지런하고 또 부지런하라"(三勤戒). 다산(茶山) 정약용(丁若鏞, 1762. 8. 5.-1836. 4. 7.) 선생의 말씀이다. "영적인 마음을 가지기 위해서는 부지런해야 한다. 왜냐하면 그것을 함양하기가 쉽지 않기 때문이다. 쓸모 있는 작물을 얻기 위해서는 제아무리 좋은 토양도 정규적인 비료 공급과 기경과 잡초 제거가 필요하다. 영적인 마음을 우연히 얻을 거라고 생각해서는 안 된다. 그것은 마치 가난한 사람이 노력 없이 부유해지기를 기대하거나 약한 사람이 음식도 먹지 않고 강해지기를 기대하는 것과 같다."[107]

### 3) 성실하라(7절)

개미는 벌과 같이 군집생활을 한다. 자신들의 역할에 따라 자신이 맡은 일을 매우 열심히 한다. 이러한 개미의 모습은 명령에 못 이겨 피동적으로 일하거나 징벌이 무서워 마지못해 일하는 소극적인 사람들에게, 성실하게 자신의 일을 수행하는 것이 얼마나 중요한지를 가르치는 교훈이 된다.

---

[107] 존 오웬(John Owen), 《영의 생각 육의 생각》(The Grace and Duty of Being Spiritually Minded), 김태곤 역 (서울: 생명의말씀사, 2013).

# Practice, Practice, and Practice

 연습은 어떤 일을 반복해서 그 일에 익숙해지는 과정을 말한다. 우리들에게도 연습이 필요하다. 회개하고, 기도하고, 묵상하고, 금식하고, 단순성 훈련을 연습하는 영성 훈련을 생활화하여야 한다. 이는 하나님과 만나고 교제하는 구체적인 삶의 과정을 말한다. 즉 영성 훈련의 시간을 따로 정하여 영성 훈련을 하는 것이 아니라 그리스도인의 삶 전체가 영성 훈련이 되어야 한다는 말이다.

 하루 24시간, 1년 365일 전체가 하나님을 만나고 교제하며 하나님을 닮아 가는 삶으로 변화되어야 한다는 것이다. 그리스도인은 끊임없이 하나님께 기도하며, 범사에 감사하고, 항상 성령님의 도우심을 받아 승리하는 삶을 살도록 부르심을 받았다. 이 말은, 우리가 사는 동안에 한 순간도 하나님에게서 떠나서는 안 되고 하나님 안에서 하나님의 뜻에 따라, 하나님의 능력을 받아 기쁨과 감사가 넘치는 삶을 살아야 한다는 것을 의미한다.

 우리 주위에는 영성 훈련이 아닌 자신의 직업을 위해 연습에 몰두하여 우리의 귀감이 된 사람들이 허다하다.

 1993년 12월 31일 로스앤젤레스 행 비행기에 20세의 한 청년이 있었다. 아메리칸드림을 품고 미국행 비행기에 올랐던 그 청년, 그리고 청년은 세계 최고의 리그인 메이저리그에서 코리안 특급이라 불리며 메이저리그를 호령하기 시작한다. 그렇게 청년이 꿈을 담아 던진 일 구 일 구는 IMF로 어려움을 겪고 있던 고국의 팬들에게 희망이자 자랑이요, 삶의 일부가 되었다. 매일 담력을 키우기 위해 공동묘지에서 천 번의 스윙, 산성에 가서 스윙 연습과 쉐도우 피칭 연습을, 하루에 수천 번씩 고무줄을 잡아당기는 훈련을 반복했다. 그가 바로 2000년 18승을 거두며 히데오노모(Hideo Nomo)가 가지고 있던 한 시즌 동양인 최다승 기록을 경신한, 코리안특급이라 불린 박찬호 선수다. 이 선수가 한 일이라고는 연습, 연습, 그리고 또 연습이었다.

　영적 훈련을 통해서 얻을 수 있는 영적 갱신의 결과는 하나님께서 원하시는 전인격적인 제자가 되는 것이다. 시시각각으로 사탄의 공격을 받고 있는 세상 어디에 선다 할지라도 손색이 없는 말씀 위에 서 있는 믿음의 제자의 모습을 갖추고, 스스로에게 부끄러움이 없고, 가족들(나와 가족의 관계성)과 이웃들(나와 이웃의 관계성)에게 그 인격과 삶 속에 하나님께서 살아 역사하고 계시는 흔적을 드러내며 살아가는 제자가 될 것이다. 뿐만 아니라 나와 교회 공동체의 관계성과 나와 하나님의 관계성에 있어서, 하나님을 경외하고 관계성에 균형을 잃지 않고 살아가는 제자가 될 것이다.

**당신은 성도입니까? 제자입니까?**

1판 1쇄 인쇄 _ 2017년 2월 10일
1판 1쇄 발행 _ 2017년 2월 20일

지은이 _ 최선영
펴낸이 _ 이형규
펴낸곳 _ 쿰란출판사

주소 _ 서울특별시 종로구 이화장길 6
편집부 _ 745-1007, 745-1301~2, 747-1212, 743-1300
영업부 _ 747-1004, FAX 745-8490
본사평생전화번호 _ 0502-756-1004
홈페이지 _ http://www.qumran.co.kr
E-mail _ qrbooks@gmail.com / qrbooks@daum.net
한글인터넷주소 _ 쿰란, 쿰란출판사
등록 _ 제1-670호(1988.2.27)
책임교열 _ 신영미 · 최찬미

ⓒ 최선영 2017   ISBN 978-89-6562-665-7 93230

책값은 뒤표지에 있습니다.
이 출판물은 저작권법에 의해 보호를 받는 저작물이므로 무단 복제할 수 없습니다.
파본(破本)은 구입처에서 교환해 드립니다.